영어를
해석하지 않고
읽는 법

영어를
해석하지 않고
읽는 법

초판 1쇄 발행 | 2019년 8월 1일
초판 8쇄 발행 | 2024년 11월 25일

지은이 | 황준
발행인 | 김태웅
디자인 | MOON-C design
마케팅 총괄 | 김철영
제 작 | 현대순

발행처 | (주)동양북스
등 록 | 제 2014-000055호
주 소 | 서울시 마포구 동교로22길 14 (04030)
구입 문의 | 전화 (02)337-1737 팩스 (02)334-6624
내용 문의 | 전화 (02)337-1763 dybooks2@gmail.com

ISBN 979-11-5768-524-0 13740

이 도서의 국립중앙도서관 출판예정도서목록(CIP)은 서지정보유통지원시스템 홈페이지(http://seoji.nl.go.kr)와
국가자료공동목록시스템(http://www.nl.go.kr/ kolisnet)에서 이용하실 수 있습니다.
(CIP제어번호:CIP2019026546)

영어를
해석하지 않고
읽는 법

황준 지음

어떤 영문도
피할 수 없는
Reading
Patterns
120

동양북스

Prologue

다음 문장을 한번 해석해보세요.

Imagine you spend time around your house on a Saturday afternoon and come across small problems such as tears in the sofa or leaks in the ceiling. What do you do? Who do you call?*

중학교 수준의 영어 실력을 갖춘 사람이라면 대부분 위 영문을 이해하는 데 별 어려움이 없을 겁니다. 어휘 수준도 낮은 편이고 문장 구조도 단순해 글의 의미를 쉽게 파악할 수 있기 때문이죠. 특히 위 문장들은 「(주어)+동사+목적어」 형태로 이루어진 현재형 구조, 즉 초급 수준의 문법 항목들이 조합된 간결한 구조라 세밀한 분석 없이도 뜻을 어렵지 않게 파악할 수 있습니다.

영어를 외국어로 배우는 우리는 대체로 문장 구조를 낱낱이 파헤쳐 분석하는 우리말 '해석' 단계를 거쳐 영문의 뜻을 이해하는데, 이처럼 기초 단계의 문법 규칙들이 결합된 문장인 경우 모국어로 옮기는 과정을 거치지 않고도 의미를 쉽게 파악할 수 있습니다. 게다가 초급 수준의 단순 문장은 무수한 반복·누적 훈련을 통해 모국어 개입이 필요 없는 '읽기' 단계에서 입력되기 때문에 보는 즉시 뜻을 이해할 수 있습니다. 그런데 문제는 모든 영문이 이처럼 단순한 구조로 이루어져 있지 않다는 데 있습니다. 다음 영문을 예로 들어볼까요?

Anyone whose career has ever involved repairing should have figured there are jobs in which something being replaced can be much more convenient than it being fixed. Not requiring hard labor involved and parts needed, it is usually much easier to replace something you are done with or find faulty than it is to create something new to restore what's damaged or worn out.

be done with, worn out 등의 숙어 표현들이 보이긴 하지만 고급 어휘나 전문적인 학술 용어가 아니라 우리가 일상적으로 쓰는 단어로 이루어져 있어 어휘 수준이 높다고 보긴 어렵습니다. 중의적 의미나 은유, 아이러니 같은 수사적 장치가 숨어 있는 심오한 글이 아닌, 단어의 사전적 의미만 알면 직관적으로 이해되는 건조한 설명글이라 고차원적인 사고를 요구하지도 않고요. 그런데 곧바로 이해되지 않는 이유는 뭘까요? 바로 문장 구조가 한눈에 들어오지 않기 때문입니다.

모르는 단어는 하나도 없는데 막상 읽으려고 하면 해석이 곧잘 막히는 이유도 여기에 있습니다. 어휘를 모르면 문맥을 통해 유추라도 할 수 있지만 애초에 문법을 모르거나 문법 규칙들이 결합된 구조가 파악되지 않는다면 문맥을 가늠할 도리가 없죠. 영문 읽기의 어려움도 주로 여기서 비롯합니다. 하나의 문장에 둘 이상의 고난도 문법 규칙들이 다양한 방식으로 결합하면서 구조가 한층 더 복잡해지면 해석도 금세 방향을 잃기 쉽습니다. 가령 위 예문은 다음과 같은 문법 항목들이 결합된 결과입니다.

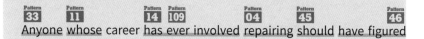

| Pattern 33 | Pattern 11 | | Pattern 14 | Pattern 109 | | Pattern 04 | | Pattern 45 | | Pattern 46 |

Anyone whose career has ever involved repairing should have figured

| Pattern 117 | | Pattern 113 | Pattern 23 | | | Pattern 02 | Pattern 89 |

there are jobs in which something being replaced can be much more

| Pattern 27 |

convenient than it being fixed.

Not requiring hard labor involved and parts needed, it is usually much

easier to replace something you are done with or find faulty than

it is to create something new to restore what's damaged or worn out.**

* 영문 위에 제시된 Pattern은 본문에 수록

이처럼 문장의 형태는 개별 문법 규칙들의 결합 양상에 따라 다양하게 나타날 수 있습니다. 그럼 문법 항목들이 결합하는 방식에 따라 문장 구조도 한없이 복잡해지지 않느냐고요? 언뜻 들으면 그럴듯하지만 문법 규칙들을 무작정 뒤섞는다고 해서 문장이 만들어지는 건 아닙니다. '뜻이 통하는' 문장을 만드는 조건은 정해져 있다는 말이죠. (여기서 말하는 문법 규칙은 '말하기'를 위한 어법(구어)이 아닌 '읽기/쓰기'를 위한 어법(문어)으로 제한됩니다. 실용성을 우선시하는 구어체는 표준 문법에서 벗어나는 경우가 많기 때문이죠.) 모국어를 쓸 때도 문법을 총동원해 최대한 복잡하게 구사하지 않듯, 자주 보고read 듣고listen 말하고speak 쓰는write 문장 구조는 정해져 있게 마련입니다. 창의력이나 분석력이 아닌 '읽는 능력', 즉 문해력 평가에 중점을 두는 수험영어는 더더욱 그렇고요.

이 책이 '해석하지 않고 읽는 법'을 전면에 내세운 것도 이 때문입니다. 수험영어에 자주 등장하는 문법 규칙, 즉 '문장을 만드는 조건'이 따로 있다는 말은 핵심 영문 패턴에 집중적으로 숙련돼야 한다는 뜻입니다. 이 숙련 과정은 개별 단어의 의미를 머릿속에 아로새기듯 문장 구조를 '하나의 의미 단위로 체득하는 법'을 단련시키는 것을 말합니다. 단어를 보자마자 의미를 떠올리듯 문장을 보자마자 맥락을 단숨에 파악할 수 있으려면 어린아이가 내재된 문법 장치로 말을 만들어내는 모국어 습득 방식과 흡사한 읽기 훈련이 필요합니다. 모국어처럼 술술 읽으려면 문장에 적용된 문법 규칙들이 눈앞에 훤히 떠올라야 한다는 말입니다.

당연한 소리지만, 모든 영문을 이렇게 읽을 수 있으려면 자주 쓰이는 문법 규칙을 머릿속에 새긴 후 빠르게 읽는 연습을 반복하는 수밖에는 없습니다. 그래야 영어를 읽기 전에 한국어를 먼저 떠올리는 무의식적인 모국어의 개입을 최소화할 수 있습니다. 그러지 않고 우리말로 먼저 옮겨 의미를 파악하는 이차적인 방식으로 영어를 접하다 보면 문장 구조를 낱낱이 쪼개고 문법 규칙을 일일이 분석해 의미를 일대일로 대응시키는 습관이 몸에 배이게 됩니다.

영어와 한국어는 기원과 원리부터 표기와 소리까지 확연히 다른 특징을 지닌 별개의 언어입니다. 일대일 대응이라는 발상 자체가 잘못된 접근법인 이유입니다. 문법 규칙과 그 결합 방식을 내재화한 상태에서 문장 '구조'와 문장에 담긴 '생각'을 일치matching시키는 속독 훈련이 반복되면 모국어가 개입할 여지도 점차 줄어들게 됩니다. 이렇게 '모국어식 읽기'를 습관화하면 '해석'이 아닌 '읽기' 단계로 발전합니다. 게다가 이 훈련을 하면 한 가지 성과를 덤으로 얻을 수 있습니다. 바로 작문 실력 향상이죠.

오랜 세월 영어교재 개발 현장에서 광범위한 자료를 분석해본 결과, 영문에 빈번하게 등장하는 전형적인 어법은 약 120개 내외입니다. 이 책에 소개된 이 120개의 문법 항목과 영문 패턴은 유형과 난도를 기준으로 단계적으로 제시돼 있습니다. 무엇보다 앞서 학습한 내용이 앞으로 학습할 항목과 그에 따른 영문에 자연스럽게 흡수돼 반복 훈련을 통한 체득이 가능하도록 세심하게 설계돼 있죠. 이 책의 1차 독자는 영어시험을 앞둔 학습자이지만, 어떤 영문이든 막힘없이 술술 읽고 싶은 학습자라면 누구든 이 책을 참고하셔도 좋습니다.

여러분의 건승을 빕니다.

---

* 어느 토요일 오후, 집 안을 돌아다니다 찢어진 소파나 천장 누수 같은 작은 문젯거리를 어쩌다 발견했다고 생각해보세요. 여러분은 어떻게 하시겠습니까? 누구를 부르시겠습니까?
** 수리 작업이 수반된 직업을 가진 적이 있는 사람이라면 고치는 것보다 교체하는 게 훨씬 더 편한 작업이다는 걸 깨달았을 겁니다. 고된 노동이나 부품을 요하지 않으면서도, 손상되거나 닳아버린 물건을 복구시키려고 무언가를 새로 만들어내는 것보다 다 썼거나 부실한 물건은 교체하는 것이 훨씬 쉬울 때가 대부분입니다.

Contents

주어를 생략해도 의미가 통하는 우리말과 달리 영어에서는 문장을 만들 때 빠질 수 없는 필수 성분이 바로 주어죠. 주어와 동사는 한몸처럼 붙어다니는데요, 동사는 주어를 제외한 다른 성분을 더 필요로 하는지 아닌지에 따라 '자동사', '보어가 필요한 자동사', '타동사', '목적어가 두 개인 타동사', '보어가 필요한 타동사'로 나뉩니다. 이 5가지 동사가 흔히 말하는 '5가지 형식'의 문장 형태와 의미를 결정하기 때문에 문장이 아무리 길고 복잡해 보여도 동사의 종류만 가려낼 수 있으면 영문 읽기의 절반은 해결되는 셈이죠.

Pattern

01

동사의 종류를 알면 해석이 필요 없다

a Everything **changes**.
주어 + 자동사

b Floods **are** dangerous.
주어 + 보어가 필요한 자동사 + 주격 보어

c Honesty **requires** courage.
주어 + 타동사 + 목적어

d Life **gives** us lessons.
주어 + 목적어가 두 개인 타동사 + 간접 목적어 + 직접 목적어

e Technology **makes** communication easy.
주어 + 보어가 필요한 타동사 + 목적어 + 목적격 보어

Let's NOT forget!

자동사나 타동사가 반드시 '부사적 의미를 나타내는 말(부사(구))'과 함께 쓰여야 문장이 완성될 때도 있습니다. 없으면 문장의 의미가 불완전하기 때문에 의미를 보충해주는 역할(보어)을 하는 부사(구)가 꼭 필요하죠. 이때 부사(구)가 자동사와 쓰였다면 주어를 보충 설명하는 주격 보어처럼 해석하고 타동사와 쓰였다면 목적어를 보충 설명하는 목적격 보어처럼 해석합니다.

We are in the same shoes. 우리는 같은 처지야.
　자동사　　　　 부사구

cf. We are.

Don't put yourself into trouble. 위험을 자초하지 마.
　타동사　　　 부사구

cf. Don't put yourself.

Inescapable

Ground squirrels are different from tree squirrels. They make their homes in underground burrows instead of trees and live mostly on the land. You can easily distinguish them this way. Ground squirrels will **a-1**run to their burrows if they hear you shout. Tree squirrels, on the other hand, will climb a nearby tree or telephone pole and give you an angry look. There is also another notable difference between these cute cousins. Ground squirrels hibernate during the winter, while tree squirrels are active throughout the cold months. Tree squirrels come out once in a while, and **a-2**enjoy the afternoon sunshine or search for food, but ground squirrels lower their body temperature, slow their metabolism, and **a-3**sleep for a long period of time. However, interestingly, unlike other hibernators, ground squirrels wake up periodically during their resting state. They wake up every five days or so, eat something, and go back to sleep. Other animals, like frogs, **a-4**hibernate in a different way. They usually find shelter at the bottoms of a stream and remain **b**_____ for months.

a⁽¹⁻⁴⁾ 중 동사의 종류가 <u>다른</u> 하나를 고르세요.

1 run
2 enjoy
3 sleep
4 hibernate

b에 가장 알맞은 어휘를 고르세요.

1 notable
2 inactive
3 overlooked
4 dynamic

squirrel 다람쥐 burrow 굴 instead of ~ 대신에 distinguish 구분하다 pole 장대, 기둥 look 보기, 눈빛 notable 주목할 만한 hibernate 동면하다 search for ~를 찾다[수색하다] lower 낮추다 temperature 온도, 기온 slow 둔화시키다 metabolism 신진대사 periodically 주기적으로 resting state 휴지기, 휴면 상태 or so ~쯤[정도] shelter 피신처 bottom 밑바닥, 물밑 stream 개울

'조동사(본동사를 돕는 보조동사)'는 '본동사(주어의 동작/상태를 나타내는 동사)' 등과 함께 쓰여 진행형/수동태/의문문/부정문을 만드는 '일반 조동사(be동사/do동사/have동사)'와 can/may/should/must처럼 동사원형과 함께 쓰여 화자의 심리를 나타내는 '법조동사'로 나뉩니다. 우리가 흔히 말하는 조동사는 '법조동사'를 가리키는데요, 일반 조동사와 달리 복수형과 단수형이 같아 주어의 수와 일치시킬 필요가 없고, '추측/확신의 정도'를 뜻한다는 게 특징입니다. 단, 추측[확신]의 정도는 미묘하게 달라지죠.

Pattern
02

조동사의 숨은 뜻을 알면 해석이 필요 없다

a Exercise **can** improve your health.
~일 수 있다

b She **may** have a solution to the problem.
~일지도 모른다

c Your phone **should** be in the office.
(아마) ~일 것이다

d He **must** be in his twenties.
~임에 틀림없다

Let's NOT forget!

can과 may는 뜻이 비슷해 보이지만 뉘앙스와 쓰임새가 엄연히 다릅니다. may는 특정 맥락이나 상황을 전제한 상태에서 '바로 그 맥락[상황]에서 그럴 만한 가능성'이 있다는 뜻을 나타내는 반면, can은 '일반적이고 이론적인 가능성'을 뜻하죠.

He **may** have the same feelings for you. 그 남자도 너한테 호감을 갖고 있을지 몰라.
특정 상황을 전제한 가능성

Nicotine **can** cause harm to an unborn baby. 니코틴은 태아에 해로울 수 있습니다.
일반적인 가능성

Inescapable

Houseplants can be an integral part of your home decor. They make a beautiful addition to your home and bring the freshness of nature indoors. However, you should not decorate your house with just any beautiful plant. Some indoor plants look harmless and innocent, just like any other common plant, but they contain an unpleasant surprise. Houseplants sometimes contain poisonous chemicals, and these chemicals ᵃ_____ be very dangerous, especially to your children and pets. One example of a ᵇ_____ plant is lupine. If the beans of this plant fall on the ground and are eaten by an inquisitive child or pet, they can cause serious health problems such as anxiety, tremors, and difficulty breathing. The large leaves of elephant ears also contain a toxin, and even a small dose can cause vomiting, nausea, or throat swelling. In large doses, it can result in convulsions, a coma and even death.

a에 가장 알맞은 조동사를 고르세요.

1 can
2 may
3 should
4 must

b에 가장 알맞은 어휘를 고르세요.

1 favorable
2 gentle
3 toxic
4 skeptical

integral 필수적인 decor (실내)장식 addition 부가[첨가]물 freshness 생생함 Indoors 실내로 decorate 장식하다 harmless 무해한 innocent 무고한, 악의 없는 common 흔한 contain 포함하다 poisonous 독성이 있는 chemical 화학물질 lupine 루핀(콩과에 속하는 다년생 풀) bean 콩, 콩 같은 열매 fall on ~ 위에 떨어지다 ground 땅바닥 inquisitive 호기심 많은 anxiety 불안 tremor 떨림 breathing 호흡 toxin 독소 dose 복용량 vomiting 구토 nausea 메스꺼움 throat 목구멍 swelling 부기 result in ~을 초래하다 convulsion 경련 coma 혼수상태

ⓐ 운동은 건강을 개선시킬 수 있습니다. ⓑ 걔한테 그 문제에 대한 해결책이 있을지도 몰라. ⓒ 아마 네 전화기는 사무실에 있을 거야. ⓓ 그는 20대가 틀림없어.

주어의 수/인칭, 그리고 문장의 시제에 따라 형태가 변하지 않는 동사형을 '부정사'라 하고, 앞에 to가 붙은 형태를 말 그대로 'to부정사'라고 하죠. to부정사가 동사를 닮긴 했지만 동사는 아닙니다. 문장에서 명사(명사적 용법)/형용사(형용사적 용법)/부사(부사적 용법)처럼 쓸 수 있게 동사를 살짝 바꾼 형태가 to부정사인 셈이죠. 생김새는 같은데 문장에서 하는 역할이 다양하다 보니 명사/형용사/부사 중 어떤 품사로 해석해야 할지 헷갈릴 때가 많은데요, 그럴 땐 to부정사가 다른 품사를 수식하는지 아닌지를 살펴보세요.

일인다역의 to부정사를 알면 해석이 필요 없다

a **To spend time in this area** <u>is</u> to taste the culture of Madrid.
명사적 용법(주어)

Our goal <u>is</u> **to grow your business**.
명사적 용법(보어) ·

I <u>want</u> **to go on a trip** by myself next January.
명사적 용법(목적어)

b The author told us <u>his plan</u> **to write another novel**.
(한정) 형용사적 용법(명사 수식)

The boy <u>appeared</u> **to be nervous and scared**.
(서술) 형용사적 용법(주격[목적격] 보어)

c The understudy <u>went</u> abroad **to study advanced ballet**.
부사적 용법(동사 수식)

Latin is very <u>hard</u> **to learn**.
부사적 용법(형용사 수식)

The child is not old <u>enough</u> **to make big decisions**.
부사적 용법(부사 수식)

Let's NOT forget!

to부정사가 명사를 수식하면 명사는 to부정사의 주어/목적어이거나 '동격(동일한 대상)'을 뜻하죠.
주어
I have no friend to advise me. 나한텐 조언을 해줄 친구가 없어.
I still have many things to learn. 난 아직도 배울 게 많아.
목적어
동격
The president now regrets his decision to go to war.
대통령은 이제 와서 참전 결정을 후회하고 있다.

주어 역할을 하는 to부정사가 너무 길고 형태가 복잡하면 아무런 뜻이 없는 가짜 주어 it을 문장 맨 앞에 두고 to부정사를 뒤로 보내는데요, 이렇게 길고 복잡한 형태는 '무거운 정보(weight)'로 보고 뒤에 배치하는데, 이를 '문미 비중의 원칙(the principle of end-weight)'이라고 하죠.

To swim with the dolphins in the sea is my life-long dream.
= It is my life-long dream to swim with the dolphins in the sea.
돌고래들과 함께 바다에서 헤엄치는 게 일생일대의 꿈이야.

Inescapable

Astronauts depend on a variety of specialized space technology on their journey from the launch pad to the space station and then back to the earth. From manned maneuvering units to air revitalization systems to remote health monitoring systems, they benefit from a long list of equipment in accomplishing their out-of-this-world tasks. However, people here on Earth are also gaining **a**_____ from this sophisticated and advanced technology. Many devices and insights for space travel have filtered down to Earth on a large scale and have consequently improved various aspects of our daily lives. One good example is the medical CAT scanner. Hospitals use the imaging tool **b**to search the human body for abnormalities. In fact, its development was the direct result of the attempt to enhance pictures of the moon during the lunar landings.

a에 가장 알맞은 어휘를 고르세요.

1 advantages
2 drawbacks
3 preferences
4 hinderances

b와 쓰임새가 같은 것을 고르세요.

1 The opportunity <u>to work at home</u> is wonderful.
2 I decided <u>to work at home</u>.
3 He left early <u>to work at home</u>.
4 His plan is <u>to work at home</u>.

astronaut 우주비행사 depend on ~에 의존하다 a variety of 여러 가지의 specialized 전문화된 launch pad 발사대 manned maneuvering unit 유인조종장치 revitalization 재활성화 remote 원격의 benefit from ~로부터 혜택을 입다 equipment 장비 accomplish 달성하다 out-of-this-world 현실과 동떨어진 task 임무 sophisticated 정교한, 세련된 advanced 선진의, 진보한 insight 이해, 통찰력 filter down to ~로 새어나가다 scale 규모 consequently 결과적으로 CAT scanner X선 체축 단층 촬영 장치 imaging 화상(이미지의 표시·인쇄 등의 처리) abnormality 이상, 기형 attempt 시도 enhance 강화하다 lunar 달의 landing 착륙

a 이 지역에서 시간을 보내는 건 마드리드의 문화를 맛보는 경험이다. | 저희의 목표는 귀사를 성장시키는 것입니다. | 나는 내년 1월에 홀로 여행을 가고 싶어. | 그 작가는 우리에게 소설을 한 편 더 집필할 계획이라고 말했다. | 소년은 초조해 보였고 두려움에 떠는 듯했다. | 그 대역 배우는 상급 발레를 수련하기 위해 유학을 떠났다. | 라틴어를 배우는 건 너무 어려워. | 그 아이는 큰 결정을 내리기엔 나이가 아직 어려.

'동명사'는 말 그대로 '동사와 명사를 합친 형태'라는 뜻으로 붙여진 이름인데요, 동사원형에 -ing를 붙인 형태를 말합니다. 동사와 명사의 성격을 모두 갖고 있어서 명사처럼 문장의 주어/보어/목적어로 쓰이고 동사처럼 목적어와 부사를 취할 수 있다는 게 특징이죠. 그래서인지 「동명사＋목적어/부사」처럼 두 단어 이상의 긴 구 형태, 즉 '동명사구'로 등장할 때가 많은데요, 이렇게 긴 동명사구가 보인다면 문장에서 주어/보어/목적어 중 무엇으로 쓰였는지를 단번에 알아낼 수 있어야 영문을 술술 읽을 수 있습니다.

Pattern

04

명사로 변하는 동사를 알면 해석이 필요 없다

a **Mastering a foreign language** <u>can take</u> years of hard work.
주어

b Good hospitality <u>is</u> **making your guests feel at home**.
보어

c Many young people <u>enjoy</u> **sharing content** online.
타동사 enjoy의 목적어

The adventurer lives in the present <u>without</u> **thinking of the future**.
전치사 without의 목적어

Let's
NOT
forget!

동명사는 절반은 동사의 성격을 갖고 있기 때문에 동사처럼 시제를 표현할 수 있는데요, '단순 동명사(-ing)'라면 주절의 동사와 같은 시점으로, '완료형 동명사(having＋p.p)'라면 주절의 동사보다 한 시제 앞선 과거로 해석하면 됩니다.

He avoids meeting new people these days.
단순 동명사
그 사람은 요새 새로운 사람을 만나는 자리를 피하려고 해.

The new employee denied having filed any complaints.
완료형 동명사
그 신입 직원은 불만을 제기한 적이 없다고 부인했어요.

Inescapable

Monkeys are one of few animals that can see in full color. Since their eyes have all three types of cone cells, they can tell the difference between colors just like humans can. Just line up a number of colorful jellies and give the monkeys a jelly only when they pick the green one. They will soon start to pick the right jelly almost every time. But dogs are different. They only have two types of cone cells, so they can see some colors, but not all of them. To be specific, they are red-green color blind. If you throw a red Frisbee onto green grass, they won't be able to tell the difference. It just looks like yellow on yellow. Fortunately, the lack of color vision does not have much of a **a**_____ effect on them. They have other important senses, like smell and hearing, and these enable them to differentiate between objects. After all, what is so important about seeing colors if you can get by without it? For a dog, **b**_____ out on seeing life in vivid color is not really a problem at all.

a에 가장 알맞은 어휘를 고르세요.

1 positive
2 conclusive
3 resistive
4 negative

b에 가장 알맞은 형태를 고르세요.

1 having been missing
2 missing
3 having missed
4 being missing

in full color 총천연색으로 cone cell 원추 세포 tell the difference 분간하다, 구별하다 line up 줄을 세우다 a number of 얼마간의, 다수의 to be specific 구체적으로 말하면 color blind 색맹의 lack 부족, 결핍 vision 시력, 눈 have an effect on ~에 영향을 미치다 sense 감각 differentiate 구별하다 after all 결국에는, 어쨌든 get by 그럭저럭 살아[해] 나가다 miss out on ~을 놓치다 vivid 생생한

A 외국어 고수가 되려면 수년간 각고의 노력을 기울여야 될 거야. B 훌륭한 환대란 손님의 마음을 편하게 해주는 것이다. C 많은 젊은이들이 온라인상에서 콘텐츠를 공유하는 걸 즐긴다. I 그 모험가는 앞날은 생각하지 않고 현재에만 충실합니다.

23

자동사는 목적어가 필요 없는 동사죠? 그런데 예외도 있습니다. 뒤에 전치사가 나오는 '동사구(자동사＋전치사)'로 변하면 목적어를 가질 수 있기 때문이죠. 그럴 땐 동사 다음에 나오는 어구가 '전치사구(전치사＋명사)'와 비슷해 보이고 laugh at(~을 비웃다)등 각 단어의 뜻과는 다소 다른 의미를 나타낼 수 있기 때문에 주의해야 합니다. 「자동사/타동사＋부사」처럼 동사가 부사와 함께 쓰여도 동사구로 변하는데요, 타동사의 경우 목적어가 길 땐 부사가 목적어 앞에, 대명사일 땐 부사가 뒤에 나오죠.

Pattern

05

동사와 어울려 쓰는 말을 알면 해석이 필요 없다

a They all **laughed at** our tiny business.
　　　　　　　　자동사 + 전치사

　　cf. He was laughing **at the corner** of the street.
　　　　　　　　　　　　　　전치사구

b I **get up** at 6:00 every day.
　　자동사 + 부사
　　　ex. go along(진척되다), go on(계속되다), give in(굴복하다), go ahead(진행되다)

c **Take off** your hat when you sing the national anthem.
　타동사 + 부사
　　cf. **Take** your hat **off**./**Take** it **off**.(~~Take off it.~~)
　　　ex. put on(~을 입다), turn on(~을 켜다), put down(~을 내려놓다), blow up(~을 날려버리다)

　　　　　　　　　　　　　타동사 + 부사
d Follow the link below to **check out** the funniest, most unusual and downright bizarre trends on-line.
　　cf. Follow the link below to ~~check~~ the funniest, most unusual and downright bizarre trends on-line ~~out~~.

Let's NOT forget!

타동사가 목적어를 갖는다는 건 동사가 '목적어에 영향을 미치는 동작'임을 뜻하죠. 그런데 전치사가 오면 뉘앙스가 조금 달라집니다. 자동사/타동사로 모두 쓰이는 동사가 타동사로 쓰이면 어떤 행위를 '완수했다는 사실'을 강조하지만, 자동사로 전치사와 함께 쓰이면 '행위 자체'를 강조하기 때문이죠.

　　He shot the bird with a handgun. 그는 권총으로 새를 쐈다.(새를 '쏴 죽였다')
　　　　타동사

　　He shot at the bird until it disappeared. 그는 새가 사라질 때까지 쐈다.(새를 '향해서 쐈다')
　　　　자동사 + 전치사

Inescapable

Stephen King, America's most famous horror writer, sold his first novel in 1974. Actually, he had already written and submitted three other novels to publishing companies, but nobody wanted to purchase the paperback rights, and the rejection slips [a-1]piled up. He later said of this period, "I began to have long talks with myself at night about whether or not I was chasing a fool's dream." One day, King was starting work on his fourth novel in his trailer home. After only a few pages, he [a-2]crumpled it up and threw it in the garbage. He was writing an unusual story, but he thought it was way out of his wheelhouse. Fortunately, sometime later, King's wife Tabitha took the manuscript out of the garbage while she was cleaning. She read the story and really liked it, so she [b]_____ her husband to continue. He did, and he eventually [a-3]ended up with a 25,000-word story. The novel was *Carrie*, and it became Stephen King's first published book.

a (1-3) 동사구의 성분을 쓰세요.

1 pile up _____
2 crumple up _____
3 end up with _____

b에 가장 알맞은 어휘를 고르세요.

1 comforted
2 consoled
3 encouraged
4 restored

horror 공포 submit 제출하다 publishing company 출판사 purchase 구매하다 paperback 종이 표지책, 문고판 rights 판권 slip 거절 쪽지 pile up 많아지다, 쌓이다 have a long talk with ~와 장시간 얘기하다 chase 쫓다 a fool's dream 치인의 꿈 work on ~에 노력을 들이다 trailer home 이동식 주택 unusual 특이한 out of someone's wheelhouse ~가 할 수 있는 범위 밖에 있다 manuscript 원고, 필사본 continue 지속하다 publish 출판하다

a 그들은 너 나 할 것 없이 우리의 소규모 사업을 비웃었다. cf. 그는 길모퉁이에서 웃고 있었다. b 나는 매일 6시에 일어나. c 국가를 부를 때는 모자를 벗으세요. d 가장 재미있고 기상천외하며 별난 온라인 트렌드를 만나보시려면 아래의 링크로 이동하세요.

23

두 단어 이상이 모여서 하나의 의미 단위를 이룰 때도 있습니다. 이때「주어+동사」를 찾을 수 있으면 '절'이라고 하고 그렇지 않으면 '구'라고 하는데요, 구와 절 모두 문장에서 명사/형용사/부사 역할을 하는 '품사'인 동시에 주어/목적어/수식어 등 문장을 구성하는 '문장 성분'으로 쓰이죠. 쉽게 말해 둘 이상의 단어 집합이 하나의 명사/형용사/부사처럼 쓰인다고 보면 됩니다. 구와 절은 문장을 길고 복잡하게 만드는 주원인인데요, 이 구/절이 어떤 품사로, 어떤 문장 성분으로 쓰였는지를 알면 영문을 단숨에 읽을 수 있습니다.

Pattern
06

구와 절을 단숨에 구분하면 해석이 필요 없다

a 65% of the students reported **consuming caffein** regularly.
명사구

I enjoy hearing news **from other countries**.
형용사구

How much water should we drink **on a daily basis**?
부사구

b I know **that he got the ticket for free**.
명사절

The person **who discovered radium** was Madame Curie.
형용사절

When babies are hungry, they become more active and alert.
부사절

Let's NOT forget!

절은「주어+동사」관계로 이루어져 있긴 하지만 주어/목적어/보어/수식어 등 문장을 만들 때 필요한 하나의 성분으로도 쓰일 수 있습니다. 의미가 성립하면 '문장'이지만 그렇지 않으면 품사가 되죠. 문장은 하나 이상의 절로 이루어져 있고, 그래서 주어가 두 개라면 둘 이상의 절로 이루어진 문장으로 볼 수 있는데요, 이때 중심이 되는 절을 '주절', 주절에 의미상 딸려 붙은 절을 '종속절'이라고 합니다. 주절은 하나의 완결된 생각을 담고 있기 때문에 문장에서 떼어 내도 완전 문장이 될 수 있는 '독립절'이라고도 하죠. 반면, 종속절은 의미상 주절에 종속된 하나의 품사(명사/형용사/부사)이기 때문에 '의존절'이라고 부릅니다. 그래서 종속절을 주절에 연결 할 때는 종속접속사가 필요하죠.

Often times, I forget to take my medicine. 난 가끔 약 챙겨 먹는 걸 까먹어.
문장

When I'm busy, I forget to take my medicine. 난 바쁠 땐 약 챙겨 먹는 걸 까먹어.
종속절   주절

Inescapable

Pitcher plants are well known for eating insects. They usually live in soil ^{a-1}without proper nutrients, so they absorb the necessary nutrients from flying or crawling insects instead. But do you know exactly how these ^b_____ creatures capture and consume their prey? Their prey-trapping mechanism is quite simple. For a start, pitcher plants are quite beautiful and have sweet nectar. This visual appeal and sweet smell attract unwary insects onto the rims of their leaves and encourage them to enter their tubes. ^{a-2}Once the small animals enter and slide down the tube, they easily become prey for the plants. The insects cannot escape ^{a-3}even as they struggle to crawl out because the sides of the pitcher plant are slippery and deep, so they ultimately get killed and digested ^{a-4}in the pit of the hollow pitcher. How are the unsuspecting dinners digested? The carnivorous plants have digestive fluid inside them. The fluid gradually dissolves the insects' bodies, and useful nutrients are sent through the plant's system.

a(1-4)의 형태(구/절)와 품사를 쓰세요.

1 _____

2 _____

3 _____

4 _____

b에 가장 알맞은 어휘를 고르세요.

1 roaming

2 immobile

3 migrant

4 adaptable

pitcher plant 낭상엽 식물 be well known for ~로 잘 알려져 있다 insect 곤충 soil 땅, 흙 proper 적절한 nutrient 영양소 absorb 흡수하다 crawl 기어가다 creature 생명이 있는 존재, 생물 consume 먹다 prey 먹이 trap 덫으로 잡다 mechanism 방법, 메커니즘 nectar 꿀, 과일즙 visual 시각적인 appeal 매력 attract 관심을 끌다 unwary 부주의한 rim 가장자리, 테두리 slide down 미끄러져 내려가다 escape 달아나다 struggle 투쟁하다, 몸부림치다 slippery 미끄러운 ultimately 궁극적으로 digest 소화하다 pit 구덩이 hollow (속이) 빈 unsuspecting 이상한 낌새를 못 채는 carnivorous 육식성의 fluid 분비액 dissolve 녹이다

a 65퍼센트의 학생이 규칙적으로 카페인을 섭취한다고 말했다. | 나는 해외 뉴스를 즐겨 들어. | 물은 하루에 얼마나 마셔야 하나요? b 걔가 공짜 표를 구했다는 건 알고 있어. | 라듐을 발견한 사람은 퀴리 부인이었다. | 아기는 배가 고프면 더 활발해지고 예민해집니다.

25

문장의 맨 앞인 주어 자리에 대명사 it을 쓰고 원래 주어는 문장 뒤쪽에 두는 구문을 '가 (짜)주어 it 구문'이라고 합니다. '가짜 주어 it'은 아무런 뜻이 없는 형식적인 말이라 해 석할 필요가 없지만, 문장 뒤쪽의 진(짜)주어 자리에는 to부정사/동명사/that절/의문사 절/if[whether]절 등 다양한 형태가 나와 문장이 길어질 수 있다는 데는 주의해야 하죠. 단, 동명사는 '확립된 개념을 나타내는 명사'에 가까워 주로 문장 앞 주어 자리에서 '화 제'처럼 제시되기 때문에 실제로 가주어 용법으로 쓰이는 경우는 거의 없습니다.

Pattern
07

진짜 주어를 알면 해석이 필요 없다

a It is wrong **to abuse the kindness of strangers**.
  It = to부정사

b It is no use **living in the past**.
  It = 동명사

c It is true **that our environment is in grave danger**.
  It = that절

d It doesn't matter **what his educational background is**.
  It = 의문사절

e It doesn't matter **whether I get paid for it or not**.
  It = if[whether]절

Let's NOT forget!

to부정사가 길고 복잡해지면 '문미 비중의 원칙'에 따라 문장 맨 앞 주어 자리에 쓰지 않고 문장 의 뒤로 보낸다고 했는데요, 가주어 it 구문도 이 원칙이 반영된 경우죠.

To steal the work of others is wrong.
→ It is wrong to steal the work of others.
다른 사람의 노고를 가로채는 건 옳지 못한 일이다.

Inescapable

Camels have been a primary means of transport for desert dwellers for thousands of years. It is not always comfortable [a]to ride the huge mammals, as their bodies move from side to side like a ship because their front and back legs on the same side move forward together. However, they are ideally suited for long journeys across the desert terrain. The reason, as it is well known, is their [b]_____ ability to survive for months in their harsh environment without much food or water. Clearly, camels have several special design features. These allow them to survive in desolate and arid lands. First of all, their humps, which are fatty deposits, can provide energy when food is scarce. Another advantage is that their nostrils can absorb moisture from their breath and recirculate it through their bodies. In addition, they hardly ever sweat. These features help camels withstand the desert climate without a regular external source of water and food.

a와 쓰임새가 같은 것을 고르세요.

1 My aim is to become an entrepreneur.
2 It is a pity to see you leaving.
3 I missed the chance to speak with him.
4 He woke up early to finish his work.

b에 가장 알맞은 어휘를 고르세요.

1 related
2 unparalleled
3 allied
4 identical

primary 주요한 means 수단, 방법 transport 이동, 수송 dweller 거주자 mammal 포유동물 from side to side 좌우로 forward 앞으로 ideally 이상적으로 suited for ~에 적당한 terrain 지형, 지역 harsh 가혹한 feature 특징, 특성 desolate 황량한 arid 매우 건조한 hump 혹 fatty 지방이 많은 deposit 침전물 scarce 부족한 nostril 콧구멍 moisture 수분 breath 입김[숨] recirculate 재순환시키다 sweat 땀을 흘리다 withstand 견디다 climate 기후 external 외부의

a 낯선 사람의 호의를 악용하는 건 옳지 않아. b 과거에 얽매여 사는 건 쓸모없는 짓이다. c 우리의 자연환경이 심각한 위험에 처해 있다는 건 사실이야. d 그의 학벌은 중요하지 않아. e 그 일에 대한 대가를 받든 안 받든 상관없어.

27

형용사는 원래 명사 앞에 오지만 예외 없는 원칙이 없듯이 자리를 벗어날 때도 있습니다. 형용사가 −thing/−body로 끝나는 명사를 수식할 때, −able/−ible로 끝나는 형용사가 「최상급/all/every + 명사」를 수식할 때, 긴 형용사구가 명사를 수식할 때, 서술적 용법 (보어)으로 쓰이는 형용사가 명사를 수식할 때(「주격 관계사 + be동사」가 생략된 관계 사절)는 명사 뒤로 자리를 옮기죠. 둘 이상의 형용사가 명사를 수식할 땐 주로 앞에 오지만 관사와 명사가 멀어져 의미 구조를 파악하기가 어려울 때는 뒤로 옮겨가기도 합니다.

예외적인 형용사 자리를 알면 ·해석이 필요 없다

a The key to creativity is a desire to try <u>something</u> **different**.
　　　　　　　　　　　　　　　　　　　　-thing으로 끝나는 명사 수식

We are looking for <u>somebody</u> **professional**.
　　　　　　　　-body로 끝나는 명사 수식

b We want to provide <u>the best experience</u> **possible** for each of our clients.
　　　　　　　　　-able/-ible로 끝나는 형용사가 「최상급 + 명사」 수식

The event includes <u>all of the big-brand names</u> **imaginable**.
　　　　　　　　-able/-ible로 끝나는 형용사가 「all + 명사」 수식

We brought <u>every person</u> **available** to bring out the best results.
　　　　　　-able/-ible로 끝나는 형용사가 「every + 명사」 수식

c We are about to make <u>a decision</u> **crucial for the result of the election**.
　　　　　　　　　　긴 형용사구가 명사 수식

d I think he is <u>the best actor</u> **alive**.
　　　　　서술적 용법(보어)으로 쓰이는 형용사가 명사 수식

e You will need to be <u>a person</u> **efficient, reliable and hard-working**.
　　　　　　둘 이상의 형용사가 명사 수식

Let's NOT forget!

from time immemorial(예로부터), the sum total(합계[총계]), Asia Minor(소아시아), the authorities concerned(관계 당국), God Almighty(전능하신 하느님), in times past(지난 시절에) President elect(대통령 당선자, 차기 대통령), on Sunday next(다음주 일요일) 등 형용사가 명사 뒤에 나와 수식하는 관용 표현들도 꼭 알아두세요!

<u>From time immemorial</u>, human beings have been curious about the origin of life. 인간은 태곳적부터 생명의 근원에 대해 알고 싶어 했다.

Inescapable

Over the past several decades, more and more languages have become endangered in nearly every part of the world. As more people abandon their native tongues due to global commerce, tourism, and the inescapable influence of English, many languages are no longer passed on by parents to their children, and they are thereby left with only ᵃ_____. Since a language is not just words but a way of thinking and living, when the last speakers die, their entire culture will disappear, too. Ultimately, by entering the modern world, people are paying the price of losing their unique culture and proud heritage along with their ᵇ_____ distinctiveness. To combat these problems, many ethnic groups across the globe are struggling to find ways to preserve their own languages. Some are opening immersion schools and teaching the new generation their threatened language. Others are getting help from international academics to record their own linguistic knowledge into repositories like web-based archives.

a에 알맞은 형태를 고르세요.

1 a live a few speakers
2 a alive few speakers
3 a few alive speakers
4 a few speakers alive

b에 가장 알맞은 어휘를 고르세요.

1 ethical
2 linguistic
3 economic
4 political

decade 10년 endanger 멸종 위기에 빠트리다 abandon 버리다 native tongue 모국어 commerce 상업 inescapable 피할 수 없는 pass on to ~로 전하다[옮기다] thereby 그렇게 함으로써 disappear 사라지다 ultimately 결국 pay the price 대가를 치르다 heritage 유산 distinctiveness 특수성 combat 싸우다, 방지하다 ethnic 민족의, 종족의 preserve 보존하다 immersion 몰입, 몰두 threaten 위태롭게 하다 academic 교수, 학자 repository 보관소, 저장고 web-based 웹에 기반을 둔 archive 기록보관소

두 문장에 공통되는 명사가 있다면 이 명사를 한 번만 써서 하나의 문장으로 합칠 수 있습니다. 이때 '관계대명사'를 쓰는데요, 주절에 종속절을 연결해주는 '접속사'이자 종속절의 공통 분모(대명사)를 대신하는 역할을 하죠. 주격 관계대명사는 종속절(관계절)의 '주어 자리'에 쓴 관계대명사를 가리키는데, 수식하는 명사의 성격에 따라 who(사람)/which(사물, 동물)/that(사람, 사물, 동물)으로 형태를 바꿔 써야 합니다. 관계절은 '앞절의 명사(선행사)'를 수식하기 때문에 형용사처럼 해석하죠.

Pattern
09

주어가 숨은 관계대명사를 알면 해석이 필요 없다

a I have a friend **who** lives in Switzerland.
= I have a friend. He lives in Switzerland.

b My friend has a dog **which** looks like a polar bear.
= My friend has a dog. It looks like a polar bear.

c The story is about a man and his dog **that** help people with dementia.
= The story is about a man and his dog. They help people with dementia.

Let's NOT forget!

관계대명사절(종속절)에 생략된 대명사가 주격 보어라면 주격 관계대명사를 씁니다. 그런데 이 대명사가 '사람'일 땐 얘기가 좀 달라지는데요, 일상 영어에서 보어 자리에 있는 대명사를 주격(It is I.)이 아닌 목적격(It is me.)을 써서 나타내는 것과 같은 이유로 관계대명사가 보어를 대신할 때도 주격(who)이 아닌 목적격(whom)을 써야 하지만, 현대 영어에서는 who/whom 모두 예스러운 표현으로 여겨 that으로 통일해 쓰는 경향이 있습니다. 심지어 that까지 생략한 문장을 가장 자연스럽다고 생각하죠.

She is not the great coach. She once was it.
it=the great coach
= She is not the great coach who(m) she once was.
= She is not the great coach that she once was.
= She is not the great coach (that) she once was.
그녀는 왕년에 훌륭한 코치였지만 지금은 아니다.

Inescapable

Environmentalists regard the intense climate changes in the Arctic as a life-threatening problem. They fear that rapidly rising temperatures will cause glaciers and sea ice to melt, raise sea levels, and endanger all life, both inside and outside the Arctic region. However, oil and gas companies look at the phenomenon from a different perspective. They estimate that the region holds twenty-five percent of the world's remaining undiscovered oil and gas resources, and hope that climate change will bring new ᵃ_____ for them. In fact, for these prospectors, the extremely icy conditions have been a real obstacle in their rush to exploit the new energy reserves. Now, they hope the changing conditions will help them solve many long-standing problems such as ice sheets crushing their oil field equipment and deep icebergs destroying their subsurface pipelines and well heads. There is another industry ᵇ_____ sees this melting ice as a business opportunity rather than a grave warning: shipping companies. They believe that if the Arctic becomes permanently ice-free, new shipping routes will cut the distance between Northern Europe and China nearly in half, and save them millions of dollars on each trip.

a에 가장 알맞은 어휘를 고르세요.

1 preference
2 convenience
3 opportunities
4 connections

b에 들어갈 수 <u>없는</u> 관계대명사를 고르세요.

1 who
2 that
3 which

environmentalist 환경보호론자 intense 극심한 the Arctic 북극 life-threatening 생명을 위협하는 glacier 빙하 melt 녹다 sea level 해수면 raise 상승시키다 phenomenon 현상 perspective 관점 estimate 추정하다 undiscovered resource 발견되지 않은 자원 prospector 탐사자 obstacle 장애물 exploit 개발하다 reserves 매장량 long-standing 오래된 ice sheet 빙상, 판빙 crush 으스러뜨리다 subsurface 지표 밑의 well head (원유) 갱구 grave 심각한 permanently 영구히 ice-free 얼지 않는 route 길, 경로 distance 거리

ⓐ 나는 스위스에 사는 친구가 한 명 있어. ⓑ 내 친구는 북극곰처럼 생긴 개 한 마리를 기르고 있어. ⓒ 그 이야기는 치매에 걸린 사람들을 돕는 개와 한 남성에 관한 거야.

10

주격 관계대명사절이 '주어를 대신하는 관계대명사'를 쓴 절이라면, 목적격 관계대명사절은 두 절의 공통되는 말이자 뒤에 나오는 절의 '목적어'를 대신하기 위해 '목적격' 관계대명사를 쓴 절을 말합니다. 그래서 목적격 관계대명사절은 목적어가 없는 불완전한 절이죠. 목적격 관계대명사는 두 절을 잇는 접속사 역할을 하기 때문에 관계대명사절의 주어 앞에 나오는데요, 수식하는 명사(앞 절의 선행사)의 성격에 따라 whom(사람)/which(사물, 동물)/that(사람, 사물, 동물)으로 다양하게 형태를 바꿔 쓰죠.

목적어가 숨은 관계대명사를 알면 해석이 필요 없다

a The witnesses **whom** I interviewed gave me inconsistent answers.
= The witnesses gave me inconsistent answers. I interviewed them.

b The rumor **which** we heard at lunch was not true.
= The rumor was not true. We heard it at lunch.

c He was not responsible for the things **that** I complained about.
= He was not responsible for the things. I complained about them.

Let's NOT forget!

앞서 말한 것처럼 일상영어에서는 선행사가 '사람'일 때 목적격 관계대명사 whom 대신 who를 더 자주 씁니다. 의문문에서 whom 대신 who를 선호하는 것(Who do you like most?)도 마찬가지 이유 때문이고요. 그래도 문법을 정확히 구사하는 능력을 평가하는 수험 영어에서는 이 둘을 구분할 수 있어야겠죠?

The man **who** we met at the party was Jane's cousin.
우리가 파티에서 만난 그 남자는 제인의 사촌이었어.

Inescapable

Have you ever wondered why mosquitoes prefer some people over others? Well, researchers say the answer is a combination of genetics and scent. Mosquitoes are attracted to sweat, lactic acid, uric acid and octenol, ^{a-1}which some people naturally release more of on a consistent basis. These people therefore get bitten more often than others. Have you ever heard ^{a-2}that people with certain diseases are more ^b_____ to mosquito bites? That is true, and it also relates to the odor ^{a-3}that the ailments bring about. For example, some diseases like malaria change the odor profiles of infected people and make them more attractive to mosquitoes. You may wonder if olfactory traits are the only cue ^{a-4}that mosquitoes use to find targets. The answer is no. They also rely on visual and thermal cues to differentiate people from other objects. So if you're moving around a lot and sweating, you are simply shouting to mosquitoes, "Hey, I am here!"

a(1-4) 중 성격이 <u>다른</u> 하나를 고르세요.

1 which
2 that
3 that
4 that

b에 가장 알맞은 어휘를 고르세요.

1 similar
2 remote
3 prone
4 favorite

wonder 궁금해하다 combination 혼합 genetics 유전, 유전학 scent 향기 attract 끌어들이다 sweat 땀 lactic acid 젖산 uric acid 요산 octenol 옥탄올 release 분출하다 consistent 지속적인 bite 물기, 무는 행위 relate to ~와 관련되다 odor 냄새 ailment 질병 bring about ~을 야기하다[초래하다] profile 윤곽 infect 감염시키다 olfactory 후각의 trait 특성 cue 신호 rely on ~에 기대다[의존하다] thermal 열의

_a 내가 인터뷰한 증인들은 일관성 없는 대답을 했다. _b 우리가 점심 때 들은 그 소문은 사실이 아니었어. _c 그는 내가 불만을 제기한 문제들에 대한 책임이 없었다.

특정 명사가 누구의 소유인지를 나타낼 때는 소유격(my/your/his/her…)을 쓰죠? 마찬가지로 두 절의 공통된 말이 의미상 소유 관계로 연결된다면 '소유격' 관계대명사를 써서 한 문장으로 만들 수 있습니다. 소유격 관계대명사는 사람/사물 선행사를 가리지 않고 whose를 쓸 수 있는데요, 소유격이 명사를 수식하는 형용사 역할을 하니 소유격 관계대명사도 수식하는 명사(소유의 대상) 앞에 등장하죠. 소유격 관계대명사는 주격/목적격 관계대명사와 달리 생략할 수 없다는 것도 꼭 알아두세요!

Pattern

11

소유자가 숨은 관계대명사를 알면 해석이 필요 없다

a I have a friend **whose** father is a famous singer.
= I have a friend. His/Her father is a famous singer.

b I've come across this sentence **whose** meaning I don't know.
= I've come across this sentence. I don't know its meaning.

Let's NOT forget!

영어에서는 소유격과 '관사(명사 앞에 붙어 범위를 한정하는 말)'를 함께 쓸 수 없다는 원칙이 있어 소유격 관계대명사와 명사 사이에는 a(n)/the를 쓰지 않습니다. 또 소유격 관계대명사는 격식을 갖춘 문어체에 주로 쓰이고 일상회화에서는 잘 사용하지 않죠. 구어체에서는 소유를 나타내는 전치사 with를 쓰는 게 더 자연스럽습니다.

He is the man whose (a) sister works for the company.
그가 그 회사에 다니는 누이를 둔 남자다.

I have a house whose ownership is shared between my wife and me.
= I have a house with shared ownership between my wife and me.
저는 아내와 공동 소유로 된 집을 한 채 갖고 있어요.

Inescapable

The Aztec Empire had a great number of mighty warriors, ^awhose lives involved constant battles. Aztec fighters received military training from a young age and engaged in continuous warfare which was the main driving force for their economic and religious lives. However, ironically, this powerful empire of well-trained soldiers was easily defeated when a Spanish army invaded its land. Do you know why? One of the most obvious, immediate factors was their battle tactics. When the Aztec soldiers engaged in battles, their goal was generally not to kill but to capture the enemy alive to be sacrificed at their temples. Hence, the Aztecs preferred to take their Spanish enemies as captives rather than ^b_____ them. To the Aztecs' amazement, the Spanish conquistadors fought in a different style. In fear of becoming human sacrifices, they concentrated on killing their enemies with guns and cannons. By the time the Aztecs changed their tactics, it was too late, and the Spanish had defeated them.

a의 선행사를 고르세요.

1 The Aztec Empire
2 a great number
3 mighty warriors
4 constant battle

b에 가장 알맞은 어휘를 고르세요.

1 dispatch
2 poison
3 smash
4 slaughter

empire 제국 mighty 강력한 warrior 전사 constant 끊임없는 battle 전투 engage in ~에 종사하다 continuous 계속되는 warfare 전쟁 driving force 원동력 ironically 반어적으로 defeat 패배시키다 invade 침략하다 obvious 명확한 immediate 즉각적인 factor 요인, 인자 tactics 전술 capture 포로로 잡다 sacrifice 제물을 바치다; 제물 to one's amazement ~에게 놀랍게도 conquistador 정복자 concentrate on ~에 집중하다 enemy 적

a 아버지가 유명 가수인 친구 한 명이 있어. b 나는 의미를 알 수 없는 이 문장을 우연히 마주쳤다.

12

소유자가 사물인 관계대명사를 알면 해석이 필요 없다

선행사가 사람일 때는 소유격 관계대명사 whose를 쓰지만 선행사가 사물이라면 목적격 관계대명사인 which와 '소유'를 나타내는 전치사 of를 써서 주절과 관계절을 연결하기도 합니다. 이 경우 「the + 명사 + of which」, 또는 of which의 접속사 기능을 강조하기 위해 명사를 뒤로 옮긴 「of which + the + 명사」 구조를 쓰는데요. 형태가 복잡해 보이는 만큼 간단명료한 표현을 선호하는 구어체에서는 잘 쓰지 않습니다. 특히나 선행사 뒤에 of which가 오는 표현은 예스럽게 느껴져 현대 영어에서는 거의 쓰지 않죠.

a The house, **the roof of which** is being fixed, is for sale.
The house **of which the roof** is being fixed is for sale.
The house **whose roof** is being fixed is for sale.
= The house is for sale. The roof of it is being fixed.

b Here is a list of the books, **the names of which** I can't remember.
Here is a list of the books **of which the names** I can't remember.
Here is a list of the books **whose names** I can't remember.
= Here is a list of the books. I can't remember their names.

Let's NOT forget!

관계대명사 앞에 쉼표를 써서 절을 연결할 때도 있습니다. 쉼표가 없다면 관계대명사절은 선행사를 설명할 때 빼놓을 수 없는 '필수' 정보를 나타내고, 쉼표를 쓴 관계대명사절은 생략해도 상관없는 '추가' 정보를 나타내죠. 위 예문들도 쉼표가 있고 없고에 따라 말하는 이의 본심(?)을 각각 다음 순서대로 표현할 수 있습니다.

a The main point here is that the house is for sale. That the roof is being fixed is extra information.
여기서 중요한 건 그 집을 팔려고 내놨다는 점이다. 지붕이 수리 중이라는 건 추가 정보다.
I want to tell you that among all of the houses, the house which is having its roof fixed is the one for sale.
모든 집 중에서도 지붕이 수리되고 있는 바로 그 집이 매물이라는 게 내가 하고 싶은 말이다.

b This is a list of books, and I can't remember the names of these books.
이게 책 목록인데, 책 제목은 다 기억나지 않는다.
This list does not contain all of the books, but only the books of which I don't know the names.
이 목록에는 모든 책이 수록된 게 아니다. 내가 제목을 모르는 책만 있다.

Inescapable

Much of our longevity is tied to our everyday lifestyle choices. If we exercise regularly, maintain good nutrition, get enough sleep, and get regular vaccines and health screenings, we are less likely to die at an early age than if we fail to ᵃ_____ these healthy routines and habits. But are these biological behaviors alone enough to help us reach the potential limits of our lifespan? In a recent study, researchers found there is another important secret to longevity: having a positive attitude. According to these scientists, people who have an optimistic outlook, socialize regularly, and enjoy having a good laugh maintain a healthier brain, ᵇ_____ is critical for the healthy, productive functioning of the rest of the body. Therefore, a positive outlook on life can help people maintain a fast metabolism and increase their lifespan. They also found that people who have a positive perspective tend to have a stronger immune system and better ability to cope with stress than their pessimistic peers. This can lead to a lower likelihood of death from a heart attack, stroke, or other cardiovascular condition in later years.

a에 가장 알맞은 어휘를 고르세요.

1 reject
2 adopt
3 discard
4 adapt

b에 가장 알맞은 형태를 고르세요.

1 which the condition of
2 of the condition which
3 the condition of which
4 which of the condition

longevity 수명 tied to ~와 관련 있는 maintain 유지하다 nutrition 영양 vaccine 백신 screening 검사 routine 틀, 일상 habit 습관 biological 생물학의 behavior 행동 potential 가능성 있는 lifespan 수명 attitude 태도 optimistic 낙관적인 outlook 전망 socialize 어울리다 critical 중대한 productive 생산적인 functioning 기능, 작용 metabolism 신진대사 perspective 시각 immune system 면역체계 cope with ~에 대처하다 pessimistic 염세적인 peer 또래 likelihood 가능성 heart attack 심근경색, 심장마비 stroke 뇌졸중 cardiovascular 심혈관의 later years 늘그막, 말년

ⓐ 지붕을 수리 중인 그 집은 팔려고 내놓은 겁니다. ⓑ 여기 제목이 기억나지 않는 도서 목록을 드릴게요.

관계대명사는 앞에 나온 명사를 가리키는 말이니 관계대명사를 쓴 문장도 어찌 보면 같은 말을 두 번 쓴 셈인데요, 모든 언어가 그렇듯 영어도 '경제성'을 중시하기 때문에 반복을 피하고 중복되는 말은 생략하는 경향이 있습니다. 관계대명사절도 예외는 아니라 주로 관계대명사를 생략한 형태를 쓰죠. 가령 목적격 관계대명사, 「주격 관계대명사 + be동사」, 주격 보어로 쓰인 주격 관계대명사는 생략합니다. 원래 비격식체에서 더 빈번하게 생략하지만, 요즘엔 문어체도 별반 다르지 않죠.

Pattern

13

사라진 관계대명사를 찾으면 해석이 필요 없다

a I watched the trailer of the movie **(that)** you recommended.
목적격 관계대명사 생략

b I know the man **(who is)** singing in the commercial.
주격 관계대명사 + be동사 생략

c Kelly is no longer the woman **(that)** she used to be.
주격 보어로 쓰인 주격 관계대명사 생략

Let's NOT forget!

관계대명사가 전치사의 목적어일 때도 생략할 수 있습니다. 하지만 전치사 바로 뒤에 올 때는 생략할 수 없죠.

I was asked some questions (<u>which</u>) I was quite familiar <u>with</u>.
전치사 with의 목적어 (생략 가능)

I was asked some questions <u>with which</u> I was quite familiar.
전치사 + 관계사(생략 불가능)

나는 사람들이 자주 물어보는 몇 가지 질문을 받았다.

Inescapable

Having a beard was very popular in mid to late 19th-century America. After the logical rationalism of the 18th century, people began to display a philosophical tendency toward a sense of individual freedom by rejecting the standard norms and conventions, and facial hair was in a way the outward expression of these inner attitudes. If you see paintings of prominent Americans during these times, you can see that almost every male grew some sort of facial hair. The best beards [a]you can find in all of known history were in the 19th century. Interestingly, however, this trend gradually [b]_____ after World War I. During the war, every soldier had to wear a gas mask because of the toxic bombs their enemies used. But a soldier could not have a beard and wear a gas mask at the same time. There was also a head lice problem. These pests were typically found on areas of the body that were covered with hair, so military doctors ordered all soldiers to have short hair and no facial hair. Due to these factors, beards completely disappeared within the military, and this trend continued in civilian life after the war.

a 앞에 생략된 말을 고르세요.

1 of which
2 that
3 that is
4 who

b에 가장 알맞은 표현을 고르세요.

1 showed up
2 died out
3 stepped down
4 dropped out

beard 수염 logical 논리적인 rationalism 이성[합리]주의 display 내보이다 philosophical 철학의 tendency 경향 individual 개인의 norm 표준, 규범 convention 관습 facial 얼굴의, 안면의 outward 외형의 inner 내면의 prominent 유명한 trend 동향, 추세 gradually 서서히 toxic 유독성의 louse 이(pl. lice) pest 해충 typically 전형적으로 order 명령하다 disappear 사라지다 military 군대 civilian life 민간 생활

---

a 네가 추천한 영화의 예고편을 봤어. b 그 광고에서 노래를 부르는 남자가 누군지 알겠어. c 켈리는 내가 알던 예전의 그녀가 아니야.

39

우리말에 없는 용법이라 유독 헷갈려하는 현재완료 시제(have/has+p.p)는 '완료'보다 '현재'에 초점을 맞춰야 이해하기 쉽습니다. '완료'는 4가지 쓰임새(결과, 경험, 계속, 완료) 중 하나일 뿐이죠. 이 쓰임새들의 공통점도 바로 '완료'가 아닌 '현재'입니다. 모두 과거의 '불분명한' 시점에 시작된 행위의 결과[영향]가 '현재'까지 이어지고 있음을 나타내기 때문이죠. 과거형과 현재완료형 모두 우리말로 '-었'으로 해석돼 혼동하기 쉬운 만큼 동사의 의미와 문맥에 따라 쓰임새를 정확히 파악해야 영문을 막힘없이 읽을 수 있습니다.

Pattern
14

'완료'가 아닌 '현재'에 주목하면 해석이 필요 없다

a I **have** finally **finished** painting the shop.
완료(과거의 한 시점부터 계속되던 특정 행위가 현재에 종결됨)

b I **have lost** my appetite due to stress.
결과(과거에 일어난 일의 결과나 영향이 현재까지 지속됨)

c I **have met** the singer in person before.
경험(과거의 경험을 현재까지 간직함)

d I **have known** the family for around 10 years.
계속(과거에 시작된 행동이나 상태가 현재까지 지속됨)

Let's NOT forget!

'시간'이나 '조건'을 나타내는 부사절에 쓰인 현재 시제는 '미래의 일'을 뜻할 수 있습니다. 현재완료 시제가 쓰이면 '미래의 특정 시점에 완료될 예정인 일(미래완료 시제)'을 나타낼 수 있고요.

I will help you **when** I **have completed** the work.
시간부사절(미래의 특정 시점에 업무를 끝낼 예정)
업무가 끝나면 제가 도와드릴게요.

It can be hard to manage hair **if** it **has grown** to a certain length.
조건부사절(미래의 특정 시점에 일정한 길이로 자랄 예정)
머리가 어느 정도 자라면 관리하기가 어려워져.

Inescapable

From time immemorial, humankind has been curious about the world around us. With inquisitive minds and boundless curiosity, we [a]have been on a journey to find out more about what exists beyond our vision and if there's anything beyond our understanding. In fact, it is this desire to know more that has brought us all the progress and achievements that we have made throughout history. The driving force behind all the adventures, discoveries, and inventions hidden beneath the surface of our modern culture hasn't been anything [b]_____, but has come from within. However, the seemingly incredible outcomes of mankind's most essential instinct have not always been positive. We have invented wondrous machines, but we have also created murderous weapons. We have explored every beautiful corner of the world, yet we have also done terrible damage to many parts of it. In short, without common sense and proper awareness, we have often let our curiosity get the best of us. This has resulted in failures which have done great harm to a great many.

a의 의미로 가장 알맞은 것을 고르세요.

1 완료
2 결과
3 경험
4 계속

b에 가장 알맞은 어휘를 고르세요.

1 tangible
2 factual
3 faithful
4 invisible

immemorial 태곳적부터의 humankind 인류, 인간 curious 궁금한 inquisitive 꼬치꼬치 캐묻는 boundless 끝없는 on a journey 여행길에 progress 진보 achievement 성취, 업적 driving force 원동력, 추진력 adventure 모험 invention 발명 surface 표면 from within 안으로부터 seemingly 겉보기에는 outcome 결과 essential 필수의 instinct 본능, 직감 wondrous 경이로운 murderous 살인용의 weapon 무기 explore 탐험하다 proper 올바른, 타당한 awareness 의식, 경각심 get the best of ~을 이기다[능가하다] a great many 아주 많은 것, 다수

---

[a] 가게 페인트 칠을 드디어 끝냈어. [b] 나는 스트레스 때문에 식욕을 잃었어. [c] 난 그 가수를 직접 본 적이 있어. [d] 그 가족을 알고 지낸 지는 10년쯤 됐어요.

such는 주로 「such + a(n) + 형용사 + 명사」 형태로 명사 앞에 놓여 형용사의 의미를 강조하는 역할을 하지만 접속사 that이 이끄는 부사절이 이어지면 '결과'(너무 ~ 해서 …하다), '정도'(너무 ~ 해서 …할 정도다) 중 하나를 뜻합니다. such ~ that …이 두 절을 잇는 접속사 역할을 하지만 일반적인 접속사와는 의미 구조가 다르다는 데 주의해야 하는 이유죠. 만약 명사 앞에 수식하는 형용사가 없다면 '너무 심해서, 매우 대단해서' 등 문맥에 맞게 명사의 의미를 강조하는 의미로 해석하면 됩니다.

Pattern
15

such가 앞선 부사절을 알면 해석이 필요 없다

a Life is **such** a good teacher **that** it repeats the lessons you do not learn.
            결과

b He is **such** a famous person **that** even children can recognize him.
            정도

c The staff treated us with **such** affection **that** we felt like long-lost family
  members.   명사 강조

Let's NOT forget!

such that ~처럼 둘을 붙여 쓸 때도 있습니다. 이때 such는 명사를 수식하는 역할이 아니라 보어처럼 주어를 보충 설명해주는 역할(서술적 용법)을 하죠. 이때도 that이 이끄는 절은 문맥에 따라 '결과, 정도' 중 하나로 해석합니다.

The pain was <u>such that</u> he knew he was dying.
            결과
고통이 너무 극심한 나머지 그는 자신이 죽어가고 있음을 직감했다.

My schedule was <u>such that</u> I didn't get much time to do any sightseeing.
            정도
내 일정은 관광할 시간을 낼 수 없을 정도로 꽉 찬 상태였다.

Inescapable

When a film director wanted to create a fantastic scene or setting that was too expensive to construct, they would often turn to a matte painting. Instead of building artificial environments or miniatures, they asked talented artists to draw fantastical surroundings by hand and combined the painted landscapes with live-action footage. You can see some examples of this technique in the famous monster film *King Kong*. The illusion of the colossal ape's jungle habitat is one of those spectacular settings composed of matte paintings. However, if you see one of these matte paintings in person, you might be a bit [a]_____ by their roughness. The paintings that look so convincing in films do not look so plausible in real life. But how could these rough paintings result in such realistic scenes? The technique works because of digital enhancement. During the compositing process, the technicians adjust the light, insert characters, and add elements such as smoke and fog. All of these effects give the scenes [b]_____ the audience does not realize they are artificially accomplished.

a에 가장 알맞은 어휘를 고르세요.

1 discouraged
2 defeated
3 disconnected
4 disappointed

b에 가장 알맞은 형태를 고르세요.

1 such that a natural feeling
2 a natural feeling such that
3 such a natural feeling that
4 a natural such feeling that

setting 배경[무대] construct
건설하다 turn to ~에 의지하다
artificial 인공적인 miniature
축소 모형 talented 재능 있는
fantastical 공상적인 by hand
손으로 combine 결합시키다
landscape 경관, 풍경 live-action
실연의 footage 장면, 화면 illusion
환상 colossal 거대한 ape 유인원
habitat 서식지 spectacular
장관을 이루는 compose 구성하다
in person 직접, 몸소 disappoint
실망시키다 roughness 거침, 조잡함
convincing 설득력 있는 plausible
그럴듯한 rough 거친 enhancement
강화 compositing process 합성
과정 adjust 조정하다 insert 끼우다
add 더하다 accomplish 달성하다

ⓐ 삶은 훌륭한 교사이므로 교훈을 얻지 못하면 되풀이해 가르쳐준다. ⓑ 그는 아이들조차 알아볼 정도로 매우 유명하다. ⓒ 직원들이 우리를 너무 애틋하게 대해줘서 마치 오랫동안 보지 못한 가족을 만난 듯했다.

Pattern 16

so가 앞선 부사절을 알면 해석이 필요 없다

a His jokes were **so** funny **that** people started laughing hard over them.
　　　　　　　　　　　　결과
The notice is **so** incomprehensible **that** no one can understand it.
　　　　　　　　　　　　　　정도

b Sadly the reviews were **so** late **as to** make them meaningless.
　　　　　　　　　　　　　결과
The company was **so** careless **as to** sell unfinished products to the public.
　　　　　　　　　　정도

Let's NOT forget!

such that ~처럼 so that ~도 붙여 쓸 수 있습니다. 이때 종속절(that절)은 '목적(~하기 위해)'으로 해석하죠. so that이 앞 절과 문법적으로 대등한 절을 이끌 때도 있는데요, 이때는 '결과(그 결과, 그러므로)'로 해석합니다.

He took the subway <u>so that</u> he could reach the office in time.
　　　　　　　　　　목적
그는 사무실에 정시에 도착하려고 지하철을 탔다.

They left before daylight <u>so that</u> they all arrived before the scheduled time.
　　　　　　　　　　　　　　결과
그들은 날이 새기 전에 떠났다. 그래서 그들 모두 예정 시간보다 일찍 도착했다.

Inescapable

Parents should not expose their kids to scary movies if they are still under the age of 7. Very young children are not able to distinguish between fantasy and reality, so viewing graphic images can leave deep psychological wounds and have a crippling impact on their lives. As a child, you may remember glancing at some disturbing images on TV at the wrong moment and then not being able to sleep for days. This is one of the typical short-term effects of watching horror movies. Even a short exposure to such horrible scenes can be **a**_____ it can bring about psychiatric trouble, which often leads to persistent sleep disturbances. This type of negative experience can even have an adverse effect on a child's long-term development. In some cases, exposure can cause them to develop some form of phobia toward a specific animal, object, or situation that they saw on the screen, and this can lead to the irrational **b**_____ of similar things or circumstances they need to confront in real life.

a에 가장 알맞은 형태를 고르세요.

1 that so mentally damaging
2 so mentally damaging that
3 damaging mentally so that
4 mentally damaging so that

b에 가장 알맞은 어휘를 고르세요.

1 avoidance
2 prevention
3 interception
4 prohibition

expose 노출하다 scary 무서운 distinguish 구별하다 graphic (불쾌한 것에 대해) 생생한 psychological 정신의, 심리의 wound 상처 have an impact on ~에 영향을 주다 crippling 심한 손상을 입히는 glance 흘끗 보다 disturbing 충격적인, 불쾌한 typical 전형적인 bring about ~을 일으키다 psychiatric 정신 질환의 persistent 지속하는 disturbance 방해 adverse 부정적인, 불리한 phobia 공포증 specific 특정한 irrational 비이성적인 circumstance 상황 confront 직면하다

---

a 그의 농담이 너무 재미있어서 사람들은 한바탕 웃어 젖히기 시작했다. | 그 공지는 그 누구도 의미를 이해할 수 없을 정도로 난해했다. **b** 애석하게도 검토는 이미 때늦어 의미를 잃었다. | 그 회사는 대중을 상대로 미완성품을 판매할 정도로 부주의했다.

관계대명사절은 앞 절의 명사(선행사)를 수식하는 역할을 하죠? 명사를 '수식한다'는 건 명사의 의미를 보다 구체적으로 '한정한다'는 뜻이기도 합니다. 그래서 '한정적 용법'이라고도 하죠. 반면 관계대명사가 「접속사+대명사」의 의미로 쓰이면서 관계대명사절이 선행사를 수식하는 것이 아니라 생략해도 그만인 추가 정보를 나타낼 때도 있는데요, 이를 '계속적 용법'이라고 합니다. 이때는 관계대명사 앞에 쉼표를 써서 '한정적 용법'과 구분하고, 문맥에 따라 알맞은 접속사를 넣어 해석해야 하죠.

Pattern
17

순차 해석하는 관계대명사를 알면 해석이 필요 없다

a She called the building manager, **who** fixed the front door.
= and (s)he

b He kept talking to the gatekeeper, **who** denied his entry.
= but (s)he

c I rarely meet my brother, **who** works in New York.
= for he

d My friend Anna, **who** is smart, never boasts of her talents and abilities.
= though she

Let's NOT forget!

고유명사나 이미 정체가 밝혀진 선행사라면 뜻을 더 이상 한정할 필요가 없겠죠? 단, 추가 정보를 덧붙이고 싶다면 쉼표를 넣어 계속적 용법으로 나타내면 됩니다. 계속적 용법은 뒤에서 앞으로 해석하는 수식 구조가 아니라 앞에서 쭉 이어지는 순차 구조로 해석하죠.

I have recordings of over 100 protest songs, many of which are extremely rare. 내겐 100곡 이상의 저항곡이 담긴 음반이 있는데, 그중 대다수가 희귀작이다.

Inescapable

Parents should cook with their children from an early age. Though it requires a little bit of extra preparation, patience, and clean-up, there are many developmental benefits that are well worth the effort of bringing kids into the kitchen. For one thing, cooking with kids can help them improve their motor skills. Motor abilities can be learned only after children exercise them for themselves, and cooking can provide an opportunity for physical training that no books can provide. Cooking can also help them practice their reading and math skills. Time spent together in the kitchen involves reading food labels and recipes as well as hands-on use of the mathematical concepts of measurement and time, [a]all of which can be exercised when kids help out in the kitchen. In addition, cooking with children can improve their problem solving skills. The process of [b]_____ — mixing together and substituting different ingredients — facilitates the development of the reflective and creative aspects of a child's mind.

a의 의미로 가장 알맞은 것을 고르세요.

1 for all of them
2 but all of them
3 and all of them
4 though all of them

b에 가장 알맞은 어휘를 고르세요.

1 preparing
2 experimenting
3 reproducing
4 imitating

extra 추가의 preparation 준비, 대비 patience 인내 clean-up 청소, 정화 benefit 혜택, 이익 motor skills 운동 능력 exercise 훈련하다 physical 육체의, 신체의 provide 제공하다 label 라벨, 표 recipe 조리법 hands-on 직접 해보는 mathematical 수학적인 concept 개념 measurement 측량, 치수 mix 섞다 substitute 대체하다 ingredient 재료 facilitate 용이하게 하다 reflective 사색적인, 숙고하는

a 그녀는 건물 관리인에게 전화를 했고, 그 관리인이 현관을 고쳐줬다. b 그는 문지기에게 끈질기게 말해봤지만 그는 들여보내주지 않았다. c 나는 남동생을 거의 못 만나. 뉴욕에서 일하거든. d 내 친구 안나는 똑똑하지만 재능과 능력을 과시하는 법이 없어.

47

원래 자동사는 보어나 목적어 같은 다른 성분 없이 「주어+자동사」 형태만으로도 완전 문장을 만들 수 있죠? 그런데 이 자동사가 '보어가 필요한 동사'로 변하기도 하는데요, 가령 come/go/run/fall 등의 자동사가 '~이 되다, ~한 상태가 되다'라는 뜻으로 쓰이면 보어(명사/형용사)가 뒤에 따라 붙어야 불완전한 의미를 보완할 수 있습니다. live/die/marry/stand/sit/return 등의 자동사도 명사(구)/형용사(구)/분사(구) 등 다양하고 복잡한 형태의 보어와 함께 쓰일 수 있는데요, 이를 '유사보어'라고 하죠.

Pattern
18

성격이 바뀌는 동사를 알면 해석이 필요 없다

a All my dreams **came** <u>true</u> in the last 12 months.
실현되다

I **went** <u>bald</u> when I was 23.
대머리가 되다

The stream **runs** <u>dry</u> in the hottest months.
말라버리다

Fourteen people **fell** <u>ill</u> after eating the fish curry.
병이 들다

A hospital in the US **fell** <u>victim to</u> a cyber-attack over the weekend.
~의 희생[물]이 되다

b She **died** <u>a hero</u> after rescuing the child from the burning building.
명사(구)

She **died** <u>young</u> because of cancer.
형용사(구)

She **died** <u>looking</u> for help after the earthquake.
현재분사(구)

She **died** <u>surrounded</u> by her family in the hospital.
과거분사(구)

Let's NOT forget!

유사보어를 쓰면 복잡한 문장을 짧고 간결하게 줄일 수 있습니다. 가령 두 개의 절(주절+종속절)로 이루어진 문장에서 종속절을 '부대 상황(동시 상황)'을 뜻하는 분사구문(동사원형+ing)으로 바꾼 후 being을 생략하면 유사보어가 되죠.

<u>She died</u> <u>when she was young</u>.
주절   종속절
→ She died **(being)** young. 그녀는 요절했다.

Inescapable

If your dog bites someone, should you always be held responsible? In most states, dog owners are held strictly liable for any problems their dogs cause. If a dog ^aruns loose and injures a person, the owner automatically bears all of the legal and financial responsibility for the traumatic experience of the victim. However, the laws are not the same in every state. Some states will not hold owners liable unless a domestic animal bites more than once. This is called the "one free bite" rule. The rationale is that domestic animals by nature are not injurious, so the owner should be protected from liability unless he or she knew or had reason to believe that the dog is dangerous or vicious to humans. This means that in these states, the consequence depends on the timing of the ^b_____ of the danger. If the owner saw his dog trying to bite someone and knew the dog was likely to cause some type of injury, he or she is held liable even if it is the canine's first bite. Otherwise, the owner is shielded from liability by the "one free bite" statute.

a와 쓰임새가 같은 것을 고르세요.

1 They <u>came</u> very late to our house.
2 He <u>fell</u> down a cliff in Bali.
3 I <u>ran</u> the marathon in Toronto in 1983.
4 We <u>went</u> dizzy after a few spins.

b에 가장 알맞은 어휘를 고르세요.

1 admission
2 remembrance
3 recognition
4 acceptance

bite 물다 responsible 책임이 있는 state 주 strictly 엄격하게 liable 법적 책임이 있는 loose 풀린 injure 부상을 입히다 automatically 자동적으로 bear 떠맡다, 감당하다 legal 법적인 financial 재정의 traumatic 충격적인 victim 피해자 domestic 가정의 rationale 이유, 근거 by nature 본래 injurious 해로운, 손상을 주는 protect 보호하다 liability 법적 책임 vicious 잔인한 consequence 결과 canine 개 shield 보호하다 statute 법규, 법령

낱낱이 셀 수 있는 '수'나 무게/부피 등의 '양'이 얼마 되지 않는, 즉 작거나 적은 상태를 나타낼 때 형용사 few(수)/little(양)을 쓰죠? 한 가지 주의할 건 앞에 a가 있느냐 없느냐에 따라 의미가 완전히 달라진다는 점인데요, a few/a little은 '조금 있는, 약간 있는'이라는 긍정의 의미를 뜻하고, a 없이 few/little만 쓰면 '거의 없는, 별로 없는'이라는 부정의 의미를 나타냅니다. 특히 '수'를 나타내는 few는 긍정의 의미든 부정의 의미든 항상 복수명사와 함께 쓰인다는 것도 기억해두세요.

Pattern

19

사소해 보이는 a를 찾으면 해석이 필요 없다

a I made **a few** mistakes in the essay.
조금[약간] 있는(긍정)

The chef added **a little** salt to the soup.
조금[약간] 있는(긍정)

b **Few** people know the story behind the picture.
거의[별로] 없는(부정)

There was **little** water in the well.
거의[별로] 없는(부정)

Let's NOT forget!

사실 few/little은 문어체 표현으로, 구어에서는 잘 쓰지 않습니다. 대신 hardly any 또는 「not + many[much]」를 쓰죠.

In 1841, there were hardly any doctors or hospitals in this region.
few
1841년에 이 지역에는 의사나 병원이 거의 없었다.

There was not much money in his account.
little
그의 계좌에는 돈이 별로 없었다.

Inescapable

Honey in its raw form can be used for ᵃ_____ purposes. With the development of penicillin and other modern medicines, honey's healing properties and therapeutic use have taken a back seat in modern society. However, the natural sweetener has a broad spectrum of medical applications for treating ailments. For example, honey can be used for a sore throat, which is usually caused by viral or bacterial infections. It has antibiotic and antifungal properties that collectively work to destroy a variety of germs capable of causing infection. Drinking tea or warm lemon water mixed with honey can therefore be an excellent way to soothe throat pain and help shorten the healing time. Honey can also be used as an antibacterial agent in the treatment of mild wounds, burns, or skin ulcers. Once it is applied to the skin, its dehydrating property leaves ᵇ_____ water available for microorganisms. Thus, it kills the infection-causing bacteria by depriving them of water. However, as you may guess, many of honey's beneficial effects cannot be obtained from commercial honey products sold in stores. Most commercial honey is heated to high temperatures and pasteurized, and this process changes the chemical composition of the honey itself. Exposure to this kind of honey does not produce the same medical benefits as with unprocessed honey.

a에 가장 알맞은 어휘를 고르세요.

1 healthful	2 corrective
3 curative	4 wholesome

b에 가장 알맞은 어휘를 고르세요.

1 a few	2 few
3 a little	4 little

raw 가공되지 않은 therapeutic 치료상의 take a back seat 눈에 띄지 않다 sweetener 감미료 spectrum 광범위 스펙트럼 ailment 병, 질환 sore throat 인후염 viral 바이러스성의 infection 감염 antibiotic 항생제의 antifungal 항진균성의 germ 세균 soothe 진정시키다 antibacterial agent 항세균제 wound 상처 burn 화상 skin ulcer 피부 궤양 dehydrate 건조시키다 microorganism 미생물 deprive 빼앗다 pasteurize 저온 살균하다

■ 나는 그 글에서 몇 가지 실수를 범했다. | 요리사는 수프에 소금을 약간 쳤다. ▶ 그 사진에 숨겨진 사연을 아는 사람은 거의 없지. | 그 우물에는 물이 거의 없었어.

전치사가 명사와 만나면 부사 역할을 하는 '부사구'로 변해 '시간/장소/방법/양태/정도/이유' 등을 나타낼 수 있는데요, 「전치사 + 명사」 형태의 부사구에서 전치사를 생략하고 명사만 써도 부사의 의미를 그대로 전달할 수 있습니다. 가령 「on + 요일/요일 수식 시간대/날짜」, 「for/by/in/at + 기간/거리/방법/방향/양태/(무게·나이·수치 등의) 정도」 형태에서는 전치사를 생략해도 의미는 변함이 없는데요, 다시 말해 명사에 전치사의 의미가 포함된 셈이죠.

Pattern
20

부사로 변하는 명사를 알면 해석이 필요 없다

a You can drop off the form at the office **Monday**.
요일

A power outage is expected to take place **Sunday morning**.
요일 수식 시간대

Senator Ted will deliver an open lecture to the community **February 3**.
날짜

b We will probably stay here **three days**.
기간

I walked **ten miles** just to interview for a job.
거리

The letter arrived **airmail**.
방법

She turned around and walked **the opposite way**.
방향

He didn't pronounce it **the British way**.
양태

The baby weighed **three kilograms** when he was born.
정도(무게)

My daughter is **ten years** old.
정도(나이)

Welfare spending has increased **thirty percent** in the last five years.
정도(수치)

Let's NOT forget!

'때'를 나타내는 명사(구)가 서수(first/second 등 순서[횟수]를 나타내는 수), 지시 한정어(this/that/last/next 등 명사의 뜻을 한정하는 말), 부정 수량형용사(every/all/one/each/some/any 등 '정해지거나 특정하지 않음'을 뜻하는 말)와 함께 쓰이면 무조건 전치사를 생략합니다. 단어 자체에 이미 '한정'의 뜻이 있어 의미가 중복되기 때문이죠.

I will arrive next Sunday. 나는 다음주 일요일에 도착해.

I go to yoga every Tuesday and Thursday. 나는 화요일과 목요일엔 요가를 하러 가.

Inescapable

Connecticut is finally close to increasing their tax on cigarettes. The Senate approved the bill late Friday afternoon with a majority of 154 to 36 in the final hurdle for the proposal that has been stalled for years. State officials say they expect the tax hike to reduce cigarette consumption [a]about 4% statewide and to help eliminate the state deficit. They also add that it should be effective in reducing teenage smoking because they are the most price-sensitive group. In fact, this controversial bill has not been without its critics. Opponents have claimed that the reduction in cigarette sales will simply be [b]_____ by a spike in the use of lower-priced alternatives such as cigars and pipe tobacco, and tobacco trafficking will increase as smugglers flood the state with cigarettes from low-tax states. However, the state's leaders say that, for now, they have received overwhelming support from the public for the tax increases, and they have pledged to take necessary steps to ensure that proper follow-up measures are in place.

a 앞에 생략된 전치사를 고르세요.

1 with
2 by
3 on
4 at

b에 가장 알맞은 어휘를 고르세요.

1 cancelled
2 compensated
3 counterbalanced
4 conflicted

senate 상원 approve 승인하다 bill 법안 majority (특정 집단에서) 다수 hurdle 장애, 난관 stall 교착상태에 빠뜨리다 hike 급등 consumption 소비 statewide 주 전체적으로 eliminate 제거하다 deficit 적자, 부족액 price-sensitive 가격에 민감한 controversial 논란이 많은 critic 비판하는 사람 opponent 반대자 claim 주장하다 spike 급등, 급증 alternative 대안 trafficking 밀거래 smuggler 밀수업자 flood 쇄도하다 overwhelming 압도적인 pledge 맹세하다 take steps 조치를 취하다 ensure 반드시 ~하게 하다 follow-up 후속, 잇따른 measure 조치 in place ~를 위한 준비가 되어 있는

월요일에 그 양식을 사무실에 갖다 놓으시면 됩니다. | 일요일 오전에 정전을 실시할 예정입니다. | 테드 상원의원은 2월 3일에 지역주민을 대상으로 공개 강연을 할 것이다. **b** 우린 어쩌면 여기서 사흘간 머물지도 몰라. | 나는 오로지 면접을 보기 위해 10마일을 걸었다. | 그 편지는 항공우편으로 도착했다. | 그녀는 돌아서서 반대 방향으로 걸어갔다. | 그는 그것을 영국식으로 발음하지 않았다. | 그 아기는 출생 당시 몸무게가 3kg이었다. | 내 딸은 10살이야. | 복지 부문 지출이 지난 5년간 30퍼센트 증가했다.

used to와 would는 과거에 반복적, 습관적으로 했던 일을 말할 때 자주 쓰는 표현인데요, 둘 다 우리말로 '~하곤 했다'라고 해석하지만 사실 쓰임새는 다릅니다. used to는 과거에 반복적으로 행한 '동작'이나 주어가 과거에 한동안 놓여 있던 '상태'를 나타낸다면, would는 반복적으로 행한 동작만 나타내죠. 또 used to는 과거와 달라진 현재의 상태에 초점을 두기 때문에 굳이 과거의 특정 '시간대'를 명시하지 않지만, would는 주로 과거의 특정 시간대를 나타내는 표현과 함께 쓰인다는 것도 잊지 마세요.

과거의 일을 구별할 줄 알면 해석이 필요 없다

a I **used to** sell my old books to buy new ones.
동작
I **used to** live with my cousins when I was in college.
상태

b In those days people **would** leave the village in search of water.
과거 시간대   동작
When I had time, I **would** visit my grandparents.
과거 시간대   동작

Let's NOT forget!

would는 used to보다 빈도가 더 적은 일을 나타낸다는 차이점도 있습니다. 오랜 기간에 걸쳐 반복되던 일이라면 often 등의 부사와 함께 쓰기도 하고요.

We used to have a conference call every day at 11:30, and now and then we would meet in person for lunch.
우린 매일 11시 30분에 화상회의를 했고, 이따금 직접 만나 점심 식사를 하기도 했다.

When my father was in his 40's, he would often have a long beard.
아버지는 40대 때 수염을 길게 기르시곤 했다.

Inescapable

One of the most frequently used expressions in English is "okay" or "OK." Since it is used as an adjective, an adverb, or an interjection and has a multitude of meanings of acceptance, meeting a certain standard, or doing well, this odd-looking word crops up in our speech and writing dozens of times every day. In fact, this term "okay" is the single-most-used word in the world today. This combination of easy sounds has infiltrated almost every language and become a **a**_____ term spoken and written in every part of the world. But where did this incomparably popular expression come from? One of the most interesting theories, though by no means the most likely, is the war reports theory. According to this explanation, O was originally a zero, and 0K was written in war reports to mean "zero killed." There is also the comical misspelling theory. As this story goes, an American president **b**would approve documents with an "OK" because he couldn't properly spell "all correct," and after that, people began actually marking OK on documents to signal that all was well.

a에 가장 알맞은 어휘를 고르세요.

1 exceptional
2 universal
3 traditional
4 unusual

b와 쓰임새가 같은 것을 고르세요.

1 He said he <u>would</u> not support you.
2 I <u>would</u> be happy if I were rich.
3 As a boy, I <u>would</u> watch cartoons every morning.
4 I asked if he <u>would</u> help.

frequently 자주 adjective 형용사 adverb 부사 interjection 감탄사 a multitude of 다수의 acceptance 승낙 meet a standard 기준에 부합하다 odd-looking 괴상하게 보이는 crop up 불쑥 나타나다 dozens 다수, 여러 개 combination 결합, 조합 infiltrate 침투하다 incomparably 비교가 안 될 정도로 theory 이론 explanation 설명 originally 원래 comical 재미있는 misspelling 철자 오기 as the story goes 소문에 의하면 approve 승낙하다 properly 제대로

예전엔 새 책을 사려고 헌 책을 팔곤 했었어. | 나는 대학 시절에 사촌들이랑 같이 살았었어. 당시에 사람들은 물을 찾아 마을을 떠나기도 했다. | 나는 시간이 날 때마다 조부모님을 찾아뵀어.

'지각'은 '감각 기관을 통해 아는 것'을 뜻하죠? 그래서 감각을 나타내는 see/watch/hear/listen/feel/smell 등을 '지각동사'라고 하는데요, 지각동사의 목적어를 보충 설명하는 목적격 보어 자리에 동사원형이 오면 '동작의 전 과정'을, 현재분사/과거분사가 오면 각각 동작의 '진행[계속]/수동'을 나타냅니다. 지각동사만큼 자주 쓰는 동사가 바로 '남에게 어떤 일을 시키다'라는 의미의 사역동사인데요, make/have/let/get 등의 사역동사도 목적격 보어 자리에 동사원형을 쓰죠. 과거분사가 오면 '수동'의 의미를 나타내고요.

Pattern

22

목적어 앞뒤에 동사가 보이면 해석이 필요 없다

a I **saw** her **cross** the street.
전 과정

I **saw** her **crossing** the street.
진행/계속

The crying child **heard** his name **called** over the loudspeaker.
수동/완료

b They **made** him **move** out of his home.
전 과정

I **had** my sister **take** care of my dog while I was away.
전 과정

Sometimes, my parents **let** me **stay** up late at night.
전 과정

I **had** my ears **pierced** when I was a child.
수동

Let's NOT forget!

사역동사는 동사마다 뉘앙스가 조금씩 다릅니다. make는 '강제', have는 '요구/부탁', let은 '허용'의 뉘앙스가 있죠. 특히 have의 목적격 보어 자리에 과거분사가 오면 의미상 수동태와 헷갈리기 쉬운데요, 수동태가 '동작' 자체에 초점을 둔다면 사역동사는 동작을 실제로 행하는 '다른 사람[객체]'을 더 강조한다는 차이가 있습니다. 가령 have my car fixed 처럼 '타인에게 제공받는 서비스[노동]'라는 점을 강조하려면 수동태가 아닌 사역동사를 써야 하죠.

I had my hair cut yesterday. (≠ My hair was cut yesterday.)
나는 어제 머리를 잘랐어.

Inescapable

If you didn't grow up making use of a garden, you may regard gardening as a physical activity only. But that is almost the opposite of the truth. Gardening, whether it is done to relieve stress or to produce fresh fruit and vegetables, is a well-rounded activity that utilizes both your mind and body. In fact, while many refer to having a "green thumb," gardening actually requires more of a "a＿＿＿＿＿＿＿＿＿ thumb." Before you start your garden, you first have to make a plan for what plants you will grow and how you will arrange them. Only with a clear plan can you start doing the real physical labor, the shoveling, raking, and hoeing. In addition, gardening tests your dedication and patience, another aspect of your mental strength, throughout the growing season. Gardening does not produce instantaneous results. Instead, you must tirelessly care for your plants and give them meticulous attention until you see your little stretch of earth b＿＿＿＿＿＿＿＿＿ into a private oasis.

a에 가장 알맞은 어휘를 고르세요.

1 physical
2 creative
3 sensible
4 fleshly

b에 가장 알맞은 형태를 고르세요.

1 be turn
2 having turned
3 have turned
4 turn

make use of ~을 이용하다 physical 육체의 opposite 반대 relieve 완화시키다 well-rounded 균형 잡힌 utilize 활용하다 refer to ~을 언급하다[들먹이다] green thumb 원예의 재능 arrange 배치하다 labor 노동 shovel 삽질하다 rake 갈퀴질을 하다 hoe 괭이질을 하다 dedication 헌신, 전념 mental 정신의 instantaneous 즉각적인 tirelessly 지칠 줄 모르고 meticulous 세심한 attention 주의, 주목 stretch 펼쳐져 있는 지역 private 사유의, 개인의

ⓐ 그녀가 길을 건너는 걸 봤어요. | 그녀가 길을 건너고 있는 모습이 보였다. | 올던 아이는 스피커에서 자기 이름을 부르는 소리를 들었다. ⓑ 그들은 그를 집에서 내보냈다. | 내가 없는 동안 여동생한테 개를 봐달라고 했어. | 부모님이 밤늦게 자게 해주실 때도 가끔 있어. | 나는 어렸을 때 귀를 뚫었어.

동명사는 동사를 명사처럼 쓰기 위해 만들어낸 형태죠? 동사의 성격을 갖고 있는 만큼 문장의 주어와는 별개인 동명사의 주어가 따로 있습니다. 이를 동명사의 '의미상 주어'라고 하고, 소유격이나 목적격으로 나타내죠. 주로 목적격을 더 많이 쓰지만, 꼭 구분해서 써야 할 때도 있습니다. 의미상 주어가 무생물이거나 무언가를 특정하지 않는 비인칭주어 it일 때는 '목적격'을, 동명사구가 문장의 주어 자리나 주어를 보충 설명하는 보어 자리에 올 때는 '소유격'을 쓰죠.

Pattern
23

동명사의 주어를 찾으면 해석이 필요 없다

a I don't like **people's** telling me what to do.
　　　　　　　　소유격
I'm so tired of **people** talking behind my back.
　　　　　　　목적격

b The station employee apologized for **the train** being late.
　　　　　　　　　　　　　　　　　　　무생물
It is very hard for me to adjust to **it** getting dark outside at 5 p.m..
　　　　　　　　　　　　비인칭 대명사

c **His** arriving late caused much delay and inconvenience to the travelers.
동명사구 = 주어
The cause of the delay was **his** arriving late at the terminal.
　　　　　　　　동명사구 = 보어

Let's NOT forget!

동명사의 의미상 주어를 명시하는 경우는 드뭅니다. 의미상 주어가 문장의 주어[목적어]와 같을 때, 불특정 일반인을 가리킬 때, 문맥상 명백할 때는 생략하기 때문이죠. 게다가 의미상 주어를 명시한 동명사구는 딱딱한 문어체처럼 느껴지기 때문에 이왕이면 간결하게 절로 표현하는 걸 선호하죠.

I don't like going to work on Sundays. 나는 일요일에 근무하는 게 싫어.
의미상 주어 = 주어

I thanked her for helping me. 나는 그녀에게 도와줘서 고맙다고 했다.
　　　　　의미상 주어 = 목적어

Writing a book is not an easy task. 책을 쓰는 건 쉬운 일이 아니야.
의미상 주어 = 불특정 일반인

Working as a reporter has given me a lot of life experience.
의미상 주어 = 문맥상 명백

저는 기자 생활을 하면서 풍부한 인생 경험을 했습니다.

I am sorry for my having been late in responding.
　　　　　　동명사구

→ I am sorry that I was late in responding. 답변이 늦어져 죄송합니다.
　　　　　　절

Inescapable

Commercial space travel has become a **a**_____. The notion of ordinary members of the public **b**taking a trip beyond Earth's atmosphere used to be somewhat of a fantasy. Now, large numbers of paying customers are traveling beyond the atmosphere with the help of the thriving space industry and decreasing costs. When we asked our readers, "What is on your bucket list?" a decade ago, the clear winner was traveling around the world. Now this answer has been replaced with orbiting the earth, as more and more people become interested in having this highly memorable experience. In fact, some people in the past also had the thrilling experience of seeing the curvature of the earth and the starry blackness of space as tourists. However, these few frontier tourists were given the opportunity because they could afford to pay millions of dollars. The trips were designed in a bid to offset some of the launching and maintenance costs of the spaceships, so the exotic retreat was available only for the wealthy, not for middle-class folks.

a에 가장 알맞은 어휘를 고르세요.

1 leisure
2 reality
3 contingency
4 emergency

b의 의미상 주어를 고르세요.

1 The notion
2 ordinary members of the public
3 trip
4 Earth's atmosphere

commercial 상업적인 notion 개념 ordinary 보통의 atmosphere 대기 somewhat of a 상당한 ~, 다소 thriving 번영하는 replace 대체하다 orbit [천체의] 궤도를 돌다 memorable 기억할 만한 thrilling 황홀한 curvature 굽음 starry 별이 총총한 blackness 암흑 frontier 국경, 한계 afford to ~할 여유가 있다 in a bid to ~하기 위하여 offset 상쇄하다 launching 발사 maintenance 유지 exotic 이국적인 retreat (일상에서 벗어날 수 있는) 조용한 곳 middle-class 중산층의 folk (일반적인) 사람들

나는 사람들이 이래라 저래라 하는 게 싫어. | 사람들이 내 뒷담화를 하는 데 질렸어. 역무원은 열차 연착에 대해 사과했다. | 오후 5시면 어둑해지는 게 영 적응이 안 돼. 그가 늦게 오는 바람에 지체되어 여행객들에게 민폐를 끼쳤다. | 그가 늦게 도착한 게 지연 이유였다.

동명사에 의미상 주어가 있는 것처럼 to부정사도 의미상 주어가 있습니다. to부정사의 의미상 주어는 소유격이나 목적격으로 표현하는 동명사와 달리 「for+목적격」으로 나타내고 종속절의 주어처럼 해석하죠. 가주어 it과 함께 쓰인 문장에서도 의미상 주어를 나타낼 수 있는데요, 보어 자리에 good/nice/kind/generous/smart 등 '성격[성향]'을 나타내는 형용사가 오면 의미상 주어는 '소유, 출처'를 의미하는 전치사 of를 써서 「of+목적격」 형태로 나타냅니다.

Pattern
24

to부정사의 주어를 찾으면 해석이 필요 없다

명사적 용법

a Scott loves playing with his little brothers and likes **for them** to watch him play his video games.

Messenger is a powerful tool **for people** to connect with each other.

형용사적 용법

The man opened the door immediately **for us** to enter the room.

부사적 용법

b It is important **for employees** to come dressed appropriately for work.
가주어 it   진주어

c It is generous **of you** to leave such wonderful feedback.
    성격[성향]을 나타내는 보어

Let's NOT forget!

to부정사의 의미상 주어가 문장의 주어[목적어]와 같거나 불특정 일반인을 가리킬 때, 문맥상 명백할 때는 생략할 수 있습니다.

I want to see them in person.
의미상 주어 = 주어
그분들을 직접 만나고 싶습니다.

You should not expect your parents to pay for everything.
                            의미상 주어 = 목적어
부모님이 비용을 전부 부담하실 거라 생각하지 마.

It is wrong to kill animals for their fur.
            의미상 주어 = 불특정 일반인
모피를 얻으려고 동물을 도살하는 건 옳지 않아.

My dream is to travel around the world.
            의미상 주어 = 문맥상 명백
내 꿈은 세계 여행을 하는 거야.

Inescapable

We are usually appreciative of the trees in our communities for their beauty and shade. They create an aesthetically satisfying environment and furnish us with cool shade we can gather under as we participate in outdoor activities. However, if we consider trees a little more closely, we discover that these are just a fraction of all the benefits they offer. These woody plants are the true unsung heroes of our lives and provide a number of other environmental benefits **a**_____ to enjoy as well. For one thing, the trees in our communities act as air purifiers and clean the air we breathe. Their leaves act as physical nets, and serves to intercept dust and other airborne particles until the rain washes them to the ground. They also act as **b**_____ nets. In the process of releasing oxygen into the atmosphere, they absorb CO_2 and other harmful gases and remove them from the air. Furthermore, trees have a positive effect on sound levels as well. They can act as a noise buffer by reducing unwanted noises by up to 50% and replacing them with the natural sounds of wildlife.

a에 가장 알맞은 형태를 고르세요.

1 of all of us
2 for all of us
3 to all of us
4 by all of us

b에 가장 알맞은 어휘를 고르세요.

1 structural
2 organic
3 biological
4 elemental

appreciative 감사하는 shade 그늘 aesthetically 미적으로 furnish 제공하다 participate 참여하다 outdoor 옥외의, 야외의 fraction 부분, 일부 purifier 정화 장치 unsung 유명해지지 못한 intercept 가로채다 airborne 하늘에 떠 있는 particle 입자, 미립자 release 방출하다 oxygen 산소 atmosphere 대기 absorb 흡수하다 remove 제거하다 noise 소음 buffer 완충장치 replace 교체하다 wildlife 야생생물

ⓐ 스콧은 어린 남동생들과 놀기를 좋아하고 비디오 게임을 할 때도 동생들이 지켜보는 걸 좋아한다. | 메신저는 사람들을 서로 소통하게 해주는 강력한 도구다. | 그 남자는 우리가 방에 들어갈 수 있게 즉시 문을 열어주었다. ⓑ 직원들은 출근 시 적절한 복장을 하는 것이 중요하다. ⓒ 그렇게 유용한 의견을 남겨주시다니 사려 깊으신 분이군요.

형용사도 명사처럼 단독으로 쓸 수 있습니다. 범위를 한정해주는 말인 the를 쓰면 둘 이상의 일반적인 것을 가리키는 '복수 보통명사(~한 사람[사물]들)'로 변하기 때문이죠. 단, kind, beautiful처럼 추상적인 형용사가 아니라 the blind(시각장애인), the wounded(부상자), the rich(부유층)처럼 비교적 실체가 분명하고 구체적인 상태를 나타내는 형용사만 쓸 수 있습니다. the accused(피고(들)), the deceased(고인(들))처럼 문맥에 따라 한 사람을 특정하는 '단수'나 여러 명의 '복수'로 취급하는 경우도 있죠.

Pattern

25

명사로 변하는 형용사를 알면 해석이 필요 없다

a **The educated** are those who always strive to learn.
식자층[교양인]

약자층   취약층
The weak and **the vulnerable** are usually the first to be pushed out of food queues in desperate situations.

If you have enough time and resources, it is your duty to help **the poor**.
빈민층

b **The deceased** <u>was</u> my brother.
고인

The accused <u>were</u> all members of the same organization.
피고인들

Let's NOT forget!

「the + 형용사」가 '특정 집단'이 아닌 '추상적인 개념'을 가리키는 추상명사로 쓰이기도 합니다. 하지만 일상적인 표현이라기보다 문학 작품 등 문어체에서 제한적인 용법으로만 쓰이죠.

He spent his life in pursuit of <u>the true</u>, <u>the good</u>, and <u>the beautiful</u>.
그는 진선미를 좇는 데 일생을 바쳤다.

Inescapable

Up until recently, biometrics was only used for the high-security buildings of law enforcement, military, and secret government agencies. Now these technologies are being adopted in a wide variety of industries for a multitude of purposes. Businesses use this security method to ensure that only registered users can access their devices, vehicles, and plants. Blood banks use it to allow donors to access their medical details. It is even quite possible that this authentication method will soon be used in passports, driver's licenses, voter registration cards, and perhaps a future national ID card. However, unfortunately, this shift to biometric-enabled security isn't without controversy. Most importantly, it can pose grave threats to commonly accepted notions of privacy and personal security by making any sense of **a**＿＿＿＿ a virtual impossibility. For example, today if someone commits a crime, the police can review the surveillance footage to either convict **b**＿＿＿＿ or to prove their innocence. Enhance the system with facial-recognition technology, however, and they would have a record of everyone who passed through the neighborhood. The government could even broaden the application further to facilitate mass surveillance and social sorting.

a에 가장 알맞은 어휘를 고르세요.

1 anonymity
2 ambiguity
3 vagueness
4 synonymity

b에 가장 알맞은 형태를 고르세요.

1 an accused
2 the accusing
3 the accused
4 an accusing

biometrics 생체정보를 이용한 인증 방식 law enforcement agency 법 집행 기관 adopt 채택하다 ensure 보장하다 registered 등록된 access 입수[이용]하다 device 장치 vehicle 차량 donor 기증자 authentication 인증 shift 전환 controversy 논란 pose a threat 위협을 가하다 notion 개념, 관념 virtual 사실상의 commit a crime 죄를 짓다 surveillance 감시 footage 장면 convict 유죄를 입증하다 innocence 결백, 무죄 application 적용, 응용 facilitate 가능[용이]하게 하다 sorting 분류

ⓐ 교양인은 늘 배우려고 노력하는 사람이다. | 절박한 상황에서는 주로 약자층과 취약계층이 맨 먼저 배급 행렬에서 밀려난다. | 시간과 자원이 충분하다면 가난한 사람들을 돕는 것이 의무이다. ⓑ 고인은 내 형이었다. | 피고인들은 모두 같은 조직의 일원이었다.

It ~ that ... 형태의 문장을 흔히 '강조구문'이라고 부릅니다. 주어/목적어/부사(구[절]) 등 다양한 형태의 문장 성분을 강조할 수 있고, 강조하는 말은 it과 that 사이에 등장하죠. 강조구문은 생김새가 비슷한 '가주어 it(+진주어 that ~)' 구문과 헷갈리기 쉬운데요, 그럴 때는 강조하는 말만 원래 있던 자리로 옮겨서 문장이 성립되는지를 따져보면 됩니다. 문장이 성립하면 It ~ that ... 강조구문이고, 문장이 성립하지 않는다면 '가주어 it(+진주어 that ~)' 구문이라고 생각하세요.

Pattern
26

주어 뒤에 등장하는 강조어를 알면 해석이 필요 없다

a **It** was <u>music</u> **that** became his lifelong passion.
　　　주어

b **It** was <u>music</u> **that** he pursued as his lifelong passion.
　　　목적어

c **It** was <u>with the help of his teacher</u> **that** he discovered his lifelong passion for music.
　　　부사(구)

d **It** was <u>while he was in school</u> **that** he started pursuing his passion for music.
　　　부사(절)

　가주어　　　　　　진주어
cf. **It** is not a coincidence **that** many people who study history go on to become successful journalists, business leaders, and politicians.

Let's NOT forget!

It ~ that ... 강조구문을 써서 문장의 다양한 요소를 강조할 순 있지만, 그렇다고 모든 요소를 강조할 수 있는 건 아닙니다. 가령 주격 보어, 간접목적어, 양태 부사는 It ~ that ... 강조구문으로 나타낼 수 없죠.

It was ~~tired~~ that I felt after working overtime.
　　　　주격 보어

cf. It was green that she painted the door.
　　　　목적격 보어
그녀가 문에 칠한 페인트 색은 녹색이었다.

It was ~~every customer~~ that I sent the pamphlet.
　　　　간접목적어

It was ~~carefully~~ that I listened to the speech of my CEO.
　　　　양태 부사

64

Inescapable

Many types of animals migrate to and from their winter habitats when the seasons change. One such animal is the monarch butterfly. Millions of these beautiful insects fly to southern California and Mexico in the fall from their summer resting places in northern America. Then, they make a return migration to the north in the spring. However, there is one very unique thing about this species of butterfly. ^aIt is not the same original group of monarchs that undertake the return journey. The adult monarchs breed and then die during the winter months. Therefore, ^b_____ monarchs are the ones that return north in the spring. How do they manage to perform such a feat? Well, scientists have not yet discovered the answer as to how they travel the same routes and find the same summer homes without ever having done it before. They only guess that the monarchs have some instinctive methods or have the ability to use the earth's magnetic field to navigate.

a와 쓰임새가 같은 것을 고르세요.

1 It is true <u>that</u> she had a drinking problem.
2 It is clear <u>that</u> he is guilty.
3 It was reported <u>that</u> he was selling illegal items.
4 It was here <u>that</u> we met.

b에 가장 알맞은 표현을 고르세요.

1 highly bred
2 well bred
3 newly born
4 well born

migrate 이주하다 habitat 서식지 monarch butterfly 제주왕나빗과 나비의 일종 insect 곤충 migration 이주 species 종 original 원래의 undertake 착수하다 breed 새끼를 낳다 perform 수행하다 feat 위업, 재주 as to ~에 관해 route 길, 노선 instinctive 본능에 따른 magnetic field 자기장 navigate 길을 찾다, 항해하다

ⓐ 그의 필생의 열정이 된 것은 바로 음악이었다. ⓑ 그가 평생 좇은 열정은 바로 음악이었다. ⓒ 그가 음악에 대한 필생의 열정을 발견하게 된 것은 바로 선생님의 도움 덕택이었다. ⓓ 그가 음악에 대한 열정을 좇기 시작한 건 바로 학창 시절이었다. cf. 역사를 공부한 많은 이들이 성공적인 언론인, 기업 총수, 그리고 정치인이 되는 것은 우연이 아니다.

65

'형용사 원급/비교급'은 두 가지 이상의 대상을 두고 '크기/양/정도' 등을 비교할 때 쓰는 표현입니다. '원급'은 두 대상이 대등[동등]할 때 「as+형용사 원급+as」 형태로 나타내고, '비교급'은 두 대상의 우열을 가릴 때 「형용사 비교급+than」 형태로 나타내죠. 둘 다 명사를 수식하거나(한정적 용법) 주어를 보충 설명하는 보어(서술적 용법)로 쓰이는데요, than(~보다)/as(~만큼)는 전치사/접속사/유사관계대명사 등 문법적 성격이 그때그때 달라질 수 있기 때문에 비교 대상도 그에 따라 다양한 형태로 등장합니다.

우열을 가리는 표현을 알면 해석이 필요 없다

a No one is **smarter than** <u>the market</u>.
　　　　　　　　　(서술적 용법) 전치사

Unemployment is a **more complicated matter than** <u>inflation</u>.
　　　　　　　　　　　(한정적 용법)　　　　　　　　전치사

My health is much **better than** <u>it was last month</u>.
　　　　　　　　　　　　　　접속사

The startup made **more progress than** <u>we had made in decades</u>.
　　　　　　　　　　　　　　　　　유사관계대명사

b The clothes became **as heavy as** <u>lead</u> when they got wet.
　　　　　　　　　　　(서술적 용법) 전치사

I've never seen **as good a salesperson as** <u>him</u>.
　　　　　　　　(한정적 용법)　　　　　　　전치사

Fortunately, the situation is not **as bad as** <u>it was before</u>.
　　　　　　　　　　　　　　　　　接속사

I have never received **as good an offer as** <u>he has</u>.
　　　　　　　　　　　　　　　　　유사관계대명사

Let's NOT forget!

The second lecture was more interesting than the first.에서 than의 품사는 뭘까요? than 뒤에 명사(목적어)가 나왔으니 전치사라 할 수 있지만, 한편으론 the first 뒤에 was가 생략된 접속사처럼 보이기도 합니다. 사실 이건 보는 관점에 따라 달라지는 문제인데요 대체로 뒤에 명사가 나오면 '전치사'로, 절이 나오면 '접속사'로 취급하죠. 참고로 원급 비교구문의 as도 마찬가지라 할 수 있습니다.

The second lecture was more interesting than the first.
　　　　　　　　　　　　　　　　전치사

The second lecture was more interesting than the first was.
　　　　　　　　　　　　　　　　접속사

두 번째 강의가 첫 번째보다 더 흥미로웠다.

Inescapable

If you watch some movies or TV programs about Antarctica, you will notice that penguins are almost always on ice or land. Do you know why? It is because they are easier to film on land! The truth is that these flightless birds spend about half of their lives in the ocean. They feed on various sea creatures to fulfill their dietary needs, so they are always near the shore and frequently jump into the water to hunt for their food. In fact, all penguins are designed to be excellent swimmers. Although they have to come to the water's surface to breathe air, they have great physical **a**_____ for swimming, such as streamlined bodies, webbed feet, and stubby tails, and these all help them swim fast and dive deep in the ocean. In fact, some penguins can swim up to nine miles an hour and travel for up to 100 kilometers without resting. Others can go down as deep **b-1**as 530 meters under the surface, deeper **b-2**than the height of many of the tallest buildings in the world!

a에 가장 알맞은 어휘를 고르세요.

1 health
2 adaptations
3 abilities
4 wellness

b(1-2)의 품사가 바르게 짝지어진 것을 고르세요.

1 유사관계대명사 as — 유사관계대명사 than
2 전치사 as — 전치사 than
3 접속사 as — 유사관계대명사 than
4 유사관계대명사 as — 접속사 than

Antarctica 남극 대륙 notice 알아차리다 flightless 날지 못하는 feed on ~을 먹고살다 creature 생물 fulfill ~을 이행[완수]하다 dietary 음식물의, 규정식의 frequently 자주 surface 수면, 표면 breathe 호흡하다 adaptation 적응, 맞춤 streamlined 유선형의 webbed 물갈퀴가 있는 stubby 짤막한 height 높이

a 시장보다 똑똑한 건 없다. | 실업은 인플레이션보다 더 복잡한 문제다. | 건강이 지난달보다 훨씬 좋아졌어. | 그 스타트업 회사는 우리가 수십 년 동안 해냈던 것보다 더 많은 진보를 이뤄냈다. **b** 그 옷은 젖으면 납만큼 무거워졌어. | 그 남자만큼 훌륭한 영업사원은 처음 봐. | 다행스럽게도 상황이 예전만큼 나쁜 건 아냐. | 난 그가 받았던 제안만큼 좋은 제안을 받아본 적이 없어.

67

비교구문의 than/as는 주로 접속사나 유사관계대명사로 쓰이기 때문에 비교 대상은 보통 「주어 + 동사」의 절 형태로 나타내죠. 하지만 문맥상 비교 대상이 명백할 땐 than/as 뒤에 이어지는 주어/동사/목적어/보어/부사구 등 앞 절에 이미 제시돼 중복되는 말은 전부 생략할 때가 많습니다. 효율과 경제성을 중요시하는 구어체는 이보다 더 자유로워서 than/as를 포함한 구문이 모두 생략되기도 하죠. 그런만큼 비교구문이 생략된 문장을 보면 비문으로 넘겨짚지 않도록 주의해야 합니다.

Pattern
28

생략된 비교 표현을 알면 해석이 필요 없다

a Steel is stronger <u>than</u> iron **(is)** in most cases.
동사 생략

주어 생략   보어 생략
The accused played a more active role <u>than</u> **(he or she)** appears **(to have played)** in our documents.

Motorcycle deaths are higher now <u>than</u> **(they were)** a decade ago.
「주어 + 동사」 생략

The interviewee received more points **(than other students got)** because of her creativity and resourcefulness.   than 이하 모두 생략

b Peace is as expensive <u>as</u> war **(is)**.
동사 생략

「주어 + 동사(구)」 생략
I rely on my smartphone as much <u>as</u> **(I rely on)** public transportation and ride share services.

The earthquake killed as many people <u>as</u> **(it had killed)** in 2004.
「주어 + 동사」 생략

as 이하 모두 생략
The food is equally as good **(as it was before)** but the service has changed for the worse.

Let's NOT forget!

as good as는 원어민들이 자주 쓰는 관용 표현 중 하나인데요, 이 표현에는 한 가지 함정이 있습니다. good만 보고 '~만큼 좋은'이라는 뜻으로 해석하기 쉽다는 건데요, as good as는 '~나 다름 없는, ~와 같은'라는 의미로, 비교 대상 없이 동사/형용사를 수식하는 말로 곧잘 쓰입니다.

They have <u>as good as</u> won the game.
그들은 경기를 이긴 거나 다름없어.

I felt <u>as good as</u> dead upon receiving the news.
나는 그 소식을 듣자마자 죽은 목숨이나 마찬가지라 생각했다.

cf. Software is <u>as good</u> at detecting the condition <u>as</u> medical experts.
원급 비교
소프트웨어는 전문 의료인만큼이나 해당 질환을 잘 탐지한다.

Inescapable

Every year, millions of people make New Year's resolutions and try to achieve some kind of magical outcome. As we all know, however, the success rate is very discouraging. The reality is that most people simply give up on their resolutions, dispirited, and end up more desperate than they were before. So why on Earth are these promises so hard to keep? The answer is quite simple: they are too unrealistic and **^a**_____. For example, many people resolve to go to the gym five times per week even though they've never been to the gym before. Of course, the prospect of keeping a resolution like this is bleak. They will eventually start skipping a day or two because they don't have enough energy left or because other priorities begin to take precedence. Soon, they will admit that this new routine is not for them and feel bad about failing. In fact, the solution lies in breaking the goal into **^bsmaller steps** and rewarding themselves each time they achieve one of these smaller milestones. If they go three times a week in the first month and reward themselves, and then go four times and finally five times a week, they can associate the necessary work with a sense of accomplishment and greatly improve their success rate.

a에 가장 알맞은 어휘를 고르세요.

1 useless
2 disagreeable
3 unpleasant
4 unrewarding

b의 뒤에 생략된 말을 고르세요.

1 as they would be smaller
2 than they normally are
3 than they are small steps
4 as they are small

resolution (굳은) 결심 achieve 달성하다 magical 마법의 outcome 결과 rate 비율 discouraging 낙담시키는 dispirited 기가 꺾인, 낙심한 end up 결국 ~되다 desperate 자포자기한 prospect 전망 bleak 암울한 skip 거르다 priority 우선 사항 take precedence 우선권을 얻다 admit 인정하다 routine 정기적인 일 milestone 중요한 단계 associate 연관짓다 accomplishment 성취

a 대게 강철은 철보다 강하다. | 피고는 문서로 드러난 것보다 더 적극적인 역할을 했다. | 현재 오토바이 사망자 수는 10년 전보다 많다. | 그 면접 대상자는 창의력과 문제해결 능력 덕분에 더 많은 점수를 받았어. **b** 평화는 전쟁만큼이나 비용이 많이 든다. | 나는 대중교통만큼이나 스마트폰에 의존하며 차량 공유 서비스를 이용한다. | 지진 사망자는 2004년도만큼이나 많았다. | 음식 맛은 변함없이 좋지만, 서비스는 안 좋아졌어.

비교구문에서 than/as가 유사관계대명사로 쓰였다면 뒤에 나오는 비교 대상이 다양한 구조로 등장할 수 있다는 데 특히 주의해야 하죠. 비교구문을 한눈에 파악하거나 곧바로 해석하기 어려운 것도 비교급/원급 자체 때문이라기보다 뒤따르는 구조가 복잡하고 다양하기 때문인데요. 두 절을 잇는 접속사와 두 절의 공통 분모인 명사를 합친 관계대명사 (접속사＋대명사)와 역할이 비슷하다고 해서 '유사' 관계대명사라고 이름 붙인 than/as 뒤에는 필수 성분이 빠진 '불완전한' 절이 온다는 게 특징입니다.

Pattern 29

변화무쌍한 비교 대상을 알면 해석이 필요 없다

a Most older buildings use more energy **than** is necessary.
than = 주어

The rookie is a better player **than** he was last year.
than = 보어

The new office has less extra space **than** we had in the old building.
than = 목적어

Your finance needs more help **than** we can give you.
than = 직접목적어

He achieved so much more **than** I had thought possible.
than = 목적어

It was a more elegant place **than** she had expected it to be.
than = 목적격 보어

b We will provide as much information **as** can be obtained from the data.
as = 주어

It is still as important an issue **as** it was decades ago.
as = 보어

It was as close an answer **as** we could come up with for her.
as = 목적어

The refugees requested as much assistance **as** we can give them.
as = 직접목적어

The swindler didn't get as much punishment **as** I think fair.
as = 목적어

It was not as big a success **as** we wanted it to be.
as = 목적격 보어

Let's NOT forget!

유사관계대명사 뒤에 나오는 be동사가 생략될 때도 있습니다.

Don't use more words <u>than</u> (<u>is</u>) necessary; it can damage the quality of your text. 단어를 필요 이상 쓰지 마세요. 그러면 글의 질이 떨어질 거예요.

We will invest as much money <u>as</u> (<u>is</u>) required to bring back the plants into working. 우리는 그 공장을 재가동하는 데 필요하다면 돈을 얼마든지 투자할 것입니다.

Inescapable

It may be hard to believe, but the state of the economy has very little effect on the success of a startup company. As a startup operator, if you have the right sort of idea, you can still triumph even in a recession. If you don't, a good economy won't save you. In fact, a bad economy may not be such a bad time to embrace your entrepreneurial spirit. Even in a depressed economy, there are plenty of things you can benefit from to improve your odds of success. Chief among them is low prices. During economically strained times, the market is flooded with qualified individuals and nice deals because companies cannot afford to retain as many workers or as much office equipment [a]_____, all of which can help you acquire those necessary people and assets at comparatively lower prices. There is also less [b]_____. A recession can scare off well-established companies from getting into the business you have selected. While your competitors are striving to figure out how to wring more money from their existing customers, you can easily obtain new customers by offering improved products or services.

a에 가장 알맞은 형태를 고르세요.

1 as they afford
2 as they used to
3 as used to be
4 as for them

b에 가장 알맞은 어휘를 고르세요.

1 persistence
2 assistance
3 contraversy
4 competition

operator 사업자 triumph 승리를 거두다 recession 불황 embrace 포착하다, 이용하다 entrepreneurial 기업가의 depressed 침체된 odds 가능성 strained (상황이) 불편한 qualified 자격이 있는 individual 개인 retain 유지하다 be flooded with ~로 넘치다 acquire 습득하다 asset 자산 comparatively 비교적 scare off 겁을 주어 쫓아버리다 well-established 안정된 select 선택하다 competitor 경쟁자 strive 분투하다 wring 짜다, 비틀다 existing 기존의 obtain 얻다

[a] 대다수의 노후 건물들은 필요 이상 많은 에너지를 소모한다. | 그 신인 선수의 기량은 작년보다 나아. | 신사옥은 이전 건물보다 여유 공간이 적어. | 당신의 재정 상황은 저희가 해드릴 수 있는 것보다 더 많은 도움이 필요합니다. | 그는 가능하리라 생각했던 것보다 훨씬 더 많은 걸 성취했다. | 그곳은 그녀가 기대했던 것보다 더 품격 있는 곳이었다. [b] 그 데이터에서 되도록 많은 정보를 확보해서 제공해 드리겠습니다. | 그것은 수십 년 전이나 지금이나 여전히 중요한 쟁점이다. | 그것은 우리가 그녀에게 줄 수 있는 답변에 가장 근접한 것이었다. | 피난민들은 우리에게 최대한의 도움을 요청했다. | 그 사기꾼은 합당한 수준의 벌을 받지 않았다. | 우리가 원한 만큼 큰 성공을 거둔 건 아니었다.

'관용어'란 두 개 이상의 단어로 이루어져 개별 단어의 의미와는 전혀 다른 뜻으로 쓰이는 표현을 말합니다. 그런 만큼 따로 뜻을 익혀두지 않으면 영문을 읽을 때 엉뚱하게 해석하거나 전혀 의미가 통하지 않아 애를 먹기 쉽죠. 관용어는 문법이나 각 단어의 뜻만으로는 의미를 짐작하는 데 한계가 있기 때문에 사용 빈도가 높은 표현 위주로 가급적 많이 알아두는 게 좋습니다. 특히 뜻은 같지만 형태가 다른 to부정사/동명사 관용 표현은 시험에 자주 등장하니 반드시 외워두세요.

Pattern
30

같은 듯 다른 관용구를 알면 해석이 필요 없다

a **It is of no use to** worry about what has already happened.
It is no use crying over spilled milk.
It is of no use to ~/It is no use ~ing(~해 봐야 소용없다)

b **It is not too much to say that** e-commerce has revolutionised shopping.
It goes without saying that money cannot buy love.
It is not too much to say that ~/It goes without saying that ~(~는 말할 나위도 없다)

c The commission **cannot but** accept his resignation.
Visitors **cannot help staring** at the cathedral because of its beautiful spire.
cannot but 동사원형 ~/cannot help -ing ~(~할 수밖에 없다, ~하지 않곤 못 배기다)

d **It is worthwhile to** consider lowering your standards to ease your stress.
The new episode **is worth watching**.
It is worthwhile to ~/It is worth -ing ~(~할 만한 가치[보람]가 있다)

e I **make it a rule to** stay away from unnecessary trouble.
I **make a point of greeting** each of my employees.
make it a rule to ~/make a point of -ing ~(~하는 것을 원칙으로 하다, 으레 ~하다)

f How do you know if a cow **is about to** give birth?
I was **on the point of leaving** the room when he came in.
be about to ~/be on the point of -ing ~(막 ~하려고 하다)

Let's NOT forget!

It is (of) no use ~ 뒤에는 동명사와 to부정사 둘 다 올 수 있습니다. 다만 동명사를 쓰면 '동작' 자체에, to부정사를 쓰면 동작이 일어날 '가능성'에 초점을 둔다는 미묘한 뉘앙스 차이가 있죠.

It's no use crying over spilt milk.
　　　　　　동작
= Crying does not help anything.

It is of no use to worry about what has already happened.
　　　　　　　　가능성
= Worrying will not help anything.

Inescapable

A snowy slope of a steep mountain is on your TV screen. Then, suddenly, it starts to rattle and break down with a cracking sound. You [a]are about to watch an avalanche on your screen! As the camera pulls backward, you watch the massive amount of snow flowing down the side of the mountain. You see it rip up the trees and grow in scale in a cartwheel motion until it all comes to an end at the bottom. Then, after all is over, somewhat unconsciously, you ask yourself, "How on Earth did they do that?" You begin to wonder how the show's director knew that the avalanche was coming. Well, the answer is simple: it was [b]_____. In some areas, land managers intentionally set off avalanches under controlled conditions to prevent future incidents. After confirming that nobody is in danger, they use explosives to produce a loud noise and trigger the avalanche. These measures are rare but give TV producers a unique opportunity to film the thrilling scene in a relatively simple manner. By simply setting up a remotely operated camera and changing the focal length, they can capture one of the most overwhelming scenes in nature for anyone to witness.

a와 바꿔 쓸 수 있는 것을 고르세요.

1 make a point of watching
2 are worth watching
3 are on the point of watching
4 cannot help watching

b에 가장 알맞은 어휘를 고르세요.

1 planned   2 matched
3 paralleled   4 polished

관계대명사 which가 두 절을 연결할 때 앞에 나온 명사는 '선행사'라고 하는데요, 이 선행사가 꼭 명사가 아니더라도 which를 쓸 때가 있습니다. 가령 앞 절에 나온 형용사나 구/절을 가리킬 때도 which를 쓸 수 있죠. 다만 이때는 which 앞에 쉼표를 쓴다는 점이 다릅니다. 이렇게 관계사 앞에 쉼표가 있으면 관계사절이 선행사를 수식해 뜻을 더 분명하게 한정하는 것이 아니라 선행사의 의미를 보충하기 위한 추가 설명이기 때문에 뒤에서 앞이 아닌 앞에서 뒤로 순차 해석해야 하죠.

Pattern
31

자유분방한 선행사를 알면 해석이 필요 없다

a They are trying to make me seem like I am **selfish**, <u>which</u> I am not at all.
　　　　　　선행사 = 형용사

b He was asked to **make an instant attitude change**, <u>which</u> was impossible.
　　　선행사 = 구

c She said **she did not know the man**, <u>which</u> was a lie.
　　선행사 = 절

Let's NOT forget!

선행사가 사람일 때는 관계대명사 who를 쓴다고 했는데요, 이 원칙에도 예외가 있습니다. 신분, 직업, 성격 등 그 사람의 '고유한 특성'을 강조할 때는 who 대신 which를 쓸 수 있죠.

His response was that of a veteran diplomat, <u>which</u> he was until recently.
　　　　　　　　　　　　　　　사회적 신분
그의 응대는 불과 얼마 전까지 활동한 고참 외교관에게서나 볼 수 있는 것이었다.

He is no longer the romantic man <u>which</u> he was when I first met him.
　　　　　　　　　　　　성격
그 남자 처음 봤을 땐 낭만적인 사람이었는데 이제 보니 아니네.

Inescapable

Doing some activities that help you cope with stress will trigger your brain to release dopamine, a chemical messenger that is responsible for sensations of pleasure. Your body produces this stimulant in order to reward you for your efforts to maintain a sound equilibrium of life. Unfortunately, this process of managing your stress levels also puts you at risk of developing an ^a_____. Once you experience the pleasure from dopamine, you naturally want to continue to engage in the activities that trigger its release. This can lead you to lose control over your behavior and face many negative consequences. For example, it is possible to develop a high tolerance for an activity. If you engage in this activity repeatedly on a regular basis, your body can adapt to it and stop producing dopamine, ^bwhich in turn urges you to engage in that activity more and more in order to get the same amount of pleasant feelings. You can also experience depression. When you exercise every day, for example, your body gets accustomed to the daily release of dopamine. If you suddenly stop exercising for some reason, the brain struggles to regain its normal chemical balance. This produces the same kinds of withdrawal symptoms associated with quitting an addictive substance like nicotine, including heightened stress, irritability, and severe cravings.

a에 가장 알맞은 어휘를 고르세요.

1 passion   2 addiction
3 phobia   4 enthusiasm

b의 선행사로 알맞은 것을 고르세요.

1 your body
2 dopamine
3 your body can adapt to it and stop producing dopamine
4 engage in this activity repeatedly

cope with ~에 대처하다 trigger 유발하다 release 방출하다 dopamine 도파민 sensation 느낌 stimulant 흥분제 equilibrium 평형 engage in ~에 관여하다 behavior 행동 tolerance 내성 adapt 적응하다 in turn 결국 urge 재촉하다 depression 우울함 get accustomed to ~에 익숙해지다 struggle 투쟁[고투]하다 withdrawal symptom 금단증상 addictive 중독성의 substance 물질 heightened 고조된 irritability 화를 잘 냄, 과민성 craving 갈망, 열망

a 그들은 내가 이기적인 사람인 것처럼 보이게 하려고 애쓰지만, 나는 절대 그런 사람이 아니다. **b** 그는 태도를 즉시 시정하라는 당부를 들었지만 그건 있을 수 없는 일이었다. **c** 그녀는 그 남자를 모른다고 했지만 그건 거짓말이었다.

'(두 절을 연결하는) 접속사 + (앞 절의 명사를 대신하는) 대명사'가 합쳐진 관계대명사는 주로 두 절의 공통 분모인 명사(선행사) 뒤에 오죠? 그런데 선행사가 안 보일 때도 있습니다. 선행사가 포함된 관계대명사 what을 쓴 문장이 대표적이죠. the thing(s) which ~(~하는 것)/anything[all] that ~(~하는 모든 것)/문맥상 적절한 단어+that(~하는 …)을 뜻하는 what절은 선행사를 수식하는 형용사절이 아니라 명사 역할을 하는 명사절이기 때문에 명사 자리라면 어디든 들어갈 수 있습니다.

Pattern
32

선행사를 품은 what을 알면 해석이 필요 없다

a Most people rarely achieve **what** they truly want in their lives.
= the things which(목적어)

b Everybody can write about **what** grabs their imagination.
= anything that(주어)

c The cost to fix my car was more than **what** I paid for it.
= the money which(목적어)

Let's NOT forget!

영문을 읽다 보면 관계대명사 what을 쓴 관용 표현을 자주 볼 수 있습니다. 그중에서도 「what+주어+have」(소유물), 「what+주어+be동사」(인격), 「what+주어+do(es)」(행동), 「what+주어+think」(판단)는 특히나 사용 빈도가 높은 관용 표현들이죠.

She loves me for what I am, not for what I have.
그녀는 내 재산이 아니라 내 성품을 보고 날 사랑하는 거야.

What she does is the complete opposite of what you think.
그녀의 행동은 네가 생각하는 거랑 정반대야.

Inescapable

The skunk's primary defense mechanism, a substance called "skunk spray," is notorious both for being overwhelmingly disgusting and crippling. It not only emits a terrible odor but also creates intense pain and even temporary blindness. But what should you do if you have been sprayed with this horrific smelling chemical? One well-known folk remedy is to bathe in tomato juice. It's a commonly held belief that the acid in the tomatoes breaks down the oil in the skunk spray, so they eventually neutralize each other. However, this age-old healing technique should not be counted on to solve your problem. In fact, ^awhat it really does is mask the odor with another overpowering scent instead of tackling the actual cause. After being sprayed by a skunk, your nose becomes accustomed to the scent after a while as the odor receptors in your nose adjust. Bathing in tomato juice simply keeps your nose busy smelling the tomato juice until your nose has stopped ^b_____ the skunk spray. If another person were to enter the room, he or she would immediately scream in panic and flee.

a와 바꿔 쓸 수 있는 것을 고르세요.

1 the thing which
2 the things for which
3 the things that
4 anything that

b에 가장 알맞은 어휘를 고르세요.

1 tolerating
2 detecting
3 accepting
4 explaining

primary 주요한 defense 방어 spray 스프레이, 분무 mechanism 방법 substance 물질 notorious 악명 높은 overwhelmingly 압도적으로 disgusting 역겨운 crippling 심한 손상을 입히는 emit 발산하다 odor 냄새, 악취 temporary 일시적인 blindness 맹목 horrific 끔찍한 chemical 화학 물질 folk remedy 민간 요법 commonly held 흔히 갖고 있는 acid 산 break down 분해하다 neutralize 중화하다 age-old 예로부터 전해 내려오는 count on ~에 의지하다 mask 가리다, 감추다 overpowering 아주 강한 scent 냄새, 자취 tackle 씨름하다, 맞붙다 receptor 수용기 adjust 적응하다 flee 달아나다

우리말에서는 주어를 굳이 밝히지 않습니다. 대화의 맥락, 즉 대화 주제만 알면 동사의 주체가 뻔히 드러난다고 생각하기 때문이죠. 영어에서 주어 자리에 자주 등장하는 '그/그녀/그들' 등의 대명사를 우리말에서 잘 쓰지 않는 것도 이런 이유에서고요. 반대로 영어는 주어에 따라 동사의 활용형이 결정되는 '주어 중심 언어'입니다. 그래서 특정인이 아닌 막연한 '일반인'을 두루 나타낼 때도 주어 자리에 인칭대명사 we/you/they, 부정대명사 one 등의 '일반 주어'를 쓰는데요, '(세상) 사람, 누구나' 정도로 해석하면 됩니다.

33

막연한 주어를 알면 해석이 필요 없다

a **We** must conserve water to save our planet.

b **You** should always eat healthy food.

c **They** speak Portuguese in Brazil.

d **One** should not fear change in life.

Let's NOT forget!

「대명사+관계대명사」 형태인 he who/those who/anyone who 등을 써도 '불특정 일반인'을 나타낼 수 있습니다.

He who has hope has everything.
희망이 있는 자는 모든 것을 가진 것이다.

God helps those who help themselves.
신은 스스로를 돕는 자를 돕는다.

Anyone who has pets will like this toy.
반려동물을 키우는 사람이 이 장난감을 좋아할 겁니다.

Inescapable

Reaching the summit of Mount Everest is one of the most dangerous activities in the world. As such, extreme bravery is a must for **a**_____ who wishes to attempt it. Often, it results in death or serious injury, even with years of planning and preparation. Ever since Edmund Hillary and Tenzing Norgay reached the top in 1953, over 300 people have died in their attempt to scale the world's highest mountain. High-altitude mountaineering is a constant battle with extreme weather, the dangers of falling into the abyss, and insufficient oxygen levels. These hardships have caused many mountaineers to **b**_____ while climbing the lengthy and treacherous Mount Everest routes. However, it is interesting to note that, even with these fatal obstacles and unfavorable odds, many people continue to dare to climb the slopes of the huge, rugged mountain. Every year during the climbing season, Everest is overcrowded with hundreds of climbers and guiding Sherpas. Traffic jams can sometimes even form as the mountaineers wait their chance to stand atop the peak.

a에 가장 알맞은 대명사를 고르세요.

1 those
2 anyone
3 he
4 you

b에 가장 알맞은 어휘를 고르세요.

1 perish
2 depart
3 corrupt
4 waste

reach 도달하다 summit 정상 bravery 용기 must 필수품 attempt 시도하다 scale 오르다 altitude 고도 constant 끊임없는 abyss 깊은 구렁 insufficient 불충분한 hardship 어려움, 곤란 mountaineer 등산가 lengthy 너무 긴 treacherous 위험한 fatal 죽음을 초래하는 obstacle 장애물 unfavorable 호의적이지 않은 odds 공산[가능성] dare to 과감히 ~하다 rugged 바위투성이의 statistics 통계 atop 꼭대기에, 맨 위에

a 지구를 지키려면 물을 아껴 써야 한다. **b** 몸에 좋은 음식만 드셔야 해요. **c** 브라질에서는 포르투갈어를 쓴다. **d** 살면서 변화를 두려워해서는 안 됩니다.

관계대명사가 「접속사 + 대명사」로 이루어진 것처럼 관계부사도 말 그대로 「접속사 + 부사」로 이루어진 말입니다. 앞 절의 선행사가 the time/the day/the month/the year...(시간), the place/the house/the country...(장소), the reason(이유), the way(방법)라면 선행사 바로 뒤에 관계부사 when(시간)/where(장소)/why(이유)/how(방법)를 써서 두 절을 연결하죠. 그중 '방법'을 나타내는 관계부사 문장에서는 how와 the way를 나란히 쓰지 않고 둘 중 하나만 씁니다.

Pattern
34

수식어구가 숨은 관계부사를 알면 해석이 필요 없다

a Monday is **the day when** most people have to return to work.
= Monday is the day. Most people have to return to work on that day.

b I am living in **a place where** everything is accessible on foot.
= I am living in a place. Everything is accessible on foot in the place.

c Tell me **the reason why** we celebrate Christmas.
= Tell me the reason. We celebrate Christmas for that reason.

d I hate **the way** my voice sounds. (= I hate **how** my voice sounds.)
= I hate the way. My voice sounds in that way.

Let's NOT forget!

관계부사는 「전치사 + 관계대명사」로 바꿔 쓸 수 있습니다. 가령 '장소'를 나타내는 where는 at[on/in] which, '시간'을 나타내는 when은 at[on/in] which, '이유'를 나타내는 why는 for which, '방법'을 나타내는 how는 in which로 바꿔 쓰죠.

An expiration date is the date at which a product is no longer fit for consumption.
유효기간은 제품이 섭취에 더 이상 적합하지 않은 날짜를 말한다.

This is the place at which the old meets the new.
여기는 옛것과 새것이 한데 어우러지는 곳입니다.

These are the reasons for which I signed up.
이런 이유들 때문에 등록한 거예요.

I want to change the method in which I receive my refund.
환불 방법을 변경하고 싶은데요.

Inescapable

In the past, scurvy was very common on long sea voyages. Sailors were often aboard ships for a period of time longer than fruits and vegetables could be kept fresh, so they frequently suffered from vitamin C deficiency and fell victim to scurvy, a disease related to malnutrition. However, the incidence rate of scurvy declined sharply after 1747, the year **a**_____ British surgeon James Lind discovered an effective treatment. In an effort to find the cause of the ailment, he divided his ill sailors into six groups of two and gave each group a different remedy. He found that only the members of the group given oranges and lemons were cured of the disease. While the British Royal Navy at first ignored him when he recommended the solution to them, they soon decided to adopt the program for the entire navy as more and more sailors successfully **b**_____ scurvy with the help of Lind's discovery. In the end, they ordered all of their ships to carry barrels of water with limes in them and made sailors drink some of the water every day.

a에 가장 알맞은 관계부사를 고르세요.

1 when
2 where
3 why
4 how

b에 가장 알맞은 어휘를 고르세요.

1 protected
2 avoided
3 deceived
4 saved

scurvy 괴혈병 voyage 여행, 항해 aboard 탑승한 frequently 흔히 deficiency 결핍 malnutrition 영양실조 incidence 일, 사건 rate 비율 decline 감소하다 sharply 급격히 surgeon 외과의 treatment 치료, 처치 in an effort to ~해보려는 노력으로 ailment 질병 remedy 요법 cure 낫게 하다 ignore 무시하다 carry 가지고 다니다 barrel 배럴, 통

a 월요일은 대다수가 업무를 다시 시작하는 날이다. **b** 나는 도보로 모든 걸 구할 수 있는 곳에서 살아. **c** 크리스마스를 기념하는 이유가 뭔지 알려주세요. **d** 나는 내 목소리가 마음에 안 들어.

관계부사 중에서 when(시간)/where(장소)가 쓰인 관계사절은 선행사를 수식할 때도 있고(한정적 용법), 선행사의 의미를 보충하는 추가 설명(계속적 용법)으로 쓰일 때도 있습니다. 추가 설명일 때는 관계대명사처럼 관계부사 앞에 쉼표를 쓰는데요, 한정적 용법으로 쓰일 때와 달리 쉼표 뒤의 내용을 모두 생략해도 문장의 의미는 성립합니다. 문맥에 따라 「and/but/for + then(시간)/there(장소)」 등 알맞은 접속사를 넣어서 해석해야 되고요. when/where를 접속사나 의문사로 착각하면 엉뚱하게 해석하기 쉽죠.

Pattern
35

순차 해석하는 관계부사를 알면 해석이 필요 없다

a The last time I was in Seoul was December, **when** the weather was extremely cold.

and+then

but+then

He says he saw me arguing with David yesterday, **when** we were just having a casual talk.

Please come to see me after 6 o'clock, **when** I will have finished working.

for+then

b The man stopped by the travel agency, **where** he booked a ticket to Moscow.

and+there

but+there

He went to the police station to turn himself in, **where** he was told they had arrested someone else.

We took our children to Solomon National Park, **where** we could enjoy nature.

for+there

Let's NOT forget!

구어체에서는 관계부사를 계속적 용법으로 잘 쓰지 않습니다. 문자로 표기하는 글말에서처럼 쉼표 등의 구두점을 표현할 수 없기 때문이죠. 그래서 보통 두 문장으로 분리해 표현합니다.

We visited the zoo. We saw lots of birds there. (구어체)
　　　　　　문장　　　　　　　　　　　　문장
= We visited the zoo, where we saw lots of birds.
　　　　　　　　　　　　관계부사(장소)
우리는 동물원을 방문했다. 그리고 그곳에서 수많은 새들을 봤다.

Inescapable

The legends of Sargon and Moses present great similarities to each other. The parallels are especially notable at the beginning of the stories. The great king Sargon, the founder of the Akkadian Empire, was put in a reed basket and tossed into a river by his mother soon after he was born. The basket drifted downstream and reached the shore, [a]where an irrigation worker was drawing water. The irrigation worker picked Sargon up and raised him to be a leader. Although the details differ, this birth story of humble beginnings bears a remarkable resemblance to that of the great Jewish hero Moses. The resemblance is so striking that it makes one wonder whether the stories came down from a [b]_____ ancestor before they branched out into their respective versions. How can these stories be so similar? Actually, the similarities are hardly surprising if you consider that the settings of the stories are not far apart geographically. After all, stories flow across borders and affect each other through the generations. Besides, it is common for two or more legends to be based on the same moral or motif. In the case of Sargon and Moses, both stories share the common motif of an abandoned child who is associated with the common people rather than the previous nobility. It shows that his greatness comes from within and is fully deserved.

---

a의 의미로 가장 알맞은 것을 고르세요.

1 but there   2 and there
3 for there   4 though there

b에 가장 알맞은 어휘를 고르세요.

1 probable   2 typical
3 common   4 familiar

legend 전설 similarity 닮은 점 parallel 유사성 notable 눈에 띄는 reed 갈대 drift 표류하다 downstream 하류로 irrigation 관개 raise 기르다 humble 미천한 remarkable 놀랄 만한 resemblance 비슷함 striking 두드러진 branch out into ~로 확장하다 respective 각각의 geographically 지리적으로 moral 교훈 motif 주제 abandon 버리다 common people 민중 previous 이전의 nobility 귀족 deserve 마땅하다

■ 지난번에 서울에 있을 때는 12월이었는데, 그땐 날씨가 정말 매서웠지. | 그는 어제 내가 데이비드랑 말다툼하는 걸 봤다고 했는데, 우리는 평소처럼 대화를 나눴던 것뿐이에요. | 6시 이후에 오세요, 그때면 일이 끝나거든요. ■ 그 남자는 여행사에 들렀고 그곳에서 모스크바행 항공권을 예매했다. | 그는 자수하려고 경찰서에 갔지만, 경찰이 이미 다른 사람을 체포했다고 했다. | 우리는 아이들을 데리고 솔로몬 국립공원에 갔는데, 그곳에서 자연을 만끽할 수 있기 때문이다.

36

부사절의 주어가 주절의 주어와 같고 be동사를 썼다면 「주어+be동사」를 생략할 수 있습니다. 특히 시간(when/after/before/while), 장소(where), 조건(if/even if), 양상/형편 등을 묘사하는 '양태'(as if/as though), 기대되는 내용과 다르거나 반대를 나타내는 '양보'(although/though/even though), 비교를 나타내는 접속사(than/as)를 쓴 부사절에서는 「주어+be동사」가 자주 생략되는데요, 중복 표현이나 군더더기 없는 간결한 문장을 선호하는 경향에서 비롯된 생략법의 일종으로 볼 수 있습니다.

사라진 주어와 be동사를 찾으면 해석이 필요 없다

a **Our dog walkers** don't approach other dogs <u>while</u> **(they are)** on a walk with your dog.
부사절(시간)

b **Additional securities** will be formalized <u>where</u> **(they are)** necessary.
부사절(장소)

c **Each mission** will guarantee you a bonus <u>if</u> **(it is)** finished within the time limit.
부사절(조건)

d **The picture** on the wall looked perfect, <u>as if</u> **(it were)** painted by an artist.
부사절(양태)

부사절(양보)
e **His novel** reads like a contemporary story <u>although</u> **(it was)** written a long time ago.

f **The market conditions** are better <u>than</u> **(they were)** last year.
부사절(비교급)

g **Our baseball team** is not as strong <u>as</u> **(it was)** last year.
부사절(원급)

Let's NOT forget!

일상영어에서는 부사절의 주어와 주절의 주어가 달라도 문맥상 명백하다면 부사절의 「주어+be동사」를 생략하기도 합니다. 단, 격식을 갖춘 영문에서는 가급적 피하는 게 바람직하죠.

If **(it is)** acceptable to you, we will wait outside.
it = waiting outside
괜찮으시다면 저희는 밖에서 기다리겠습니다.

it = supporting the organization
Where **(it is)** necessary and possible, they support the organization with their knowledge and expertise.
필요한 경우, 그리고 가능한 경우 그들은 지식과 전문성을 동원해 그 기관을 지원한다.

Inescapable

Interest is the fee charged for the use of borrowed money. When you borrow something, it comes at a cost. Money is the same. If you borrow money, you have to pay a fee for the privilege of using it. Theoretically, this interest, which is normally expressed as an annual percentage of the principal, has no upper limit [a]if not constrained. According to your credit risk and the market conditions, it can hypothetically go up to 200% or even more. Realistically, however, when you borrow money from a bank or other conventional lending institutions, the rates you receive are much lower than that. They are usually related to the federal long-term borrowing rate, so your rate is determined within a(n) [b]_____ range. Fortunately, this is also true with private lending institutions where you may have to pay a premium to get access to their money. Most states have usury laws that set a ceiling on the maximum interest rates that lenders can charge on a loan. This provides protection from excessive or abusive rates that make it difficult to repay your debts.

a 뒤에 생략된 말을 고르세요.

1 it was
2 they are
3 it is
4 it has

b에 가장 알맞은 어휘를 고르세요.

1 formal
2 affordable
3 boundless
4 cheap

fee 요금 charge 부과하다 privilege 특혜 theoretically 이론적으로 annual 매년의 principal 원금 upper limit 상한선 constrain 제한[제약]하다 credit risk 신용 위험 hypothetically 가설로, 가설에 근거해 realistically 현실적으로 (말해서) conventional 전통적인 federal 연방 정부의 determine 결정하다 range 범위 private 사설의 premium 할증료 usury 고리대금업 set a ceiling on ~의 최고 한계를 정하다 maximum 최고의 excessive 지나친 abusive 남용[악용]된 repay 갚다

a 우리 반려견 산책사는 당신의 개를 산책시키는 동안에는 다른 개에 다가가지 않습니다. b 필요한 경우 추가적인 보호조치를 취할 것입니다. c 제한 시간 내에 각 임무를 완수할 경우 상여금을 보장합니다. d 벽에 걸린 그림은 마치 화가가 그린 듯 흠잡을 데 없어 보였다. e 그의 소설은 오래전에 쓰인 작품이지만 동시대 이야기를 읽는 듯하다. f 시장 상황이 작년보다는 낫다. g 우리 야구팀은 작년만큼 기량이 좋진 않아.

단어와 단어, 구와 구 등 형태와 비중이 같은 요소를 나란히 연결해주는 접속사를 '상관접속사'라고 하죠? 그런데 상관접속사가 아닌데도 문법적으로 대등한 둘 이상의 단어나 구를 연결해주는 말이 있습니다. 이를 '유사상관접속사'라고 하는데요, 두 요소를 연결해줄 뿐 아니라 특정 요소를 강조하는 역할도 하기 때문에 각 표현의 강조점이 어디에 놓이는지를 알아두어야 합니다. 이 구문들은 구조를 분석해 뜻을 유추하기보다는 숙어처럼 암기해둬야 의미를 단번에 파악할 수 있죠.

Pattern

37

닮은꼴을 나란히 잇는 말을 알면 해석이 필요 없다

a It's an interesting movie that <u>children</u> **and** <u>adults</u> **alike** love to watch.
A and B alike(A와 B 둘 다)

b He <u>composed</u> **as well as** <u>performed</u> all of the music.
A as well as B(B뿐만 아니라 A도)

A as much as B(B만큼이나 많은 A)

c Investment decisions are driven <u>by hopes and fears</u> **as much as** <u>by facts and analysis</u>.

d The new director prefers to <u>argue</u> **rather than** <u>accept</u> helpful advice.
A rather than B(B라기보다는 A인)

e The patient could hardly recall <u>his adolescence</u>, **let alone** <u>his childhood</u>.
A let alone B(B는 말할 것도 없이 A도)

f The authorities of the country do not tolerate <u>objectivity</u>, **still less** <u>criticism</u>.
(부정문) A still[much] less B(하물며 B는 말할 것도 없이)

Let's NOT forget!

상관접속사는 서로 관련 있는 두 어구를 연결해준다는 역할만 보면 등위접속사(어법상 형태가 같은 단어/구/절을 연결하는 접속사)와 비슷합니다. 하지만 상관접속사가 반드시 짝을 이뤄 쓰이고 특정 요소를 강조한다는 점에서 차이가 있죠. 가령 상관접속사 not only A but also B가 주어일 때 강조점은 뒤에 나오는 B에 있기 때문에 동사는 B에 맞춰 수를 일치시켜야 합니다.

<u>Not only</u> I <u>but also</u> she is going to Paris. 나뿐 아니라 그녀도 파리에 갈 예정이에요.
강조점

Inescapable

Recently, there has been a renewed push to choose locally grown produce, simply because it is fresher and ^a_____. Due to the shorter farm-to-market distance, it tastes more flavorful and is less reliant on chemical pesticides that are normally required for long-distance transport. Actually, there are many more benefits that locally produced fruits and vegetables can provide. For one thing, food from the local fruit or vegetable stand retains a higher quality of nutrients. As you may know, produce reaches its peak nutritional value when it is ripe. The shorter shipping time makes it possible for the food to be picked at its peak of ripeness ^b_____ when it is underripe. It also contains the right types of nutrients. People need to eat different minerals and vitamins each season in order to stay fit and healthy. Eating only local produce may limit your options during each season, but you will be consuming exactly the nutritional elements your body requires throughout the year.

a에 가장 알맞은 어휘를 고르세요.

1 trickier
2 safer
3 riskier
4 brighter

b에 가장 알맞은 표현을 고르세요.

1 as much as
2 let alone
3 still less
4 rather than

renewed 재개된 locally 가까이에, 근처에 produce 농산물; 생산하다 distance 거리 flavorful 풍미 있는 reliant on ~에 의존하는 chemical 화학의 pesticide 살충제 transport 수송 stand 가판대 retain 보유하다 nutrient 영양소 peak 정점 ripe 익은, 숙성한 ripeness 성숙, 원숙 underripe 덜 익은 mineral 미네랄 limit 제한하다 option 선택권 consume 먹다, 마시다 nutritional element 영양소

그건 어른 아이 할 것 없이 좋아할 만한 흥미로운 영화야. 그는 모든 곡을 연주한 데다가 작곡도 했다. 투자 결정은 사실과 분석 못지않게 희망과 두려움에 이끌려 이뤄진다. 새 감독은 유용한 조언을 받아들이기보다는 논쟁을 더 좋아한다. 그 환자는 자신의 유년 시절은 말할 것도 없고 청소년 시절도 거의 떠올리지 못했다. 그 나라의 정부는 객관적 타당성을 용납하지 않는다. 하물며 비판은 말할 것도 없다.

87

관계부사절이 선행사를 수식할 때(한정적 용법) 앞 절의 **선행사가 '구체적인'** 때/장소/이유/방법을 가리키는 것이 아니라 the time/the place/the reason/the way 등 '막연하고 일반적인' 의미를 나타낸다면 선행사를 아예 생략할 수 있습니다. '시간/장소/이유/방법'이라는 말 자체가 뒤에 바로 이어지는 관계부사의 의미와 중복되기 때문이죠. 다만 선행사가 특정하지 않은 막연한 의미를 나타내거나 문맥상 의미가 분명할 때만 생략 가능하고 문맥이 모호할 때는 생략되지 않습니다.

Pattern
38

군더더기를 뺀 관계부사를 알면 해석이 필요 없다

a That is **(the time)** <u>when</u> I knew the company was in serious trouble.
시간

b That is **(the place)** <u>where</u> she started to be involved in politics.
장소

c This is **(the reason)** <u>why</u> he had such a unique insight.
이유

d This is **(the way)** <u>how</u> you should approach addiction.
방법

cf. This is **the library** <u>where</u> the story-telling session will be held.

Let's NOT forget!

관계부사절이 선행사를 수식할 때(한정 용법)는 반대로 선행사가 아닌 관계부사를 생략해도 됩니다. how와 the way는 나란히 쓰지 않고 둘 중 하나만 쓴다는 것도 잊지 마세요.

I remember the day (when) she was born.
그녀가 태어난 날이 기억나.

This is the place (where) we used to play together.
여기가 우리가 같이 놀던 곳이야.

This is the reason (why) I retired early at 52.
그 이유 때문에 내가 52세에 일찍 은퇴한 거예요.

I don't like the way (how) you live your life.
나는 네 생활 방식이 마음에 안 들어.

Inescapable

Mice play a critical role in many laboratory tests. Whether it is for food products, medicines, or cosmetics, a new substance is almost always tested on them first in order to assess the safety or effectiveness of the material. But why have they become such an essential tool for these laboratory experiments? One main reason is their remarkable similarity to humans. Mice are mammals that share many similarities in genes and physiology with humans, so [a]the way something works on them is often [a]the same way it will work on humans. Another important reason mice are used as the models of choice is their rapid reproductive rate. These small animals reproduce quickly and have a short lifespan, so the test results of several generations can be observed in a relatively short period of time. There is also the [b]_____ factor. As you might imagine, mice are cheap, easy to care for, and can be more easily housed and maintained than other animals that are also genetically similar to humans, such as pigs. This is a key reason why researchers prefer to work with mice in their tightly controlled laboratory environments.

a 뒤에 공통으로 생략된 관계부사를 고르세요.

1 when
2 where
3 why
4 how

b에 가장 알맞은 어휘를 고르세요.

1 convenience
2 enjoyment
3 satisfaction
4 preference

critical 중대한 laboratory 실험실 cosmetics 화장품 assess 평가하다 effectiveness 효과 material 재료 essential 필수적인 mammal 포유동물 gene 유전자 physiology 생리학 reproductive 생식의 reproduce 번식하다 lifespan 수명 observe 관찰하다 relatively 비교적 factor 요소 care for ~을 보살피다 maintain 유지하다 genetically 유전적으로 tightly 엄중히, 단단히 controlled 관리[통제]된

a 회사가 심각한 문제에 봉착했다는 걸 그제야 알았어. b 그녀가 정치에 개입하기 시작한 건 바로 그 지점부터야. c 그가 남다른 직관을 갖게 된 건 바로 그 때문이야. d 중독 문제를 다룰 때는 이렇게 접근해야 돼. cf 이곳이 그 스토리텔링 수업이 진행될 도서관이다.

조동사 will은 '미래'에 일어날 일을 나타낼 때 쓰는 시제 표현입니다. '(앞으로 시간이 지나면 자연스럽게) ~할 것이다'라는 의미로, 편의상 '단순미래'라고 부르죠. 하지만 이렇게 자연발생적인 일이 아닌 주체의 '의지'를 나타낼 때도 will을 씁니다. 쉽게 말해 '앞으로 ~하겠다'라는 뜻의 의지를 표명할 때도 쓰이는데, 이런 쓰임새를 '의지미래'라고 하죠. '주체의 의지'를 나타내기 때문에 주어가 1인칭일 때만 쓸 수 있는데요, 조건을 나타내는 종속절에 쓰였다면 예외적으로 2, 3인칭 주어도 쓸 수 있습니다.

Pattern

39

의지가 담긴 미래 표현을 알면 해석이 필요 없다

a I **will** be 20 years old next year.
　　단순미래

You **will** receive the information by email.
　　　단순미래

He **will** recover soon because Dr. Martha is there to help him.
　　단순미래

b I **will** fight until I win.
　　의지미래

I will go with you to lunch if you **will** pay for the meal.
　　　　　　　　　　　　　(조건절) 2인칭 의지미래

How can I start a conversation if she **will** not listen to me?
　　　　　　　　　　　　　(조건절) 3인칭 의지미래

Let's NOT forget!

will이 행동 패턴과 관련된 '습관'(곧잘 ~하다, 흔히 ~하다), '습성/경향'(~하게 마련이다), '고집/주장'(어떻게 해서든지 ~하겠다, 아무리 해도 ~하지 않다)을 뜻할 때도 있습니다. 이때는 '미래'가 아닌 '현재'의 상황을 전제하죠.

He will often stare at his phone for hours instead of sleeping.
　　습관
걔는 잠 잘 생각은 안하고 몇 시간씩 핸드폰만 볼 때가 많아.

Dogs will not come to you if they do not like you.
　　　습성
개는 그 사람이 싫으면 다가가려 하지 않아요.

Mistakes will happen. 실수는 하게 마련이야.
　　　　경향

This door won't open. 이 문이 열릴 생각을 안 해.
　　　고집

Inescapable

Many infants and young children die from choking each year. Small children [a]will put anything that fits in their mouths. This natural curiosity occasionally leads to the blockage of their upper airway, which obstructs the air flow into the lungs and causes cardiac arrest or brain death. So what steps should we take to avoid this tragedy when children are around us? Well, according to one study, the majority of pediatric choking incidents are associated with toy parts and small balls. Although these objects are strictly gauged and tested by many families to determine whether they should be kept away from small children, they can still easily become a problem in many cases, such as when babies play with their older siblings' toys that pose a choking hazard. Another leading factor in children choking is food. The molars of small children are usually not [b]_____ enough for grinding food, so ordinary foods that are thought to be safe and kid-friendly, such as popcorn or grapes, sometimes turn out to be dangerous to them.

a와 쓰임새가 같은 것을 고르세요.

1 I will be a senior next year.
2 You will soon receive a call from the manager.
3 He will earn huge profits because he works hard.
4 A drowning man will catch at a straw.

b에 가장 알맞은 어휘를 고르세요.

1 protected
2 cured
3 developed
4 brushed

Infant 유아 choking 질식 fit 맞다 occasionally 가끔 blockage 차단 airway 기도 obstruct 막다, 방해하다 lung 폐 cardiac arrest 심장마비 brain death 뇌사 tragedy 비극 majority 다수 pediatric 소아과의 associate with ~와 연관짓다 strictly 엄격하게 gauge 측정하다 determine 결정하다 keep away from ~을 가까이 하지 않다 sibling 형제, 자매 pose 제기하다 hazard 위험 molar 어금니 grind 갈다[빻다]

a 난 내년이면 20살이 돼. | 그 정보는 이메일로 보내드리겠습니다. | 마사 박사님이 곁에서 돌봐주고 계시니 그는 곧 회복할 겁니다. b 나는 승리의 그날까지 싸울 것이다. | 네가 밥값을 내주면 점심 같이 먹어줄게. | 그녀가 도통 내 말을 들으려 하지 않는데 어떻게 대화를 하라는 거야?

부사도 형용사처럼 비교급/원급을 써서 두 대상을 견줄 수 있습니다. 형용사와 마찬가지로 부사도 비교급은 「부사 비교급 + than」, 원급은 「as + 부사 원급 + as」 형태로 나타내죠. 비교 대상도 than/as 뒤에 등장하고요. 부사 비교구문은 형용사 비교구문보다 단순한 편입니다. 비교 대상 앞에 나오는 than/as가 전치사와 접속사로만 쓰이고 유사관계대명사로는 쓰이지 않기 때문인데요, 유사관계대명사로도 쓰인다면 than/as 뒤에 나오는 비교 대상의 구조가 더 복잡해지겠죠?

Pattern

40

단순한 비교 대상이 보이면 해석이 필요 없다

a My mother drives **more carefully than** <u>me</u>.
   전치사

   Children can learn a new language **more quickly than** <u>their parents can</u>.
   접속사

b His arms were **as severely damaged as** <u>his legs</u>.
   전치사

   My father doesn't seem to remember things **as clearly as** <u>he used to</u>.
   접속사

Let's NOT forget!

접속사 than/as 뒤에 나오는 절의 주어와 동사를 쉽게 짐작할 수 있다면 생략할 수 있습니다.

We get connected to WiFi more easily **than** <u>(we got connected)</u> last year.
우리는 작년보다 와이파이를 더 손쉽게 이용할 수 있다.

I don't digest everything as thoroughly **as** <u>(I did)</u> before.
난 이제 예전만큼 이것저것 안 가리고 소화시키질 못해.

Inescapable

The amount of water on the Earth remains constant. It changes physical states between solid, liquid, and gas in a continuous cycle, but the total amount of water never changes on our planet. With that in mind, why should wasting water be a cause of concern? If it is true that the amount of water never changes, what is the point in worrying about whether you have a dripping faucet or leave the hose running while you wash your shoes? Well, the answer lies in the fact that water is distributed very [a]_____ around the globe. If you live in an area that does not get much precipitation but you still use water more quickly [b]_____ it can be replaced, you cannot always make it available when and where you need it. Another problem lies in pollution. Nature can cope with small amounts of water pollution but not the billions of gallons of sewage humans produce every day. Since this decreases the amount of safe and clean water, you need to conserve it so that you have access to the quality of water you need when you need it.

a에 가장 알맞은 어휘를 고르세요.

1 uniformly
2 constantly
3 unevenly
4 smoothly

b에 가장 알맞은 품사를 고르세요.

1 전치사 as
2 접속사 than
3 전치사 than
4 접속사 as

physical 물리적인 state 상태 solid 고체 liquid 액체 continuous 계속되는 cycle 순환 planet 행성 concern 걱정, 염려 drip 방울방울 흐르다 faucet (수도)꼭지 lie (문제 등이) 있다[발견되다] distribute 분배하다 unevenly 고르지 않게 precipitation 강수 pollution 오염 cope with ~에 대처하다 sewage 하수, 오물 conserve 아끼다 have access to ~을 이용[입수]할 수 있다 quality 품질

ⓐ 우리 어머니는 나보다 더 운전을 조심스럽게 하셔. | 아이들은 부모보다 더 빨리 새로운 언어를 학습할 수 있다. ⓑ 그의 팔은 다리 못지않게 심한 부상을 입었다. | 우리 아버지는 예전만큼 기억력이 또렷한 것 같지 않아.

93

Review

각 문장에서 밑줄 친 동사의 종류를 쓰세요.

1 The texts don't <u>give</u> us many concrete details about these devices.
2 The weather <u>changes</u> drastically in this part of the country.
3 Trees from areas with similar weather <u>have</u> similar ring patterns.
4 Music <u>helps</u> us relieve the stress of daily life.
5 Global warming <u>is</u> the unusually rapid increase in Earth's average surface temperature.

주어진 문장과 같은 의미가 되도록 괄호 안에서 알맞은 말을 고르세요.

1 He (may/must) be in police custody right now.
= Perhaps he is in police custody right now.
2 Bacteria and viruses (may/can) cause cancer.
= It is possible for bacteria and viruses to cause cancer.
3 He (must/can) be working in his office.
= I am certain that he is working in his office.
4 Two people (should not/cannot) have the same DNA.
= It is impossible for two people to have the same DNA.

각 문장을 읽고 밑줄 친 to부정사의 용법을 쓰세요.

1 Our main goal is <u>to improve the quality of life in the local community</u>.
2 He felt he had no one <u>to turn to</u>.
3 We left early <u>to avoid</u> heavy traffic on the roads.
4 <u>To truly love someone</u> is to love them without possessing them.

각 문장에서 밑줄 친 동명사의 문장 성분을 쓰세요.

1 Daniel is passionate about <u>connecting kids with nature and outdoor play</u>.
2 The hardest part of my decision was <u>leaving behind my family</u>.
3 Most men don't like <u>experimenting with their hair</u>.
4 <u>Playing a variety of sports</u> helps prevent overuse injuries.

각 문장에서 밑줄 친 동사구의 품사를 쓰세요.

1 Why do we still have to <u>deal with</u> these outdated issues?
2 He <u>came across</u> his old diary while he was cleaning his room.
3 I strongly believe that all children should <u>grow up</u> with pets.
4 They thought the event was too dangerous, so they <u>called</u> it <u>off</u>.

Pattern 06

각 문장에서 밑줄 친 구/절의 품사를 쓰세요.

1 You should ask him before signing the contract <u>because he has done business with them</u>.
2 It is not good to eat a heavy meal <u>right before working out</u>.
3 Everybody wanted to see the view <u>of the other side</u>.
4 The truth is <u>that he was in bad health his whole life</u>.
5 Why doesn't anybody want <u>to talk about the debt</u>?

Pattern 07

다음 보기 중 문맥상 알맞은 것을 골라 빈칸에 써 넣으세요.

| that   to breath   how   whether   complaining |

1 It is impossible _____ and to swallow simultaneously.
2 It is expected _____ the plane will be half an hour behind schedule.
3 It doesn't matter _____ and where the data is stored.
4 It isn't certain _____ he was involved in the incident or not.
5 It is no use _____ because the staff cannot understand English.

Pattern 08

각 문장에서 <u>잘못된</u> 부분을 찾아 바르게 고치세요.

1 A leader should be a creative person, flexible, and passionate.
2 The consultant will help you to achieve the best imaginable result.
3 Sports photographers always live with the anticipation that amazing something will happen any second.
4 What is the oldest alive animal in the world?

Pattern 09

각 문장에서 선행사와 관계대명사에 밑줄을 그으세요.

1 A person who is sick with the flu can spread viruses.
2 Can you insure a car that has a lot of mechanical problems?
3 Fossils are clues that help us learn about dinosaurs.
4 He is no longer the person that he used to be.

Pattern 10

관계대명사를 써서 두 문장을 한 문장으로 연결하세요.

1 The house was perfect for my family. I rented it for a 5-day trip.
2 The typist was not a professional. We hired him last month.
3 This is a list of books. I found them enjoyable.
4 They had a serious conversation. No one wanted to join in it.

관계대명사를 써서 두 문장을 한 문장으로 연결하세요.

1 A lobbyist is a person. His/Her job is to try to influence public officials.
2 He is the new assistant. I sent you his picture a few weeks ago.
3 Here is a list of 10 scientists. Their ideas were rejected during their time.
4 The tourist reported us to the police. We saw his bag stolen.

관계대명사 which를 써서 두 문장을 한 문장으로 연결하세요.

1 We are facing a very close election. The outcome of it is tough to judge.
2 The bird was just a graphic image. We saw the shape of it in the movie.
3 Poverty is an age-old problem. The effects of it still haunt us today.
4 The cabinet was an antique. The value of it could not be determined only by usefulness.

각 문장을 읽고 생략된 말을 써 넣으세요.

1 All those wishing to come to the party are welcome.
2 I just received an email I was waiting for since this Monday.
3 I made the mistake because I was not the man I am today.
4 The movie is based on a book written in 1978.

각 문장에서 밑줄 친 현재완료 시제의 용법을 쓰세요.

1 I have completed a survey and now I want to analyze the results.
2 His parents have kept the secret since he was a child.
3 I have been to Singapore several times.
4 I have lost my password for my user account.

such를 써서 두 문장을 한 문장으로 연결하세요.

1 It was a great play. I watched it several times.
2 India is a big country. The landscape is different in every part.
3 It was a very cold day. There was nobody on the street.
4 I was in a very bad mood. Even the comedy didn't make me smile.
5 The museum was a great splendor. It attracted the most distinguished artists of the time.

각 문장을 읽고 밑줄 친 부분의 의미를 쓰세요.

1 The temptation was so great that we were unable to resist it.
2 The scale of the islands was so small as to be invisible with the naked eye.
3 The house was so expensive that no one tried to buy it.
4 The staff was so busy as to truly be unable to speak.

각 문장에서 밑줄 친 관계대명사를 「접속사 + 대명사」로 바꿔 쓰세요.

1 The police called the security manager, who verified that the suspect had worked there for several years.
2 I trusted the agent, who betrayed me in the end.
3 She cherished the airmail stamps, which were worth a lot of money.
4 Play therapy, which is a relatively new concept, is becoming popular in many schools.

각 문장을 읽고 보어를 찾으세요.

1 We spent much time together and parted the best of friends.
2 The boy saw me and came running toward me.
3 The officer sat surrounded by reporters from around the country.
4 Many experts warn that oil will run dry before substitutes are developed.

각 문장에서 잘못된 부분을 찾아 바르게 고치세요.

1 I will call the resort because I have a little questions I need answered.
2 We decided to lay off the staff because we had a little faith in them.
3 They had to be very frugal with the few money they had.
4 A little people complained about the noise last night.

다음 보기 중 각 문장에서 생략된 전치사를 써 넣으세요.

for	by	on	in

1 The baseball players run four miles in 30 minutes.
2 Here are some tips for decorating your house Italian style.
3 They left the campsite Tuesday evening.
4 The demand for the product increased 31%.
5 The opposition leaders will meet each other January 7.

다음 중 밑줄 친 부분의 쓰임이 어색한 것을 고르세요.

1 I used to think that being strong meant having big muscles.
2 She would exercise on a cardio machine every day.
3 I would live in city, but I moved to a rural area last year.
4 Most of my former colleagues would oppose any reforms.

각 문장에서 잘못된 부분을 찾아 바르게 고치세요.

1 We should not have the audience waited too long in line.
2 He got his neck examining by a doctor.
3 He said that he saw the children got off the bus when the bicycle hit them.
4 I just heard his death announcing on the 6 o'clock news.

각 문장에서 밑줄 친 부분을 어법에 맞게 고치세요.

1 Thank you very much for your supporting us again this year.
2 I don't want he coming here.
3 No employees should be laid off without sufficient reason was given.
4 The chairman didn't like the committee makes premature decisions.

각 문장에서 밑줄 친 부분을 어법에 맞게 고치세요.

1 It is impossible of us to respond to everyone individually.
2 I hope for me to see the report adopted today with a large majority.
3 It is very nice for you to meet with us this morning.
4 I told for them to use any method that made sense to them.

다음 보기 중 문맥상 알맞은 것을 골라 빈칸에 써 넣으세요. (단, 일부는 형태를 바꿀 것)

| accuse | right | known | wrong | young | injure | unknown |

1 The _____ were rushed to a nearby hospital after the accident.
2 It is difficult for the _____ to enter the labor market nowadays.
3 It's hard to tell the _____ from the _____.
4 Mathematics helps us to bridge the gap between the _____ and the _____.
5 The _____ was arrested after shoplifting from his friend's store.

Pattern 26

다음 중 밑줄 친 that의 용법이 <u>다른</u> 하나를 고르세요.

1 It was the author's email <u>that</u> changed the whole scenario.
2 It was late at night <u>that</u> I heard sirens and looked out the window.
3 I was with the help of my new assistant <u>that</u> I accomplished the work in a short time.
4 It is a fact <u>that</u> disease and poverty are solvable.
5 It was after we crossed the river <u>that</u> it really started snowing.

Pattern 27

각 문장에서 밑줄 친 부분의 품사를 쓰세요.

1 Keeping clients is more important <u>than</u> finding new ones.
2 The road is as safe <u>as</u> it has always been.
3 I will find you a better home <u>than</u> you previously had.
4 She says she's never had as good a friend <u>as</u> you have been to her.

Pattern 28

다음 중 밑줄 친 부분이 생략될 수 <u>없는</u> 것을 고르세요.

1 How can we make more sales than <u>we made</u> last year?
2 The food at the restaurant isn't as good <u>as it was before</u>.
3 The fans were disappointed as their team was not as strong as <u>they had expected it to be</u> for the final.
4 The program was not as successful for participants with chronic ailments <u>as it was for participants without chronic ailments</u>.

Pattern 29

각 문장에서 비교구문의 종속절에 밑줄을 그으세요.

1 Their technology was more advanced than I had presumed it to be.
2 More people than we could give tickets to attended the event.
3 I gave them as thorough an explanation as I could provide them.
4 He made it as comfortable a house as he once dreamed of.

Pattern 30

동명사는 to부정사로, to부정사는 동명사로 바꾸어 관용 표현을 완성하세요.

1 It is not too much to say that war is a form of madness.
2 We could not but admire his courage.
3 It is no use complaining about things you cannot control.
4 I make a point of responding to all emails.

Pattern 31

각 문장에서 선행사에 밑줄을 그으세요.

1 He tried shoving the rock with his shoulder, which was futile.
2 My mother was extremely tolerant, which my father was not.
3 I had an upgrade to a suite, which was a nice surprise.
4 He tried to persuade the angry customer, which made the situation even more difficult.
5 We believed the scientist was just a normal man, which he was not.

Pattern 32

다음 중 밑줄 친 what의 용법이 다른 하나를 고르세요.

1 What disappeared was not just our business but also our friendship.
2 We were disappointed by what we saw in the seminar.
3 Each message differed slightly in what was emphasized.
4 People often ask me what the most meaningful thing is in life.
5 What is important is not what job you have. but what you do at your job.

Pattern 33

각 문장을 읽고 빈칸에 알맞은 일반주어를 써 넣으세요.

1 _____ has never made a mistake has never tried anything new.
2 _____ know do not speak. _____ speak do not know.
3 What currency do _____ use in Australia?
4 _____ should not pursue goals that are easily achieved.

Pattern 34

각 문장을 읽고 빈칸에 알맞은 관계부사를 써 넣으세요.

1 Africa was one of the sites _____ agriculture began.
2 Everyone has those moments _____ a major realization strikes them.
3 The reason _____ people should wear helmets is to protect a vital part of the body.
4 Character depends on _____ you treat those who can do nothing for you.

Pattern 35

각 문장에서 밑줄 친 관계부사를 「접속사 + 부사」로 바꿔 쓰세요.

1 Hong Kong was a part of the British Empire until 1997, when it was transferred to Chinese rule.
2 Visit your community center, where many educational activities are provided.
3 We took him to the reunion, where we were surprised nobody recognized him.

각 문장에서 생략된 말을 써 넣으세요.

1 The fish is delicious when eaten raw.
2 All of the paintings had the same style although drawn by different artists.
3 Tell us why homeowner's insurance is necessary even if not required.
4 Here are some of the products that are cheaper today than 10 years ago.
5 You can have your pet off leash only where allowed.

다음 보기 중 문맥상 알맞은 것을 골라 빈칸에 써 넣으세요.

much as	alone	less	than

1 You might as well sell it rather _____ keep it.
2 The speech was not interesting, let _____ inspiring.
3 No one knew that she is a doctor, still _____ that she is a brain surgeon.
4 Changes in technology and communication occur inside the house as _____ outside.

각 문장에서 생략된 말을 써 넣으세요.

1 This is the place my father works most of the day.
2 Do you remember when I asked you about the science fair?
3 At the time, no one told me why I was promoted so quickly.
4 Do you remember the time the president went to visit him in Dubai?

각 문장을 읽고 밑줄 친 will의 용법을 쓰세요.

1 She <u>will</u> often stay after her presentation to do a Q&A session.
2 My passport <u>will</u> expire next month.
3 If your partner <u>will</u> not attend couples counseling, individual therapy may be beneficial.
4 My two cats <u>will</u> not stop fighting!

각 문장에서 밑줄 친 부분의 품사를 쓰세요.

1 Personally, I respect you more <u>than</u> him despite his success.
2 Animals rely on their sense of smell much more <u>than</u> humans do.
3 Every project is as profoundly important to us <u>as</u> it is to them.
4 He answered more confidently <u>than</u> the other contestants.

전치사는 '명사 앞(앞 전前)에 두는(둘 치置) 말'이라는 뜻에서 붙여진 이름이죠? 그런데 영문을 읽다 보면 전치사 뒤에 명사는 보이지 않고 전치사가 하나 더 나올 때가 있습니다. 이렇게 두 개의 전치사가 나열돼 언뜻 보아 비문 같은 문장이 등장할 땐 먼저 첫 번째 전치사 앞에 동사가 있는지, 즉 「동사+전치사/부사」 형태의 동사구는 아닌지 확인해보세요. 그런 다음 원래 목적어였던 말이 주어 자리로 옮겨간 수동태 문장은 아닌지 살펴보면 됩니다.

Pattern
41

나란히 쓰인 전치사를 알면 해석이 필요 없다

a The experts should not **be laughed at** <u>for</u> failing to see what you saw.
자동사 + 전치사

b The football player **was looked up to** <u>in</u> many ways by his teammates.
자동사 + 부사 + 전치사

c Traditionally, young children **were brought up** <u>in</u> extended family networks.
타동사 + 부사

Let's NOT forget!

「타동사+목적어+전치사」 형태의 '타동사구'가 수동태로 바뀔 때 어떤 목적어가 주어 자리에 나와야 할까요? 타동사 뒤의 목적어일까요, 전치사 뒤에 나오는 타동사구의 목적어일까요? 이럴 땐 행위의 대상인 타동사구의 목적어를 주어로 보내고 수동태로 바꿉니다. 단, take pride in 처럼 타동사구 '안'의 목적어가 '행위의 대상'에 가까울 때는 이 목적어를 주어 자리로 보내죠.

Parents take <u>care</u> of <u>children</u> during their youth. 부모는 자식이 어릴 때 돌봐준다.
→ <u>Children</u> are taken care of by parents during their youth.
타동사구의 목적어
cf. ~~Care~~ is taken of children by parents during their youth.

We should take <u>pride</u> in <u>his achievement</u>. 우리는 그의 성취에 자부심을 가져야 해.
→ <u>Pride</u> should be taken in his achievement.
타동사구 안의 목적어
cf. ~~His achievement~~ should be taken pride in.

They took <u>advantage</u> of <u>my kindness</u>. 그들은 내 호의를 이용했다.
→ <u>My kindness</u> was taken advantage of.
타동사구의 목적어
cf. ~~Advantage~~ was taken of my kindness.

Inescapable

Most people use commercial toothpaste that contains fluoride. Tooth decay usually occurs when bacteria on food debris creates acid that destroys tooth enamel, but the fluoride in the toothpaste prevents this by forming a protective shield on the surface of the teeth. It is also able to repair tiny holes in the enamel, which makes it harder for any bacteria or plaque to stick to it. Nevertheless, some people choose not to use commercial toothpaste in their daily oral hygiene routine. They say most toothpaste contains harmful ingredients such as artificial sweeteners, detergents, and preservatives, and these substances can easily ^a_____ through the skin or ingested if they are used frequently. In that case, how do these people prevent dental cavities? The answer is by using natural homemade alternatives. Some natural ingredients such as natural wood charcoal produce nearly as effective results as fluoride in ^b_____ enamel. Charcoal attaches or binds things to it. If you make a paste with it, it can shield enamel from bacteria and strengthen teeth just like commercial toothpaste does.

a에 가장 알맞은 형태를 고르세요.

1 took in
2 taken in
3 be taken in
4 take in

b에 가장 알맞은 어휘를 고르세요.

1 damaging
2 protecting
3 transforming
4 expelling

commercial 상업용의 contain 함유하다 fluoride 불소 tooth decay 충치 debris 잔해 acid 산 enamel 에나멜, 법랑 shield 방패 (역할을 하는 것) surface 표면 tiny 아주 작은 plaque 치태 stick to ~에 달라붙다 oral 구두의, 입의 hygiene 위생 routine 일상적인 일 ingredient 재료 artificial 인조의 sweetener 감미료 detergent 세제 preservative 방부제 ingest 삼키다 dental 이의 cavity 충치 homemade 집에서 만든 alternative 대안 charcoal 숯 attach 붙이다 bind 묶다 paste 반죽 strengthen 강화하다

네 눈에 보이는 걸 보지 못했다고 해서 그 전문가들을 조롱해서는 안 된다. 그 축구선수는 동료들에게 여러모로 존경을 받았다. 종래에는 어린아이들이 대가족이라는 가족관계망에서 양육되었다.

103

비교 대상을 나타내는 than이 형용사/부사의 비교급과 쓰이지 않을 때도 있습니다. 가령 different(~와는 다른)/other(그 밖의 다른) 등 '그 외 다른 옵션'을 뜻하는 말이 than 앞에 오는 경우가 그렇죠. 이때도 than은 비교구문에서처럼 전치사/접속사/유사관계대 명사 등 다양한 역할을 할 수 있기 때문에 비교 대상도 구/절을 비롯해 그에 걸맞은 다 양한 형태로 등장할 수 있습니다. than을 비교급 구문에서만 쓴다고 알고 있으면 이런 용법으로 쓰였을 때 비문으로 넘겨짚기 쉬우니 숙어처럼 반드시 뜻을 따로 외워두세요.

Pattern
42

비교급을 벗어난 than을 알면 해석이 필요 없다

a Sometimes I feel **different than** <u>other people</u>.
전치사

Fashion trends are quite **different than** <u>they were 50 years go</u>.
접속사

It is a much **different** type of role **than** <u>I usually played</u>.
유사관계대명사

b He had no **other** choice **than** <u>filing for bankruptcy</u>.
전치사

For many years, he pretended he was **other than** <u>he was</u>.
접속사

My grandmother was called some **other** name **than** <u>she is (called) now</u>.
유사관계대명사

Let's NOT forget!

other than을 붙여 쓰면 '~외에, ~이 아닌'을 뜻하는 전치사구로 변합니다. 주로 부정적인 의미를 나타내는 진술일 때 '예외'를 나타내기 위해 쓰죠. 그런데 목적어 자리에 명사가 오는 일반 전치 사와 달리 원형부정사나 to부정사가 올 때가 있는데요, 진술 내용에 동사 do가 쓰이면 원형부정 사를, 그렇지 않으면 to부정사를 목적어로 취하죠.

I can't think of anyone <u>other than</u> you.
너 말곤 다른 사람이 떠오르지 않아.

He hasn't <u>done</u> much <u>other than</u> complain all day long.
그는 하루 종일 불평하는 것 말고는 별로 한 일이 없다.

I simply <u>had</u> no choice <u>other than</u> to behave as I did.
그렇게 행동하는 것 외에 다른 방도가 없었을 뿐이야.

Inescapable

America did not enter World War I when it first broke out in Europe. Although many Americans felt a connection to the allies and regarded the Germans as the aggressors, they maintained strict neutrality and did nothing to help the Allied Powers **a**_____ than provide war materials to them. After all, the war was in Europe; America did not need to get involved in a European war. However, this all changed after Germany started using the strategy of naval blockade. In order to starve Britain into surrendering, the Germans began to sink all American ships crossing the Atlantic with their submarines, and this seriously imperiled the neutral stance of the United States. This was a foreign conflict that did not involve them; it was a manifest threat to America's national security. In effect, it was this unrestricted submarine warfare that pushed America into a corner and ultimately caused it to declare war. Soon, many Americans felt **b**_____ by the unlawful acts and started urging their government to retaliate against the barbaric raids, and, in turn, President Wilson asked Congress for permission to go to war.

a에 가장 알맞은 어휘를 고르세요.

1 different
2 similar
3 other
4 usaul

b에 가장 알맞은 어휘를 고르세요.

1 intimidated
2 discriminated
3 prejudiced
4 encountered

break out 발생하다 ally 동맹국 aggressor 침략국 maintain 유지하다 strict 엄격한 neutrality 중립 the Allied Powers 연합국 get involved 연루되다 strategy 계획, 전략 naval blockade 해상 봉쇄 starve 굶기다 surrender 항복하다 sink 침몰시키다 submarine 잠수함 imperil 위태롭게 하다 neutral 중립적인 stance 입장 conflict 충돌 manifest 명백한 threat 위협 unrestricted 제한받지 않는 warfare 전투, 전쟁 ultimately 궁극적으로 declare 선언하다 unlawful 불법의 urge 촉구하다 retaliate 보복하다 barbaric 야만적인 raid 습격, 급습

이따금 내가 남들과 다른 사람처럼 느껴질 때가 있다. | 패션 트렌드는 50년 전과 판이하다. | 그건 내가 주로 맡았던 역과 매우 다른 유형의 배역이다. 그에게는 파산신청 말고는 뾰족한 수가 없었어. | 그는 수년간 다른 사람 행세를 했다. | 옛날에 우리 할머니는 지금과는 다른 이름으로 불렸다.

43

비교 대상이 셋 이상일 때 그중 정도가 '가장' 크다는 의미를 나타내려면 '최상급'을 쓰고, 최상급 뒤에는 명사가 나온다는 게 영어의 원칙이지요? 그런데 명사 없이 최상급만 덩그러니 놓여 있을 때도 있습니다. 앞에 나온 명사를 대신하는 one이 명사 자리에 오거나 비교 대상이 명백하다면 생략 가능하기 때문이죠. 또 최상급 앞에 소유격이 있을 때, 한 대상이 지닌 특성을 비교할 때, 최상급이 명사를 보충 설명하는 서술적 용법으로 쓰일 때, 짧고 명료한 기사 제목을 쓸 때 최상급에 붙어다니는 the를 생략하기도 합니다.

원칙에 어긋난 최상급을 알면 해석이 필요 없다

a This <u>diamond</u> appears to be **the largest (one)**.
diamond = one

I think Jacob is **the funniest (character)** in the show.
비교 대상이 명백

b Patience is <u>my</u> **greatest** strength.
소유격

<u>This river</u> is **deepest** at this point.
한 가지 대상의 특성 비교

I bought the shirt because it <u>was</u> **(the) cheapest**.
보어(서술적 용법)

Local Man Grows **(the) Largest** Radish in America
기사 제목

Let's NOT forget!

부사는 명사를 수식하지 않기 때문에 부사의 최상급에는 원칙적으로 정관사 the를 붙이지 않습니다. 현대 영어에서는 형용사 최상급에서처럼 the를 붙이기도 하지만 생략하는 경우가 더 많죠. 특히 한 대상이 지닌 여러 특성을 비교 평가할 때는 반드시 생략합니다.

He works <u>the hardest</u> in his factory. 그는 공장에서 가장 열심히 일하는 직원이다.
직원 중 한 명

He works <u>most efficiently</u> in the morning. 그는 오전에 일할 때 능률이 가장 오른다.
직원의 특성

Inescapable

One day, the late Sir Hugh Beaver, the managing director of Guinness Breweries, was sitting in his office very disappointed. The previous night, he had made a bet in a bar about which type of game birds were the fastest in Europe, but he could not find any reference books with which he could **a**_____ his answer. Fortunately, while he was grumbling in dissatisfaction, a new sort of idea occurred to him. He thought there must be a lot of other questions about records that were not able to be settled in bars, as there was no book about them. Surely, he thought, a book supplying the answers would catch on in popularity. In fact, this is how the world-famous *Guinness Book of World Records* came into being. The book we depend on the most for **b**the biggest, fastest, or tallest was actually conceived as a game book that would settle bar bets across the United Kingdom.

a에 가장 알맞은 어휘를 고르세요.

1 offset
2 nullify
3 confine
4 verify

b 뒤에 생략된 말을 고르세요.

1 numbers
2 things
3 them
4 facts

late 고인이 된 director 이사, 책임자 brewery 맥주 공장 disappointed 낙담한, 실망한 previous 이전의 bet 내기 reference 참고, 참조 verify 입증하다 grumble 투덜거리다 dissatisfaction 불만 occur to ~에게 떠오르다 settle 해결하다 supply 공급하다 catch on 유행하다 popularity 인기 conceive 고안하다

이 다이아몬드가 제일 큰 것 같아. | 제이콥이 그 쇼에서 제일 재미있는 인물 같아. 인내심은 내 최대의 강점이다. | 이 강은 이 지점이 수심이 제일 깊어. | 제일 싸서 그 셔츠를 산 거야. | 미국에서 가장 큰 당근을 재배한 농부

관용어는 둘 이상의 단어가 모여 각 단어의 원래 뜻과는 다른 새로운 뜻을 나타내는 말이라고 했죠? 관용어 중에서도 '부정'을 나타내는 no/not과 어떤 대상의 '수량/정도'를 따져보거나 다른 대상과 비교 평가할 때 쓰는 '정도 부사' more(더한)/less(덜한)가 함께 쓰여 '고작, 기껏, 겨우' 등을 뜻하는 표현들은 그 모양이 비슷해 뜻이 더 헷갈리기 쉽습니다. 게다가 부정어가 연달아 나오는 이중부정 표현인 not[no] less는 사실상 '~와 다름없는, ~만큼이나'라는 뜻의 원급[동등] 의미이기 때문에 특히나 주의해야 하죠.

Pattern 44

한끗 차이로 달라지는 말을 알면 해석이 필요 없다

a He has **not more than** 100 dollars.
> 기껏해야(= at most)

He has **not less than** 100 dollars.
> 적어도(= at least)

b He has **no more than** 100 dollars.
> ~밖에(= only/nothing more than(부정))

He has **no less than** 100 dollars.
> ~만큼이나(= as much[many] as(긍정))

c He is **not more** intelligent **than** her.
> ~보다 덜하다

He is **not less** smart **than** her.
> ~보다 덜하지 않다/~ 못지않다

d He is **no more** a criminal **than** she is.
> (양자부정) A가 B가 아닌 것은 C가 (B)가 아닌 것과 같다(A is no more B than C is D[B])

He is **no less** talented **than** she is.
> (양자긍정) C가 (B)인 것과 마찬가지로 A는 B이다 (A is no less B than C is D[B])

Let's NOT forget!

not/no 둘 다 부정어라고 해서 무조건 서로 대체해 쓸 수 있는 건 아닙니다. 수식하는 대상의 수량을 얼마나 확실하게 알고 있느냐에 따라 두 말을 구분해 써야 되죠. 대상의 수량을 잘 모를 때는 not ~ than을 쓴다면, no ~ than은 수량을 정확히 알고 있을 때 쓴다는 차이점을 잊지 마세요.

He has <u>not more than</u> 100 dollars.
(그가 얼마를 가지고 있는지 정확히 모름)

He has <u>no more than</u> 100 dollars.
(그가 얼마를 가지고 있는지 알고 있음)

Inescapable

The Great Pyramid on the Giza plateau in Egypt is a paragon of precision. It was built with such accuracy that each side of the 6-ha square base differs in length by [a]no more than 8 inches. At the time of its construction, the structure was also a model of aesthetic excellence. When the pyramid was finished, all of the sandy bricks were covered with a highly polished limestone casing, so the pyramid shone brightly like a gigantic mirror in the sun and even under moonlight. However, as we can witness today, this magnificent structure has now lost its illuminating beauty, though its [b]_____ still holds. The smooth casing stones have disappeared, and now the massive monument just looks like a dull-brown sandy triangle with stepped surfaces. What in the world happened? In fact, it all degraded because of a natural disaster. During this period, a massive earthquake caused the casing stones to be damaged and to come loose from the pyramid. Rather than replacing them, the local sultan had the stones carted to Cairo and reused to build many of the mosques and fortresses in the region.

a와 의미가 같은 것을 고르세요.

1 at most
2 only
3 at least
4 as much as

b에 가장 알맞은 어휘를 고르세요.

1 unevenness
2 fairness
3 magnitude
4 precision

plateau 고원 paragon 귀감, 모범 accuracy 정확도 length 길이 construction 건립 aesthetic 미적인 sandy 모래 색깔의 polished 윤이 나는 limestone 석회암, 화장석 gigantic 거대한 witness 목격하다 magnificent 웅장한 smooth 매끄러운 disappear 사라지다 monument (기념비적인) 건축물 stepped 계단 모양의 degrade (품위 등이) 떨어지다 disaster 재난 earthquake 지진 damage 훼손하다 come loose 벗겨지다 sultan 술탄[왕] cart 운반하다 mosque 모스크 fortress 요새

a 그는 수중에 기껏해야 100달러가 있을 따름이다. | 그에겐 최소 100달러가 있다. b 그는 100달러밖에 없다. | 그에겐 100달러나 있다. c 그는 그녀보다 똑똑하지 않다. | 그는 그녀 못지않게 똑똑하다. d 그녀가 범죄자가 아니듯 그도 범죄자가 아니다. | 그도 그녀만큼이나 재능이 넘친다.

109

동사의 종류에 따라 과거의 일을 나타내는 시제 표현도 달라집니다. 일반동사는 -(e)d를 붙이거나 불규칙 활용형을 쓰지만, '추측' 조동사는 「조동사 + have + p.p.」 형태를 쓰죠. 가령 may(~일지 모른다)는 may have p.p.(~이었을지 모른다), must(~임이 틀림없다)는 must have p.p.(~이었음이 틀림없다), should(당연히 ~일 것이다)는 should have p.p.(당연히 ~였을 것이다)로 과거를 나타내는데요, 특히 should have p.p.는 '과거 사실에 대한 후회(~했어야 했는데 그러지 못했다)'로도 쓰이니 문맥을 잘 살펴봐야 합니다.

과거의 일을 추측하는 법을 알면 해석이 필요 없다

a Some of the patients **may have received** ineffective vaccines.
~이었을지 모른다

b The bank robbers **must have had** help from someone on the inside.
~이었음이 틀림없다

(아마) ~였을 것이다
c The fuel **should have been** sufficient for a one-hour flight but somehow the plane ran out of fuel and fell to the ground.
cf. I **should have told** them about the messages sooner.
~했어야 했는데(그러지 못했다)

Let's NOT forget!

일반적이고 이론적인 가능성을 나타내는 조동사 can은 긍정형인 can have p.p. 형태를 쓸 수 없지만, 부정 표현인 cannot have p.p.(~ 했을 리 없다)는 쓸 수 있습니다. may have p.p./must have p.p.의 반대 의미인 셈인데요, 문맥에 따라 '과거의 일에 대한 금지[불허]'를 뜻하기도 합니다.

He <u>cannot have seen</u> the warning sign. 그가 경고문을 봤을 리 없다.
cf. He ~~can have seen~~ the movies alone.

Your article must be original. It <u>cannot have been</u> copied from the internet.
과거의 일에 대한 금지
반드시 자작 기사여야 합니다. 인터넷에서 베낀 기사는 안 돼요.

Inescapable

Cats use their whiskers to communicate their emotional states. The approximately 24 long white hairs are a good indicator of their mood, so if you learn some basic information and pay close attention to your cat's whiskers, you can get a pretty good idea of what they want and how they feel around you. However, cats use these sensitive hairs for many other purposes as well, perhaps most unique among which is to judge the **a**_____ of spaces. A cat's whiskers are a sort of natural ruler, and they let them know which spaces they can fit through and escape from. For example, you **b**_____ have seen a cat stick its head in and out of an opening and use its whiskers to touch the sides of the holes. The reason for such behavior is that it's judging the width of the opening before it puts its body through. A cat's whiskers are roughly as wide as its body, so if the whiskers fit, then the cat can also fit.

a에 가장 알맞은 어휘를 고르세요.

1 ages
2 characters
3 sizes
4 volumes

b에 가장 알맞은 조동사를 고르세요.

1 can
2 may
3 cannot
4 may not

whisker 수염 emotional 감정의 state 상태 approximately 거의 indicator 지표 mood 기분 pay attention to ~에 주목하다 get a good idea of ~을 잘 파악하다 sensitive 예민한 judge 판단하다 ruler 자 fit 맞다 escape 피하다, 달아나다 stick 찌르다[박다] behavior 행동 width 너비 roughly 대략, 거의

a 그 환자 중 몇몇은 효과가 없는 예방접종을 했을지도 몰라. b 그 은행 강도들은 내부자의 도움을 받은 게 분명해. c 연료가 한 시간 비행에는 충분했을 텐데도 어쩐 일인지 연료가 바닥나 땅에 추락하고 말았다. cf. 그들에게 그 메시지를 더 빨리 전달했어야 했는데.

Pattern 46

명사절의 사라진 연결어를 찾으면 해석이 필요 없다

a I think **(that)** <u>he is lying about his past</u>.
목적어

b The problem <u>is</u> **(that)** <u>I have no work record</u>.
보어

c <u>It</u> is clear **(that)** <u>social media plays many negative effects on teens</u>.
진주어

d We found <u>it</u> hard to believe **(that)** <u>no one had thought of doing this before</u>.
진목적어

Let's NOT forget!

that절이 that 앞의 명사를 한 번 더 풀어쓴 '동격절(명사 = that절)'이거나 동사와 that절 사이의 간격이 멀 때는 that을 생략하지 않습니다. that절이 주어일 때도 생략할 수 없고요. 이 경우 주로 가주어 it이나 동격절인 the fact that ~(fact = that절)으로 바꿔 씁니다. 문법적으로 대등한 요소가 나란히 연결된 병렬 구문에서 목적어(목적절)로 쓰일 때도 that을 생략하지 않죠.

The ultimate happiness in life is the <u>conviction that</u> we are loved.
동격절
삶의 최고 행복은 사랑받고 있다는 믿음이다.

<u>That</u> the world is getting hotter seems obvious.
주어
전 세계가 갈수록 더워지고 있다는 건 확실한 것 같다.

동사와 that절의 간격
I <u>agreed</u> with my parents <u>that</u> the money would be saved for my college tuition. 나는 그 돈을 내 대학 등록금으로 저축해두자는 부모님의 의견에 동의했다.

I konw <u>that</u> you are ashamed of us <u>and that</u> there is nothing I can do about it.
병렬 관계
나는 네가 우리를 창피해한다는 걸 알지만 별다른 도리가 없다는 것도 알고 있어.
등위절로 해석 가능
cf. I konw that you are ashamed of us and (that) there is nothing I can do about it. 네가 우리를 창피해한다는 것을 아는데 별다른 도리가 없어.

Inescapable

Volunteering can make a great difference in your community. The altruistic act of helping others without any thought of return can greatly improve the lives of your neighbors and bind your community together. However, it should not be regarded as simply a form of **a** _____. Volunteering is a two-way street, so this selfless act can also make an enormous difference in your own life. For example, working as a volunteer can give you an opportunity for self-development. People generally misunderstand volunteer work as something that doesn't qualify as real work experience, but most volunteering services are quite serious and provide you with a practical chance to gain important skills and tangible experience that will help you later in life. Volunteering also does wonders for your self-confidence. **b**(①) While you are volunteering, (②) you normally find (③) your skills and talents (④) are needed and valued, and this realization can help to break down the barriers of mistrust and self-doubt and reinforce the positive idea that you definitely have a place in this world.

a에 가장 알맞은 어휘를 고르세요.

1 advantage
2 charity
3 relief
4 convenience

b에서 접속사 that이 생략된 곳을 고르세요.

1 ①
2 ②
3 ③
4 ④

volunteer 자원봉사로 하다
make a difference 차이를 만들다,
변화를 일으키다 community
공동체 altruistic 이타적인
return 수익 neighbor 이웃
bind together 결속시키다
selfless 이타적인 enormous
엄청난, 거대한 opportunity 기회
self-development 자기 계발
misunderstand 오해하다 qualify
자격을 얻다 practical 실질적인
tangible 분명히 실재하는[보이는]
do wonders 놀라운 일을 하다,
기적을 이루다 self-confidence
자신감 normally 보통 realization
자각, 인식 barrier 장벽 mistrust
불신 self-doubt 자기회의
reinforce 강화하다 definitely
분명히

그 남자는 자기 과거에 대해 거짓말을 하는 것 같아. 문제는 내가 근무 경력이 없다는 거야. 소셜 미디어가 청소년에게 부정적인 영향을 많이 끼친다는 것은 분명하다. 아무도 이 일을 할 생각을 못했다는 사실을 믿을 수 없었다.

영문법 책을 보면 '양보절'이라는 말이 자주 나오죠? 네, 우리가 잘 쓰는 '백번 양보해서 (전부 다 양보하여)'의 그 양보가 맞습니다. '양보'는 '상대의 말을 일단 인정한다'는 의미인데요, 영어의 양보절도 마찬가지죠. 다만 양보절과 연결된 주절에는 '기대한 내용과 다르거나 반대되는 내용'이 나온다는 데 주의해야 합니다. 양보절이 주절의 의미를 한층 더 강조하는 셈이죠. 양보절을 이끄는 접속사는 가짓수가 워낙 많기도 하고 '조건, 시간' 등 양보 이외의 다른 뜻으로 쓰일 때도 있으니 앞뒤 문맥을 꼼꼼히 살펴야 합니다.

Pattern
47

기대와 다른 말을 이끄는 접속사를 알면 해석이 필요 없다

a **Although** she was raised in Germany, she could speak English fluently.
~임에도 불구하고

Even though Beethoven was deaf, he wrote great music.
비록 ~일지라도

b **While** she travels all over the world, she is happiest at home.
~이지만

c My coworker paid for lunch in cash **when** he could have used his card.
~인데도 불구하고

~에 반하여
d **Whereas** my son is talkative with his teachers, he is not that social with his classmates.

e **Whether** you like it **or not**, I will continue to voice my opinion.
= **Whether or not** you like it, I will continue to voice my opinion.
~이든 아니든 간에

f **Much as** I want to talk with her, I'm too shy to initiate a conversation.
~이긴 하지만

Let's NOT forget!

even if와 even though는 '~에도 불구하고, ~라 할지라도'라는 의미의 동의어로 설명하는 경우가 많은데요, 사실 한 가지 차이점이 있습니다. even if 뒤에는 '가정'을 나타내는 절이 온다면, even though 뒤에는 '실제로 일어난 일(사실)'을 나타내는 절이 이어진다는 점이 다르죠.

Even if I had all the money in the world, I wouldn't buy this for $700.
even if + 가정
전 세계의 돈을 다 준다 해도 그걸 700달러나 주고 사진 않을 거야.

even though + 사실
Even though we told them we were waiting for the flight, the plane left without us.
우리가 기다리는 중이라고 말했는데도 그 비행기는 우릴 두고 떠나버렸다.

Inescapable

When it comes to music in films, the majority of us usually think of songs with lyrics. Whether it is a pre-existing hit or a song written specifically for a movie, music with words is what generally comes to our minds. But there is another important kind of music in the film's soundtrack, orchestral and instrumental pieces of music called film scores. **a**_____ you may not always be aware of the exact names of the pieces, they are present and play just as crucial a role as the songs in the movies. For one thing, the instrumental pieces help you recognize the emotion which the director intends to generate for a particular scene. In the movie *Jaws*, for example, the musical score performed during its most thrilling moments can enhance the suspense and terror of the onscreen action, something that is difficult to achieve in other ways. A film score also helps you **b**_____ the characters and main elements in a film. Just by hearing a particular sound, instrument, or theme, you can subconsciously know that a certain character or thing is responsible for the current action, even when the character is not on screen.

a에 가장 알맞은 접속사를 고르세요.

1 Although
2 that
3 Where
4 Whether or not

b에 가장 알맞은 어휘를 고르세요.

1 investigate
2 identify
3 interpret
4 mimic

majority 다수 lyrics 가사 pre-existing 기존의 specifically 특별히 orchestral 오케스트라의 instrumental 악기에 의한 piece 한 점(의 작품) score (영화·연극의) 음악 be aware of ~을 인지하다 crucial 중요한 recognize 인식하다 generate 발생시키다 perform 공연하다 thrilling 황홀한, 흥분시키는 enhance 높이다 suspense 긴장감 onscreen 영화의 identify 식별하다 character 등장인물 element 요소 subconsciously 잠재 의식으로 current 현재[지금]의

그녀는 독일에서 자랐는데도 영어를 유창하게 했다. | 베토벤은 청력을 잃긴 했어도 훌륭한 곡을 썼다. 그녀는 전 세계를 여행하지만 그래도 집에 있을 때 가장 행복해한다. 내 동료는 신용카드를 쓸 수 있었는데도 현금으로 점심값을 냈다. 내 아들은 선생님들과 수다는 잘 떨어도 같은 반 친구들과는 잘 어울려 지내지 못한다. 네가 좋든 싫든 난 앞으로도 내 의견을 말할 거야. 그녀와 이야기를 나누고 싶은 마음은 굴뚝같지만 내가 수줍음이 많아서 먼저 말을 못 꺼내겠어.

48

as가 관계대명사와 유사하게 쓰일 때도 있습니다. 이 '유사' 관계대명사 as가 이끄는 절은 앞에 이미 나온 명사(선행사)를 수식하는 형용사절로 해석하죠. 특이한 건 이 as의 선행사가 모두 '~와 같은'이라는 뜻의 such ~/ the same ~as ~로 시작한다는 건데요, as가 두 절의 공통 명사를 대신하는 관계대명사니 as 뒤에는 이 명사(주어/목적어)가 빠진 불완전한 절이 이어지겠죠? as절이 구나 (완전한) 절 형태의 선행사를 수식할 때도 있는데, 이때도 마찬가지로 '~한 것처럼, ~하듯'으로 해석합니다.

관계대명사를 닮은 as를 알면 해석이 필요 없다

a Why in the world should **such a thing** as <u>you said</u> above matter?
　　　　　　　　　　　　　　　　선행사

Does anybody have **the same problem as** <u>I have</u> and know how to solve it?
　　　　　　　　　　　　　　　선행사

The doctor still sees **as many patients as** <u>she can</u> with the small funding available.
　　　　　　　　　　　　　　　선행사

선행사(구)

b **The value of free speech**, **as** <u>is set forth</u> in the First Amendment, is enormous in a free society.

선행사(절)

Dealing with conflict in the workplace is not an easy job, as <u>I know</u> from my experience.

Let's NOT forget!

유사관계대명사 as의 선행사가 문장을 성립시키는 성분을 온전히 갖춘 '완전한 절'일 때는 as 앞에 쉼표를 붙입니다. 이런 관계사절의 쓰임을 '계속적 용법'이라고 했죠? 이때 as 뒤의 내용은 선행사의 의미를 부연하는 추가 설명으로 해석하면 됩니다.

계속적 용법

The support shortly after hardware launch leaves much to be desired, as is often the case with notebooks.
출시 직후 나온 지원 서비스는 아쉬운 점이 많기 마련인데, 노트북인 경우 그런 일이 흔하죠.

Inescapable

Owning an e-book on an electronic device is a ^a_____ form of ownership than owning a traditional book. Clearly, there are some advantages to the modern display. Most significantly, you can read nearly any book you want, anytime and anywhere! However, it reduces a book to merely words, and what you are allowed to own is only some sort of a property right to read them from a file. Full ownership of a book, however, has a much deeper meaning. As Mortimer Adler once said, if a book should be truly owned, it should be "dog-eared and dilapidated, shaken and loosened by continual use, marked and scribbled in from front to back," which means it should become a part of yourself through your interaction and engagement, ^b_____ can be seen in your old physical copy. By contrast, none of these markers of ownership can be created in an e-book. All of the information in your gadgets is stored separately from the book itself, and the book remains just as fresh even when it has been read hundreds of times.

a에 가장 알맞은 어휘를 고르세요.

1 fewer
2 lesser
3 more
4 better

b에 가장 알맞은 관계사를 고르세요.

1 that
2 what
3 as
4 who

electronic device 전자 기구 ownership 소유 traditional 전통적인 advantage 장점 display 디스플레이, 영상 출력[표시] 장치 significantly 크게[상당히] reduce 줄이다, 축소하다 merely 단지 property right 재산권 dog-eared 책장 모서리가 접힌 dilapidated 낡아 빠진 loosened 헐거워진 continual 계속적인 mark 표시하다 scribble 갈겨쓰다 interaction 상호작용 engagement 관계함 by contrast 그에 반해서 marker 표시(물) gadget 도구[장치] store 저장하다 separately 별도로

네가 언급한 그 문제가 어디가 중요하다는 거야? | 나와 똑같은 문제로 고민하면서 해결책까지 아는 사람 어디 없나요? | 그 의사는 적은 가용 자금으로도 여전히 최대한 많은 환자를 진료한다. 수정헌법 제1조에 명시된 표현의 자유가 지닌 가치는 자유로운 사회에서 막대하다. | 내가 겪어봐서 아는데, 직장 내 갈등을 해결하기는 어려워.

49

앞에 나온 동사(구)가 to부정사 형태로 다시 언급될 때 to 이하를 생략해 간결하게 만들 수 있는데요, 이렇게 to만 남겨둔 형태를 '대신할 대(代)'자를 써서 '대'부정사라고 합니다. 대부정사는 「hope/want/need/wish(희망) + to」, 「have/ought/need(조동사) + to」, 「used/be able/be going + to」 형태로 자주 등장하죠. 원형부정사 자리라면 to를 아예 빼기도 하고요. 부사를 넣어 to와 동사를 떨어트릴 때도 있는데, 이를 '분리부정사'라고 하고 부사가 수식하는 것은 본동사가 아니라 to부정사임을 나타내죠.

to부정사의 변형을 알면 해석이 필요 없다

a The tourists kept <u>feeding the animals</u>, although the zookeeper told them not **to (feed the animals)**.

b A: Why did you <u>choose that major</u>?
B: My father made me **(choose the major)**.

c Please do not <u>change the rules</u> unless you **need to (change them)**.

I had to <u>leave my profession</u> not because I **wanted to (leave it)** but because I **had to (leave it)**.

The chef doesn't <u>work</u> here anymore, but she **used to (work)**.

d We <u>decided</u> **to quickly change** our plans for the day.

Let's NOT forget!

try/agree/ask/forget/promise 등 자동사로 더 많이 쓰이는 동사는 to부정사를 아예 생략하기도 합니다. 반대로 want/prefer/hate/would like 등 '취향, 기호'를 나타내는 동사는 부정사를 생략할 수 없습니다. 다만 if/when 등이 이끄는 종속절의 동사로 쓰였다면 관용적으로 부정사를 생략하죠.

You won't be able to do it unless you <u>try (to do)</u>.
시도해보지 않으면 해낼 수도 없어.

You can go out <u>if you like</u>.
원한다면 외출해도 좋아.

Inescapable

Everyone knows the simple children's song "Twinkle, Twinkle, Little Star." But do stars really twinkle? Do they really blink in and out or dance around thousands of light years away? The answer is no. Stars do not twinkle, but they **a-1**_____ because they are viewed through the atmosphere of the earth. The earth's atmosphere is composed of thick layers of gases with different temperatures and densities. When the light of a star passes through the various layers, it is bent many times over and reaches the Earth at **b**_____ angles, which causes the star's image **a-2**_____ as if it is twinkling. In fact, this is similar to the "mirage effect." When you drive along a highway on a hot day, the air directly above the heated asphalt is hotter and less dense than the air further up. As a result, when the light passes through these thermal layers of air, it refracts and reaches our eyes in the form of a watery illusion.

a(1-2)에 들어갈 형태로 바르게 짝지어진 것을 고르세요.

1 appear — deceptively to appear
2 appear to — to deceptively appear
3 appear — appear deceptively to
4 appear to — deceptively appear to

b에 가장 알맞은 어휘를 고르세요.

1 similar
2 distinguished
3 same
4 different

twinkle 반짝거리다 blink 깜빡이다 light year 광년 appear ~처럼 보이다 view 관찰하다 atmosphere 대기 be composed of ~로 구성돼 있다 thick 두꺼운 layer 막, 층 temperature 온도 density 밀도, 농도 various 다양한 bend 구부리다 angle 각 deceptively 속여서, 기만하여 mirage 신기루 dense 밀도가 높은 thermal 열의 refract 굴절하다 illusion 환상, 환각 watery 물 같은

관광객들은 동물원 관리인이 그러지 말라고 해도 계속 동물에게 먹이를 주었다. ▮ A: 왜 그 전공을 고른 거야? B: 아버지가 그러라고 하셔서. ▮ 꼭 필요한 경우가 아니면 규정을 바꾸지 마세요. ▮ 나는 자의가 아닌 타의로 직장을 그만둬야 했어. ▮ 지금은 아니지만 그 요리사는 여기서 일했었죠. ▮ 우리는 그날 계획을 빨리 변경하기로 했어.

119

인간은 외부 정보의 70% 이상을 시각을 통해 받아들인다고 합니다. 그래서인지 생각을 말이나 글로 표현할 때 눈앞에 그려질 수 있도록 다른 대상에 빗대서 생생하게 묘사하려는 경향이 있죠. 직유법이 영어에 자주 등장하는 것도 이 때문이고요. 특히 방법/방식/모양 등의 '양태'를 묘사하는 부사절에서는 as (if) 등의 접속사나 the way를 자주 쓰는데, '~처럼, ~ 대로'라는 뜻의 직유법처럼 해석합니다. 접속사 as는 '때(~하면서), 원인(~이기 때문에), 양보(~이지만)' 등 다양한 의미로 쓰이니 앞뒤 문맥을 잘 살펴봐야겠죠?

Pattern

50

생동감을 더하는 접속사를 알면 해석이 필요 없다

a Live **as** you will, not **as** others would force you.
~하는 대로, ~와 마찬가지로

b **As** you know, the stock market generally keeps going up in the long term.
~하다시피, ~ 듯이

c **As** the truth becomes a reality, <u>so does the lie</u>.
Just as we become less active as the temperature rises, <u>so do animals</u>.
꼭 ~처럼 … 하다

d The plan didn't work out **the way** they had intended it to.
~와 같은 방식으로

마치 ~처럼
e The columnist keeps talking **as if** the sky is about to fall and all good things are in the past.

Let's NOT forget!

양태를 나타내는 as절에서 간혹 주어와 동사의 자리가 바뀌기도 합니다. 영어에서는 강조하고 싶은 말을 문장 끝에 두는 '문미 초점의 원칙(the principle of end-focus)'에 따라 주어를 보다 더 강조하고 싶을 때 두 품사의 자리를 바꾸는데요(도치), 위 예문의 ~ so do animals에서 '역시, 또한'을 뜻하는 부사 so 뒤에 주어와 동사의 자리가 바뀐 것도 같은 이유 때문이죠.

My grandfather was an engineer, **as is my father**.
as + 동사 + 주어
우리 할아버지께서는 기술자셨고 우리 아버지도 그렇다.

Inescapable

The benefits of renewable energy are so widely known that they hardly bear repeating. So why isn't renewable energy more prevalent? This can largely be attributed to two major problems, one of which is the ᵃ_____ of supply. As we might assume, solar power is less effective on cloudy days, and wind power requires strong winds. It follows, then, that if it is not sunny or windy enough, we cannot get the energy we need in the amount we require. What about other forms of energy? Just as solar panels and wind turbines are susceptible to varying weather conditions, ᵇ_____ to make energy from them, with the one exception of tidal power. The second problem is the high cost of producing sufficient quantities of renewable energy. Since energy must flow from a concentrated form to a more diluted form, renewable energy should be concentrated first into forms such as electricity or fuel in order to work successfully. However, as opposed to oil or coal, energy collected from renewable sources is originally quite diffused. Transforming it into a more concentrated, usable form requires extremely large capital costs with a great deal of equipment and facilities spread over vast areas.

a에 가장 알맞은 어휘를 고르세요.

1 sincerity
2 accuracy
3 reliability
4 morality

b에 가장 알맞은 형태를 고르세요.

1 the capacity is so
2 so is the capacity
3 the capacity so is
4 is the capacity so

renewable 재생 가능한 not bear-ing ~할만한 것이 못 되다 prevalent 널리 퍼져 있는 attribute to ~의 탓으로 돌리다 reliability 신뢰성 assume 추측하다 solar power 태양열 발전 turbine 터빈 susceptible to ~에 민감한 varying 변화하는 capacity 용량, 능력 exception 예외 tidal power 조력 sufficient 충분한 quantity 양 concentrated 농축된 diluted 묽게 된 electricity 전기, 전력 as opposed to ~과는 대조적으로 originally 원래, 본래 diffused 널리 흩어진 transform 변형시키다 capital costs 자본 비용 vast 방대한

다른 사람이 시키는 대로 사는 게 아니라 네 마음이 가는 대로 살아라. ■ 아시겠지만 장기적으로 볼 때 주가는 계속 오르는 게 일반적입니다. ■ 진실이 현실이 되듯 거짓도 그러하다. I 기온이 오르면 인간의 활동이 줄어드는 것처럼 동물들도 마찬가지다. ■ 그 계획은 그들이 의도했던 대로 실행되지 않았다. ■ 그 칼럼니스트는 마치 금방이라도 하늘이 무너질 것처럼, 좋은 일은 다 과거사인 것처럼 타령한다.

관계대명사 which가 형용사처럼 쓰이기도 하는데, 이를 '관계형용사'라고 하죠. 관계 형용사 which의 선행사는 주로 앞 문장[절] 전체를 가리키고 '그러한[그] ~'로 해석합 니다. 관계대명사 what도 관계형용사로 쓸 수 있습니다. 단, what에는 선행사가 포함 돼 있죠. which도 선행사를 포함할 수 있지만 의미는 좀 다릅니다. 「what + 명사」는 '모든 ~, ~ 전부(all the + 명사 + that)'를, 「which + 명사」는 '어떤 ~ 이든지(any + 명 사 + that)'를 뜻하죠. 실제론 which 대신 whichever를 더 많이 쓰고요.

Pattern

51

명사가 따르는 관계형용사를 알면 해석이 필요 없다

선행사 = 앞 문장 전체

a My new house is in town and near my office, **which fact** makes things more pleasant and easy for me.

선행사 = 앞 절

b I will be in my office unless an emergency drags me away, **in which case** I will be out.

c John gave his father **what money** he had and left.

all the + 명사 + that(모든 ~) = all the money that

any + 명사 + that(어떤 ~이든지) = any techniques that

You may adopt and use **which[whichever]** technique yields the best results for you.

Let's NOT forget!

법률 문서나 오래된 문학 작품 말고는 관계형용사 which가 주절의 명사를 선행사로 취하는 경우 는 드뭅니다. 짧고 명료한 관계대명사를 놔두고 굳이 군더더기를 붙여 가며 복잡한 표현을 만들 필요가 없으니까요.

She gave me a screwdriver, which helped me work twice as fast.
    cf. She gave me a screwdriver, which tool helped me work twice as fast.
그녀가 드라이버를 줘서 일을 두 배 더 빨리 하는 데 도움이 됐다.

Inescapable

Humans reduce their body temperature by sweating. The moisture released on the skin's surface absorbs heat from the covering of the body, and, as it evaporates, it takes the excess heat with it. Dogs, on the other hand, don't ^a_____ their body temperature the same way humans do. They have very few sweat glands, and most of them are in their footpads, so they use a different type of cooling method. This method is what we commonly call "panting." They open their mouths very wide, stick their tongues out to the point of drooling, and breathe rapidly, during ^b_____ time they seem to be exhausted with heatstroke. In fact, this is a very effective way of reducing their internal body temperature because dogs rely on their respiratory tracts to cool themselves down. By panting, they can exchange a large volume of hot air for cooler air, cooling their bodies' inner core in the process. If you are a dog owner, you may wonder how much panting is normal. The answer is that, under normal circumstances, the average respiratory rate is somewhere between 30 and 40 breaths per minute. However, when it is very hot, it can increase to as many as 300 to 400 breaths per minute, before returning to normal after a few minutes.

a에 가장 알맞은 어휘를 고르세요.

1 regulate
2 monitor
3 improve
4 guide

b에 가장 알맞은 관계사를 고르세요.

1 that
2 whichever
3 what
4 which

body temperature 체온 sweat 땀(을 흘리다) moisture 수분, 습기 release 방출하다 absorb 흡수하다 covering 막 evaporate 증발하다 excess 초과한 gland 선, 샘 footpad 발바닥의 평평한 부분 stick out 내밀다 to the point of ~라고 할 정도로 drool 침을 흘리다 exhausted 기진맥진한 heatstroke 열사병 internal 내부의 respiratory 호흡 기관의 tract (생물) 관 volume 용량 inner 내부의 normal 보통[평균](의) circumstance 환경, 상황 average 평균의 breath 입김[숨] per minute 분당

새집은 시내에 있는 데다가 회사와도 가까웠는데, 이런 점 덕분에 생활이 더 편해지고 수월해졌다.   긴급 용무로 나갈 일이 생기지 않는 한 사무실에 있을 건데, 그럴 경우에는 자릴 비울 거야.   존은 가지고 있는 돈을 털어 아버지에게 주고 떠났다. | 최상의 성과를 낼 수 있다면 어떤 기술이든 도입해 쓰셔도 좋습니다.

관계대명사/관계형용사/관계부사/as(접속사)는 모두 '형용사절'의 단서 표현입니다. 같은 형용사절이라도 관계대명사/관계형용사 뒤에는 주어나 목적어가 없는 불완전한 절이, 관계부사/as 뒤에는 필요한 문장 성분을 모든 갖춘 완전한 절이 온다는 차이가 있죠. 이 형용사절들은 수식하는 명사 뒤에 등장하기 때문에 문장 앞부분부터 차례대로 해석할 때 자칫 헷갈리기 쉬운데요, 그나마 종류가 많지 않고 대체로 형용사절 바로 앞에 명사가 등장하기 때문에 형용사절 수식 구조를 파악하는 건 그리 어렵지 않습니다.

Pattern
52

형용사절 단서를 찾으면 해석이 필요 없다

a
관계대명사
We need an employee **who** is knowledgeable about IT to oversee the office remotely.

b
관계형용사
The clerk called the police to give them **what** little information he had about the account.

c
관계부사
This cafeteria is the place **where** we usually discuss our problems that went unresolved inside the office.

d
Retail as we know it has moved into a new paradigm with digital marketing.
접속사 as(~와 같은, ~대로)

Let's NOT forget!

앞에 나온 명사를 수식하는 형용사절에 as가 쓰였다면 앞선 명사를 지칭하는 대명사 주어와 be동사를 생략한 채 '형용사/과거분사/전치사'만 남겨두기도 합니다.

These are the images of the stars as (they are) viewed from the International Space Station.
이 이미지들은 국제 우주 정거장에서 본 항성 이미지들입니다.

Inescapable

The modern game of golf originated in Scotland. Around the 15th century, Scottish people would go out on the sand dunes and hit pebbles into rabbit holes with a rough stick. This evolved into the exciting, popular sport of golf **a**＿＿＿＿＿ we recognize it today. However, Scotland was more than just the birthplace of golf. The Scots also played an important role in the development of the rules and equipment of the sport. In fact, it was in this "Home of Golf" **b**＿＿＿＿＿ the first written rules of the game originated and the first tournament structures, including the 18-hole course, were developed. In 1774, Edinburgh golfers wrote the first standardized regulations and used them for the first golf championship between neighboring cities. It was also the Scottish people that first developed the modern golf ball, complete with dimples. After realizing that older balls, covered in scratches and dents, traveled further, they intentionally pitted them, a feature that is still present in golf balls today.

a에 가장 알맞은 말을 고르세요.

1 who
2 what
3 where
4 as

b에 가장 알맞은 말을 고르세요.

1 what
2 that
3 who
4 when

originate 유래하다 sand dune 모래 언덕 pebble 조약돌 rough 거친 stick 나뭇가지 evolve 발달[진전]하다 birthplace 발생지 tournament 토너먼트 standardized 표준화한 regulation 규정 neighboring 이웃의, 인접한 dimple 옴폭 들어간 곳 scratch 상처, 긁힌 곳 dent 옴폭 들어간 곳 intentionally 의도적으로 pit (옴폭 패인) 구멍을 만들다 feature 특징, 특성

우리는 원격으로 사업장을 감독할 수 있도록 정보통신기술에 정통한 직원이 필요해요. 그 직원은 그 계좌에 대해 얼마 안 되는 정보나마 모두 알려주기 위해 경찰에 전화를 걸었다. 구내식당에서는 주로 사무실에서 풀지 못한 문제점들을 논의한다. 우리가 지금까지 알고 있던 소매는 디지털 마케팅과 더불어 새로운 패러다임으로 이동했다.

53

to부정사도 화자의 심리를 나타내는 조동사(can/may/should/must)처럼 쓰일 수 있습니다. 단, 이때는 be동사와 반드시 함께 써야 하죠. 「be동사+to부정사」 구문은 문맥에 따라 '예정(~할 예정이다), 의무/당위(~해야 한다), 운명(~하기로 돼 있다), 가능(~할 수 있다), 의도(~하려면)'로 해석하는데요, 완료부정사(to have p.p.)와 쓰이면 '계획한 일이 실현되지 않음'을 나타내기도 합니다. 단, be동사는 현재형과 과거형만 올 수 있고 현재완료나 진행형은 쓸 수 없다는 데 주의해야 하죠.

be동사를 따르는 to부정사를 알면 해석이 필요 없다

a He **is to** underline{appear} in court this evening on charges of dangerous driving.
예정

b All students **are to** underline{wear} the gym uniforms to physical education classes.
의무/당위

c In failing health, he **was never to** underline{see} the result of his work and died in 1987.
운명

d 가능
Even from the summit, no mountains **were to** be seen through the cloud and fog.

e If you **are to** underline{stand out}, you have to be original in nearly every aspect of your business.
의도

f 계획 불발
Robin **was to have appeared** Monday for the conference, but he had to cancel because of his illness.

Let's NOT forget!

「be + to부정사」가 조건/가정을 나타내는 if절에 쓰이면 주로 '의도'를 나타내고, 수동태로 쓰이면 '가능'을 뜻합니다. 화자의 의지와 무관한 객관적 사실을 나타내기 때문에 법조문에도 자주 등장하는데요, 같은 이유로, 다른 사람에게 어떤 일을 지시하는 명령문에서 강요의 느낌을 덜어낼 때도 이 구문을 쓰죠.

의도
You should always be true to your word if you **are to** succeed in life.
성공하고 싶다면 자기가 한 약속은 언제고 지켜야 한다.

가능
This bird is one of the most beautiful things to be seen on the island.
이 새는 그 섬에서 볼 수 있는 가장 아름다운 동물 중 하나죠.

공식 문서
The following copyright is to be displayed at the bottom of each page.
다음 판권은 각 페이지 하단에 표시돼야 합니다.

명령문
You **are to** choose the best answer to the question.
다음 질문에 가장 알맞은 답을 고르시오.

Inescapable

On December 17, 1903, the Wright brothers in the United States claimed that they had won the greatest race in history. In the early twentieth century, an ambitious race was on for who would make the first powered, piloted airplane in history, and the two brothers proclaimed they had achieved 12 seconds of sustained flight with their test plane in Kitty Hawk, North Carolina. However, before long, a Brazilian named Albert Santos-Dumont also claimed he had succeeded in the same feat in Europe. His airplane, the 14-bis, made its first successful flight in Paris in October 1906, nearly three years after the Wright brothers' test flight. A ^a_____ began over who had truly flown first, as while Santos-Dumont's flight was well-documented by the press before a large crowd of witnesses, few people had observed the Wright brothers' flight. The Wrights' airplane needed a movable track or acceleration device to get off the ground, but Santos-Dumont's machine took off on its own. Of the two, which one was the first true flight? In the end, the Wright brothers received most of the credit for the first controllable, powered, heavier-than-air flight. However, the Brazilian pioneer's contribution is not ^b_____, as his flying machine was the first to demonstrate an unassisted takeoff.

a에 가장 알맞은 어휘를 고르세요.

1 exception
2 disparity
3 controversy
4 difference

b에 가장 알맞은 형태를 고르세요.

1 overlook
2 overlooked
3 to be overlooked
4 to overlook

claim 주장하다 ambitious 야심 찬 piloted 유인의 proclaim 선언하다 sustained 지속된 feat 위업 well-documented 기록에 의해 충분히 입증된 press 신문, 언론 witness 증인 observe 목격하다 movable 이동 가능한 acceleration 가속 on one's own 자력으로 credit 칭찬, 인정 controllable 제어 가능한 pioneer 선구자 contribution 공헌 overlook 간과하다 demonstrate 입증하다 unassisted 자기 힘으로 하는 takeoff 이륙

그는 난폭운전 혐의로 오늘 저녁 법정에 출두할 예정이다. 전교생은 체육 시간에 체육복을 입어야 한다. 몸이 쇠약해지는 가운데 그는 작업의 결실을 보지 못할 운명을 맞이해 결국 1987년에 사망하고 말았다. 정상에서조차 구름과 안개 사이로 산 코빼기도 보이지 않았다. 돋보이고 싶다면 사업의 모든 측면에서 독창성을 발휘해야 한다. 로빈은 월요일 회의에 참석할 예정이었지만 질병 사유로 취소해야 했다.

Pattern

54

동사를 결정하는 강조어를 알면 해석이 필요 없다

a **They as well as** I <u>were</u> amazed by her strength.
<u>A</u> as well as B (B뿐만 아니라 A도)

b **You as much as** I <u>are</u> responsible for the safety of the concerts.
<u>A</u> as much as B (B 못지않게[만큼] A도)

c No one could tell **whether** the directors **or the CEO** <u>was</u> responsible for the failure.
whether A or <u>B</u> (A인지 B인지는)

d He **or I** <u>am</u> going to have to pay tonight.
A or <u>B</u> (A 혹은 B가)

e There might be something **either** you **or I** <u>am</u> missing here.
either A or <u>B</u> (A이거나 B가)

f **Neither** they **nor I** <u>was</u> informed that the meeting had been cancelled.
neither A nor <u>B</u> (A도 아니고 B도 아닌)

g **Not only** I **but also they** <u>were</u> skeptical about the efficacy of the technology.
not only A but also <u>B</u> (A뿐만 아니라 B도)

h **Not** you **but he** <u>was</u> going to be the next head coach.
not A but <u>B</u> (A가 아닌 B가)

Let's NOT forget!

상관접속사나 유사상관접속사가 주어 자리에 오면 어떤 동사를 써야 할지 헷갈리기 쉽기 때문에 구어체에서는 상관접속사를 잘 쓰지 않고 같은 의미를 다른 말로 표현하는(paraphrase) 경우가 많습니다.

<u>They as well as I</u> were amazed by her strength.
나뿐만 아니라 그들도 그녀의 완력에 놀랐다.

→ <u>I</u> was amazed by her strength <u>and they were, too</u>.
나는 그녀의 완력에 놀랐고 그건 그들도 마찬가지였다.

→ <u>They</u> were amazed by her strength <u>like me</u>.
그들은 나만큼이나 그녀의 완력에 놀랐다.

Inescapable

Giant insects are such a terrifying prospect that they are often used in horror films to scare an audience. Insects are so small in size that they usually go about their business unnoticed in our daily lives. In movies, however, they might become mutated by some sort of nuclear testing or new drug research, manage to grow as big as humans, and attack people with their overpowering strength. But can insects really grow to such big sizes and become dangerous? Well, the answer is no, and the reason is tied to how they ᵃ_____. Insects take in oxygen in a way unlike humans or any other animals do. Insects do not breathe through their lungs like humans do, nor through gills like fish. Instead, they have tiny tubes on their bodies that deliver oxygen directly to each cell. Fortunately, this respiratory system as well as other organ systems ᵇ_____ only effective over short distances, which means they must have small bodies for oxygen to reach all of the cells in their body parts. The bottom line is that you will never see such giant insects as the ones you watch in horror movies, and the reason for this has to do with how they ᵃ_____.

a에 공통으로 알맞은 어휘를 고르세요.

1 move
2 deliver
3 breathe
4 flow

b에 가장 알맞은 형태를 고르세요.

1 was
2 were
3 is
4 are

terrifying 겁나게 하는 prospect 조망, 안계 horror film 공포영화 scare 겁주다 go about 계속 ~을 하다 unnoticed 눈에 띄지 않는 mutate 돌연변이를 만들다 nuclear 핵의 attack 공격하다 overpowering 압도적인 strength 힘 tied to ~와 관련 있는 take in ~을 받아들이다 oxygen 산소 lung 폐, 허파 gill 아가미 tube 관, 튜브 deliver 배달하다 cell 세포 respiratory 호흡의 distance 거리 the bottom line is that 요컨대 ~이다 have to do with ~와 관련 있다

🔲 나뿐만 아니라 그들 역시 그녀의 체력에 놀랐다. 🔲 당신도 나만큼이나 공연장의 안전에 대한 책임이 있습니다. 🔲 실패가 이사진 탓인지 CEO 탓인지는 누구도 알지 못했다. 🔲 오늘 밤엔 그와 나 둘 중 한 사람이 돈을 내야 해. 🔲 이 부분에서 우리 둘 중 한 사람이 놓친 게 있을지도 몰라. 🔲 그들과 마찬가지로 나도 미팅 취소를 통보받지 못했다. 🔲 나뿐만 아니라 그들도 그 기술의 효력에 대해 회의적이었다. 🔲 네가 아니라 그가 차기 감독이 될 예정이었어.

55

한 문장이 둘 이상의 절로 이루어져 있으면 동사의 수도 절의 개수에 따라 늘어나겠죠? 이렇게 한 문장에 둘 이상의 동사가 쓰이면 '시제 일치' 원칙을 따라야 합니다. 여기서 '일치'란 '같은' 시제로 일치시키라는 뜻이 아니라 주절의 시제를 기준 삼아 종속절의 시제를 구분해 써야 한다는 말이죠. 가령 주절의 시제가 현재라면 종속절은 과거/현재/미래 시제를 다 쓸 수 있지만, 주절의 시제가 과거라면 종속절의 시제는 과거, 또는 그보다 앞선 대과거(have + p.p.)를 써서 사건의 시간대를 명확히 밝혀야 합니다.

주절에 얽매인 시제를 알면 해석이 필요 없다

주절(과거)
a I **thought** he **liked** the attention.
  cf. I think he likes the attention.

주절(과거)
b They **said** they **had closed** the account for inactivity.
  cf. They say they closed the account for inactivity.

주절(과거)
c The host **said** she **would soon leave** her radio program.
  cf. The host says she will soon leave her radio program.

주절(과거)
d We **knew** that he **had been** in bad health for some month.
  cf. We know he has been in bad health for some month.

주절(과거)
e He **said** the tour **had been cancelled** before we checked in at the hotel.
  cf. He says the tour had been cancelled before we checked in at the hotel.

주절(과거)
f He **said** the summer sale **would have been finished** about 25 August.
  cf. He says the summer sale will have been finished about 25 August.

Let's NOT forget!

시제를 일치시키지 않을 때도 있습니다. 영구불변의 진리나 속담, 현재에도 변함없는 사실, 습관은 주절의 시제가 과거라 하더라도 항상 현재형으로 나타냅니다. 시간의 흐름과는 무관하게 한결같은 속성을 지니기 때문이죠. 물론 오래 전에 일어난 역사적 사실은 반드시 과거 시제를 씁니다.

People didn't know the Earth is round during those times.
사람들은 당시에 지구가 둥글다는 걸 모르고 있었다.(진리)

He said the train leaves from the station every 30 minutes.
그는 기차가 30분마다 역을 출발한다고 말했다.(규칙/사실)

I had already learned World War II ended in 1945 so I helped him find the answer. 나는 이미 제2차 세계대전이 1945년에 끝났다는 것을 배워서 알고 있었기 때문에 그가 답을 찾을 수 있도록 도와주었다.(역사적 사실)

Inescapable

The ancient Egyptians made human mummies. They believed eternal life ᵃ_____ be ensured by preserving the physical form of a dead body, so they embalmed the corpse, wrapped it in strips of linen, and buried it deep inside a pyramid. Interestingly, however, the Egyptian people also mummified their animals. Various animals such as cats, dogs, bulls, crocodiles, and many types of birds were given the same burial through mummification as well. Why were they given such a sacred service? The reason is that the Egyptian people worshiped many of their gods in the form of animals. As such, animals were viewed not only as pets but also as incarnations of gods, and they had to be given at least the same treatment of reverence as humans when they died. Mummifying animals could also affect a human's ᵇ_____. According to ancient Egyptian belief, in order to get into the blissful next world, a person would have to pass a series of judgment questions from the gods. One of them would be "Did you treat animals with respect during your life on Earth?"

a에 가장 알맞은 조동사를 고르세요.

1 can have
2 can
3 could
4 could have

b에 가장 알맞은 표현을 고르세요.

1 lifetime
2 existence
3 afterlife
4 natural life

ancient 고대의 mummy 미라 eternal 영원한 ensure 반드시 ~하게 하다 preserve 보존하다 embalm 방부처리를 하다 corpse 시체 wrap 싸다, 포장하다 strip 가늘고 긴 조각 linen 리넨, 아마 섬유 bury 묻다 mummify 미라로 만들다 burial 매장 mummification 미라 제작 sacred 성스러운 worship 숭배하다 incarnation 화신 treatment 대우 reverence 숭배 afterlife 내세 blissful 더없이 행복한 judgment 판단 respect 존경

나는 그 남자가 관심받는 걸 좋아한다고 생각했어. 그들은 휴면 상태로 인해 계정이 정지됐다고 말했다. 진행자는 자신의 라디오 프로그램에서 곧 하차하게 될 거라고 말했다. 우리는 그가 수개월간 건강이 좋지 않았다는 걸 알고 있었다. 그는 우리가 호텔에 체크인하기 전에 공연은 벌써 취소됐다고 말했다. 그는 8월 25일쯤에는 하계 할인판매가 종료될 거라고 했다.

'분사'는 동사가 문장에서 동사 이외의 역할을 할 수 있도록 살짝 변형한 형태를 말합니다. 동사에서 파생된 형태지만 형용사 역할을 하는데요, 현재분사(V+-ing)는 '능동, 진행'을, 과거분사(p.p)는 '수동, 완료'를 나타내죠. 그래서 명사를 앞에서 수식하거나 주어/목적어를 보충 설명하는 보어(주격 보어/목적격 보어)로 쓰입니다. 분사가 목적어/보어/부사구[절] 등의 성분과 결합해 길어질 때, 대명사를 수식할 때, 관용어구에 쓰일 때는 보통 때와 달리 명사 뒤로 자리를 옮긴다는 데 주의하세요.

Pattern
56

자리를 옮겨다니는 분사를 알면 해석이 필요 없다

a She shared the **amazing** <u>story</u> of her rise to fame with students.
현재분사 + 명사

The **injured** <u>players</u> were airlifted to the nearest hospital.
과거분사 + 명사

b Modern-day parenting <u>is</u> **challenging** for all parents.
현재분사 = 보어

Some people <u>were</u> **surprised** at his frankness.
과거분사 = 보어

c Who is the <u>woman</u> **wearing** <u>the traditional dress</u>?
현재분사 + 목적어

The police are in search of <u>a person</u> **called** <u>Michael Smith</u>.
과거분사 + 보어

The box contained <u>several letters</u> **written** <u>in Arabic</u>.
과거분사 + 부사구

This was his <u>first portrait</u> **painted** <u>while he was a U.S. Senator</u>.
과거분사 + 부사절

Of <u>those</u> **contacted**, only ten agreed to be interviewed.
대명사 + 과거분사(대명사 수식)

Please bring all of the <u>documents</u> **required**.
관용구

Let's NOT forget!

분사구의 내용이 선행사에 대해 꼭 알아야 될 필수 정보가 아니라 단순히 선행사의 의미를 부연하는 추가 정보라면 관계대명사처럼 분사 앞에 쉼표를 씁니다. 분사구가 수식하는 대상이 주절의 주어라면 분사구가 문장의 맨 앞에 오기도 하죠.

<u>My sister</u> <u>living on the west coast</u>, is not used to this kind of cold weather.
서해안에 살고 있는 내 여동생은 이렇게 추운 날씨에 익숙하지 않아.

<u>Printed on the very first page</u>, <u>the informatoin</u> was clearly very important.
맨 첫 장에 나와 있는 그 정보는 누가 봐도 매우 중요한 내용이었다.

Inescapable

You've just completed the preparations for your first overseas trip. From the basic trinity of packing your suitcase, checking airline tickets, and confirming hotel accommodation, to other essentials such as getting a passport, visa, and necessary vaccinations, you have now taken all of the necessary steps to leave for unfamiliar territories and to experience new cultures. What more could you do? There is, in fact, one thing **a**_____ from your checklist. You didn't make your first day contingency plan! Anyone who has traveled overseas will agree that the first day of a trip is usually lost to unfamiliar surroundings and travel fatigue. International travel is not the same as traveling in your home country, so you frequently find yourself consumed with logistics and a maze of strange roads, and consequently give up the first day of your precious itinerary. However, this **b**_____ ordeal can be prevented by establishing a practical first day contingency plan. By checking out any amenities near your hotel, or by mapping the routes to nearby attractions, you can make the most of the first tiring day, even if it doesn't go as planned.

a에 가장 알맞은 형태를 고르세요.

1 to miss
2 be missing
3 to be missed
4 missing

b에 가장 알맞은 어휘를 고르세요.

1 familiar
2 impulsive
3 unexpected
4 habitual

overseas 해외의 trinity 삼위일체 accommodation 숙박 essential 필수적 요소 vaccination 백신[예방]접종 unfamiliar 익숙하지 않은 territory 지역, 영토 contingency 만일의 사태 surroundings 환경 fatigue 피로 consume 소모하다 logistics 실행 계획 maze 미로 itinerary 여행 일정 ordeal 시련 prevent 예방하다 establish 수립하다 amenity 오락시설, 편의시설 attraction 명소 make the most of ~을 최대한 활용하다

ⓐ 그녀는 자신이 명성을 얻게 된 놀라운 사연을 학생들에게 들려주었다. | 부상을 입은 선수들은 헬기로 제일 가까운 병원에 후송되었다. ⓑ 오늘날 모든 부모에게 아이를 양육하는 일은 힘에 부치는 일이다. | 몇몇 사람들은 그의 직설에 놀랐다. ⓒ 전통 의상을 입고 있는 저 여자는 누군가요? | 경찰이 마이클 스미스라 불리는 사람을 찾는 중입니다. | 그 상자에는 아랍어로 된 편지 몇 통이 들어 있었다. | 이건 그가 미 상원의원 재임 중에 그린 첫 번째 초상화였죠. | 접촉한 사람 중 단 10명만 인터뷰에 응했다. | 구비 서류를 모두 가져오시기 바랍니다.

우리말에는 '은/는, 이/가'처럼 토씨 하나만 달라져도 뜻이 천양지차로 달라지는 말이 있죠? 영어도 마찬가지입니다. 특히 -ing(동명사)를 쓰느냐, 「to+동사원형」(to부정사)을 쓰느냐에 따라 뉘앙스가 묘하게 달라지는 표현들이 있는데요, 가령 「afraid of+동명사」는 '~하지 않을까 염려하다'라는 의미로 우연히 일어날 가능성을 걱정할 때 쓴다면, 「afraid+to부정사」는 주체가 느끼는 두려움을 더 강조한다는 차이점이 있습니다. 이런 사소한 뉘앙스 차이를 모르면 문장의 진의를 제대로 파악하기 어렵겠죠?

Pattern 57

미묘한 뉘앙스 차이를 알면 해석이 필요 없다

a He **is afraid of** <u>losing</u> you.
~하지 않을까 걱정하다

He **is afraid to** <u>talk</u> to you.
두려워서 ~하지 못하다

b She **is sure of** <u>getting</u> a good job.
~할 것이라고 확신하다(주어가 확신)

She **is sure to** <u>get</u> a good job.
~할 것이다(화자가 확신)

c I **am sorry for** <u>making</u> you worry.
과거의 일

I **am sorry to** <u>make</u> you wait.
현재의 일

d They **went on** <u>traveling</u> in a small van.
기존 상황이 끊어지지 않고 이어짐

They **went on** <u>to talk</u> about other possibilities.
화제를 바꾸어 이어 나감

Let's
NOT
forget!

to부정사는 원래 '현재/미래, 가상'의 뉘앙스가, 동명사는 '과거, 실현'의 뉘앙스가 강합니다.

I <u>forgot to include</u> your name on the list.
네 이름을 명단에 넣는다는 걸 깜빡했어.

I <u>forgot sending</u> the computer to the repair shop.
컴퓨터를 수리점에 보냈다는 걸 깜빡했어.

She <u>tried to move</u> the car to a different location.
그녀는 자동차를 다른 곳으로 옮기려고 애썼다.

She <u>tried moving</u> the car to a different location.
그녀는 자동차를 다른 곳으로 한번 옮겨보았다.

Inescapable

In the past, it was common to move to a bigger home as your family grew. Now, more and more people are choosing to improve their homes when they no longer fit their lifestyle or family size. They simply decide to stay put and to remodel what they have, rather than move and start over with a new place. The reasons are quite simple though the cases are as many and varied as the homeowners themselves. Upgrading a home is more affordable and it allows a family to stay in the neighborhood that they and their children are happy with. However, the cost as it weighs against the benefits should not be ^a_____, if you are thinking about remodeling your house. Remodeling is like opening Pandora's Box, so there are always hidden costs that can show up after you are well into the project. In many cases, you start in one area, but it can lead to the renovation of many other parts of the house along the way. This is especially true if you live in an older home. Hammer a nail into a wall, and you're almost sure ^b_____ something you did not expect.

a에 가장 알맞은 어휘를 고르세요.

1 evaluated
2 ingored
3 overvalued
4 acknowleged

b에 가장 알맞은 형태를 고르세요.

1 in finding
2 to find
3 of finding
4 on to find

choose 선택하다 improve 개선하다 stay put 움직이지 않고 있다 remodel 개축하다 start over 다시 시작하다 varied 다양한 upgrade 개선하다 neighborhood 이웃 weigh 따져보다 ignore 무시하다 hidden 숨겨진 show up 나타나다 renovation 수리 hammer 망치질을 하다

그는 너를 잃게 될까 봐 걱정하는 거야. | 그는 겁이 나서 너한테 말을 못 거는 거야. ᵇ 그녀는 좋은 일자리를 얻을 거라고 확신하고 있다. | 그녀는 분명 좋은 일자리를 얻을 거야. ᶜ 걱정을 끼쳐드려 죄송합니다. | 기다리게 해서 미안해요. ᵈ 그들은 작은 밴을 타고 여행을 계속했다. | 그들은 이어서 다른 가능성에 대해 얘기했다.

135

58

홀로 설 수 있는 부정사를 알면 해석이 필요 없다

To tell the truth, I was disappointed by the food and service.
솔직히 말하자면

To begin with, I prefer to concentrate on the positives.
일단, 우선

To make a long story short, yoga helped me overcome depression.
간단히 말하자면

To make matters worse, he had complete hearing loss in his left ear.
설상가상으로

My father is, **so to speak**, a walking dictionary.
　　　　　　말하자면, 소위, 이른바

Strange to say, no part of my body was wounded in the accident.
이상한 말이지만

I won't risk my money, **not to mention** my life on an adventure like this.
　　　　　　　　　~은 말할 필요도 없이

Needless to say, they were shocked to hear the allegations against him.
말할 것도 없이

To say the least of it, the story was not appropriate for children.
아무리 좋게 말해도

바꾸어 말하면
To put it another way, what is there in fruit that I can't get from a variety of other food sources?

Let's NOT forget!

to부정사로 '놀라움, 노여움, 소망' 등을 표현하는 감탄문을 만들 수도 있습니다. 혹시라도 독립부정사와 혼동하는 일이 없도록 주의하세요!

To think that such a little boy should have done it.
그렇게 어린애가 그 일을 해야 했다니!

To climb the mountain in this weather!
이런 날씨에 그 산을 오르다니!

Inescapable

Until the age of 8, children are able to make sense of their surroundings with what psychologists call "concrete thinking." At around 8 years old, however, it is necessary to start developing "abstract thinking" as well. But what exactly are concrete and abstract thinking? **a**_____, abstract thinking refers to thinking in depth whereas concrete thinking means thinking on the surface. Abstract thinking goes down below the objects and facts of the "here and now" and reflects on ideas and attributes that are separate from the immediate. For example, people thinking in abstract terms do not look at a temple and just see it as a building with an ancient style. They reflect on values and attributes separate from the structure itself and think about the religion it represents. In contrast, concrete thinking is based on the objects and events that are available to the **b**_____. When people apply concrete thinking, temples are just pieces of wood and masonry, nothing more.

a에 가장 알맞은 표현을 고르세요.

1 Needless to say
2 To make a long story short
3 Strange to say
4 So to speak

b에 가장 알맞은 어휘를 고르세요.

1 senses
2 emotions
3 ideas
4 spirits

make sense of ~을 이해하다
psychologist 심리학자 concrete
구체적인 abstract 추상적인
in depth 깊이, 상세히 whereas
~한 반면 on the surface 표면적으로
the here and now 현재, 현시점
reflect on ~을 깊게 생각하다
attribute 특성, 속성 separate
from ~에서 떨어진 the immediate
즉각적인 것 ancient 고대의
structure 구조물 represent
나타내다 available 이용할 수 있는
apply 적용하다 temple 절, 사원
masonry 석조

솔직히 말해 음식과 서비스가 실망스러웠어. | 우선, 난 긍정적인 면에 집중하는 게 더 좋아. | 한마디로 요가가 우울증을 극복하는 데 도움이 된 거죠. | 엎친 데 덮친 격으로 그는 왼쪽 청력을 잃었다. | 우리 아버지는 말하자면 걸어다니는 사전이다. | 희한하게 들리겠지만 그 사고로 한 군데도 다치지 않았다. | 내 삶은 물론이고 내 돈도 이런 투기에 걸 일은 없을 것이다. | 그들이 그에 대한 혐의를 듣고 충격을 받은 건 말할 것도 없었다. | 그 이야기가 아이들에겐 부적절하다는 건 과장이 아니었다. | 다시 말해, 과일의 어떤 이점을 다른 식품에서는 얻을 수 없는 건가요?

Pattern

59

자주 등장하는 동명사 관용구를 알면 해석이 필요 없다

I **feel like going** to a place I have never been to.
　feel like ~ing(~하고 싶다)

Participants will **spend time (on) taking** pleasure in a lot of activities.
　　　　spend time (on) ~ing(~하면서 시간을 보내다)

Many people **have difficulty (in) finding** jobs nowadays.
　　　　have difficulty (in) ~ing(~하는 데 어려움이 있다)

We are **looking forward to working** with you on this project.
　　　look forward to ~ing(~을 고대하다)

There is no telling what tomorrow will bring.
There is no ~ing(~할 수 없다)

For the governer, this is a political problem **of his own making**.
　　　　　　　　　　　of one's own ~ing(스스로[직접] ~한)

What do you say to changing your name to something more unique?
What do you say to ~ing(~하는 게 어때?)

The tennis star is **on the verge of signing** a new deal with her longtime sponsor.
　　　　　on the verge of ~ing(막 ~하려는 참인)

There are a ton of options **when it comes to making** money online.
　　　　When it comes to ~ing(~에 관한 한)

Upon (your) registering for the event, you will receive a confirmation email.
Upon (one's) ~ing(~하자마자)

The job is yours **for the asking**.
　　　for the ~ing(~하기만 하면)

Let's NOT forget!

upon/on은 '~와 동시에, ~의 직후에'라는 의미의 동의어이기 때문에 upon ~ ing는 on ~ing로도 쓸 수 있습니다. 참고로 in ~ing는 '~함에 있어서, ~ 할 때'라는 의미의 전혀 다른 표현이니 혼동하지 않도록 주의하세요!

On hearing the news, he rushed out of the house.
소식을 듣자마자 그는 집밖으로 뛰쳐나갔다.

In writing your resume, you need to keep it simple.
이력서를 작성할 때는 간결하게 써야 한다.

Inescapable

Study environment has a critical impact on how much we can achieve while we are studying. After all, if we cannot concentrate in a suitable environment, there is not much point in spending time turning the pages of a book. What, then, is the ideal environment for effective study? Well, contrary to popular belief, it should not necessarily be a place that is completely ^a_____. Some people bring out the best in themselves with a little noise in the background, so for them, busier, louder environments such as the family kitchen or living room are ideal spots to study. However, ^b_____ choosing an appropriate study environment, we usually opt for a space that is as far away from typical daily noises and distractions as possible. Normally, silent conditions insulate us from interruptions that disrupt our concentration and help us explore knowledge in greater detail.

a에 가장 알맞은 어휘를 고르세요.

1 deafening
2 silent
3 orderly
4 clean

b에 가장 알맞은 표현을 고르세요.

1 what do you say to
2 there is no
3 upon
4 when it comes to

critical 중요한, 결정적인 impact 영향, 효과 concentrate 전념하다 suitable 적합한 environment 환경 ideal 이상적인 contrary to ~에 반해서 belief 믿음, 신념 bring out ~을 꺼내다 spot 곳[장소/자리] appropriate 적절한 opt for ~을 선택하다 typical 전형적인 distraction 집중을 방해하는 것 insulate 격리[분리]하다 interruption 중단 disrupt 지장을 주다 concentration 집중 explore 탐험하다 in detail 상세하게

한 번도 못 가 본 곳에 가고 싶어. | 참가자들은 다양한 활동을 하며 즐거운 시간을 보낼 것입니다. | 요즘은 대다수가 취업하는 데 어려움을 겪는다. | 이 프로젝트에 함께할 수 있기를 고대합니다. | 내일은 무슨 일이 일어날지 한 치 앞도 알 수 없다. | 주지사에게 이번 일은 스스로가 자초한 정치적 문제다. | 이름을 더 독특한 걸로 바꾸는 건 어때? | 그 테니스 스타는 오랜 후원사와 새로운 계약을 체결하려는 참이다. | 온라인 돈벌이에 관한 한 방법은 무궁무진합니다. | 행사에 등록하자마자 확인 메일을 받게 될 것입니다. | 요청하기만 하면 네가 그 일을 맡게 될 거야.

가정법, 하면 덜컥 겁부터 내기 쉬운데요, 사실 가장 많이 쓰는 '가정법 과거'만 알아두면 전혀 어렵지 않습니다. '가정법 과거'는 현재 사실의 반대를 나타낼 때 동사의 '과거형'을 쓰는 표현법인데요, 주로 「If + 주어 + 동사의 과거형/were, 주어 + would/should/could/ might + 동사원형」 형태의 문장에서 쓰입니다. 과거형을 써서 편의상 '과거'라고 할 뿐 해석은 '현재'로 하죠. 과거와 상관이 없는데 왜 '과거형'을 쓰냐고요? 우리가 어떤 상황을 가정할 때 '~했다고 쳐봐'라고 과거형을 쓰는 것과 비슷한 맥락이라고 생각하면 됩니다.

Pattern
60

현재의 반대를 가정하는 과거형을 알면 해석이 필요 없다

a   If I **had** the necessary basic language skills, I **could tell** them what I thought of their food.
= I cannot tell them what I think of their food because I don't have the necessary basic language skills.

b   If I **were** you, I **would write** about the issues from a different perspective.
= Here is my advice for you: write about the issues from a different perspective.

Let's NOT forget!

가정법 과거는 가까운 미래의 실현 불가능한 일을 가정할 때도 씁니다. 그중에서도 '바람'을 나타낼 때 자주 쓰죠.

It would be nice if he paid back all of the money he borrowed from me today. 그 사람이 나한테 빌린 돈을 오늘 다 갚아준다면 좋을 텐데.(갚을 가능성 없음)

Inescapable

The earth is spinning at about 1,000 miles per hour on its axis and revolving at 67,000 miles per hour around the sun. However, as we can feel at this moment, neither the movement nor the speed reaches our senses. Even though the earth is moving at such a high rate of speed, we do not feel any sense of motion. Do you know why? The reason is that we are moving along with it at the **a**_____ constant speed. Imagine we are on a smooth airplane ride. If the airplane is flying at a fixed speed without slowing down or speeding up, we cannot notice that the plane is moving. The movement of the earth is the same. As long as there is continuous motion at a fixed rate and we are all moving along with it, we cannot feel or sense any movement of the earth. But what if the earth suddenly **b**_____ to speed up? Then we would all fall over backwards and definitely notice how fast the earth is moving.

a 에 가장 알맞은 어휘를 고르세요.

1 various
2 same
3 different
4 similar

b에 가장 알맞은 형태를 고르세요.

1 have started
2 started
3 starting
4 will start

spin 돌다, 회전하다 axis 축, 중심축 revolve 돌다, 회전하다 motion 움직임 along with ~와 함께, ~를 따라 constant 변함없는 smooth 매끈한 ride (말·비행기 등) 타기 fixed 고정된 slow down 속도를 늦추다 speed up 속도를 더 내다 notice 알아채다 continuous 계속되는 fall over 쓰러지다 backwards 뒤로, 반대 방향으로

a 기본적인 필수 언어 실력만 있으면 그들의 음식에 대한 내 생각을 말해줄 수 있을 텐데. b 나 같으면 그 주제를 다른 관점에서 써볼 거야.

141

접속사 that을 쓴 '명사절'은 명사처럼 주어/목적어/보어 자리에 올 수 있고 주어로 쓰인 게 아니라면 접속사 that을 생략해도 된다고 했죠? 그런데 원인/이유, 근거, 목적/결과 (so that ~), 정도/결과(so[such] ~ that...)를 나타내는 '부사절'의 that도 생략할 수 있 습니다. 명사절에만 익숙하다 보니 that절이 명사 자리가 아닌 곳에 등장하거나 접속사 같은 연결고리 없이 다른 절과 붙어 있으면 아무래도 비문으로 잘못 보기 쉬운데요, 그럴 땐 부사절을 이끄는 접속사 that이 생략된 건 아닌지 잘 살펴보세요.

Pattern
61

부사절의 사라진 연결어를 찾으면 해석이 필요 없다

a We are so happy **(that)** we get to be part of your plan.
　　　　　　　　원인/이유

　　　　　　　　　　　근거
b She must be relieved **(that)** sales went up enough to pay the employees a Christmas bonus.

c I asked to speak with him <u>so</u> **(that)** I could work cooperatively.
　　　　　　　　　　　　　목적(so that ~)　　　　결과(that 생략 시 so 앞에 쉼표)
The relocation was completed in one week, <u>so</u> **(that)** the company did not have to close for a long time.

d The movie took <u>such</u> a long time **(that)** I was bored to tears.
　　　　　　　　　　　　　정도/결과 such ~ that ...
The test was <u>so</u> difficult **(that)** he began to sweat.
　　　　　　　　정도/결과 so ~ that ...

Let's NOT forget!

부사절의 that을 무조건 생략할 수 있는 건 아닙니다. 가령 '이유'를 나타내는 부사절의 that은 주절이 '감정'을 표현하는 내용일 때는 생략 가능하지만 객관적인 '사실'인 경우 생략할 수 없죠.

<u>We feel sorry</u> **(that)** you have to go through this.
　　　　　감정
이런 일을 겪으시다니 유감을 표하는 바입니다.

<u>George got mad</u> **that** his immediate superior got credit for his action.
　　　　　　　　사실
조지는 직속 상관이 자신의 공을 가로채자 화가 치밀었다.

Inescapable

Satellites are subject to breakdown, just like other electronic machines. They are vulnerable to wear and tear and have many intricate parts that could damage the whole functionality if they failed. However, when it comes to the repair process, they are quite unique. Most of these orbiting objects are designed in such a way that they cannot be supported by self-repair mechanisms, so the repair work necessarily requires sending up astronauts to **a**_____ replace or fix the malfunctioning systems. However, as we can easily imagine, these types of manned missions are extremely dangerous, let alone expensive. The average cost to launch a space shuttle is about $450 million per mission, and, unlike the space station, satellites don't have any facilities to keep the crew alive while they await rescue if things go wrong. **b**In fact, this is why (①) malfunctioning satellites (②) are often forgotten and abandoned so (③) they would deteriorate and (④) eventually fall out of orbit. The cost of replacing a satellite is usually only a small fraction of that of a manned spaceflight, and replacement does not endanger the lives of astronauts.

a에 가장 알맞은 어휘를 고르세요.

1 jointly
2 commonly
3 mutually
4 manually

b에서 접속사 that이 생략된 곳을 고르세요.

1 ①   2 ②
3 ③   4 ④

당신의 기획에 저희가 일조할 수 있게 돼 정말 기쁘군요. 직원들에게 크리스마스 보너스를 줄 수 있을 만큼 매출이 올라서 그녀는 이제 마음이 놓였을 거야. 나는 업무 협조가 가능하도록 그에게 대화를 요청했다. | 이사는 일주일 만에 끝났다. 그래서 회사는 오랫동안 휴업할 필요가 없었다. 영화 상영 시간이 너무 길어서 따분해 죽을 지경이었다. | 시험이 너무 어려워서 그는 진땀이 나기 시작했다.

'가정법 과거'는 현재 사실에 반대를 나타내는 표현법이라고 했죠? 그럼 '가정법 과거완료'는 어떨까요? 가정법 과거완료는 이미 일어난 과거의 일을 두고 반대 상황을 나타낼 때 쓰는 표현법입니다. 그래서 가정법 과거보다 한 시제 앞선 과거완료 시제를 쓰는데요, 주로 「If+주어+had p.p., 주어+would/should/could/might]+have p.p.」형태의 문장에서 쓰이죠. 이미 일어난 일은 어차피 돌이킬 수 없으니 그 반대의 상황을 가정한다면 아마도 '미련'이나 '아쉬움'을 담은 표현이겠죠?

Pattern 62

과거의 반대를 가정하는 완료형을 알면 해석이 필요 없다

a If you **had arrived** earlier, you **would have seen** him leave in person.

= You didn't arrive earlier, so you didn't see him leave in person.

b Rome **would not have fallen** if it **had not been weakened** by internal factors.

= Rome fell because it was weakened by internal factors.

Let's NOT forget!

가정법은 원래 사실을 그대로 말하는 표현법인 '직설법'을 기준으로 한 표현법입니다. 사실에 기반한 특정 상황이 전제돼 있어야 그 반대 상황을 상상해볼 수 있으니까요. 그럼 직설법(주절)과 가정법(종속절)이 섞일 경우 시제 일치를 해야 할까요? 그렇진 않습니다. 직설법의 시제가 바뀌더라도 가정법의 동사 형태는 바뀌지 않습니다. 가령 주절의 시제가 현재에서 과거로 바뀌더라도 그 당시에 있었던 일의 반대 상황을 가정한다면 종속절에서는 '가정법 과거'를 쓰죠.

He says if he were the judge he'd give me the prize.
　　현재(직설법)　　그 당시 사실의 반대(가정법)
그는 자신이 심사위원이라면 나에게 그 상을 주겠다고 말한다.

He said if he were the judge he'd give me the prize.
　　과거(직설법)　　그 당시 사실의 반대(가정법)
그는 자신이 심사위원이라면 나에게 그 상을 주겠다고 말했다.

They say if the weather had been favorable, they would have gone to the zoo.
　　현재(직설법)　　　　　　이전 사실의 반대
그들은 날씨가 좋았다면 동물원에 갔을 거라고 한다.

They said if the weather had been favorable, they would have gone to the zoo.
　　과거(직설법)　　　　　　이전 사실의 반대
그들은 날씨가 좋았다면 동물원에 갔을 거라고 말했다.

Inescapable

When U.S. President John F. Kennedy was assassinated by gunshot while he was traveling by motorcade in Dallas in 1963, many people believed he had been killed as a result of a conspiracy. Although the government commission concluded the assassin was Lee Harvey Oswald and that he had acted alone in firing a rifle from a nearby building, most Americans believed that others besides Oswald were also involved in the assassination. Why? Well, much of the investigation report was ^a_____ and did not quite fit the facts. For one thing, the application of scientific methods and techniques to the shooting indicated that there were three bullets, and they had to be fired very quickly at Kennedy to explain the entrance and exit wounds in and out of his body. However, the rifle that officials said Oswald used was old and took a long time to reload, which means, if indeed there was only one shooter, the bullet would have needed to miraculously change direction in midair. In addition, there is a problem with the location. If Oswald ^b_____ the assassin, he should have been near the 6th floor of the building, where the shots came from during the incident. However, he was observed many floors below that location shortly after the shooting.

a에 가장 알맞은 어휘를 고르세요.

1 flawed
2 reliable
3 superficial
4 evident

b에 가장 알맞은 형태를 고르세요.

1 have been
2 had been
3 were
4 was

assassinate 암살하다 gunshot 발사된 탄환 motorcade 자동차 퍼레이드 conspiracy 음모 commission 위원회 assassin 암살자 rifle 소총 fire 발포하다 besides 게다가 investigation 조사 fit the facts 사실과 들어맞다 application 적용 shoot 쏘다 bullet 총알 indicate 보여주다 entrance and exit wounds 사입구와 사출구 reload 재장전하다 indeed 정말, 과연 miraculously 기적적으로 in midair 공중에서 location 위치, 자리 incident 사건 observe 목격하다

a 좀 더 일찍 도착했다면 그 사람이 떠나는 모습을 직접 볼 수 있었을 텐데. b 내부 요인으로 쇠퇴하지 않았다면 로마는 멸망하지 않았을 것이다.

가정법에서 「were + to부정사」를 쓸 때도 있습니다. 과거형을 쓰긴 했지만 '앞으로' 실현 가능성이 없는 일이나 생각하기도 싫은 상황을 나타낸다고 해서 '가정법 미래'라고 하죠. 주로 「If + 주어 + were to ~, 주어 + would/should/could/might ~」 형태의 문장에서 쓰이는데요, '절대 그럴 일은 없겠지만 그래도 ~한다면'이라는 가정의 의미를 나타냅니다. 그렇다고 '절대' 실현 불가능한 일만 가정하는 건 아닙니다. 그만큼 가능성이 희박하다고 보는 상황이라면 얼마든지 were to를 쓸 수 있죠.

희박한 미래를 가정하는 과거형을 알면 해석이 필요 없다

a If we **were to** find life beyond Earth, it **would** be a huge discovery.
= He[she] is just imagining a kind of fantasy scenario.

If all of the traffic lights **were to** disappear, what **would** happen on the streets?
= He[she] is just imagining a kind of fantasy scenario.

b If I **were to** move to the countryside, it **would** be somewhere in Northern Virginia.
= It's possible that this person might move to the countryside. But he[she] is not actively considering doing it. He[she] is just expressing that the countryside of Northern Virginia is quite nice and imagining what it would be like to live there.

Let's NOT forget!

were to는 과거에 실현 가능성이 전혀 없었던 일이나 생각하기조차 싫은 과거의 상황을 가정할 때도 쓸 수 있습니다. 이때는 이미 지나간 과거라는 시점에 걸맞게 완료형인 were to have p.p.로 나타내죠.

If we <u>were to have asked</u> you to apply new standards, would the outcome have been different? 만일 우리가 새로운 기준 적용을 요구했었다면 결과가 달라졌을까?

Inescapable

What would happen to the earth if the sun ᵃ_____ die overnight? If the sun were somehow turned off, the majority of life on land would soon cease to exist, though some microorganisms living at the bottom of the ocean would survive for a while. The entire food chain would be brought down due to reduced temperatures and the halting of photosynthesis, and, consequently, all of the surface dwellers would die out quite rapidly. To be specific, the plants would likely die first, then the animals that eat the plants would follow, and, finally, the animals that eat other animals would disappear. Interestingly, however, this slow death would be better than if the sun simply vanished. After all, it is the force of the sun's gravity that keeps the planets in orbit. If its mass suddenly ᵇ_____, the earth would fly off into space, collide with multiple objects and smash to pieces.

a에 가장 알맞은 형태를 고르세요.

1 will
2 can
3 were to
4 was to

b에 가장 알맞은 어휘를 고르세요.

1 escaped
2 disappeared
3 departed
4 strayed

overnight 밤새 turn off 끄다 majority (집단 내에서) 다수 cease to exit 죽다, 소멸하다 microorganism 미생물 survive 생존하다 entire 전체의 food chain 먹이 사슬 bring down 붕괴시키다 reduced 감소한 temperature 온도 halt 중단 photosynthesis 광합성 consequently 그 결과 dweller 거주자 die out 사멸하다 disappear 없어지다 vanish 사라지다, 자취를 감추다 gravity 중력 in orbit 궤도로[에 들어가서]mass 질량 fly off 날아가 버리다 collide with ~와 충돌하다 smash to pieces 산산이 부서지다

a 지구 너머에서 생명체를 찾으면 엄청난 발견이 될 것이다. | 모든 교통신호가 없어진다면 도로에서는 무슨 일이 일어날까?
b 내가 시골로 이사한다면 북부 버지니아 어딘가로 갈 거야.

'분사구'가 명사를 수식하는 '형용사구'라면 '분사구문'은 주절을 수식하는 '부사구'죠. 분사구문은 부사절(종속절)과 주절의 주어가 같을 때 부사절의 「접속사 + 주어」를 생략하고 동사를 분사로 바꿔 '구'로 줄인 형태를 말하는데요, '시간(when/as/while/after), 조건(if/unless), 이유/원인(as/because/since), 부대 상황(while/as)' 등의 의미를 나타낼 수 있습니다. 문어체에 어울리는 표현법이지만 간결한 데다 생생한 현장감도 느낄 수 있어 정보를 신속하게 전하는 뉴스 보도에 잘 쓰이죠.

Pattern 64

진행형으로 시작하는 문장을 알면 해석이 필요 없다

a **Glancing** at her watch, she realized that she was late and rushed off to her next class.
= When she glanced ~(시간)

b **Reading** the instruction manual, you will easily become familiar with everyday tasks.
= If you read ~(조건)

c **Feeling** extremely tired, he decided to stop running and take a break.
= As she felt ~(이유/원인)

d **Breathing** deeply, she swallowed her tears and forced herself to be calm.
= While she was breathing ~(부대 상황(동시 동작))

Let's NOT forget!

분사구문은 두 가지 동작이 동시에 일어나는 상황뿐 아니라 앞뒤 동사가 시간순으로 연결되는 연속 동작이나 결과를 나타낼 때도 쓰이죠. 다시 말해 분사구문은 의미상 앞 절과 종속 관계를 이루는 부사절뿐만 아니라 두 절의 의미 비중이 비슷하거나 같은 대등절의 의미도 나타낼 수 있습니다.

I started my work around seven, <u>finishing</u> at nine.
= and I finished(연속 동작)
나는 7시쯤 업무를 시작해서 9시에 끝냈다.

The hurricane struck the island, <u>destroying</u> many buildings.
= and it consequently destroyed(결과)
허리케인이 섬을 강타했고, (그런 뒤) 많은 건물이 파괴됐다.

Inescapable

Do you know why the flu likes winter? The flu is more common in the cold months because people spend more time indoors and stay in close quarters with their families and friends. **a-1**_____ active inside and outside the body, the cold virus is usually transmitted via contact with infected people or contaminated objects, and prolonged contact increases the risk of exposure, thereby **a-2**_____ transmission of the virus more likely. However, researchers have recently found there is more to the story. They discovered that the association between winter and illness is more biological than behavioral. According to some studies, the influenza virus has a fatty coating that forms a protective shell around it. This outer material is soft when the air is hot and humid but **b**_____ in the cold, which keeps the virus in the air longer during the winter months. Combine this with the nasal passages drying out in the cold and arid air and you are left with the perfect conditions for the influenza virus, always waiting for its chance to become an epidemic.

a(1-2)에 들어갈 말로 바르게 짝지어진 것을 고르세요.

1 remaining — made
2 remained — making
3 remaining — making
4 remained — made

b에 가장 알맞은 어휘를 고르세요.

1 hurts
2 weakens
3 closes
4 hardens

flu 독감 close quarters 비좁은 장소 transmit 전염시키다 via 경유하여 contact with ~와의 접촉 infected 감염된 contaminated 오염된 prolonged 오래 계속되는 exposure 노출 transmission 전염 likely ~할 것 같은 association 연관성 biological 생물학적인 behavioral 행동에 관한 influenza 유행성 감기 fatty 지방으로 된 coating 막, 외피 protective 보호하는 shell 껍질 outer 외부의 humid 습한 combine 결합하다 nasal passages 비강 dry out 완전히 마르다 arid 매우 건조한 epidemic 유행병

시계를 힐끗 본 그녀는 지각이라는 생각에 서둘러 다음 수업으로 향했다. 이 설명서를 읽으면 일일 업무에 금방 익숙해질 거예요. 너무 지친 나머지 그는 그만 뛰고 쉬기로 했다. 그녀는 심호흡을 하며 눈물을 삼키고 애써 마음을 가라앉히려고 했다.

현재분사는 쓰임새도 다양하고 동명사와 형태가 같아 해석할 때 헷갈리기 쉽죠. '진행, 지속'을 뜻하는 현재분사는 원래 명사를 수식하는 형용사 역할을 하지만, 「there + 동사 + 주어 + 현재분사」 형태에서는 수식이 아닌 주어를 보충 설명하는 형용사(주격 보어)로 쓰입니다. 지각동사/사역동사의 목적어를 보충 설명하는 형용사(목적격 보어)로도 쓰이고요. biting/stomping/burning/soaking 등은 현재분사 형태의 형용사처럼 보이지만 사실 원뜻과는 무관한 '매우(very)'라는 의미의 부사로도 쓰인다는 데 주의하세요.

Pattern
65

헷갈리는 현재분사를 알면 해석이 필요 없다

a I didn't like <u>the website</u> **requiring** private information.
현재분사

I didn't like <u>the website's</u> **requiring** private information.
동명사

b There is <u>a man</u> **standing** on the ladder at dangerous height.
주격 보어

c The mother saw <u>her son</u> **swimming** while she was tanning.
진행

지속
The coordinator had <u>me</u> **waiting** for two hours because there were too many patients.

d It was **biting** <u>cold</u> and horribly windy.
= very

From the look on his face, I could tell that he was **stomping** <u>mad</u>.
= very

Let's NOT forget!

interesting(재미있는), boring(지루한), exciting(신나는), amazing(대단한), surprising(놀라운), confusing(헷갈리는), tiring(고된) 등의 현재분사는 형용사로 아예 굳어져 쓰이고 있죠.

That appears to be a highly <u>interesting</u> approach to the controversial topic.
그 논쟁적인 주제에 대한 매우 흥미로운 접근법인 것 같군요.

Inescapable

No other type of advertising is more powerful than positive word-of-mouth. People genuinely believe what their friends say, so those satisfied comments are the most effective form of consumer persuasion. This is particularly true in today's digital world. This viral factor is no longer limited to one neighbor [a-1]telling another about his or her good experience but spreads like wildfire, creating a powerful network of referral sources. The other side of the coin, though, is negative word-of-mouth, especially for those running a small business. Stimulating more concern and curiosity, bad news spreads faster than good news. Therefore, a damning photograph or text message can be shared by thousands in a matter of minutes and harm your business in such a way that, overnight, no one will mind seeing your products [a-2]being removed from the shelves of shops. It doesn't even matter if the negative information is a downright lie. A misleading complaint can travel faster than the speed of light and do the same amount of damage to your business as a [b]_____ one by the time you clear your name.

a(1-2)의 쓰임으로 바르게 짝지어진 것을 고르세요.

1 동명사 — 현재분사
2 현재분사 — 동명사
3 현재분사 — 현재분사
4 동명사 — 동명사

b에 가장 알맞은 어휘를 고르세요.

1 genuine   2 official
3 authorized   4 legitimate

word-of-mouth 입소문 genuinely 진정으로 satisfied 만족하는 comment 언급 persuasion 설득 viral 바이러스처럼 무섭게 퍼지는 wildfire 들불 referral 추천, 소개 the other side of coin 이면, 역의 입장 source 출처 stimulate 자극하다 curiosity 호기심 damning 비판적인, 과오를 강력히 시사하는 in a matter of ~내로 remove 치우다 downright 순전한, 완전히 misleading 오도하는 do damage 해를 끼치다 legitimate 정당한, 타당한 clear one's name 오명을 씻다

will은 미래에 일어날 일을 나타낼 때 쓰는 대표적인 시제 표현이죠? 앞서 '의지'를 표명할 때도 쓴다고 했는데요, 의외로 자주 쓰는 용법이 하나 더 있습니다. 바로 어떤 일이 일어날 가능성이 높다는 '추측'을 나타낼 때도 쓰인다는 건데요, 「will + 동사원형」 형태는 '~일 것이다'라는 의미로 기정사실에 가까운 미래의 일을 나타내고, 「will + have p.p.」는 '(과거에) ~이었을 것이다'라는 의미로 과거의 일을 추측할 때 쓸 수 있습니다. will을 미래 시제로만 알아두면 놓치기 쉬운 용법이니 꼭 기억해두세요.

미리 짐작하는 방법을 알면 해석이 필요 없다

a The people in the housing office **will have** extra keys to the security door.
현재

The food **will be** safe to eat because the heat kills off bacteria.
현재

b He **will join** the Navy because it is his family tradition.
미래

His fee **will be** free because they want him to come with them.
미래

c   과거
The chances are that you **will have heard** of the two main types of fats: saturated and unsaturated.

Let's NOT forget!

미래에 일어날 일을 나타낼 때 will 대신 be going to를 써도 된다고 배웠을 텐데요, 실제로는 뉘앙스가 좀 다릅니다. will은 '자연발생적인 미래의 일'을 나타낸다면 be going to는 '계획된 미래'를 뜻하죠. 단, 미래의 일을 '추측'할 때는 둘 다 같은 의미를 나타냅니다.

The water will be clean.
=The water is going to be clean. 물은 깨끗할 거야.

I will watch a movie tonight. 오늘밤엔 영화를 봐야지.
말하는 순간 내린 결정

I am going to watch a movie tonight. 나는 오늘밤에 영화를 볼 거야.
과거에 이미 세워 놓은 계획

Inescapable

Night-vision goggles, whose usage was once limited to the military, are now helping us enjoy our nighttime surroundings in civilian environments as well. If you are anything like me, you **a**_____ have gone hunting or fishing at night with these little consumer goods. Today this optical instrument is readily available at various consumer markets at very reasonable prices. But how in the world do night-vision goggles work? Basically, night vision works in two different ways: image enhancement and thermal imaging. Image enhancement works by intensifying existing ambient light to achieve better vision. It collects all the small amount of reflected ambient light and amplifies it so that our eyes can see it. Thermal imaging, on the other hand, does not rely on visible light at all. It operates instead on the principle that all objects emit infrared energy as heat. By detecting the subtle temperature differences between the surrounding environment and the objects, it creates an electronic image on the screen. In general, all objects emit infrared light even when no visible light is present, so unlike image enhancement, infrared technology can generate visible images in complete **b**_____.

a에 가장 알맞은 형태를 고르세요.

1 are probably going to
2 will probably
3 can probably
4 were probably to

b에 가장 알맞은 어휘를 고르세요.

1 shadows
2 twilight
3 darkness
4 sunset

night-vision 야간 식별의
goggles 고글(안경) usage 사용
surroundings 환경 civilian 민간의
goods 상품, 제품 optical
시각적인 instrument 기구
readily 손쉽게 available 이용할
수 있는 reasonable 합리적인
enhancement 증대, 강화
thermal 열의 intensify 강화하다,
심화시키다 existing 기존의
ambient 은은한 reflected 반사된
amplify 증폭시키다 rely on ~에
의존하다 visible 보이는 operate
작동되다 on the principle that
~라는 원리로 emit 내뿜다 infrared
적외선의 detect 감지하다 subtle
미묘한 generate 생성하다

관리실 사람들이 경비실 열쇠를 여벌로 갖고 있을 거야. | 열이 세균을 박멸하니까 그 음식은 먹어도 안전할 거야. ᵇ 가문의 전통인 만큼 그는 해군에 입대할 것이다. | 그들이 그랑 같이 가고 싶어 하니까 그의 경비는 무료일 거야. ᶜ 포화지방과 불포화지방이라는 두 가지 지방 종류에 대해 아마 들어보셨을 겁니다.

153

「no matter + 의문사/whether/if ~」는 원어민들이 문어체나 구어체 할 것 없이 자주 쓰지만 우리 입에는 잘 붙지 않는 표현이죠. 구조가 복잡해 보여서일까요? 사실 낱낱이 훑어보면 그다지 어려울 게 없습니다. '비록 ~라고 하더라도'라는 뜻의 이 양보 부사절은 「no matter + 의문사 + 주어 + (may) + 동사」, 「no matter + whether/if + 주어 + (may) + 동사」 형태로 쓰이고 뒤에 쉼표를 붙여 절을 연결하죠. 간결한 표현을 선호하는 원어민들은 이 복잡한 구조를 한 단어로 줄인 「의문사 + ever」를 쓰기도 합니다.

Pattern 67

부정어로 시작하는 양보절을 알면 해석이 필요 없다

a **No matter** <u>what may happen to you</u>, I will always stand beside you.
　　　　　　의문대명사

　　　　　　의문형용사
No matter <u>which way the economy goes</u>, our goal will remain the same: to drive revenue growth and create long term value.

No matter <u>how hard you may try</u>, you can't change the truth.
　　　　　　의문부사

　　　　　　접속사
b **No matter** <u>whether it is voluntary or involuntary</u>, 30 percent of employees quit their job every year.

　　　　　　접속사
No matter <u>if no one trusts you</u>, always have faith in yourself.

Let's **NOT** forget!

문맥상 의미가 명백하다면 주어 다음에 나오는 「(may) + 동사」는 생략할 수 있습니다.

We will help you upgrade your computer, no matter what the brand (is[may be]). 어떤 컴퓨터 제품을 쓰시든 저희가 업그레이드 작업을 도와드리겠습니다.

Inescapable

Religious cults and pyramid schemes both rely on brainwashing techniques. Brainwashing, also called "thought control," is a process that manipulates a person's emotions, beliefs, and attitudes so that the victim makes decisions and does things that the manipulator desires. These kinds of techniques are often used by harmful groups to convince their members to remain in the group, commit themselves, and take part in their activities. What are the techniques, specifically? One trick is getting someone to repeat messages. Studies have found that if a message is repeated enough times, people will begin to perceive it as a commonly held belief **a**_____ implausible or stupid it is. This is why, more often than not, we hear stories about these groups making their new recruits do repetitive chanting or activities. A second technique is isolation. This unethical practice of exposing people to repetitive messages is most effective when the subject is completely isolated and dependent, which prevents the victim from objectively examining other views or making **b**_____ decisions. Hence, we often see cult recruiters or scammers trying to isolate new members from their family and friends at all costs.

a에 가장 알맞은 형태를 고르세요.

1 no matter what
2 no matter which
3 no matter how
4 no matter whether

b에 가장 알맞은 어휘를 고르세요.

1 informed
2 prepared
3 cultured
4 skilled

무슨 일이 일어나더라도 난 항상 네 곁에 있을 거야. | 경제가 어느 방향으로 나아가든 매출 성장과 장기적 가치의 창출이라는 우리의 목표는 변함없을 것입니다. | 네가 아무리 애를 써도 진실은 바뀌지 않아. 자의든 타의든 매년 30퍼센트의 직원이 퇴사를 합니다. | 널 믿는 사람이 아무도 없다 해도 스스로에 대한 신념을 잃지 마.

분사구문은 수동태로 나타낼 수 없냐고요? 분사도 동사의 변형이니 수동태도 얼마든 가능하죠. 수동태 분사구문은 「being + p.p.」 형태로 나타내는데, 주로 being이 생략된 형태로 쓰입니다. 실제로 소설 등 문어체에서는 과거분사로 시작하는 문장이 자주 등장하는데, 언뜻 보면 비문 같지만 사실 「being + p.p.」에서 being이 생략된 수동태 분사구문입니다. '시간/조건/이유/원인/부대 상황'을 뜻하는 부사절일 때 수동태 분사구문으로 바꿀 수 있는데요, 이중 어떤 의미로 해석할지는 주절의 의미에 따라 달라지겠죠?

완료형으로 시작하는 문장을 알면 해석이 필요 없다

a **(Being) diagnosed** with cancer, he was given a month to live.
= When he was ~(시간)

b **(Being) viewed** from the inside, everything can appear to be overwhelming.
= If it is ~(조건)

c **(Being) written** in plain English, the document was easy to understand.
= Since it was ~(이유/원인)

d **(Being) lost** in thought, he did not hear the door open behind him.
= As he was ~(부대 상황)

Let's NOT forget!

능동태 분사구문처럼 수동태 분사구문도 두 가지 동작이 동시에 일어나는 상황뿐 아니라 앞뒤 동사가 시간순으로 연결되는 연속 동작도 나타낼 수 있습니다. 부연 설명을 할 때도 쓰이고요.

The movie was filmed in the fall, <u>being released</u> in the following spring.
= and it was released
그 영화는 가을에 촬영됐고 이듬해 봄에 개봉되었다.

The athlete, <u>(being) trained by top experts</u>, entered her first competition.
= and she was trained by top experts
그 선수는 최고 전문가들의 지도를 받는 가운데 첫 번째 경기에 참가했다.

Inescapable

The time from birth to 6 years of age is a sensitive period in which a child is most able to acquire a first language. It is at this time that the child's brain is most receptive to learning the vocal sounds and rules of a language. Therefore, if a child is under-stimulated during this critical period, ^a_____ with adequate language exposure, the ability to obtain native-like mastery greatly diminishes. Unfortunately, this may leave a child with the same kinds of difficulties adults deal with when they are attempting to learn a second language. There is one more interesting thing about this significant period: these same ideas apply to the acquisition of sign language as well. Though it may come as a surprise to many, sign language should also be acquired during this sensitive period. Learning it after the developmental period causes the language to be treated ^b_____ by the brain, requiring a greater effort than it would for a child who learned to sign at an early age.

a에 가장 알맞은 형태를 고르세요.

1 not presenting
2 presenting
3 being presented
4 not being presented

b에 가장 알맞은 어휘를 고르세요.

1 simultaneously
2 differently
3 evenly
4 similarly

sensitive 민감한, 예민한 acquire 습득하다, 획득하다 receptive 수용적인 vocal 목소리의 under-stimulate 자극이 미치지 못하게 하다 critical 중대한 adequate 충분한 exposure 노출 obtain 얻다, 입수하다 native-like 토박이의 mastery 숙달 diminish 줄어들다 attempt 시도하다 significant 중요한 apply to ~에 적용되다 acquisition 습득 sign language 수화 come as ~이다(= be) developmental 발달[발육]의 treat 취급하다 sign (손짓·몸짓 따위로) 알리다

a 그는 암 진단을 받았을 때 한 달이라는 시한부 선고를 받았다. b 내부 사정을 잘 아는 입장에서 보면 전부 벅찬 일로 느껴질 수 있어. c 그 서류는 평이한 영어로 쓰여 있어서 이해하기가 쉬웠다. d 생각에 잠겨 있던 그는 뒤에서 문이 열리는 소리도 듣지 못했다.

157

영어는 의미상 중복되는 표현이나 군더더기 표현을 되도록 생략하는 경향이 강합니다. 대표적인 예가 분사구문에서 잘 생략되는 being인데요, 특별한 의미 없이 보조적 역할만 하는 데다 없어도 분사구문임을 충분히 유추할 수 있기 때문에 수동태 분사구문에서는 대체로 생략되죠. 진행형일 때는 같은 형태의 동사(-ing)가 나열되는 셈이니 반드시 생략하고요. 부사절이 「주어+자동사+보어」 형태일 때도 생략 가능한데요, 이렇게 문장이 불완전한 절로 시작한다 싶으면 being이 생략된 건 아닌지 한번 살펴보세요.

Pattern
69

숨은 being을 찾으면 해석이 필요 없다

a **(Being)** <u>Looking</u> over her shoulder, the hunter saw that the bear was closing in on her.

= While she <u>was</u> looking over her shoulder, the hunter saw that the bear was closing in on her.

(Being) <u>Surprised</u> by his recent success, the competitors started to look for similar startups to invest their money in.

= As they <u>were</u> surprised by his recent success, the competitors started to look for similar startups to invest their money in.

b **(Being)** <u>A father</u> himself, he understood the difficulty in holding a baby for the duration of the flight.

= Since he <u>was</u> a father himself, he understood the difficulty in holding a baby for the duration of the flight.

(Being) <u>Ignorant</u> of his debt, he continued to spend lots of money.

= As he <u>was</u> ignorant of his debt, he continued to spend lots of money.

Let's NOT forget!

being이 생략된 분사구문이 항상 문장의 맨 앞에 오는 건 아닙니다. 문장 중간이나 끝에도 올 수 있죠. 단, 의미상 주어가 헷갈릴 수 있다면 문장의 끝에는 쓰지 않습니다.

The lecturer, (being) unable to manage the programs alone, asked for help.
The lecturer asked for help, (being) unable to manage the programs alone.
그 강연자는 혼자서는 프로그램을 관리할 수 없어서 도움을 요청했다.

(Being) a very strong material, steel is often used in the construction of tools such as hammers. 강철은 매우 강한 물질이기 때문에 망치 같은 연장을 제작하는 데 주로 쓰인다.

cf. Steel is often used in the construction of tools such as hammers, (being) a very strong material.
(steel과 hammer 중 무엇이 의미상 주어인지 헷갈릴 수 있으므로 문장 끝에 올 수 없음)

Inescapable

How can we avoid being struck by lightning when outdoors? Without question, the best evasive action we can take is getting inside a lightning-safe shelter. Shelters are common in parks, athletic fields, or golf courses, so we should do a little preliminary research on where they are and run to one of these safe places immediately after we hear thunder. But what if we get caught where there are no safety zones nearby? The safest course of action is to separate yourself from other people and squat down, staying away from structures such as public restrooms or isolated tall trees. **a**_____, lightning often hits the tallest object in the area, seeking the shortest route to something with a positive charge, and those tall objects are the most likely targets. With this in mind, you may be tempted to lie down on the ground in the thought that it will **b**_____ your height and therefore your odds of being struck. If you do so, however, the enlarged exposed contact area of your body will allow the lightning's current to more easily travel to your vital organs.

a에 가장 알맞은 형태를 고르세요.

1 Usually negatively charging
2 Usually positively charging
3 Usually negatively charged
4 Usually positively charged

b에 가장 알맞은 어휘를 고르세요.

1 minimize
2 weaken
3 increase
4 soften

avoid 피하다 strike 치다
lightening 번개 evasive 회피적인
shelter 대피소 athletic field 경기장
preliminary 예비의 immediately
즉시 thunder 천둥 get caught
잡히다 safety zone 안전 구역
separate 분리하다 squat down
웅크리고 앉다 stay away from ~을
가까이 하지 않다 isolated 고립된
negative 음전기의 seek 찾다,
구하다 route 길, 경로 positive
양전기의 be tempted to ~하라고
유혹받다 lie down 눕다 odds 가능성
enlarged 확대된 contact area
접촉면 current 전류 vital 생명
유지와 관련된 organ 장기

그 사냥꾼은 뒤를 돌아보자 곰이 점차 자신에게 다가오는 모습이 보였다. | 그가 최근 성공한 데 놀란 경쟁사들은 투자를 할 생각으로 그와 비슷한 스타트업 회사를 물색하기 시작했다. | 그는 한 명의 아빠로서 비행 내내 아이를 안고 있는 것이 어려운 일임을 알고 있었다. | 그는 자신의 부채 상황에 대해서는 알지 못한 채 끊임없이 돈을 써댔다.

가정법 '과거/과거완료/미래'가 있다면 가정법 '현재'도 있겠죠? 가정법 현재는 주절의 시점에서 실현 여부를 확인할 수 없는 현재[미래]의 일을 나타낼 때 '동사원형'을 쓰는 표현법입니다. 그런데 가정법 현재는 조건절이 포함된 「If+주어+동사원형~, 주어+조동사 ~」 형태의 문장에서는 더 이상 쓰이지 않는데요, 더 간결한 직설법(현재)으로도 같은 상황을 가정할 수 있기 때문이죠. 그래도 고전 작품이나 예스러운 뉘앙스가 담긴 글에서 볼 수 있기 때문에 이런 수사적인 표현법도 익혀두는 게 좋습니다.

Pattern 70

옛말 투의 가정 표현을 알면 해석이 필요 없다

a If it **be** right, do it boldly; if it **be** wrong, leave it undone.
예스러운 뉘앙스의 격언

Oh, Lord, if it **be** your will, let me be your song.
종교 음악의 가사

If it **be** fine with the king, we **shall** attack the village.
고어

직설법 현재시제를 쓴 가정
b If it **is** your work, we **will** either correctly acknowledge you, or remove the item from this site.

Let's NOT forget!

다음은 가정법 현재가 사용된 관용 표현입니다. 현대 영어에서도 자주 등장하는 표현들이니 눈에 익혀두세요.

If need be, we can meet again to discuss or be in contact via phone or email.
= if the need manifests
여차하면 다시 만나서 논의해도 되고 전화나 이메일로 연락해도 돼요.

God save the queen!
여왕 폐하 만세!

Heaven forbid that you should have a car accident, but you need to know what you should do after such an event takes place.
교통사고를 당하는 일은 절대로 없어야 하지만 그런 일이 생기더라도 사후 처리를 어떻게 해야 할지는 알아두어야 합니다.

Inescapable

Merry Christmas! If Christmas ᵃ_____ what you celebrate, may it be merry! However wonderful the festive holiday can be, the holidays are just not the same without one iconic item: a Christmas tree. This is why, year after year, many of us find ourselves faced with the same question as we get ready to decorate our homes for the festive season, buying a real tree or an artificial one. So which tree is better for us to enjoy Christmas with? An artificial tree is better if your primary concerns are convenience and ᵇ_____. Made from PVC plastic, they do not require vacuuming or watering, and the same tree can be used year after year. However, somewhat counterintuitively, if you are a more environmentally-conscious Christmas celebrator, you should use a real Christmas tree. You might feel a little guilty chopping down a tree for your own aesthetic pleasure but, as opposed to artificial ones, real evergreen trees decompose rapidly, and most of them are recycled after their use. In fact, 93% of all the real Christmas trees in the country are recycled in one way or another. Some are used to make sand and soil erosion barriers. Others are chipped to make biodegradable mulch for parks. Still others are placed in ponds to make fish shelters.

a에 가장 알맞은 형태를 고르세요.

1 are   2 was
3 be   4 were

b에 가장 알맞은 어휘를 고르세요.

1 weight   2 amount
3 texture   4 cost

celebrate 기념하다 iconic 상징이 되는 decorate 꾸미다 artificial 인공의 primary 주요한 concern 관심사 vacuum 진공청소기로 청소하다 counterintuitively 직관에 반대되게 environmentally-conscious 환경에 특별한 관심이 있는 guilty 죄책감이 드는 chop down 베어 넘기다 aesthetic 미적인 decompose 분해되다 recycle 재활용하다 in one way or another 어떻게든 erosion 침식 barrier 장벽 chip (도구로) 깎다 biodegradable 자연분해성의 mulch 뿌리 덮개 still 게다가 pond 연못

옳은 일이면 과감하게 실행하고 그른 일이면 애초부터 할 생각을 말라.(버나드 길핀) | 오, 신이시여, 당신을 찬양하게 하소서. | 왕께서 허락해 주신다면 우리가 그 마을을 공격할 것이오. 귀하의 작품일 경우 이를 정확히 밝히거나 본 웹사이트에서 해당 품목을 삭제할 것입니다.

분사구문은 종속절인 부사절을 '구' 형태로 짧게 줄인 표현을 말하죠? 그럼 분사구문의 시제는 어떻게 변할까요? 간단히 말해 주절 시제를 기준으로 하면 됩니다. 주절의 시제와 같다면 단순분사 형태인 「동사원형＋ing」(능동)/「being＋p.p.」(수동)을 쓰고, 주절의 시제보다 과거라면 완료분사 형태인 「having＋p.p.」(능동)/「having been＋p.p.」(수동)를 쓰죠. 단순분사 구문에서 being이 생략되는 것과 같은 이유로 완료분사 구문의 having been을 생략할 수 있다는 것도 함께 기억해두세요.

Pattern
71

분사구문의 시제를 알면 해석이 필요 없다

a **Having used** all of their savings to make a down payment, they didn't have much cash left over for home decoration.

= After they <u>had used</u> all of their savings to make a down payment, they <u>didn't have</u> much cash left over for home decoration.

b **Having been raised** in an urban community, he didn't know much about wild animals.

= Since he <u>had been raised</u> in an urban community, he <u>didn't know</u> much about wild animals.

c **(Having been) Written** in haste, the book has many critical flaws.

= Since the book <u>was written</u> in haste, it <u>has</u> many critical flaws.

Let's NOT forget!

동사에 이미 '완료'의 의미가 포함돼 있다면 굳이 완료분사를 쓰지 않습니다. 단순분사를 써도 완료의 의미는 변함없기 때문이죠. 또 구어체에서는 분사구문의 시제가 주절보다 과거라 하더라도 문두에 위치하면 단순분사형을 잘 씁니다. 반대로 문미에 위치하면 완료분사형을 쓰죠.

<u>Arriving early</u>, he took a seat in one of the small plastic chairs against the wall and waited.
= <u>Having arrived early</u>, he took a seat in one of the small plastic chairs against the wall and waited.
일찍 도착한 그는 벽에 맞닿아 있는 작은 플라스틱 의자 중 하나를 골라 앉아서 대기했다.

<u>Critically injured</u>, she couldn't fly on a commercial plane.
= She couldn't fly on a commercial plane, <u>having been critically injured</u>.
그녀는 심한 부상을 입어 민간기에 탑승할 수 없었다.

Inescapable

[a]Never having been trained as a teacher, Susan had many worries about her teaching job at the summer camp. Fearful and nervous, she asked the camp supervisor for some advice before her job started. "I don't have any experience," Susan began. "I'm worried that I'll make a mess of things." "Don't worry," the supervisor told her. She said that the job would be easy as long as she followed her advice. "First," the supervisor said, "don't make it too competitive. Make the activities fun for the children, and they will follow your directions and not lose interest." She continued, "In addition, make sure you are well prepared and that you know exactly what you are going to do. That will help you focus on what you are doing [b]_____ worrying about things going wrong." After that, she smiled and told Susan that she would be around to help if there were any problems. She also assured Susan that the task would be ten times easier than what she expected.

a의 의미로 올바른 것을 고르세요.

1 If she was not trained as a teacher
2 Since she had not been trained as a teacher
3 Since she has not been trained as a teacher
4 If she has not been trained as a teacher

b에 가장 알맞은 표현을 고르세요.

1 but also
2 lest should
3 rather than
4 so that

train 훈련하다 worry 염려, 불안 fearful 두려워하는 supervisor 감독관 make a mess 엉망으로 만들다 as long as ~하는 한 competitive 경쟁적인 directions 지시 lose interest 흥미를 잃다 continue 계속하다 in addition 게다가, 또한 well-prepared 잘 준비된 focus on ~에 주력하다 go wrong 실수를 하다 assure 장담하다 task 일, 과제

---

[a] 계약금을 치르느라 저축해둔 돈을 다 써서 그들에게는 집을 꾸미는 데 쓸 돈이 남아 있지 않았다. [b] 그는 도시에서 자랐기 때문에 야생동물에 대해서는 아는 게 많지 않았다. [c] 그 책은 허겁지겁 쓰여서 치명적인 오류가 많았다.

분사구문은 부사절의 「접속사＋주어」를 생략해 간결하게 줄인 표현법을 말하죠? 그런데 접속사는 그냥 두고 주어만 생략할 때도 있습니다. 부사절의 의미가 워낙 다양하다 보니 다른 해석의 여지를 두지 않기 위해서죠. 주로 '시간/조건/양보'를 뜻하는 접속사는 그대로 두고, '이유'를 나타내는 접속사는 생략합니다.(참고로 영미권에서는 분사구문을 '양보'의 의미로 거의 쓰지 않습니다. 그럴 때는 접속사를 반드시 같이 쓰죠.) 접속사 뒤에 주어가 없다면 주절과 주어가 같은 분사구문은 아닌지 꼭 확인해보세요!

Pattern

72

접속사를 따르는 분사구문을 알면 해석이 필요 없다

a **When** <u>making</u> a wedding list, make it a priority to be equal to both sides.
~할 때

While <u>undergoing</u> the training course, the new employee resigned and left the office.
~하는 동안

Until <u>completed</u> to your satisfaction, the job should receive 100% of your focus.
~할 때까지

Whenever <u>making</u> a complaint, be sure to talk to the right person.
~할 때마다

Before <u>using</u> the foodbank, David would skip breakfast.
~하기 전에

After <u>having</u> slept for many days and nights. he finally woke up yesterday.
~한 후에

b **Unless** <u>told</u> otherwise, you may only choose one answer to this question.
~하지 않는 한

Once <u>included</u> in the database, your file can be accessed by anyone.
일단 ~하면

If <u>done</u> in a healthy manner, how long does it take to lose 20kg?
~이라면

c **Though** <u>admitting</u> fewer students, they still needed a lot of the government money.
~이긴 하지만

Let's NOT forget!

'결과'를 뜻하는 thus(이리하여)/hence(이 때문에)/therefore(그러므로)/so(그래서, 그 결과) 등의 '접속부사'가 분사구문을 수식하기도 하니 접속사와 혼동하지 않도록 주의하세요.

The policeman arrived immediately, <u>thus</u> giving him the chance to arrest one of the thieves.
그 경찰이 곧바로 현장에 도착해서 때마침 절도 일당 중 한 명을 체포할 수 있었다.

Our new brand will be highly preferred, <u>hence</u> leading to greater profitability.
우리의 새 브랜드에 대한 선호도가 높아져 더 높은 수익 창출로 이어질 것이다.

Inescapable

We've all heard the story about how a young Isaac Newton came up with the famous laws of gravity. The groundbreaking idea allegedly came to him after a falling apple hit him in the head as he sat under an apple tree **a**_____ contemplating the mysteries of the universe. If that were true, the fruit that bounced off Newton's head would be the most famous apple in the history of science. However, this story, which Newton himself never told, only became a popular legend after his death. In actuality, Newton said he had watched falling apples as he was **b**_____ on his theory, but he never said that one had hit him.

a에 가장 알맞은 접속사를 고르세요.

1 though
2 while
3 until
4 unless

b에 가장 알맞은 어휘를 고르세요.

1 breaking
2 laying
3 standing
4 working

come up with ~을 생각해내다
law 법칙 gravity 중력
groundbreaking 획기적인
allegedly 전해지는 바에 의하면
come to somebody (생각이) 나다
contemplate 고려하다, 생각하다
mystery 불가사의 universe 우주
bounce off ~을 맞고 튕겨나가다
legend 전설 in actuality 실제로,
현실로 theory 이론

결혼 준비 목록을 작성할 때는 무엇보다 양측이 공평하게 하는 것이 우선이다. | 그 신입 직원은 연수 기간에 중도 퇴사하고 사무실을 떠났다. | 당신이 전적으로 만족하는 수준에 이를 때까지 업무에 100퍼센트 집중해야 합니다. | 불만을 제기할 때는 반드시 담당자에게 전달하도록 하세요. | 데이비드는 무료급식소를 이용하기 전에는 아침을 거르곤 했다. | 그는 잠에 빠져 수일 밤낮을 보낸 끝에 어제 드디어 깨어났다. | 다른 지시 사항이 없으면 이 문제에는 한 가지 답만 고르면 됩니다. | 일단 그 데이터베이스에 포함되면 당신의 파일은 누구나 열람할 수 있습니다. | 건강을 해치지 않는 방법으로 다이어트를 할 경우 20kg을 빼는 데 얼마나 걸리나요? | 학생 정원을 줄였는데도 그들은 여전히 거액의 정부 자금이 필요했다.

'가정'을 할 때는 주로 if 조건절을 써서 '일어나지 않은 일'을 가정하죠? 그런데 실제로는 if절이 없는 문장을 더 많이 씁니다. 이미 가정의 의미가 포함돼 있어 굳이 if절을 써서 문장을 늘일 필요가 없고 중복 표현도 피할 수 있기 때문이죠. 이때 '가정'을 담당하는 if절은 '단어/전치사구/to부정사구/분사구/관계대명사절/접속사' 등 다양한 형태로 대체될 수 있기 때문에 맥락을 꼼꼼히 살펴야 숨은 의미를 정확히 파악할 수 있습니다. 어찌 보면 문법의 영역이라기보다 뉘앙스를 읽는 감각의 영역에 가까운 셈이죠.

Pattern

73

숨은 조건절을 찾으면 해석이 필요 없다

a   **A good leader** would not leave his followers alone.
= If he were a good leader

b   I would first calculate the probability **in your place.**
= If I were in your place

c   We would be very happy **to receive technical assistance from you.**
= If we could receive technical assistance from you

d   The river **being polluted** would make people sick and cause harm to the ecosystem.
= If it were to be polluted

e   A person **who had a lot of experience** would not do such a thing.
= If he had a lot of experience

f   That's not a bad idea, **or** I would not recommend it.
= If it were a bad idea

Let's NOT forget!

감사를 표할 때 I appreciate your help.라는 표현을 자주 쓰는데요, 이 문장에 조동사 would를 넣으면 뉘앙스가 완전히 달라집니다. I'd appreciate your help.에는 '가정'의 의미가 숨어 있어 '아직 도움을 받지 않은 상황'임을 암시하기 때문이죠.

I really appreciate your help.
도와주셔서 정말 감사합니다.

I'd appreciate your help.
= I would appreciate it if you could help me.
도와주시면 감사하겠습니다.

Inescapable

As was previously explained, robots are replacing most of what we've long considered human ^a_____. From order-taking to cooking, delivering, accounting, and even handling complaints, nearly every human profession is successfully being handled by robots in the laboratory-turned fancy diner. When Dr. Harry and his colleagues first declared that their new robotics technology would soon be far enough along to take over not just the low-skilled and repetitive jobs but also to make inroads into tasks that require intricate detail and creativity, most of us were skeptical of the idea. It sounded like a story ^bthat a sci-fi geek would imagine, rather than a matter serious people should spend time thinking about. Now, it seems, just as he had predicted, it will not be long before automation and artificial intelligence infiltrate a wide range of high-skilled professions. Soon, all of these robotic systems will move into domains that have been strictly occupied by humans and put a number of related jobs in peril.

a에 가장 알맞은 어휘를 고르세요.

1 tasks
2 exercises
3 trials
4 difficulties

b의 의미를 조건절로 풀어쓴 것을 고르세요.

1 if a person had been a sci-fi geek
2 if a person were a sci-fi geek
3 if a person were to be a sci-fi geek
4 if a person has been a sci-fi geek

previously 이전에 replace 대신하다 order-taking 주문 받기 delivering 배달 accounting 회계 handle 처리하다 profession 직업 laboratory 실험실 fancy 근사한, 고급의 diner 작은 식당 declare 선언하다 robotics 로봇 공학 take over 맡다 low-skilled 미숙련의 make inroads into ~을 먹어 들어가다 intricate 복잡한 skeptical 회의적인 geek 괴짜 predict 예보하다 artificial intelligence 인공지능 infiltrate 스며들다 high-skilled 숙련된 domain 분야, 영역 occupy 차지하다 in peril 위험한

훌륭한 지도자는 추종자들을 방임하지 않는다. 내가 네 입장이라면 먼저 확률을 계산해볼 거야. 귀사의 기술 지원을 받게 된다면 무척 기쁠 겁니다. 그 강이 오염되면 사람들을 병들게 할 거고 생태계를 해칠 거야. 노련한 사람이라면 그런 일은 안 할 텐데요. 괜찮은 생각인데? 아니라면 내가 안 권했겠지.

'혼합가정법'은 말 그대로 '가정법 과거/과거완료/미래'가 쓰인 문장의 조건절과 주절이 뒤섞인 표현법을 가리킵니다. 혼합가정법을 왜 쓰냐고요? 사실 각기 다른 시점에 일어난 일들은 서로 영향을 끼치게 마련이죠. 한 시점에 어떤 일이 가정한 대로 실현되면 다음 시점에 일어날 일에 영향을 미칠 테고, 실현되지 않더라도 그건 그것대로 그다음 시점에 일어날 일에 영향을 미칠 테니까요. 가령 '지난주(과거)에 복권에 당첨됐다면 오늘(현재) 내 하루는 달라졌을 텐데'라고 가정하는 것도 혼합가정법 문장이죠.

Pattern
74

뒤섞인 가정법을 알면 해석이 필요 없다

a   If he **could** speak French, we **would** hire him for the position.
     가정법 과거   가정법 미래

   If I **were** rich, I **would have bought** all the wines we tasted.
    가정법 과거   가정법 과거 완료

b   If you **had reserved** a table, we **wouldn't** have to wait for service.
      가정법 과거완료   가정법 과거

   If they **had cancelled** the concert, the venue **would** be available to us tomorrow.
     가정법 과거완료   가정법 미래

c   If it **were to** be repaired without charge, I **would** not worry about it.
      가정법 미래   가정법 과거

Let's NOT forget!

혼합가정법 중에 가장 많이 등장하는 형태는 「가정법 과거완료 + 가정법 과거」입니다. '과거'는 실제로 일어난 일이라 우리는 과거의 경험에 비추어 현재 행동을 판단하는 경향이 있고, 그래서 우리의 언어에도 이런 경향이 반영되기 때문이죠.

If his eyes had been treated within 3 days of bleeding, the results would be much better. 그가 눈에 출혈이 있고 나서 3일 내로 치료했다면 상태가 훨씬 호전됐을 텐데.

Inescapable

What's the difference between people who achieve greatness and people who are average? While there is no mathematical equation that guarantees greatness, there are some common traits that are shared by many great people. Every human being has been engineered with the capacity for incredible achievement in life, yet only those few with certain commonalities ever experience it. So what are they? Well, one of them is persistence in the face of perceived ª_____. Great people, no matter how little faith others have in them, always keep their faith in themselves and refuse to give up until their persistence pays off. Among the many good examples of this are Charlie Chaplin and Walt Disney. Charlie Chaplin was rejected by many film executives because they said his acting was too unclear for people to understand. Walt Disney could not even get a job as a newspaper artist because they thought he had a poor imagination and no good ideas. No doubt, ᵇif Chaplin and Disney had let those obstacles stand in their way, the entertainment world would be totally different today.

a에 가장 알맞은 어휘를 고르세요.

1 conditions
2 limitations
3 surroundings
4 imaginations

b의 구조로 알맞은 것을 고르세요.

1 가정법 과거 + 가정법 미래
2 가정법 과거 + 과거완료
3 가정법 과거완료 + 가정법 과거
4 가정법 과거완료 + 가정법 미래

greatness 위대함 average 보통[평균]의 mathematical 수학의 equation 방정식 guarantee 보장하다 trait 특성 share 공유하다 engineer (설계해서) 제작하다 capacity 능력 incredible 믿을 수 없는 commonality 공통성 persistence 고집, 지속 in the face of ~에 직면하여 perceive 인식[인지]하다 keep faith in ~을 믿다 refuse 거부하다 pay off 성과를 올리다 give up 포기하다 reject 거절하다 executive 경영자 imagination 상상력 obstacle 장애(물) stand in one's way 방해가 되다 entertainment 연예, 예능 totally 완전히

ᵃ 그가 불어를 할 수 있다면 우리가 그 자리에 영입할 텐데. | 내가 부자라면 시음해본 와인을 전부 샀을 텐데. ᵇ 네가 자리를 예약했다면 우리가 기다릴 필요는 없을 텐데. | 그들이 공연을 취소했다면 공연장을 내일 우리가 쓸 수 있을 텐데. ᶜ 무상 수리가 가능하다면 걱정이 없을 텐데.

관계대명사 who(m)/which/what에 ~ever가 붙으면 「any + 선행사」와 관계대명사가
합쳐진 '복합관계대명사'로 변합니다. 복합관계대명사는 anyone who(m) ~/anything
that ~으로 해석하고, 복합관계대명사를 쓴 절은 주어/목적어/보어 자리에 나오는 명사
역할을 하거나 '비록 ~일지라도'라는 의미의 양보부사절로 쓰이죠. 복합관계대명사절이
명사로 쓰였다면 문장이 성립되는 데 꼭 필요한 필수 성분이니 뺄 수 없지만, 다른 말을
수식하는 부사절로 쓰였다면 문장에 있어도 그만 없어도 그만이겠죠?

Pattern
75

복합관계대명사의 양면을 알면 해석이 필요 없다

a **Whoever** needs self-evaluation can simply log in and begin the five-step process.
= anyone who ~(~한 누구든)

Give the files to **whomever** you see first at the bureau.
= anyone whom ~(~한 누구든)

b I will read **whichever** arrives first and review it in 2 days.
= anything that ~(정해진 범위 내에서 ~한 어느 것이든)

c Please tell me **whatever** you have in mind.
= anything that ~(정해지지 않은 범위에서 ~한 것은 무엇이든)

d **Whoever** wins the election, some degree of recession is unavoidable.
누가 ~하더라도

어떤 것을 ~하든지
Please give us a call, send us an email, or follow us on social media. **Whichever**
you choose, we are ready to discuss your problems with you.

Whatever happens next, don't make any sudden movements.
무엇이 ~이라도

Let's NOT forget!

복합관계대명사가 '양보'를 나타내는 부사절로 쓰이면 「no matter + 의문사」로 바꿔 쓸 수 있습니다.

d No matter who wins the election, some degree of recession is unavoidable.

Please give us a call, send us an email, or follow us on social media. No matter which you choose, we are ready to discuss your problems with you.

No matter what happens next, don't make any sudden movements.

Inescapable

Not all decisions have **a**_____ significance. Some decisions impact us on a small scale, but others are tied to more lasting consequences involving more people and are therefore more important. Marriage is one of those important decisions. Since it affects not only your life but also the lives of your future family members, choosing a life partner with whom you will navigate your life's journey is a significant decision. Choosing a career is another important decision that you must make based not on instinct but on careful deliberation. Since your career affects most—if not all—of the rest of your life, choosing a job is also a crucial decision. The problem is that there is no easy formula for making the right decisions and, **b**_____ the important decision may be, it is hard to know if you have made the right choice or a big mistake until long after the moment of decision. Since importance, in general, implies greater complexity and scale, the truth emerges only after you've fully lived out your life following the course set by your decisions.

a에 가장 알맞은 어휘를 고르세요.

1 steady
2 equal
3 consistent
4 dependable

b에 가장 알맞은 복합관계대명사를 고르세요.

1 whoever
2 whomever
3 whichever
4 whatever

decision 결정 significance 중대성, 의의 impact 영향을 주다 scale 규모 lasting 지속적인, 영속적인 consequence 결과, 영향 involve 연루시키다 affect 영향을 주다 navigate 나아가다, 길을 찾다 career 직업 based on ~에 근거하여 instinct 본능 deliberation 숙고 crucial 중대한 formula 공식 imply 시사[의미]하다 complexity 복잡함 emerge 드러나다 live out one's life 생을 끝맺다

자가 평가가 필요한 사람은 누구나 로그인만 하면 5단계 절차를 밟을 수 있습니다. | 사무실에서 맨 먼저 보이는 사람한테 그 파일을 전달하세요. | 뭐가 됐든 제일 먼저 도착하는 것부터 읽고 이틀 내로 서평을 쓸 거야. | 생각해둔 게 있으면 뭐든 말해보세요. | 선거에서 누가 이기든 얼마간의 불황은 불가피하다. | 저희에게 전화를 주시거나 이메일을 보내주시거나 소셜 미디어를 팔로우 해주시기 바랍니다. 무엇을 선택하시든 저희는 여러분의 문제점을 상담해드릴 준비가 돼 있습니다. | 이후에 무슨 일이 일어나든 갑자기 움직이면 안 돼.

관계대명사에 -ever가 붙으면 복합관계대명사로 변하는 것처럼 관계형용사에 -ever가 붙으면 「any + 선행사 + 형용사」를 뜻하는 복합관계형용사로 변합니다. 관계형용사 what/which에 -ever가 붙은 복합관계형용사 whatever/whichever는 이름 그대로 뒤따르는 명사를 수식하면서 절과 절을 이어주는 역할을 하죠. 복합관계형용사절도 복합관계대명사절처럼 명사와 부사 역할을 할 수 있는데요, 명사일 때는 문장의 주어나 목적어 자리에 오고 부사절로 쓰이면 '~한 어떤 것일지라도'라는 의미의 '양보'를 나타냅니다.

복합관계형용사의 양면을 알면 해석이 필요 없다

a We are prepared to accept **whatever result** comes out of the discussion.
= any result that

Please stop asking questions and use **whichever tool** works best.
= any tool that

b **Whatever ideas** you bring to me, I can make them a reality.
~하는 무엇이든

어느 쪽[것]의 ~이든지
Whichever country you come from, the way of life here will be quite different from yours.

Let's NOT forget!

복합관계형용사도 '양보'를 나타내는 부사절에 쓰이면 「no matter + 의문사」로 바꿔 쓸 수 있죠.

b No matter what ideas you bring to me, I can make them a reality.

No matter which country you come from, the way of life here will be quite different from yours.

Inescapable

If you believe that wildlife should be left alone to revive itself without our interference, you may be mistaken. Due to our over-reliance on various natural substances and materials, we have depleted nature to such a degree that natural ecosystems require our help in order to be restored to a balanced state. But how can we help nature find her equilibrium? Well, the most effective measure we can take is **a**_____ native habitats. Habitat loss is the number one threat to the survival of wildlife, so we need to create protected areas and arrange shelters so that wildlife populations can recover to their original state. Of course, this should be handled only by those trained to do so. **b**_____ specific measures we may take, there is nothing more deadly to wildlife than modifying their habitats without a thorough understanding of the entire ecosystem. All of these major activities, no matter how well-intentioned, should be preceded by the careful calculations of qualified experts to minimize the potential side effects and associated risks.

a에 가장 알맞은 어휘를 고르세요.

1 renovating
2 restoring
3 refreshing
4 remodeling

b에 가장 알맞은 복합관계형용사를 고르세요.

1 whoever
2 whomever
3 however
4 whatever

wildlife 야생 생물 leave alone 간섭하지 않다 revive 소생시키다 interference 간섭 over-reliance 과도한 의존 substance 물질 deplete 격감시키다 ecosystem 생태계 equilibrium 평형 상태 (take a) measure 조치(를 취하다) habitat 서식지 threat 위협 survival 생존 arrange 마련하다 population 개체수 recover 회복되다 original 원래의 deadly 치명적인 modify 수정하다 thorough 철저한 well-intentioned 선의의 precede ~에 앞서다 calculation 계산 qualified 자격이 있는 expert 전문가 minimize 최소화하다 potential 잠재적인 side effect 부작용

---

a 논의 결과가 어떻든 우리는 받아들일 준비가 돼 있습니다. | 이제 질문은 그만하고 어떤 도구가 됐든 제일 효과적인 걸로 써보세요. b 어떤 아이디어를 제시하시든 제가 실현시켜 드릴 수 있습니다. | 출신국가가 어디든 이곳의 생활방식은 모국의 생활방식과 많이 다를 겁니다.

관계부사 when/where도 -ever를 붙이면 복합관계부사로 변합니다. whenever/ wherever는 각각 '시간(~할 때는 언제라도)/장소(~하는 곳은 어디든지)'를 뜻하는 부사절을 만들거나 복합관계대명사/복합관계형용사처럼 '언제 ~하더라도'(whenever), '어디서 ~하더라도'(wherever)라는 의미의 양보부사절을 만드는데요, 양보부사절일 때는 「no matther + when/where」로 바꿔 쓸 수 있죠. 형태는 비슷해 보여도 복합관계부사는 관계부사와 달리 형용사절이 아닌 부사절을 만든다는 데 주의해야 합니다.

Pattern
77

복합관계부사의 양면을 알면 해석이 필요 없다

a He starts blaming somebody else **whenever** things are going badly for him.
= at any time when(~할 때는 언제든지)

b **Wherever** we find water we find life.
= at any place where(~하는 곳은 어디든지)

c Our staff members will provide you with support **whenever** you may need it.
= No matter when(언제 ~하더라도)

Wherever you travel, connect and talk with the locals.
= No matter where(어디서 ~하더라도)

Let's NOT forget!

'방법'을 나타내는 관계부사 how도 -ever를 붙이면 복합관계부사(however)로 변하는데요, '아무리 ~하더라도'라는 의미의 양보부사절로만 쓰인다는 점이 다릅니다.

<u>However</u> hard you try, you'll always miss out on something in life.
= No matter how
네가 아무리 애를 써도 살면서 뭔가를 놓치는 일은 항상 생길 거야.

Inescapable

Have you ever been unable to sleep even when extremely fatigued? What if this condition continued for several months? People with a sleep disorder called "fatal familial insomnia" experience this extreme form of sleeplessness. The area of their brain responsible for regulating sleep is damaged by a gene mutation, so they cannot sleep **a**_____ hard they try. Tragically, as the name indicates, it is impossible to survive without sleep, and this sleep disorder turns fatal in the end. The victims undergo a nightmare without nightmares, suffering from deteriorated mental and motor functions for months, and then eventually die. What makes this disease even more troubling is that the cases are so **b**_____ that no cure or treatment has yet been discovered. Since only forty families worldwide have been identified as carrying the defective gene, it has not been studied enough, so the cause is still shrouded in mystery.

a에 가장 알맞은 관계사를 고르세요.

1 wherever
2 whenever
3 however
4 whichever

b에 가장 알맞은 어휘를 고르세요.

1 inclusive
2 likely
3 individual
4 rare

extremely 극도로 fatigued 피로한 continue 이어지다 disorder (기능) 장애 fatal 치명적인 familial 가족의 insomnia 불면증 extreme 극심한 sleeplessness 불면 area 구역 regulate 조절하다 damage 손상을 주다 gene 유전자 mutation 돌연변이, 변화 tragically 비참하게 indicate 내비치다 undergo 겪다 suffer from ~로 고통받다 deteriorated 악화된 motor function 운동 기능 troubling 애먹이는 eventually 결과적으로 cure 치유법 treatment 치료 identify 확인하다 defective 결함이 있는 shroud 뒤덮다, 가리다

a 그는 일이 잘못될 때마다 항상 남 탓부터 해. b 물을 찾을 수 있는 곳이라면 생명체도 찾을 수 있다. c 필요하신 경우 언제고 저희 직원이 도움을 드릴 겁니다. | 어디를 여행하든 지역민들과 교류하면서 이야기를 나눠보세요.

to부정사는 분사나 동명사처럼 동사를 명사/형용사/부사로 쓰기 위해 형태를 바꾼 '준동사(원래 동사였던 말이 다른 품사로 바뀐 것)'죠? 그런 만큼 여전히 동사의 성격을 갖고 있기 때문에 동사처럼 시제와 태(수동/능동)를 나타낼 수 있습니다. 본동사와 시제가 일치하면 「to+동사원형」(단순부정사)로, 그보다 앞선 시제일 때는 「to+have p.p.」(완료부정사)로 나타내는데요, 단순부정사가 expect/hope 등 미래지향적 의미를 나타내는 동사와 함께 쓰이면 미래 시제가 포함된 뜻으로 해석하면 됩니다.

Pattern
78

to부정사의 시제를 알면 해석이 필요 없다

현재
a He <u>seems</u> **to be** familiar with most people in the department.
= It <u>seems</u> that he <u>is</u> familiar with most people in the department.

미래
b We <u>expect</u> the patients **to benefit** from this project immediately.
= We <u>expect</u> that the patients <u>will benefit</u> from this project immediately.

과거
c She <u>seems</u> **to have been** employed here before.
= It <u>seems</u> that she <u>was [has been] employed</u> here before.

Let's NOT forget!

hope/wish/want/long/aspire/intend 등 희망이나 바람을 나타내는 일명 '소망동사'의 과거형 뒤에 완료부정사가 나오거나 과거완료형 뒤에 단순부정사가 나오면 '과거에 바랐지만 결국 이루지 못한 일'을 나타내죠.

I <u>hoped to have collected</u> about 80 members by this time.
　소망동사의 과거형 + 완료부정사
= I hoped to collect about 80 members by this time, but I couldn't.
지금쯤이면 80명 정도는 모집할 수 있기를 바랐는데.

Initially I <u>had aspired to become</u> a nurse after graduation.
　소망동사의 과거완료형 + 단순부정사
= I aspired to become a nurse after graduation, but I couldn't.
나는 졸업 후에 간호사가 되기를 꿈꿨지만, 이루지 못했다.

Inescapable

Sometimes we need to get away from the places we are accustomed to in order to achieve our goals in life. Totally new surroundings can offer us a **a**＿＿＿＿＿ when we are near the breaking point of whatever problem we are wrestling with. A good example can be seen in the success story of Frederic Remington, America's most popular 19th-century artist. He lived most of his life in the eastern United States, but it was his move to the West that helped him assert himself as an artist. To be more specific, Remington **b**＿＿＿＿＿＿＿＿＿＿＿ a career as an illustrator from his early days, but he had to take some other jobs because his sketching lacked distinction and dramatic elements. However, everything changed after he headed west and began sketching the subjects he encountered in the newly expanding territory. During this time, interest in the West among the people in the East was escalating, which helped Remington sell his drawings of cowboys, cavalrymen, and native tribes and establish his career as a painter.

a에 가장 알맞은 어휘를 고르세요.

1 intermission
2 breakthrough
3 relaxation
4 regression

b에 가장 알맞은 형태를 고르세요.

1 intended to have pursued
2 have intended to pursue
3 has intended to pursue
4 intends to have pursued

get away from ~에서 멀어지다
be accustomed to ~에 익숙하다
breaking point 한계점 wrestle
with ~와 맞붙어 싸우다 assert
oneself 발휘하기 시작하다 pursue
추구하다 illustrator 삽화가 lack
부족하다 distinction 차이, 뛰어남
dramatic 극적인 element 요소
head ~로 향하다 encounter
마주치다 expand 팽창하다
territory 영역, 영토 escalate
확대되다, 증가되다 cavalrymen
기병 native tribe 부족 establish
확립하다

a 그는 이 부서의 대다수 사람들을 잘 아는 것 같아. b 우리는 환자들이 즉시 이 프로젝트의 혜택을 입을 것으로 예상하고 있습니다.
c 그녀는 예전에 이곳에서 일했던 것 같아요.

Pattern

79

whether와 if의 차이가 보이면 해석이 필요 없다

a **Whether** elderly people should retire from driving <u>is</u> a sensitive topic.
주어

Santa Claus wants to <u>know</u> **whether** you've been naughty or nice.
목적어

The big question <u>is</u> **whether** alternative energy is ready for mass use.
보어

b I <u>asked</u> **if** I could try on his glasses to see how they looked on me.
목적어

The question <u>is</u> **if** we are eligible for social benefits.
보어(잘 쓰이지 않음)

c Let me <u>know</u> **whether/if** you will attend the presentation.
if를 쓰면 '만일 파티에 참석하게 된다면'(조건)으로 해석 가능

Let's NOT forget!

또 다른 차이점도 있습니다. whether절은 전치사의 목적어가 될 수 있지만 if절은 그렇지 않죠. 또 whether는 바로 뒤 또는 문장 끝에 or not을 쓸 수 있지만, if는 문장 끝에만 쓸 수 있습니다.

Soon, we will send you a letter with our decision <u>on whether</u> you have been accepted. 곧 합격 여부 통지서를 보내드리겠습니다.

The question isn't <u>whether</u> we like it <u>or not</u>.
The question isn't <u>whether or not</u> we like it.
문제는 우리 마음에 들고 아니고가 아냐.

I just couldn't tell <u>if</u> I wanted it <u>or not</u>.
  cf. I just couldn't tell <s>if or not</s> I wanted it.
그걸 바라는 건지 아닌지 나도 내 마음을 모르겠더라고.

Inescapable

The law allows us to fight back against an attacker in self-defense. In other words, if you harm an assailant because that person is going to inflict bodily harm on you, you are not guilty of any criminal wrongdoing. However, most of these laws prohibit the use of excessive force even if it is against an unjust attack or threat of violence. The law usually takes into account ____a____ a reasonable amount of force has been used in such situations, though opinions could differ on what constitutes reasonable force. Therefore, depending on the injuries sustained by the attacker, there could be felony charges brought against you. In fact, this is why many self-defense weapons are designed to be nonlethal though, in some circumstances, they could be lethal. Some say the best defense is a good offense, but the defender must be aware that he is not entitled to take the law into his own hands and should not use more force than is ____b____ to stop the attacker.

a에 들어갈 수 <u>없는</u> 것을 고르세요.

1 whether or not
2 whether
3 if
4 if or not

b에 가장 알맞은 어휘를 고르세요.

1 significant
2 basic
3 necessary
4 supreme

fight back against ~에 대항하여 싸우다 attacker 공격자 self-defense 정당 방위 assailant 가해자 inflict 가하다, 입히다 guilty of ~로 유죄의 criminal 형사상의 wrongdoing 범죄 prohibit 금하다 excessive 지나친 unjust 부당한 violence 폭력 take into account ~을 고려하다 reasonable 합당한 differ 다르다 constitute ~에 해당하다 sustain (해를) 입다 felony 중죄, 흉악범죄 bring a charge against ~를 고발하다 nonlethal 치명적인(↔ lethal) circumstance 상황 offense 공격 defender 방어자 entitle 권리[자격]를 주다 take the law into one's own hands 사적 제재를 가하다

고령자들이 운전 면허를 반납해야 할지 말지는 첨예한 주제다. | 산타클로스는 네가 말을 잘 들었는지 아닌지를 알고 싶어 하셔. | 중요한 문제는 대체에너지가 보급될 준비가 돼 있는지다. | 그의 안경이 내게 어울리는지 보려고 안경을 써도 되냐고 물어보았다. | 문제는 우리가 사회보장혜택을 받을 자격이 되느냐다. | 발표 참석 여부를 알려주세요.

모르는 어휘 없이 술술 읽히는데도 문맥이 영 알쏭달쏭할 때가 있죠? 그럴 땐 문장에 전혀 다른 두 가지 이상의 뜻으로 쓰이는 접속사가 있는지 한번 확인해보세요. 가령 while/whereas/when/if는 주절의 내용과 반대되는 내용을 예고하는 '대조' 의미의 접속사로도 잘 쓰이기 때문에 각 접속사의 다양한 뜻을 파악해두지 않으면 자칫 엉뚱한 의미로 해석하기 쉽습니다. 특히 if는 주로 주어와 동사가 생략된 절을 이끌어 바로 뒤에 형용사가 나오는 특이한 구조로 등장할 때가 많아 되도록 눈에 익혀두는 게 좋죠.

Pattern

80

예상을 뒤집는 접속사를 알면 해석이 필요 없다

a Martha is a long distance swimmer, **while** her brother excels at shorter races.
그런데, 한편, ~인데

b I prefer barbecued chicken, **whereas** my wife prefers smoked fish.
~에 반하여(= while/on the other hand)

c How can you pass the license test **when** you cut classes so often?
~에도 불구하고, ~한데도

d The personalized travel maps proved very useful, **if** a little difficult to interpret.
설사 ~이라 하더라도(「주어+동사」가 생략된 형용사 앞)

Let's NOT forget!

but then again은 구어체에서 자주 쓰는 표현인데요, 문자 그대로 해석하다간 전혀 다른 뜻으로 이해하기 쉬우니 주의해야 합니다. 앞에 나온 내용에 반하는 내용이 이어질 때 '그런데 말이야'라는 의미의 '역접' 관계를 나타내는 표현이기 때문이죠. 게다가 앞 내용을 긍정하면서 뒤의 말을 이어주는 표현인 '하기는'의 의미로 쓰일 때도 있습니다.

The book is a bestseller, but then again, that doesn't necessarily mean it is a great book. 그 책은 베스트셀러야. 그런데 그렇다고 꼭 훌륭한 책이라는 건 아냐.

I reported the incident to the police. But then again, what could I do as a 13-year-old? 나는 그 사고를 경찰에 신고했어. 하긴 13살짜리가 뭘 할 수 있었겠어?

Inescapable

Travel theft, which usually comes up in the news only when a reportable amount of money is stolen, happens more frequently than you might expect. Ask your consulate in any country what the number one problem you could face while traveling is, and the answer will always be the same: theft! However, according to many travel experts, most cases of theft are the unfortunate consequences of **a**_____, and you can lower the risk of becoming a crime statistic with a few simple common-sense rules. Just by staying alert and being smart about your actions, you can keep your valuables secure wherever you travel. For example, most thieves identify tourists because they are not in tune with their surroundings. By dressing in plain clothes, you can look, **b**_____ exactly like the locals, at least similar enough to draw less attention to yourself and hinder opportunistic thieves from recognizing you. It is also said that travelers become targets because they are easily distracted. Therefore, you can reduce the possibility of being targeted simply by being observant, especially when you find yourself amid a bumping and jostling crowd.

a에 가장 알맞은 어휘를 고르세요.

1 fearlessness
2 mindfulness
3 carelessness
4 watchfulness

b에 가장 알맞은 접속사를 고르세요.

1 if not
2 when
3 whereas
4 while

theft 절도 reportable 보도 가치가 있는 consulate 영사관 unfortunate 불운한 statistic 통계(자료) common-sense 상식으로 알 수 있는 stay alert 경계를 게을리하지 않다 valuables 귀중품 secure 안전한 thief (pl. thieves) 도둑 in tune with ~와 조화되어 plain 수수한 hinder 막다 opportunistic 기회주의적인 recognize 알아보다 target 목표(로 삼다) distract 주의를 빼앗다 observant 잘 지켜보고 있는 amid ~가운데 bump 부딪치다 jostle 거칠게 밀치다

마사는 장거리 수영 선수인 반면 동생은 단거리 경기에 뛰어나다. 아내는 훈제 생선을 더 좋아하는 반면 나는 닭고기 구이를 더 좋아한다. 수업에 그렇게 자주 빠지는데 무슨 수로 자격시험에 합격하겠어? 맞춤형 개별 여행지도는 보기가 다소 어렵기는 해도 유용성은 검증받았다.

Review

Pattern 41

각 문장에서 동사구에 밑줄을 그으세요.

1 One of the victims was run over by an emergency vehicle.
2 At that time, I was caught up with tremendous emotion.
3 The match was put off because of the continued rain.
4 The company was made fun of for making cheap phones.

Pattern 42

각 문장에서 밑줄 친 than의 품사를 쓰세요.

1 We need different designs <u>than</u> the ones on the slides.
2 Being young is harder <u>than</u> it used to be.
3 I have become a different person <u>than</u> I was ten years ago.
4 My partner has other ideas <u>than</u> just making a profit by selling accessories.

Pattern 43

다음 중 밑줄 친 최상급 표현이 어색한 것을 고르세요.

1 I was <u>happiest</u> when I was 12 years old.
2 That dictionary seems <u>best</u> for college students.
3 His <u>greatest</u> pleasure was to compare books with similar themes.
4 California battles <u>heaviest</u> snow in 70 years.
5 Liberty Palace is <u>tallest</u> building among the new crop of skyscrapers.

Pattern 44

다음 중 밑줄 친 비교급 관용 표현이 어색한 것을 고르세요.

1 Time is <u>no more</u> valuable <u>than</u> money because you need time to create money but you can never use money to create time.
2 Himont is a small village populated by <u>no more than</u> 1000 inhabitants.
3 He gave up the piano after studying it for <u>no less than</u> 6 years.
4 Managing a news website is <u>no less</u> time consuming <u>than</u> any other online business.
5 The editor is <u>no less</u> guilty <u>than</u> the writer is.

Pattern 45

다음 중 밑줄 친 조동사 과거 표현이 어색한 것을 고르세요.

1 You <u>may have listened</u> to this song a few times.
2 He <u>cannot have written</u> the memo because he doesn't know Korean.
3 She <u>must have watched</u> a different movie since her review was about a comedy.
4 He <u>cannot have kept</u> an eye on the news since he explained it in detail.

다음 중 밑줄 친 접속사 that이 생략 가능한 문장을 고르세요.

1 I believe with all my heart and soul <u>that</u> we can make this world better if we come together.
2 <u>That</u> she continued to play for the orchestra made her parents so proud.
3 The trouble is <u>that</u> he has wisdom about others. but not about himself.
4 Is there truth to the rumor <u>that</u> Wendy actually wrote the book?

다음 중 접속사가 <u>잘못</u> 쓰인 문장을 고르세요.

1 Why does water evaporate on our skin <u>where</u> the boiling point of water is 100°C?
2 Am I liable to pay tax on unemployment benefits <u>even though</u> I am unemployed?
3 <u>Whether or not</u> it turns out to be true. it sends the wrong message to people.
4 Progress is often overlooked, <u>whereas</u> difficulties are over-emphasized.

각 문장에서 as의 선행사에 밑줄을 그으세요.

1 He carpooled with Kenny on that trip, as was often the case with him.
2 My sister bought me the same phone as I had lost the day before.
3 There is no such person as you have just described.
4 Only the top 1% of professional athletes make as much money as they spend.

다음 중 밑줄 친 부분의 용법이 <u>어색한</u> 것을 고르세요.

1 A: Can you finish this report tonight?   B: I will <u>try</u>.
2 A: Do you exercise every day?
   B: I <u>used to do</u>, but now I am too busy with my work.
3 She purchased the stock though I told her <u>not</u>.
4 You can leave early today if you <u>want</u>.
5 I want you <u>to honestly tell</u> me what I should do next.

다음 중 밑줄 친 as의 용법이 <u>다른</u> 하나를 고르세요.

1 <u>As</u> my anger was spiraling out of control, so was my life.
2 <u>As</u> the city's population increased, so did the public's use of its library.
3 <u>As</u> prices rise, so should your coupon use.
4 <u>As</u> everyone already knows each other, there's no need for introductions.

다음 보기 중 문맥상 알맞은 것을 골라 빈칸에 써 넣으세요.

| which reason | whichever level | which case | what information |

1 You will be appointed at _____ matches your current skills.
2 Please give _____ you can about the upcoming products.
3 We can arrange a flight tomorrow, in _____ you will need to have your passport ready.
4 He always practiced using his left hand, for _____ he is ambidextrous.

다음 중 밑줄 친 종속절의 성격이 <u>다른</u> 하나를 고르세요.

1 Use your imagination since many rules <u>as we know them</u> no longer apply.
2 The museum was close to the house <u>where I was born</u>.
3 I have a room <u>that I use for entertaining</u>.
4 I was a little nervous <u>as I walked to the manager's office</u>.
5 These are the images of the earth <u>as viewed from the Apollo 8 spacecraft</u>.

다음 중 보기의 밑줄 친 부분과 용법이 같은 것을 고르세요.

You <u>are not to</u> leave the job location without permission from the supervisor.

1 Our department <u>is to</u> get a higher budget.
2 Students <u>are to</u> remain silent until they leave the examination room.
3 You need to plan in advance if you <u>are to</u> compete in the next season.
4 No one <u>was to</u> be seen on the street.
5 Unfortunately, the producer <u>was never to</u> see his project completed.

각 문장을 읽고 괄호 안에서 알맞은 말을 고르세요.

1 It seems that we or he (are/is) going to have to make a concession.
2 The coach as well as his players (deserves/deserve) to be applauded.
3 Whether you or I (are/am) correct about it doesn't matter to anyone here.
4 Neither the board members nor I (were/was) asked about the safety of the building.

각 문장에서 <u>잘못된</u> 부분을 찾아 바르게 고치세요.

1 Every child knew that the earth moved round the sun.
2 Jacob told me that he commutes by bus or train during those years.
3 I thought you will have learned your lesson by the end of our discussion.
4 A: When does he get up?   B: He said he always got up at 5 in the morning.

Pattern 56 괄호 안의 단어를 올바르게 배열하여 각 문장을 완성하세요.

1 One day, (a little/named/boy/John) wrote to Santa Claus, "Please send me a brother."
2 This hall is intended as a private site (invited/those/for).
3 (a biology degree/the jobs/most of/requiring) were in the research arena.
4 It's easy to make friends with people (tourists/crowded/with/in cities).
5 A leave letter is simply (away from work/when/a letter/you/written/need/some time)

Pattern 57 다음 중 밑줄 친 부분이 어색한 것을 고르세요.

1 The student said she was sorry to give the teacher trouble and that it wouldn't happen again.
2 There are many reasons people are afraid to come out as conservatives.
3 She was sure of living a life of her choosing with freedom and happiness.
4 He then went on to criticize the attitude of religion towards science.

Pattern 58 다음 보기 중 문맥상 알맞은 것을 골라 빈칸에 써 넣으세요.

not to mention   needless to say   so to speak   to make matters worse

1 _____ the spelling on the poster was incorrect.
2 All my friends, _____ my family, begged me not to retire.
3 David helps me with my homework. He's my private tutor, _____.
4 _____, people were amazed by the quality of the winner's singing.

Pattern 59 각 문장에서 동명사 관용 표현에 밑줄을 그으세요.

1 There was no guaranteeing they would be able to fix it.
2 Why does the boy always seem to be on the verge of crying?
3 Upon leaving the house, take the first street on the left.
4 People here spend too much time finding others to blame.

Pattern 60 괄호 안의 동사를 이용하여 가정법 과거 문장을 완성하세요.

1 If I _____ near the company, I would never be late. (live)
2 If I _____ more considerate, they would be on my side. (be)
3 What a beautiful world it would be if people _____ hearts like dogs. (have)
4 Would he come if I _____ for his flight? (pay)

다음 중 밑줄 친 that을 생략할 수 <u>없는</u> 것을 고르세요.

1 I am disappointed <u>that</u> you are unable to appreciate this concept.
2 Wearing uniforms is important in <u>that</u> they give us a shared identity.
3 Fill in your details so <u>that</u> we can assist you in finding the best home.
4 Hawaii is such a beautiful place <u>that</u> I want to move and live there.
5 I had so many issues <u>that</u> I didn't know what to deal with first.

괄호 안의 동사를 이용하여 가정법 과거완료 문장을 완성하세요.

1 If I had chosen a different path. I _____ a different life. (live)
2 My brother could have been saved if he _____ in time. (be treated)
3 If I _____ the menu, I would have avoided the dish. (be explained)
4 I wouldn't have left my job if I _____ the difficulty of finding another one. (know)

각 문장을 읽고 빈칸에 공통으로 들어갈 말을 쓰세요.

1 If you _____ lose your job, what would happen to you?
2 If someone _____ make a movie about your life, what part of your life would be the focus?
3 If we _____ find aliens, how closely would their technology mirror ours?
4 The columnist said if he _____ become the next president, it would be disastrous for the country.

각 문장을 읽고 분사구문을 종속절로 바꿔 쓰세요.

1 Walking along the street this morning, I saw a terrible accident.
2 Turning to the left at the next intersection, you will find the post office.
3 Not knowing what to do, I began consulting with other law firms.
4 Pulling her skirt, the girl continually interrupted her mother's conversation.

각 문장에서 밑줄 친 부분의 품사를 쓰세요.

1 Every one of us was eager to see the injured athlete <u>playing</u> fooball again.
2 Some spectators yelled at the athlete <u>playing</u> football.
3 The sun in the desert area was <u>burning</u> hot.
4 There is a woman <u>reading a magazine</u> in the waiting room.
5 My last job had me <u>working</u> for 11 hours a day without a break.

다음 중 밑줄 친 will의 용법이 <u>다른</u> 하나를 고르세요.

1 This <u>will</u> be his Christmas present for us. I suppose.
2 Your orders <u>will</u> be delivered in the next two business days.
3 We redecorated our store, as you <u>will</u> have noticed.
4 That <u>will</u> be my parcel at the door.

괄호 안의 단어를 올바르게 배열하여 각 문장을 완성하세요.

1 (where/you/no matter/are), you will have access to your data.
2 (stay at home/if/they/no matter/work/or), parents are always busy.
3 (choose/style/which/you/no matter), I will keep mine.
4 (an advanced learner/are/no matter/whether/you/a beginner/or),
   you will find something to suit your level.

다음 중 밑줄 친 부분의 용법이 <u>다른</u> 하나를 고르세요.

1 <u>Being seen from the other side</u>, the building looks entirely different.
2 <u>Being left alone</u> can create problems for people who are frail.
3 <u>Being designated a secret</u>, the information would remain confidential
   for the next 30 years.
4 <u>Being asked to comment on the news</u>, he made excuses to leave the room.

다음 중 밑줄 친 부분에서 being이 생략되지 <u>않은</u> 것을 고르세요.

1 <u>Completely exhausted</u>, he arrived home from work half dead.
2 <u>A pilot himself</u>, he knew they had mechanical troubles.
3 <u>Angry over the allegation</u>, the defendant challenged the sufficiency of
   the evidence.
4 <u>Knowing oneself</u>, a lifetime process. is much different from being oneself.
5 <u>Shocked by the news</u>, I did some research on the case.

밑줄 친 부분에 유의하여 각 문장을 해석하세요.

1 If it <u>be</u> possible, live peaceably with all men.
2 If it <u>be</u> nice, praise it; if it <u>be</u> unsatisfactory, reserve your judgment.
3 If it <u>is</u> fine with them tomorrow, we shall hold the conference in a
   five-star hotel.
4 If the rumor <u>is</u> true, dark clouds will hang over the nation's economy.

Pattern 71 각 문장을 읽고 분사구문을 종속절로 바꿔 쓰세요.

1 Having been a mechanic herself, she knew the inner workings of the car.
2 Having been unhealthy, she now understands the suffering of patients.
3 I don't have much energy left, having been working hard all day.
4 Having been smiled at, he smiled back.

Pattern 72 다음 보기 중 문맥상 알맞은 것을 골라 빈칸에 써 넣으세요.

while	once	if	unless

1 _____ given written permission, you cannot use any of the material.
2 Is oatmeal okay to eat _____ left out overnight?
3 _____ cleaning my room, I came across this picture.
4 _____ defeated, they gave up their hope of social revolution.

Pattern 73 각 문장을 읽고 숨은 가정법을 찾아 if절로 바꿔 쓰세요.

1 Anyone with common sense would not sign a contract in a foreign language they do not understand.
2 What would most likely happen to a person who had a stroke?
3 A right-minded person would never make such a mistake.
4 Wouldn't it be wonderful to take a year's break?
5 The 3D depth being increased would make the bird pop out right in front of you.

Pattern 74 다음 중 혼합가정법이 잘못 쓰인 문장을 고르세요.

1 They would still be using illegal software if the law were not passed.
2 If my work visa had not been declined, I would be able to apply for it.
3 If he hadn't driven so recklessly, my son would still be alive.
4 If my fund were to be refunded, I would not worry about it.
5 If it hadn't snowed so heavily yesterday, he would be here this evening.

Pattern 75 괄호 안의 단어를 올바르게 배열하여 각 문장을 완성하세요.

1 Send a notice about possible ID thefts to (sent/you/whomever/have/emails).
2 (best/whatever/for you/works) will work best for me.
3 (next/whatever/happens), we definitely have to continue our efforts.
4 (the Italian dish/you/whatever/say about), it was delicious to me.

다음 중 밑줄 친 부분의 용법이 <u>다른</u> 하나를 고르세요.

1 You may take <u>whichever</u> discount is greater.
2 Pay no attention to <u>whatever</u> rumors are floating around out there.
3 <u>Whatever</u> life you want to lead, you must put your heart in it.
4 I will use <u>whatever</u> methods my doctor deems necessary.
5 <u>Whatever</u> story is behind each picture deserves our attention.

다음 중 밑줄 친 부분의 용법이 <u>다른</u> 하나를 고르세요.

1 You can practice your instruments <u>wherever</u> you like.
2 We are not afraid to follow truth <u>wherever</u> it may lead.
3 <u>Wherever</u> you travel, we will help you make the most of your precious leisure time.
4 <u>Wherever</u> life takes us, there are always moments of wonder.

to부정사구는 절로, 절은 to부정사구로 바꿔 쓰세요.

1 It seemed that a lot of the questions were relevant to my background.
2 We expected that we would be on good terms with each other.
3 It seemed that a terrible mistake had been made.
4 I had intended not to include this topic in this book.
5 I hoped to have caught up on work today after the long holidays.

다음 중 밑줄 친 부분이 잘못된 것을 찾아 바르게 고치세요.

1 The only doubt was <u>if</u> the file would open in an Arabic version of Office <u>or not</u>.
2 How can I tell <u>if</u> a person is jealous of me <u>or not</u>?
3 <u>Whether</u> the government will change the laws depends a lot on the statistics.
4 It's no longer a question of <u>if</u> your business will make a profit <u>or not</u>.

다음 중 밑줄 친 접속사의 의미가 <u>다른</u> 하나를 고르세요.

1 She has already finished twenty pages, <u>while</u> I've written only five.
2 Why would you buy a camera <u>when</u> you already have a smartphone?
3 I like to stay home, <u>whereas</u> my sister likes to socialize.
4 My brother fell down the subway steps <u>when</u> he lived in NYC.

영문을 읽다 보면 종속절의 주어인 주격 관계대명사 뒤에 주어가 하나 더 나오는 문장이 눈에 띌 때가 있습니다. 하나의 절이 문장에 한 성분으로 들어간 형태를 '복문'이라고 하는데, 주격 관계대명사 뒤에 「주어+동사」 형태의 주절이 하나 더 들어간 경우도 복문에 해당하죠. 이 관계사절(복문)의 주절에는 think/imagine/believe/suppose 등 일명 '생각동사'가 쓰이는데요, 없어도 문장이 성립하기 때문에 '삽입절'이라고도 합니다. 생략해도 문장의 의미가 변하지 않기 때문에 부사절처럼 해석하면 되죠.

Pattern
81

문장에 끼어든 절을 찾으면 해석이 필요 없다

a I read an article <u>which</u> **I thought** was very accurate in pointing out the misuse of tests.
= I read <u>an article</u>. I thought <u>it</u> was very accurate in pointing out the misuse of tests.

b I got on the plane and sat next to a young man <u>who</u> **I believed** was in his mid-20s.
= I got on the plane and sat next to <u>a young man</u>. I believed <u>he</u> was in his mid-20s.

Let's NOT forget!

목적격 관계대명사 뒤에 「주어+동사」 형태의 절이 나오는 목적격 관계대명사절은 복문 관계대명사절과 비슷해 보여 착각하기 쉬운데요, 목적격 관계대명사절은 관계절의 목적어가 주어 앞에 나온 형태라 복문 관계대명사절과는 전혀 다릅니다.

I have been betrayed by someone <u>whom</u> I thought to be my friend.
목적격 관계대명사
= I have been betrayed by someone. I thought <u>him/her</u> to be my friend.
나는 친구로 생각했던 사람에게 속았다.

Inescapable

Space telescopes are vital tools for observing unknown celestial objects and events. Launched into orbit by space shuttles, they spin around the Earth a dozen times a day and give us a deeper view into the universe by providing a dazzling array of images. But why have they been placed in orbit outside of the Earth's atmosphere? ^aThe people who you believe are knowledgeable about such matters know that it is not because scientists want to get them closer to the objects of their observation. Putting a telescope in orbit does not actually get them much closer to the stars and galaxies scientists hope to observe. So why put the telescopes in space? The major reason is the light being blocked on Earth. As you have probably learned in your science classes, our atmosphere blocks certain types of light while letting other types through. This means that to examine all the light from space, we need to send observatories into space. Furthermore, it also solves the problem of light distortion. The atmosphere distorts the light that reaches the earth's surface, meaning that satellites positioned beyond the earth's atmosphere allow us a view of distant objects with a ^b_____ that far surpasses that of telescopes on the ground.

a에서 삽입절에 해당하는 것을 고르세요.

1 The people are
2 you believe
3 scientists want to get them closer
4 it is not

b에 가장 알맞은 어휘를 고르세요.

1 equality   2 property
3 quantity   4 quality

a 시험 제도의 오용 문제를 정확하게 짚었다고 생각한 기사를 읽었어. b 나는 비행기에 올라 20대 중반으로 보이는 젊은 남자 옆에 앉았다.

191

부사절을 줄여 쓴 부사구인 '분사구문'은 보통 주절 앞에 오는데요, **부사절과 태생이 같다 보니 분사구문도 주절의 앞/중간/뒤를 가리지 않고 자유롭게 옮겨다닐 수 있습니다.** 분사구문이 동시 동작이나 연속 동작을 나타낼 때는 주로 쉼표 없이 주절의 뒤에 나오고, 새로운 정보를 추가할 때는 쉼표를 쓰죠. 이렇게 분사구문이 문장 속에서 자유롭게 위치를 바꿀 수 있으면 형용사구인 '분사구'와 헷갈리기 쉬운데요, 이런 이유로 분사구문임을 명시하고 싶을 때는 접속사를 써서 둘을 구분합니다.

자리를 가리지 않는 분사구문을 알면 해석이 필요 없다

주절의 앞
a **Given the choice**, most people would choose to live at home when they need long-term care.

b His car, **speeding down the street**, lost control and slammed into the walls.
주절의 중간

c They took the exam **sitting quietly at the desks.**
주절의 뒤(동시 동작)

주절의 뒤(추가 정보)
The earthquake took place at 6.33 p.m., **caused by a shifting of tectonic plates deep underground.**

접속사 유지
cf. **While looking for a job,** Patricia spent her free time volunteering on a forest restoration project.

Let's NOT forget!

시간상 먼저 일어난 일을 분사구문으로 나타낼 경우 주로 주절의 앞에 두지만 뒤에 둘 때도 있습니다. 이때는 분사구문을 강조하는 효과가 생기죠. 가령 다음 예문의 뒤에 나온 분사구문은 총이 갑작스럽게 등장하는 상황을 강조해 극적인 분위기를 고조시킵니다.

Taking a gun out of her bag, she turned to face me.
She turned to face me, taking a gun out of her bag.
= She took a gun out of her bag and turned to face me.
그녀는 가방에서 총을 꺼내 나를 향해 돌아섰다.

Inescapable

Which adds greater value for products and services in business, design or technology? Many people side with technology. They argue that design enhances the quality of the products and generates small and medium innovations but the paradigm shifts and real breakthroughs come from the lab, not from the design studio. High-end technology as the practical application of science often takes a long time to be developed and accepted, but, once it is, it truly has a significant impact on society, **a**_____ how people work, live, and play. In short, the engineering aspect of the business trumps design. However, there are others who believe the opposite. These people believe design goes beyond mere appearance and aesthetics to new innovative user and customer experiences. And since we live in an experience economy, design is the key to generating great returns for the business. They also argue that people today rarely use even half the functions that come with their machines and don't have enough time for the rest. So what is so important about having more functionality? Perhaps it is the design that distinguishes products and services from the overwhelming array of choices in today's world of **b**_____ convenience.

a에 가장 알맞은 표현을 고르세요.

1 which changed
2 changing
3 changed
4 having changed

b에 가장 알맞은 어휘를 고르세요.

1 moderate   2 unfair
3 excessive   4 limited

side with ~의 편을 들다 enhance 향상시키다 generate 발생시키다 medium 중간의 innovation 혁신 paradigm shift 패러다임[인식]의 전환 breakthrough 돌파구 high-end 최첨단[고급]의 lab 실험실 application 활용, 적용실 once 일단 ~하면 engineering 공학, 기술 trump 능가하다 mere 단순한 appearance 겉모습 aesthetics 미관 innovative 획기적인 return 수익 come with ~이 딸려 있다 functionality 기능성 distinguish 구별하다 overwhelming 압도적인 array of 다량[단수]의~

a 선택권이 있다면 대부분의 사람들은 장기적인 돌봄이 필요한 상황일 때 집에서 머무르는 편을 선택할 것이다. **b** 그의 차는 속도를 내며 거리를 내달리다 중심을 잃고 담에 부딪치고 말았다. **c** 그들은 책상에 조용히 앉아서 시험을 치렀다. | 지진은 오후 6시 33분에 발생했는데, 이는 땅속 깊은 곳의 판 이동으로 인한 지각 변동 탓이었다. cf. 패트리샤는 구직 중 여유 시간을 활용해 산림 회복 프로젝트를 위한 자원봉사를 했다.

83

우리말에는 '접속사'가 없습니다. 흔히 접속사로 알고 있는 '그리고, 그러나' 등은 뒤 문장을 수식하는 '접속[문장]부사'이고, '~와/과' 등의 '접속조사'와 묶어 편의상 '접속사'라 부를 뿐이죠. 반면 영어에서는 접속부사와 접속사의 쓰임이 다릅니다. 접속사는 절을 '연결'하고, 접속부사는 절을 '수식'하죠. 접속사가 두 절을 문법적으로 연결한다면 접속부사는 두 절을 논리적으로 연결합니다. 접속부사 뒤에는 쉼표를 쓰거나 앞 문장에 세미콜론(;) 또는 접속사를 덧붙여 접속사 역할을 할 수 없는 접속부사를 보완하기도 하죠.

논리를 전개하는 접속부사를 알면 해석이 필요 없다

a We have to bring in more food; **otherwise**, many children will die of hunger.
조건(= if not)

b My audio stopped working completely, and **therefore** I had to replace it.
결과(= accordingly/consequently)

c The pool may seem a little cold; **however**, the temperature is set at a level suitable for all users.
대조(= in contrast)

양보(= still/notwithstanding)
d The accident is no longer a mystery. **Nevertheless**, it continues to raise troubling questions.

부가(= moreover/furthermore)
e Her talents were extremely useful for us, and **besides**, she was a lot of fun to work with.

화제 전환(= meantime)
f He focused on personal projects; **meanwhile**, he continued to receive offers from companies.

Let's NOT forget!

접속부사는 접속사와 달리 문장을 의미적으로만 수식하는 역할을 하기 때문에 반드시 문장 사이에 놓일 필요는 없습니다. 문장의 앞/중간/뒤 어디에나 자유롭게 옮겨다닐 수 있죠.

I left for work early this morning; <u>however</u>, heavy traffic slowed me down.
I left for work early this morning; heavy traffic, <u>however</u>, slowed me down.
I left for work early this morning; heavy traffic slowed me down, <u>however</u>.
나는 오늘 아침 일하러 가려고 일찌감치 집을 나섰는데 교통체증 때문에 지각했다.

Inescapable

We often hear stories of critically ill patients seeing their life flash before their eyes during near-death experiences. When death seems imminent, they see a sequence of images from their whole life rushing through their head in chronological order. Do you know why this phenomenon occurs? The cause of this experience is unknown and opinions differ from person to person, but a few explanations have been put forward by scientists, one of which is an adrenaline response. When enough adrenaline is released by the brain in a near-death experience, it has the effect of increasing how fast the brain processes information. [a]_____, the person feels like she is seeing numerous memories appear in a short amount of time, but in reality she is actually thinking in hyper speed. This is very similar to when we are faced with a sudden dangerous situation. During a moment that puts our life in immediate danger, our adrenaline skyrockets, which triggers a series of effects in our body. One of these effects is to make our brain process information much [b]_____ in searching for a similar situation which has happened previously to find a way to survive.

a에 가장 알맞은 접속부사를 고르세요.

1 Otherwise 　　2 Therefore
3 Meanwhile 　　4 Besides

b에 가장 알맞은 어휘를 고르세요.

1 faster 　　2 slower
3 earlier 　　4 later

a 우리는 더 많은 식량을 들여와야 합니다. 안 그러면 많은 아이들이 굶어 죽을 거예요. b 오디오가 작동이 안 돼서 다른 것으로 바꿔야 했어. c 수영장 물이 조금 차게 느껴질지 몰라요. 하지만 모든 이용자를 위해 수온을 맞춰둔 거예요. d 그 사건은 더 이상 베일에 싸여 있지 않다. 그런데도 애를 먹이는 끊임없는 의문들이 제기되고 있다. e 그녀의 재능은 우리에겐 무척이나 요긴했다. 게다가 그녀는 함께 일하기에 매우 유쾌한 사람이었다. f 그는 개인 프로젝트에 전념했다. 그러는 동안에도 꾸준히 여러 회사의 제안을 받았다.

딱딱한 문어체로 된 영문에서는 양보 접속사 as/though(비록 ~일지라도)가 「명사/형용
사/분사/부사 + as/though + 주어 + 동사 ~」 형태로 자주 등장하곤 하는데요, 정상적인
어순에서 벗어나 문장 맨 앞에 명사/형용사/분사 등 다양한 품사가 등장하다 보니 비문
으로 착각하기 쉽지만, 사실은 강조하고 싶은 단어를 문장의 맨 앞에 놓는 '도치'구문의
일종입니다. 드물지만 동사를 앞에 둘 때도 있는데, 이때는 주어 뒤에 조동사가 나오죠.
명사를 앞에 둘 경우 셀 수 있는 단수명사라 하더라도 앞에 a(n)를 붙이지 않습니다.

Pattern

84

어순이 뒤집히는 양보구문을 알면 해석이 필요 없다

a **Child** <u>as she was</u>, she understood the joke and explained it to her siblings.
명사

b **Old** <u>as he was</u>, he could still beat me at 100 meters.
형용사

분사
c **Scared** <u>though she was</u>, she stayed strong for her family and friends even as the situation worsened.

d **Hard** <u>as he tried</u>, he could not find an affordable place to live.
부사

e **Fail** <u>though I did</u>, I will continue to pursue my goal.
동사

Argue <u>as you will</u>, I refuse to change my position on the matter.
동사

Let's NOT forget!

as가 워낙 다양한 뜻으로 쓰이다 보니 「형용사/부사 + as + 주어 + 동사」 형태의 부사절이 '양보'
가 아닌 '이유'를 나타낼 때도 있습니다. 그럴 땐 앞뒤 문맥을 살펴 as 구문이 어떤 부사적 의미로 쓰
였는지를 정확히 파악해야 하죠. 오해의 여지를 없애고 싶다면 '양보'를 나타낼 때 as 대신 though
를 쓰면 됩니다.

<u>Brave as he was</u>, he refused to give up in his attempt to cross the Atlantic.
그는 용감한 사람이었기에 대서양 횡단 시도를 포기하려 하지 않았다.

<u>Frugal as he was</u>, every part of the chicken was used.
그는 알뜰했기 때문에 닭의 모든 부위를 빠짐없이 사용했다.

Inescapable

In the absence of records, many theories about the origin of human language have been put forward, **a**_____.
Ever since the Enlightenment, when humankind broke free from the shackles of religion, scholars of various disciplines have discussed this fundamental topic and raised many potential scenarios as to how humanity's most precious invention could have emerged. Among them, the most commonly cited theory is called evolutionary adaptation, which attempts to explain that the emergence of language was in response to the need for improved communication between humans. According to this theory, when languages first appeared some 30,000 years ago, it was a simple series of calls or grunts developed to help humans communicate in hunting, gathering, and defending themselves. Then, as their life activities became more and more **b**_____, we developed more complex linguistic systems, adding more sounds and allowing for more detailed expression. The combination of these factors finally led to the sophisticated forms of language we have today.

a에 가장 알맞은 표현을 고르세요.

1 because they sound completely unfounded
2 they sound as completely unfounded
3 since they sound completely unfounded
4 completely unfounded as they may sound

b에 가장 알맞은 어휘를 고르세요.

1 complicated
2 simplified
3 duplicated
4 streamlined

absence 부재 theory 이론, 설 origin 근원, 기원 unfounded 근거 없는 Enlightenment 계몽주의 시대 break free from ~에서 벗어나다 shackles 족쇄 scholar 학자 disciplines 학문 fundamental 근본적인 emerge 나타나다 cite 인용하다 evolutionary adaptation 진화적 적응 emergence 출현, 발생 grunt 끙 하는 소리 linguistic 언어의 complicate 복잡하게 하다 add 더하다 allow for 감안하다 detailed 상세한 combination 조합 sophisticated 세련된, 정교한

a 어렸음에도 그 여자아이는 그 농담을 이해하고 형제들에게 설명해주었다. **b** 그는 나이가 들긴 했어도 100미터 달리기에서는 여전히 나를 제칠 수 있었다. **c** 그녀는 두렵긴 했지만 상황이 악화되는 가운데서도 가족과 친구를 위해서 완강하게 버텼다. **d** 그는 무진 애를 썼지만, 알맞은 가격의 거처를 찾을 수 없었다. **e** 실패를 맛보긴 했어도 내 목표는 변함없이 밀고 나갈 것이다. | 네가 뭐라고 우겨도 그 사안에 대한 내 입장은 바뀌지 않아.

최상급은 '하나'를 특정해 가리키는 말이니 앞에 '한정'을 뜻하는 the를 붙이죠? 그런데 비교 대상이 두 개인 비교급 앞에도 the를 쓸 수 있습니다. 둘 중 하나를 지정할 때, 원인/이유를 나타내는 구/절이 있을 때, 전체 비교 대상 중 막연하게 '~한 쪽'을 가리켜 통칭할 때는 비교급 앞에 the를 붙일 수 있는데요, 세 경우 모두 '지정, 한정'을 뜻하죠. 세 번째는 '양자[둘] 비교'와는 달리 비교 대상이 딱히 없다는 점에서 '비교되거나 맞설 만한 것이 없음'이라는 의미의 '절대비교'라고도 합니다.

the가 등장하는 비교급을 알면 해석이 필요 없다

of[between] A and B/of the two와 쓰일 때

a Between Scott and Robinson, Scott is obviously **the more talented** and deserves to debut.

b He just grinned without a word, and this made me **the more curious**.

'원인'을 나타내는 절[구]과 쓰일 때

I followed his advice all **the more willingly** because I figured he knew me better than I did.

'이유'를 나타내는 절[구]과 쓰일 때

c **The younger generation** will carry on the language that they learn from us.

정확한 비교 대상 없이 막연히 집단을 가리켜 통칭할 때(절대비교)

Let's NOT forget!

절대비교급을 쓴 관용구로는 the upper class(상류층), the upper teeth(윗니), the greater part of(~의 대부분), the latter part of(~의 후반), the lower part of(~의 하단) 등이 있습니다.

Gardens were only for the upper class in the 18th century.
18세기에 정원은 상류층 전용이었다.

This point is explained more fully in the latter part of the chapter.
이 부분은 이 장의 후반부에서 더 자세히 설명할 것이다.

Inescapable

At the beginning of every school year, most elementary school teachers establish classroom rules with their young students. Knowing educational objectives can only be achieved in a predictable and orderly environment, they prompt their kids to discuss proper classroom behavior and decide upon the consequences of breaking the rules. But why do the teachers make the rule-making process **a**_____-based? They say it is because it helps the students more strictly observe the rules. When the rules are made in the children's words, not the teacher's, the students feel ownership over the rules and understand them better, which encourages them to **b**_____ abide by the rules. But wouldn't it result in rules that are not strict enough? Teachers say that, in fact, it is often the opposite. The rules are no less strict with the students' involvement and oftentimes more rigid and punitive, so much so that teachers often have to step in and loosen the rules, in order to avoid ruining the children's youthful high spirits and innate curiosity.

a에 가장 알맞은 어휘를 고르세요.

1 assistance
2 participation
3 encouragement
4 attendance

b에 가장 알맞은 형태를 고르세요.

1 all actively more
2 all more actively
3 all the more actively
4 the all more actively

establish 제정하다 objective 목표 predictable 예측할 수 있는 orderly 정돈된 prompt (일이 일어나도록) 하다 proper 적절한 behavior 행위 strictly 엄격하게 observe 준수하다 ownership 소유 abide by 지키다 involvement 관련, 연루 oftentimes 종종 rigid 엄격한 punitive 가혹한 so much so that 매우 그러므로 ~하다 step in 개입하다 loosen 느슨하게 하다 ruin 망치다 youthful 젊은이 특유의 high spirit 진취적 기상 innate 타고난

a 스콧과 로빈슨 중에서는 누가 봐도 스콧이 더 재능이 넘치고 데뷔할 자격이 된다. **b** 그가 한마디 말없이 빙긋 웃어 보이자 나는 더욱더 호기심이 일었다. **i** 그가 나보다 나를 더 잘 안다고 생각했기 때문에 흔쾌히 그의 의견을 따랐다. **c** 젊은 세대가 우리에게서 배운 언어를 전승할 것이다.

실현 여부를 확인할 수 없는 일을 가정할 때는 if절에 '동사원형'를 쓴 '가정법 현재'로 나타낼 수 있다고 했죠? 하지만 고어 느낌이 강하기도 하고 직설법으로도 같은 의미를 표현할 수 있기 때문에 쓰지 않는다고 했는데요, 그래도 '그럴 리는 없지만 그래도 만의 하나'라는 의미로 불확실성을 강조하고 싶다면 if절에 should를 씁니다. 구어체에서는 (should) happen을 쓰기도 하죠. should의 쓰임새는 워낙 다양하기 때문에 단순히 사실 여부를 알 수 없는 일을 가정할 때도 if절에 should를 쓸 수 있습니다.

Pattern
86

'만의 하나'를 가정하는 말을 알면 해석이 필요 없다

a If you see a bear, do not approach it and then report it.
= It's possible, or even likely, that you may see a bear.

If you **should** see a bear, do not approach it and then report it.
= I don't really expect you will see a bear, but if you do ~

b If I **happen to** meet him face to face, I would ask for forgiveness.
= I don't really expect to meet him face to face, but if I do ~

If you **should happen to** finish early, give me a call.
= I don't really expect you will finish early, but if you do ~

c If you **should** need more information, we will be there to help you.
= I don't have an opinion on whether you will need more information or not. I'm just pointing this out to you.

Let's NOT forget!

미국식 영어에서는 if절에 should 가정법을 거의 쓰지 않습니다. 지나친 격식체로 들려 점잔을 빼는 것처럼 보이거나 옛말 투 같은 느낌을 주기 쉽기 때문이죠. 반면 영국식 영어에서는 비교적 자주 쓰이는데요, should를 주어 앞으로 옮겨 자리 바꿈(도치)한 형태로 나타내기도 합니다.

Should you fail this test, you will lose your job.
= I think it's unlikely, but it's possible you may fail it and if you do~
혹시라도 이 시험에 떨어지면 당신은 직장을 잃게 될 거예요.

cf. If you fail this test, you will lose your job.(단순 조건문)
= I don't have an opinion on the matter one way or the other. I'm just pointing this out to you.

Inescapable

In an emergency situation, it's common to observe people staying away rather than getting involved and helping those in danger. Without medical training, one might be reluctant to act out of fear of making a mistake in treatment and subjecting oneself to possible lawsuits. Some people, for example, hesitate to perform CPR even in the face of the imminent possibility of death because they worry they might break the person's ribs in the process. Others are hesitant to drive an injured person to the hospital themselves, fearful of any liability that might be imposed upon them if the person **a**_____ be hurt or die while being transported. However, there are actually laws aimed at protecting people in these situations from liability. All states have laws called Good Samaritan laws, and they protect a **b**_____ from being liable for injury or death caused to the victim as long as he or she renders aid with good intentions and within the best of his or her ability.

a에 가장 알맞은 조동사를 고르세요.

1 must
2 should
3 may
4 can

b에 가장 알맞은 어휘를 고르세요.

1 defender
2 rescuer
3 preserver
4 supporter

emergency 비상 stay away 떨어져 있다 get involved 관여하다 reluctant 꺼리는 subject 당하게[겪게]하다 lawsuit 소송 hesitant 주저하는 perform 수행하다 imminent 임박한 rib 갈비, 늑골 injured 부상당한 fearful 염려하는 liability 법적 책임 impose 부과하다 transport 수송하다 aim at ~을 겨냥하다 be liable for ~에 대한 의무가 있다 injury 부상, 상처 victim 피해자 render 제공하다 aid 도움 intention 의도

a 곰을 보면 다가가지 말고 신고하세요. | 혹시라도 곰을 보게 되면 다가가지 말고 신고하세요. **b** 혹시라도 그를 직접 만날 일이 생긴다면 용서를 구할 텐데. | 혹시라도 일찍 마치게 되면 전화하세요. **c** 더 많은 정보가 필요하신 경우가 생기면 저희가 언제든 곁에서 도움을 드리겠습니다.

201

'시간/장소/이유/방법'을 뜻하는 명사(선행사)를 수식하는 절을 이끌 때는 관계부사 when(시간)/where(장소)/why(이유)/how(방법)을 쓴다고 했죠? 원래 선행사에 따라 이 관계부사들을 구분해 쓰지만 선행사를 불문하고 that 하나로 통일해 쓰기도 합니다. 대신 that을 쓰면 선행사를 생략할 수 없는데요, 선행사를 생략하면 관계사절이 어떤 선행사를 수식하는지 종잡을 수 없기 때문이죠. 반대로 선행사를 명시하면 that도 다른 관계부사들처럼 생략할 수 있습니다.

관계부사를 대신하는 that을 알면 해석이 필요 없다

a I remember <u>the time</u> **that** my son had troble getting used to his new school.
　　　　　　　　= when

b This is <u>the place</u> **that** dreams become a reality.
　　　　　　= where

c This is <u>the reason</u> **that** more and more people are falling into poverty.
　　　　　　　= why

d This is <u>the way</u> **that** most children learn how to read.
　　　　　　= how

Let's NOT forget!

사실 관계부사 where은 that으로 잘 바꿔 쓰지 않습니다. 바꿔 쓰면 관계대명사 that이 '장소'를 나타내는 전치사 at/on/in 없이 잘못 쓰인 걸로 오해할 수 있기 때문이죠.

　　　　　　　　　　관계부사
This is the house <u>where[that]</u> I grew up.
　　　　　　　　　　관계대명사
This is the house <u>that[which]</u> I grew up <u>in</u>.
이곳이 내가 자란 집이야.

Inescapable

The survival of a species as advanced and evolved as us humans does not depend only upon the immediate basic necessities. Our basic needs go beyond the list of food, water, shelter, and clothing but include many other additions which our modern civilization deems necessary for our basic living standards. Sometimes we hear people say they are confused when they hear someone refer to their cell phone as a basic necessity, but this is a legitimate statement. Yes, there were times **a**that cell phones would just make life easier for us, by definition a luxury. But now they have become so much an integral part of our lives that we find ourselves **b**_____ without these electronic gadgets. In other words, they have now become a basic need. In this context, it is no surprise to hear of the recent bipartisan plan to subsidize Internet, telephone, and other forms of communication for low-income families. These technologies are neither a status symbol nor a luxury. Without them, almost every aspect of our lives would be detrimentally affected.

a 대신 쓸 수 있는 관계부사를 고르세요.

1 when
2 where
3 why
4 how

b에 가장 알맞은 어휘를 고르세요.

1 immature
2 unsophisticated
3 incomplete
4 uncultured

survival 생존 species 종 evolved 진화된 immediate 즉각적인 basic necessities 기본적 필수품 shelter 주거지 addition 부가물, 추가 civilization 문명 deem 여기다 living standard 생활 수준 refer to ~에 대해 언급하다 legitimate 정당한, 타당한 statement 진술 by definition 정의상, 의미상 luxury 사치, 호화로움 integral 필수적인 gadget 도구, 장치 context 맥락 bipartisan 양당의, 초당파적인 subsidize 보조금을 주다 status symbol 신분의 상징 detrimentally 해롭게

a 아들이 새 학교에 잘 적응하지 못했던 때가 기억나네요. b 이곳은 꿈이 현실이 되는 곳입니다. c 이래서 가난해지는 사람들이 점점 더 많아지는 거야. d 대다수의 아이가 이런 식으로 읽는 법을 배웁니다.

to부정사가 '~하는 것'이라는 뜻으로 명사 자리에 쓰이거나(명사적 용법), '~할, ~하는'이라는 뜻으로 앞에 나온 명사를 수식하는 형용사처럼 쓰이는(형용사적 용법) 게 다라면 해석도 헷갈릴 일이 없겠죠? 그런데 '부사적 용법'으로 쓰면 얘기가 달라집니다. to부정사가 동사/형용사/문장 전체/다른 부사 등 다른 말을 수식하는 '부사'처럼 쓰이면 해석도 그만큼 다양해지기 때문이죠. to부정사가 문장에서 부사 역할을 한다면 무조건 '~하기 위해서'라는 '목적'의 의미로 해석하지 않도록 주의하세요!

Pattern 88

다른 말을 꾸미는 to부정사를 알면 해석이 필요 없다

a More and more people are using the internet **to purchase goods**.
목적(~하려고)

b When she arrived, she wept **to see that her car had burned, too**.
감정 동사 + 원인(~해서)

We were very shocked **to hear that Tim had passed away**.
감정 형용사 + 원인(~해서)

c You must be mad **to sell such a beautiful house at that price**.
추측[판단]의 근거(~을 보니, ~하다니)

d We should be happy **to have a good film department in our college**.
조건(~한다면)

e I woke up **to find that my vehicle was missing**.
결과(…해보니 ~하다)

f I'm old enough **to know better**.
(부사 수식) 정도(~할 만큼)

g You are free **to make your own choice**.
(형용사 수식) 범위(~ 하기에, ~ 하는 데 있어)

Let's NOT forget!

드물지만 to부정사가 '비록 ~일지라도'라는 뜻의 '양보'를 나타내는 부사적 용법으로 쓰이기도 합니다.

You would not believe it **to see it**.
직접 봐도 안 믿길걸.

Inescapable

Sometimes the law can seem to be at odds with justice. Justice is more in line with morality, which is by nature subjective, meaning that people can disagree over whether or not justice has been done when the law is practiced. Then what should we do when we believe justice has not been done in court? If we deem a law to be unjust, should we feel free **a**to break it? Some argue that a society must first be a lawful society before it can be a just society. They say that if people ranked the latter higher than the former, they would achieve neither. Others contend that people should refuse to be silenced and break any law that is deemed unjust. They argue that if a law is not just, one has the right, and even the duty, to **b**_____ it. One such person was Martin Luther King Jr., who led the civil rights movement in the United States in the 1960s. During his time, a black person was not allowed the same rights as a white person. In the face of this situation, he said, "While one has a legal and moral responsibility to obey just laws, one also has a moral responsibility to disobey unjust laws."

a의 의미를 고르세요.

1 추측
2 원인
3 범위
4 목적

b에 가장 알맞은 어휘를 고르세요.

1 pursue
2 contest
3 involve
4 censor

at odds with ~와 불화하는 justice 정의 in line with ~와 일치하는 morality 도덕(성) by nature 본래 subjective 주관적인 court 법정 deem 여기다 unjust 부당한 lawful 합법적인 rank (등급·순위를) 매기다 latter 후자 former 전자 contend 주장하다 silence 조용하게 하다 duty 의무 civil rights 시민 평등권 movement 운동 in the face of ~에 직면하여 legal 법적인 obey(↔ disobey) 복종하다

a 점점 더 많은 사람들이 인터넷을 이용해 제품을 구매하고 있다. b 그녀가 도착했을 때 자신의 자동차 역시 불에 타버린 모습을 보고 흐느껴 울었다. | 팀의 사망 소식을 듣고 우리는 충격을 받았다. c 그렇게 아름다운 집을 그 가격에 팔아버리다니 너 제정신이 아니구나. d 우리 대학에 괜찮은 영화과가 있으면 좋을 텐데요. e 자고 일어나보니 차가 없어졌다. f 나도 웬만큼 나이를 먹어서 그 정도는 알아. g 마음 가는 대로 골라보세요.

Pattern 89

두 비교 대상의 수준이 엇비슷하지 않고 한쪽이 '월등히' 앞서거나 '훨씬' 뛰어날 때도 있겠죠? 이처럼 '비교 대상이 안 될 만큼' 두 대상의 차이가 확연히 벌어질 때는 much/even/still/far/by far/a lot/a good deal 등의 부사를 써서 비교급을 수식하면 정도의 차이를 보다 더 강조할 수 있습니다. 차이가 미미하다면 rather/quite/a bit/a little/slightly 등의 부사를 쓰고요. 반대로 한 대상이 다른 대상보다 수준 등이 낮다면 less를 씁니다.

수준의 차이가 보이면 해석이 필요 없다

a French is **by far** <u>more difficult</u> than English.
훨씬

b The situation was **a bit** <u>more complicated</u> than I had expected.
조금, 약간

c Reunification used to be a **less** <u>important</u> issue to younger South Koreans.
덜한, 더 적은

The announcer should speak **less** <u>loudly</u>.
덜한, 더 적은

Let's NOT forget!

'(수[양]이) 적은, (크기 등이) 작은'을 뜻하는 little의 비교급은 사실 두 가지입니다. 익히 아는 less, 그리고 '이중 비교급'이라고 부르는 lesser가 있죠. 이 두 비교급은 맥락과 어법에 따라 구분해 써야 하는데요, less가 '수[양]가 더 작은[적은] 상태'를 가리킨다면 lesser는 '가치, 규모, 중요성 등이 떨어지는 상태'(더 사소한[보잘것없는/하찮은]…)를 뜻합니다. 게다가 less는 형용사/부사/대명사로 두루 쓰이지만 lesser는 명사를 수식하는 형용사로만 쓰인다는 차이점도 있죠.

The decrease in crime shows we have <u>less</u> to fear.
대명사
범죄 감소는 두려워할 일이 줄어들었다는 사실을 보여준다.

Buy one at regular price, get one of equal or <u>lesser</u> value 50% off.
형용사(명사 수식)
하나를 정가에 사시면 같은 가격 또는 그보다 낮은 가격의 제품을 50퍼센트 할인해드립니다.

Inescapable

Judicial corporal punishment by caning is a court sentence commonly administered in Singapore. Combined with a prison sentence, many canings are ordered each year for various crimes, including nonviolent offenses such as theft. These canings are not the light "rod of love" you may have been exposed to in early childhood but serious, flesh-splitting beatings. The pain is so ª_____ that there have been many instances wherein offenders, having been sentenced to be caned, have begged the appeals court to suspend their sentences and to give them longer prison terms instead. But why does a well-developed modern country like Singapore retain such a method of physical punishment while incarceration is usually thought of as a more modern and advanced form? The rationale is that caning is more likely to result in positive outcomes for their judicial system. It is claimed that caning invokes more remorse on the part of the criminal, and it is ᵇ_____ time-consuming and expensive, which helps the government save millions of dollars in maintenance costs while keeping one of the lowest crime rates in the world.

a에 가장 알맞은 어휘를 고르세요.

1 severe
2 temporary
3 inevitable
4 subjective

b에 가장 알맞은 표현을 고르세요.

1 slightly less
2 slightly more
3 far less
4 far more

judicial 사법의 corporal 신체의 punishment 벌, 처벌 caning 매질 court 법정 sentence 선고하다 administer 집행하다 nonviolent 비폭력의 offense 범행 rod 회초리 flesh 살 split 찢다 instance 경우 wherein 그곳에서, 그 점에서 offender 범죄자 cane 매로 때리다 beg 간청하다 appeals court 항소 법원 suspend 유예하다 term 기간 retain 유지하다, 보유하다 incarceration 투옥, 감금 rationale 이유, 근거 judicial system 사법제도 claim 주장하다 invoke 불러일으키다 remorse 후회 maintenance costs 유지비

a 프랑스어는 영어보다 훨씬 어렵다. b 상황은 예상했던 것보다 좀 더 복잡했다. c 한국 젊은이들은 예전에는 통일을 그다지 중요한 문제로 생각하지 않았다. l 그 아나운서는 목소리를 좀 더 낮춰서 말해야 한다.

break가 자동사 겸 타동사로 쓰이듯 하나의 동사가 두 가지 역할을 할 때가 있습니다. around처럼 전치사와 부사를 넘나들며 품사가 변하는 경우도 있죠. 「자동사＋전치사」 또는 「타동사＋부사」 형태의 '동사구'를 해석할 때 진땀을 빼는 것도 이 때문인데요, '전치사수반동사'라고도 하는 「자동사＋전치사」는 목적어를 갖는 타동사로 해석하는 반면, '구동사'라고도 하는 「타동사＋부사」는 주로 각 단어의 뜻과는 무관한 새로운 의미를 나타내는 관용 표현으로 쓰이는 데다 뜻도 다양해 일일이 외워둬야 합니다.

Pattern
90

동사구를 가리는 방법을 알면 해석이 필요 없다

자동사 전치사(「자동사＋전치사」는 뗄 수 없음)
a Everybody **looked at** the speaker in astonishment.

타동사 부사(「타동사＋부사」는 따로 뗄 수 있음)
The police officer tried to **calm down** the angry crowd.
= The police officer tried to **calm** the angry crowd **down**.

전치사 자동사
b They were mistreated by someone **on** whom they **depended** for protection.
(「자동사＋전치사」의 전치사는 관계사 앞에 올 수 있음)

타동사 부사
He jumped quickly out of bed and put on the clothes which he had **taken off** the night before.　(「타동사＋부사」의 부사는 관계사 앞에 올 수 없음)

c The players had to **adjust quickly to** the new ballpark.
자동사 부사 전치사(부사는 「자동사＋전치사」 사이에 올 수 있음)

The manager asked him to **call off** the meeting **immediately**.
타동사 부사 부사(「타동사＋부사」 사이에 부사가 올 수 없음)

d Many students of the current generation **suffer from** severe test anxiety.
자동사 전치사(「자동사＋전치사」의 뜻은 하나임)
타동사 부사(「타동사＋부사」는 의미가 다양함)
Put down the gun and step away from the car!
내려놓다
They are trying to **put** you **down** because they're jealous.
(다른 사람 앞에서) 깎아내리다
The police were called to **put down** the riot, but they could do little to stop it.
진압하다

Let's NOT forget!

같은 단어의 조합이라도 「자동사＋전치사」 또는 「타동사＋부사」로 문법적 형태가 바뀌는 경우가 있는데요, 이때는 두 가지 해석이 가능하니 문맥을 더 유심히 살펴야 합니다.

The driver ran down the hill. 운전사는 언덕 아래로 차를 몰고 갔다
자동사 + 전치사

The driver ran down the victim once. 운전사는 피해자를 한 번 들이받았다.
타동사 + 부사

Inescapable

We are living in an era of severe economic inequality. The gap between the rich and the poor is so extreme that the top 1% of households in the country own more than 40% of the wealth, and the bottom 80% combined own less than 7%. This would not be a problem if the purpose of an economy were simply to provide an environment in which individuals ^acompete for wealth. But if it is to provide a standard of living for all participants, then this indicates ^b_____. The disparities in economic assets affect peoples' access to integral services such as education, health care, and legal representation, and they almost always favor those who are rich over the poor. In fact, this is why we often see people who are poor in our society marginalized in terms of social services that should be available to everyone. While the rich enjoy the most privileges, as a result of their wealth and status, people who are poor receive less education, have poorer health, and have fewer opportunities to improve their economic status.

a와 성격이 같은 표현을 고르세요.

1 We had to put off the meeting.
2 He turned on the TV.
3 He concentrated on the theory.
4 I cannot give up the opportunity.

b에 알맞은 어휘를 고르세요.

1 a damage
2 a decline
3 a failure
4 an accident

era 시대 severe 극심한 inequality 불평등, 불균형 gap 격차, 차이 extreme 극단적인 household 세대 wealth 부 individual 개인 compete for ~을 두고 경쟁하다 participant 참가자 indicate 나타내다 disparity 차이 asset 자산 access 이용[입수] 권리 integral 필수인 legal representation 법적 대리 favor 편애하다 marginalize 하찮은 존재로 만들다 available 구할[이용할] 수 있는 privilege 특혜 status 지위, 신분 opportunity 기회

a 모든 사람이 놀란 눈으로 그 강연자를 바라봤다. | 경찰은 화난 군중을 달래려 애썼다. b 그들은 보호자로 의지해온 사람에게 학대를 당했다. | 그는 재빨리 침대에서 뛰쳐나가 전날 벗어놓은 옷을 걸쳤다. c 선수들은 새로운 구장에 빨리 적응해야 했다. | 부장은 그에게 즉시 회의를 취소하라고 했다. d 요즘 세대의 많은 학생이 심각한 시험 불안으로 고통받고 있다. | 총을 내려놓고 차에서 떨어져! | 그들은 질투가 나서 너를 깎아내리려는 거야. | 폭동을 진압하기 위해서 경찰이 출동했지만 달리 막을 방도가 없었다.

'태(態)'는 글쓴이나 말하는 이가 특정 주제에 대한 자신의 '태도' 또는 '입장'을 밝힐 때 쓰는 표현법을 말합니다. 흔히 '능동태'는 스스로 의지를 발휘하는 자발적인 태도를, '수동태'는 다른 힘에 의해 움직이는 마지못한 태도를 나타낸다고 알고 있죠. 수동태는 대개 능동태의 어순을 바꾸는 식으로 표현하는데, 사실상 이런 기계적인 어순 변화 이상의 의미를 지닙니다. 수동태를 쓰면 주목해야 할 문장의 초점이 완전히 바뀌기 때문이죠. 수동태를 능동태와의 관계에서만 파악하려고 하면 숨은 뉘앙스를 놓치기 쉽습니다.

Pattern
91

수동태의 숨은 의미를 알면 해석이 필요 없다

a The phone outage **was fixed** in hours.
동작(fix)의 주체(행위자)는 중요하지 않음

b The prime minister **was assassinated** at 12:10 p.m.
동작의 행위자가 아닌 동작의 영향을 받는 대상(주어)이 중요

c Spanish **is spoken** in so many countries around the world.
행위자 명시 불필요(막연한 일반인)

Mr. Roosevelt **was elected** president four times.
행위자 명시 불필요(문맥상 명백함)

d They **were laid off** because the business unexpectedly lost a huge customer.
행위자 비공개(알 수 없거나 알리고 싶지 않음)

문미 초점의 원칙에 따라 수동태 뒤에 새로운 정보를 배치
e Just before the deadline, he **was given** the crucial information through an anonymous tip.

f Hunting **is allowed** only after approval has been given from an administrator.
객관적인 권한 강조

Let's NOT forget!

동사의 태를 무조건 통일시킬 필요는 없습니다. 하나의 주어를 두고 접속사로 능동태와 수동태를 연결할 수도 있죠. 의미상 초점이 달라진다면 능동태와 수동태를 얼마든 함께 쓸 수 있습니다.

He complained about a pain in his ribs and was given a medical checkup.
주어 능동   수동
그는 갈비뼈가 아프다고 앓는 소리를 해서 건강검진을 받았다.

Inescapable

Is the human embryo a fish with gills? When a group of evolutionary biologists saw a developing embryo for the first time, they thought they had found a trace of human evolution: the gills. During the initial stages of embryonic development, they discovered a pouch-like structure in the neck region, very similar to the gill arches in a fish embryo that later become gill slits. Besides the **a**_____ similarity, the role of these pouch also seemed to make sense to the scientists. After all, how else can you receive the oxygen supplied by your mother when you are a fetus in your mother's womb? However, this seemingly plausible and attractive finding **b**_____ a false explanation. The structures found in human fetuses were not the original forms of gills but merely a collection of tissue that would later develop into a variety of facial features, none of which are related to respiratory organs. In fact, gills have never been found in mammals, which require a dozen times more oxygen per pound of body weight than fish. Gills only work for fish because fish, being cold-blooded, don't need as much oxygen.

a에 가장 알맞은 어휘를 고르세요.

1 emotional
2 environmental
3 physical
4 sentimental

b에 가장 알맞은 형태를 고르세요.

1 soon found it to be
2 was soon found to be
3 soon was to find
4 found soon to be

embryo 배아 gill 아가미 evolutionary biologist 진화 생물학자 trace 자취, 흔적 initial 처음의, 초기의 embryonic 배아의 pouch 주머니 arch 아치형 구조물 slit 틈, 구멍 oxygen 산소 supply 공급하다 fetus 태아 womb 자궁 plausible 그럴듯한 attractive 매력적인 false 잘못된 original 원래의 merely 단지 tissue 조직 facial feature 얼굴의 모양 respiratory 호흡(기관)의 organ 장기, 기관 mammal 포유동물 cold-blooded 냉혈의

a 먹통이었던 전화는 몇 시간 뒤에 수리됐다. b 수상은 오후 12시 10분에 암살되었다. c 스페인어는 전 세계 수많은 나라에서 쓰이고 있다. l 루즈벨트는 4선 대통령이었다. d 그들은 사업체가 예기치 않게 많은 고객을 얻은 탓에 해고당했다. e 마감 직전에 그는 익명의 제보를 통해 중대한 정보를 입수했다. l 사냥은 관리자 승인하에서만 허용된다.

211

비교급이 쓰인 절이 반복되는 형태인 「the + 형용사/부사 비교급 ~, the + 형용사/부사 비교급 ~」은 '~할수록…하다'라는 의미의 '비례 관계'를 나타내는 표현입니다. '어떤 일의 정도가 더하여 감에 따라 다른 일의 정도가 그에 비례하여 더하거나 덜하여 감을 나타내는 말'을 뜻하는 우리말의 '-ㄹ수록'이 이 형태와 의미에 딱 들어맞죠. 쉼표 앞뒤 구조가 비례 관계를 나타내는데, 쉼표 앞은 '원인', 쉼표 뒤는 '결과'에 가깝습니다. 이때 각 절의 「주어 + 동사」는 비교급 뒤에 등장한다는 데 주의하세요.

비례 관계가 보이면 해석이 필요 없다

a **The more power** you have, **the more responsibility** you have.
형용사 비교급(한정적 용법)

b **The more famous** you become, **the more vigilant** you should be.
형용사 비교급(서술적 용법)

c **The more quickly** you finish this job, **the sooner** you can leave.
부사 비교급

d **The more** you worry, **the more problems** you will have.
부사   형용사

The older he grew, **the more intimately** he came to know his father.
형용사   부사

형용사   부사
The more questions were asked, **the more** it became clear that something didn't add up.

Let's NOT forget!

비례 관계 비교급에서 형용사 비교급이 주어를 보충 설명하는 주격 보어로 쓰였다면 be동사를 생략할 수 있습니다. 문맥상 의미가 명백할 때는 비교급 다음에 나오는 말을 생략할 수도 있죠. 두 번째 비교급절에서는 주어와 동사의 자리를 바꿔 주어를 강조하는 '도치' 형태가 등장하기도 합니다.

The higher the building (is), the stronger its foundation (is).
주격 보어   주격 보어
건물이 높으면 높을수록 기초가 더 튼튼한 법이다.

The more (things) you give, the more (things) you get.
형용사 수식 명사 생략
더 많이 베풀수록 더 많이 얻을 것이다.

The higher you get, the better is the view.
도치
높이 올라가면 갈수록 더 나은 경관을 볼 수 있다.

Inescapable

What is the most valuable object you have in your room? Is it your smartphone? Or is it your piano? What would you say if I told you it is your old second-hand Barbie doll your aunt used to play with and gave you when you were a child? It may sound like a joke, but it is undoubtedly possible. An antique Barbie doll is highly valued for its scarcity, and collectors will pay quite a lot of money for it, some would say quite out of proportion to its **a**_____ value. Actually, determining the fair market value of a vintage Barbie doll is not an easy thing because there is no set standard for calculating it. However, the pricing structure ensures that those in possession of a rarer barbie model can demand a greater amount of money, meaning that **b**_____ the Barbie doll is and better condition it is in, the more potential it has to make money. For example, a well-kept Barbie doll from 1959 sold for $3,552 on eBay in 2004. Two years later, her price went up to $17,000 at an auction in London. Do you know what the original price was when it was on the display stand? It was $3.

a에 가장 알맞은 어휘를 고르세요.

1 superficial
2 elemental
3 intrinsic
4 magical

b에 가장 알맞은 표현을 고르세요.

1 the sooner
2 the more common
3 the older
4 the more familiar

second-hand 중고의
undoubtedly 의심할 여지없이
antique 골동품인 scarcity
부족 collector 수집가 out of
proportion to ~에 비해 너무 큰
determine 결정하다 fair 공정한
market value 시장 가치 vintage
유서 깊은, 전통 있는 calculate
계산하다 pricing structure 가격
구조 ensure 반드시 ~하게 하다
potential 가능성, 잠재력
well-kept 잘 간수한 auction 경매
display stand 진열대

a 권한이 커질수록 책임감도 커진다. **b** 유명해질수록 더 정신을 바짝 차려야 해. **c** 이 업무를 빨리 끝낼수록 퇴근도 빨리할 수 있어. **d** 걱정하면 할수록 문제는 더 생겨날 거야. **l** 그는 나이를 먹을수록 아버지를 더 깊이 알게 됐다. **l** 질문을 하면 할수록 앞뒤가 안 맞는다는 게 분명해졌다.

213

부사절을 짧게 줄인 분사구문은 주로 '동시 상황'을 나타내는데요, 문어체에서는 이 분사구문을 더 짧게 줄인 형태인 'with 구문'을 쓰기도 합니다. with에는 원래 '~하면서, ~인[한] 채로'라는 뜻이 있어 「with + 명사(목적어)」 뒤에 명사를 보충 설명하는 보어를 붙이면 분사구문보다 더 간결하게 동시 상황을 나타낼 수 있기 때문이죠. 「with + 목적어 + 보어」 형태는 '~한 채, ~하고서'로 해석하는데요, 보어 자리에 형용사/부사(구)/to부정사/분사 등 다양한 형태가 올 수 있다는 데 주의해야 합니다.

Pattern 93

분사구문을 닮은 with 구문을 알면 해석이 필요 없다

a Don't use the air conditioner **with the windows open**.

with + 목적어 + 형용사

b Most people can't sleep **with the lights on**.

with + 목적어 + 부사

He was standing **with his back against the wall**.

with + 목적어 + 부사구

c It was hard to find time to eat **with so many patients to take care of**.

with + 목적어 + to부정사

d She walked around the neighborhood **with her dog following her**.

with + 목적어 + 분사

Let's NOT forget!

보어의 현재분사형(-ing)과 과거분사형(-ed)은 의미가 어떻게 다를까요? 보어의 미묘한 뉘앙스는 with의 목적어인 '의미상 주어'와의 관계에 따라 달라집니다. 의미상 주어의 능동적인 동작을 나타낸다면 현재분사를, 수동적인 동작을 나타낸다면 과거분사를 쓰죠.

The survivor was lying motionless with his eyes blinking for minutes.

의미상 주어　　현재분사

조난자는 눈을 깜빡인 채 수분 간 미동도 없이 누워 있었다.

The young coach was smiling confidently with his arms crossed.

의미상 주어　과거분사

그 젊은 코치는 팔짱을 낀 채 확신에 가득 찬 미소를 짓고 있었다.

Inescapable

Many people believe that the government should have authority and responsibility over individuals' lives when the individuals are not capable of taking care of themselves. With the taxes **a**_____ on the public, the government should be able to operate necessary institutions and provide the required programs, many of which would not exist in a purely market-based system. But to what extent should the government involve itself in the lives of individuals? Hasn't government intervention gone too far if government bureaucrats are allowed to overrule parents about how their children should eat? While most of us agree that the **b**_____ motive only goes so far in creating a well-functioning society, so government intervention does have some role, an excessive level of government-controlled services can have a negative effect upon its citizens. The more control that a government has over its people, the less freedom and responsibility individuals have, which, in turn, can lead to a demoralized society where nonsensical regulations and unsound public policies are frequently implemented against people in lethargic silence.

a에 가장 알맞은 형태를 고르세요.

1 levied
2 levying
3 levy
4 to levy

b에 가장 알맞은 어휘를 고르세요.

1 charity
2 tax
3 profit
4 price

authority 권한 responsibility 책임 tax 세금 levy 징수하다 operate 운용하다 institution 기관 purely 순전히 extent 정도 involve 연루시키다 intervention 조정, 중재 go too far 도를 넘다 bureaucrat 관료 overrule 지배하다, 좌우하다 motive 동기 well-functioning 잘 작동하는 in turn 결국 demoralized 사기가 저하된 nonsensical 무의미한, 터무니 없는 regulation 규제 unsound 건강하지 않은 public policy 공공 정책 implement 시행하다 lethargic 무기력한

a 창문을 연 상태에서 에어컨을 틀면 안 돼요. **b** 대다수 사람들은 불을 켜둔 상태에서 잠을 자지 못한다. **l** 그는 벽에 등을 기댄 채 서 있었다. **c** 돌볼 환자가 너무 많을 때는 밥 먹을 짬을 내기도 어려웠다. **d** 그녀는 자신의 꽁무니를 졸졸 쫓아다니는 반려견을 데리고 동네를 거닐었다.

215

94

분사구문은 종속절과 주절의 주어가 같을 때 종속절의 「접속사+주어」를 생략하고 동사를 분사(-ing/-ed)로 바꾼 구문을 말하죠? 그럼 종속절과 주절의 주어가 다를 땐 어떻게 분사구문을 만드냐고요? 그럴 땐 종속절의 주어를 그대로 두는데, 이렇게 분사가 독립적으로 주어를 갖는 구문을 '독립분사구문'이라고 합니다. 종속절의 주어가 we/you/they/people 등의 '막연한 일반인'일 때도 주어를 생략하는데, 이를 '비인칭[무인칭] 분사'라고 하죠. 비인칭 분사구문은 숙어처럼 쓰이고 주로 '양보, 조건'을 나타냅니다.

분사구문의 주체를 알면 해석이 필요 없다

a **All going well**, we will get the funding from our members in time.
= If all goes well, we will get the funding from our members in time.

b **All tickets having been taken**, we had to look for other means of transportation.
= Because all tickets had been taken, we had to look for other means of transportation.

c **Generally speaking**, the most miserable people I know are those who are obsessed with themselves.
= If we speak generally, the most miserable people I know are those who are obsessed with themselves.

Let's NOT forget!

There is[are] ~(~이[가] 있다) 형태에서 there는 주어 자리에 있긴 하지만 별다른 의미가 없는 형식적인 주어입니다. 문장의 진짜 주어는 be동사 뒤에 등장하는데요, 여기서 there는 다른 사람의 이목이나 관심을 실제 주어에게로 '이끄는'(소개하는) 말이라고 해서 '유도부사'라고 하죠. there가 분사구문의 첫머리에 나올 때도 있는데, 이때는 '부사'가 아닌 there is[are] ~ 구문의 '형식상 주어'입니다.

<u>There</u> being nothing to revise, he agreed to renew the previous contract.
= Since <u>there</u> was nothing to revise, he agreed to renew the previous contract. 수정할 내용이 전혀 없었기 때문에 그는 이전 계약을 갱신하는 데 동의했다.

Inescapable

More than 800 different languages are spoken on the island of New Guinea. Due to its series of steep-sided mountain ranges and deep valleys, indigenous tribes of the territory have lived in relative isolation from one another, so their languages have not mingled together but have remained distinct throughout history. Visitors to the island cannot fail to notice this unique cultural feature. Travelers going from one place to another encounter a different language in each place they visit. This linguistic diversity, as you can easily imagine, has not always been **a**_____ to the people of New Guinea and their society. It has helped them develop a variety of cultures, but, at the same time, it has hampered them when it comes to conducting business or enforcing the law. For example, in one case, a man from an isolated village was charged with theft but was soon released without a trial. It took almost twelve translators, **b**_____ speaking in turn, in order for the man to understand the government lawyer's opening speech, so the judge thought it would take too long to complete the case.

a에 가장 알맞은 어휘를 고르세요.

1 worthless
2 profitable
3 valueless
4 beneficial

b에 가장 알맞은 어휘를 고르세요.

1 them
2 they
3 each
4 every

steep 가파른 mountain range 산맥 valley 골짜기 indigenous 토착의, 고유의 tribe 부족 territory 지역, 영토 isolation 고립, 격리 mingle 섞이다 distinct 뚜렷이 다른 notice 알아채다 feature 특색 encounter 맞닥뜨리다 linguistic 언어의 diversity 다양성 hamper 지장을 주다 conduct business 사업을 하다 enforce 집행하다 charged with ~로 기소된 release 풀어주다 trial 재판 translator 통역사 judge 판사

a 일이 다 잘 풀리면 기한 내에 회원들로부터 자금 지원을 받을 수 있을 거야. b 표가 다 팔려서 우리는 다른 교통편을 알아봐야 했다. c 대체로 내가 아는 가장 비참한 사람은 자기중심적인 사람들이다.

217

Pattern

95

명사가 따라다니는 what을 알면 해석이 필요 없다

a Jeremy collected **what** <u>information</u> he could find and and put together his own strategies.

= Jeremy was not able to collect all of the information he would like.

b I had to find as much work as I could to support **what** <u>employees</u> he had left.

= He originally had more employees.

(수) what few + 가산명사(적지만 있는 것 모두)

c The fugitive gathered **what few** <u>items</u> he had and left immediately.

= The fugitive gathered all of the few items that he had and left immediately.

(양) what little + 불가산명사(적지만 있는 것 모두)

d I'd like to spend **what little** <u>spare time</u> I have going to the places I didn't visit.

= I'd like to spend the entire small amount of time I have going to the places I didn't visit.

Let's NOT forget!

few/little은 명사로도 쓰입니다. 이때는 '얼마 안 되지만 모두'라는 의미의 명사로 해석하죠.

If you are interested, I will send <u>what few</u> I do have.
관심 있으시면 제가 얼마 안 된 해도 가진 건 다 보내드릴게요.

I did <u>what little</u> I could.
나는 미력이나마 전력을 다했다.

Inescapable

The movie *Schindler's List* was made by the renowned director Steven Spielberg. It tells the story of how Oskar Schindler, a factory manager, saved the lives of many Polish Jews during World War II. Released in 1993, the movie was both a ᵃ_____ and artistic success. It attracted huge audiences from all around the world and won seven Academy Awards, including Best Picture and Best Film Editing. Spielberg also won his first Best Director Award for this movie. Based on true events, the film was particularly praised for its feeling of authenticity. To get as many real stories as possible, Spielberg did an unprecedented number of interviews with ᵇ_____ factory survivors he could find, and he made an effort to shoot the scenes in the locations where the events had actually occurred. Spielberg's own personal background also influenced the realistic nature of the film. He himself is Jewish and suffered the loss of some of his family members during World War II.

a에 가장 알맞은 어휘를 고르세요.

1 commercial
2 individual
3 trading
4 collective

b에 가장 알맞은 표현을 고르세요.

1 little
2 few
3 what little
4 what few

renowned 유명한 Polish Jew 폴란드계 유태인 release 공개[발표]하다 artistic 예술적인 huge 거대한 award 상 praise for ~을 칭찬하다 authenticity 진정성, 성의 unprecedented 전례 없는 survivor 생존자 make an effort 노력하다 shoot 촬영하다 location 장소 influence 영향을 미치다 suffer (고통·질병 등을) 겪다 loss 상실

ᵃ 제레미는 (원하는 만큼은 아니지만) 찾을 수 있는 정보는 죄다 수집해 나름의 전략을 세웠다. ᵇ 나는 (이전처럼 많지는 않지만) 그가 잔류시킨 직원들의 생계를 위해서 할 수 있는 한 모든 일을 찾아야 했다. ᶜ 그 도망자는 얼마 안 되는 소지품을 모두 챙겨서 즉시 떠났다. ᵈ 얼마 안 되는 자투리 시간이나마 가보지 못한 데를 구경하는 데 쓰고 싶어.

「as+형용사+as」는 두 비교 대상의 정도나 수준이 같을 때 쓰는 '원급[동등] 비교'라고 했죠? 그런데 원급 비교구문에는 한 가지 함정이 있습니다. 바로 원급 비교로도 최상급을 나타낼 수 있다는 점이죠. 그럼 원급인지 최상급인지 어떻게 구별하냐고요? 다행히 원급 비교가 최상급을 뜻하는 형태는 정해져 있습니다. 두 번째 as 뒤에 any(어떤 ~이든), ever(지금까지), can(능력이 최대한 미치다)/possible(가능한) 등 '그 어떤 것보다 정도가 큰'이라는 뉘앙스를 풍길 수 있는 말이 이어지면 최상급으로 해석하죠.

원급 비교에서 최상급이 보이면 해석이 필요 없다

a The weather here is **as** <u>pleasant</u> **as any (other) weather** we have encountered in the world.
as+형용사+as any (other)+단수명사(그 어떤 다른 것 못지않게 ~한)

b This homemade solution is **as** <u>effective</u> **as anything**.
as+형용사+as anything(매우[대단히] ~한)

as+형용사+as ever+과거동사(지금껏 … 했던 누구[어떤 것] 못지않게 ~한)
c We are working in **as** <u>challenging an environment</u> **as (has) ever existed** in our 30-year history.

d I apologize for the length, but I wanted to be **as** <u>detailed</u> **as I can**.
as+형용사+as one can(…가 할 수 있는 한[힘닿는 한] ~한)

e My math skills are **as** <u>poor</u> **as (poor) can be**.
as+형용사+as (one) can be(…가 가능한 만큼 ~한)

f Please fill out **as** <u>much</u> information **as possible**.
as+형용사+as possible(가능한 한 ~하게)

Let's NOT forget!

as ~ as 사이에 부사가 들어가는 부사 원급 비교도 「as+부사+as any (other)+단수명사」 (그 어떤 …만큼[못지않게] ~하게), 「as+부사+as one can」(할 수 있는 한 ~ 하게), 「as ~ as possible」(가능한 한 ~ 하게) 형태로 최상급을 표현할 수 있습니다.

The bathroom should be designed as carefully as any (other) part of the house.
욕실은 집안 내부의 다른 곳만큼이나 주의를 기울여 설계해야 한다.

They tried to talk to me as politely as they could.
그들은 최대한 정중하게 나와 대화하려고 애썼다.

They delivered the message as clearly as possible.
그들은 메시지를 최대한 명료하게 전달했다.

Inescapable

Television advertising is the optimal platform for maximizing the reach of a commercial message. With millions of viewers scattered across the nation, it has as much influence as **a**_____ when it comes to getting the word out about a product or service. However, despite their effectiveness, TV commercials are often bypassed by small and mid-sized businesses. These businesses view them as too costly for their advertising budgets and choose other media such as print or radio, even when their potential customers need visual support to actually understand their products. However, the truth is that they need not be so hesitant. A few smart moves could help smaller businesses use the medium cost-effectively, helping them utilize their limited advertising budgets. One such method, for example, is buying commercial slots **b**_____. For certain shows, station sales representatives try to sell their advertising time before the start of a new season to secure revenue. This can give new advertisers a golden opportunity because they can get more favorable ad rates during this time than after the shows go on the air.

a에 가장 알맞은 표현을 고르세요.

1 ever
2 anything
3 another
4 he can

b에 가장 알맞은 표현을 고르세요.

1 in advance
2 ahead of the deadline
3 behind the times
4 straightforwardly

advertising 광고 optimal 최선의, 최상의 platform 플랫폼 maximize 극대화하다 commercial 상업적인 scatter 뿌리다 when it comes to ~에 관한 한 get the word out 말을 퍼트리다 effectiveness 효과 bypass 우회하다 budget 예산, 비용 potential 가능성 있는 visual 시각적인 hesitant 망설이는 medium 매체 cost-effectively 가성비가 높게 utilize 이용하다 slot 자리, 시간대 secure 확보하다 revenue 수익 favorable 호의적인 rate 요금 go on the air 방송을 시작하다

---

a 이곳 날씨는 우리가 다른 어떤 나라에서 접한 날씨 못지않게 쾌적해. b 직접 만든 이 세척액은 매우 효과적입니다. c 우리는 30년 역사상 그 어느 때보다 힘겨운 상황에서 일하고 있습니다. d 길어져서 미안해. 하지만 최대한 자세히 설명하고 싶었어. e 내 수학 실력은 말도 못하게 형편없어. f 최대한 빠짐없이 기입해주시기 바랍니다.

be동사 뒤에 동사원형이 나오면 비문일까요, 아닐까요? be동사와 일반동사가 나란히 나오면 '비문'이라고 배웠을 텐데요, 아닐 때도 있습니다. to부정사에서 to가 생략된 형태인 '원형부정사(동사원형)'가 be동사 뒤에 올 때가 그렇죠. 그럼 언제 to를 생략하냐고요? 일반동사 do가 쓰인 관계절이 명사 all/the only thing/the first thing/the least (thing) 등을 수식하거나 선행사가 포함된 what을 수식할 때, be동사 다음에 주어를 보충 설명하는 보어가 나올 때는 to를 빼고 원형부정사만 씁니다.

Pattern
97

to 없는 to부정사를 찾으면 해석이 필요 없다

a All you have to <u>do</u> **is accept** her apology and move on.
all + 관계절   원형부정사(주격 보어)

b The only thing we can <u>do</u> now **is wait and see what happens**.
the only (thing) + 관계절   원형부정사(주격 보어)

The first thing you should <u>do</u> **is consult** a doctor.
the first (thing) + 관계절   원형부정사(주격 보어)

I feel <u>the least (thing)</u> I can <u>do</u> **is give** them some of my time.
the least (thing) + 관계절   원형부정사(주격 보어)

c What you have to <u>do</u> **is restore** your pride and self-confidence.
관계대명사절   원형부정사(주격 보어)

Let's NOT forget!

두 개의 to부정사를 대등하게 연결할 때는 to를 반복해서 써야 할까요? and/or/rather than/as well as/except/but 등의 접속사로 두 개의 to부정사를 나란히 연결할 때는 뒤에 나오는 to부정사 자리에 to를 뺀 원형부정사만 씁니다.

I want you <u>to take</u> a moment and <u>look</u> beyond your home and family every once in a while. 가끔씩은 짬을 내서 내 가정과 가족이 아닌 주변도 살펴봐주세요.

Do I have <u>to install</u> solar now or <u>wait</u> until the cost goes down?
지금 태양광 시설을 설치해야 할까, 아니면 가격이 떨어질 때까지 기다려야 할까?

I want you <u>to go</u> on a break for some time rather than <u>quit</u>.
그만두기보다는 잠시 쉬는 게 낫겠어.

He wants <u>to help</u> the community as well as <u>run</u> his business.
그는 자기 사업을 하면서 공동체에 보탬이 되고 싶어 한다.

We are allowed <u>to do</u> anything except <u>leave</u> the house.
우리는 집에서 나가는 것 빼곤 다 할 수 있어.

I can promise <u>to do</u> anything but <u>lay off</u> my employees.
직원 해고만 아니라면 뭐든 하겠다고 약속할게요.

Inescapable

TV debates are a very important part of election campaigns for today's political candidates. By enabling them to reach audiences they otherwise couldn't and to highlight the differences in their proposed policies without the media distorting their ideas, this comparatively new political process significantly affects the developments and outcomes of elections. Then what should the candidates do to prepare for such an important event? Before the age of television, when all election debates were available only on the radio, all they had to do was thoroughly ª＿＿＿＿＿ their side of the argument. It was the candidates' knowledge of issues and sharp speeches that swayed the opinions of radio listeners. However, things are different in today's world of televised debates. Television viewers focus not just on what is said but also on the candidates' style, on-camera presence, and overall physical form. For this reason, the candidates have to be prepared both in terms of the issues and their ᵇ＿＿＿＿＿, much like reality TV contestants getting ready for a live final show.

a에 가장 알맞은 형태를 고르세요.

1　researching
2　research
3　to research
4　researched

b에 가장 알맞은 어휘를 고르세요.

1　introduction
2　appearance
3　emotions
4　controversy

debate 토론, 논쟁 election campaign 선거 운동 political 정치의 candidate 후보자 highlight 강조하다 policy 정책 distort 왜곡하다 comparatively 비교적 significantly 상당히 outcome 결과 thoroughly 철저하게 argument 주장, 논쟁 sharp 예리한 sway 흔들다 on-camera 카메라가 비치는 곳[의] overall 전체의 physical 신체의 contestant 참가자 get ready for ~에 대비하다

a 당신이 해야 할 일이라곤 그녀의 사과를 받고 잊어버리는 거예요. **b** 우리는 지금 무슨 일이 일어날지 지켜보는 수밖엔 없어. | 가장 급한 일은 의사와 상담하는 거예요. | 할 수 있는 일이라곤 고작해야 제 시간을 내드리는 게 다군요. **c** 자부심과 자존감을 회복하는 게 네가 해야 할 일이야.

영문을 읽을 때는 사소한 문장 부호도 소홀히 하지 말고 눈여겨봐야 합니다. 미묘한 뉘앙스를 전달하는 데는 문장 부호가 열 마디 말보다 더 효과적이기 때문이죠. 그중 하나인 세미콜론(;)은 우리말에서는 거의 쓰이지 않지만 영어에서는 쓰임새가 다양한데요, 우선 등위접속사처럼 밀접하게 관련된 두 독립절의 논리적 관계를 나타낼 때 자주 쓰입니다. 등위접속사와 역할이 중복되니 함께 쓸 순 없지만 접속부사와는 함께 쓸 수 있죠. 쉼표(,)로 나열된 여러 단어들이 각각 구의 수식을 받을 때도 세미콜론으로 분리합니다.

Pattern
98

영문에 자주 등장하는 세미콜론을 알면 해석이 필요 없다

a You can't drive fast where I live; the roads are too winding.
> 등위접속사(and/but/or/not/for...) 대체

b The lecturer explained why social media is a waste of time; he posted the lecture on Facebook.
> 유머/아이러니 효과

c We want to hear every opinion about the problem; <u>however</u>, the solution should not be short-term.
> 접속부사와 함께 쓰여 접속사 역할

d Fifty professors attended the meeting, including Walt Whitman, Professor of Education ; Ronald Pepin, Professor of English; and Jeannine Garcia, Professor of Nursing.
> 쉼표(,)로 나열된 목록의 단어들이 각각 구의 수식을 받을 때 분리

Let's NOT forget!

세미콜론과 헷갈리는 문장 부호가 바로 콜론(:)입니다. 생김새가 비슷해서인지 쓰임새도 혼동할 때가 많은데요, 콜론은 주로 다음과 같은 역할을 합니다.

언급한 내용을 구체적으로 열거
We will discuss the following Scandinavian countries: Denmark, Norway, and Sweden. 다음과 같은 북유럽 국가, 이를테면 덴마크, 노르웨이, 스웨덴에 관해 논의할 것입니다.

인용구, 예시 등을 제시
Albert Einstein once stated the following: "Only a life lived in service to others is worth living."
알베르트 아인슈타인은 이렇게 말한 바 있다. "타인에게 봉사하며 사는 삶만이 가치 있는 삶이다."

뒤의 독립절이 앞의 독립절을 부연 설명
The union agreed on the following way of working: each worker may work overtime only for a maximum of 100 hours a year.
노조는 다음 근무 방식에 합의했다. 각 근로자는 연간 최대 100시간까지 초과근무를 할 수 있다.

Inescapable

Surprisingly, the highest spot on our planet isn't Mt. Everest, as many would believe[a]; that honor belongs to the volcano called Chimborazo in Ecuador. Do you know why? While the earth is constantly spinning, the combined effects of gravity and rotational centrifugal force cause it to be thicker at the equator than at the poles. Therefore, the earth bulges out around the middle, much like a water balloon would if you placed it on the floor and pressed on the top. This explains why this volcano in the Andes is taller than the legendary mountain of the Himalayas. Given the same elevation, any mountain located on that part of the world, near the equator, is already standing "higher" than others that aren't on the bulge. Therefore, if we take the equatorial bulge into account — in other words, if we measure a straight line from the summit down to the center of the earth — Chimborazo has an inherent advantage and protrudes farther into the atmosphere than Mt. Everest does. Chimborazo is not the highest mountain by elevation above sea level, but its [b]_____ makes it the highest mountain above Earth's center.

a에 세미콜론을 쓴 이유를 고르세요.

1 등위접속사 대체
2 아이러니 효과
3 접속부사의 접속사 역할 보완
4 목록 나열

b에 가장 알맞은 어휘를 고르세요.

1 formation
2 neighborhood
3 location
4 direction

spot 곳, 장소 honor 명예 belong to ~의 소유이다 constantly 끊임없이 spin 돌다 combined 결합된 gravity 중력 rotational 회전의 centrifugal force 원심력 thick 두꺼운 equator 적도 bulge 불룩하다; 불룩한 것 legendary 전설의 given ~을 고려해볼 때 elevation 고도 take into account ~을 고려하다 equatorial 적도의 measure 측정하다 summit 정상, 정점 inherent 내재하는 advantage 이점 atmosphere 대기 sea level 해수면

a 내가 사는 데서는 과속하면 안돼. 도로가 너무 구불구불하거든. b 그 강연자는 소셜 미디어가 시간 낭비인 이유를 설명했다. 그러고선 그 강의를 페이스북에 올렸다. c 우리는 그 문제에 대한 의견을 하나하나 듣고 싶습니다. 단, 근시안적인 해결책은 안 됩니다. d 교육학과 교수인 월트 휘트먼, 영어학과 교수인 로날드 페핀, 그리고 간호학과 교수인 재닌 가르시아를 비롯한 50명의 교수가 그 회의에 참여했다.

영문을 읽다 보면 관계대명사 who(주격)/whom(목적격) 앞에 선행사가 사라진 문장이 자주 나오는데요, 그래서 비문으로 잘못 읽는 경우가 제법 있습니다. 이렇게 선행사가 안 보인다 싶으면 이 두 관계사가 관계대명사 what처럼 선행사가 포함된 명사절을 이끄는 용법으로 쓰인 건 아닌지 확인해보세요. 여기서 관계사에 포함돼 있는 '숨은 선행사'는 the person을 가리키는데요, 이렇게 선행사 없이 who(m)으로 시작하는 관계사절이 보인다면 the person을 넣어 '~한 사람(명사)'으로 해석하면 됩니다.

Pattern

99

선행사를 품은 who(m)를 알면 해석이 필요 없다

a I didn't vote for him as I knew that he was not **who** he said he was.

= the person who

b They allow you to choose **whom** you want to work with.

= the person whom

Let's NOT forget!

선행사를 포함한 관계대명사 who(m)가 쓰인 관계대명사절이 사람의 '성격'이나 '특징'을 나타낸다면 what으로 바꿔 쓸 수 있습니다.

He was not <u>what</u> you would call a normal guy.
그는 평범한 사내라 할 만한 사람이 아니었다.

They just realized that she was not <u>what</u> they had expected.
그들은 그녀가 자신들의 예상을 벗어난 사람임을 알게 됐다.

Inescapable

Why do people become criminals? According to sociological theories of crime, many people become criminals because of their upbringing and education. If a person grows up in a family or neighborhood where he or she absorbs beliefs that are favorable to crime, that person is more likely to give in to temptation and to commit an illegal act. The old saying, "You are ª＿＿＿＿＿ you hang around with," also plays a role here. If an individual associates with the wrong crowd and gets involved in the wrong activities, that person assimilates to his or her peers' lifestyle and may develop a motivation to commit crime. Another important factor the theories refer to is social strain or stress. For example, modern society tends to prioritize wealth and dictate that everyone should make great effort to obtain it. Yet not all people have the same opportunities or abilities. This ᵇ＿＿＿＿＿ leads to a sense of injustice and inclines some to resort to methods of gaining wealth that fall outside the legal boundaries.

a에 가장 알맞은 관계사를 고르세요.

1 whichever
2 where
3 whom
4 whenever

b에 가장 알맞은 어휘를 고르세요.

1 otherness
2 discrepancy
3 switch
4 inconsistency

criminal 범인, 범죄자
sociological 사회학(상)의
upbringing 양육, 훈육 absorb
흡수하다 favorable 호의적인
give in to ~에 굴복하다
temptation 유혹 commit
저지르다 associate with ~와
어울리다 wrong crowd 나쁜 무리
assimilate 동화되다 peer 또래
motivation 동기 strain 중압,
부담 prioritize 우선적으로 여기다
dictate 지시[명령]하다 incline
마음이 기울다, 경향이 있다 resort to
~에 의지하다 gain 얻다 fall outside
~의 범위 밖에 있다 boundary 경계

ª 그 사람이 하는 말과 본모습이 다르다는 걸 알고 있었기 때문에 나는 그에게 투표하지 않았다. ᵇ 그들은 함께 일하고 싶은 사람을 택할 수 있게 해줍니다.

Pattern

100

주격 관계대명사 바로 뒤에 be동사가 오면 「주격 관계대명사+be동사」가 아예 생략될 수도 있다고 했는데요, 주격 관계대명사만 사라질 때도 있습니다. 주격 관계대명사가 관계절의 be동사 뒤에 나오는 보어일 때, there is[are]~가 이끄는 종속절의 진짜 주어일 때, 복문인 관계사절에서 종속절의 주어일 때가 그렇죠. 이 복문의 주절은 사실상 삽입절이기 때문에 결국 삽입절이 있는 복문일 때 주격 관계대명사를 생략할 수 있습니다. 이때 주절 동사의 목적어(that절)를 나타내는 접속사 that은 반드시 생략되죠.

사라진 주격 관계대명사를 찾으면 해석이 필요 없다

a What about letting the space be the meeting place **(that)** it once was?

that = be동사(was)의 보어

that = there is[are] ~의 주어

b We discussed the difference **(that)** <u>there is</u> between an entrepreneur and a businessperson.

c I had sleep disturbance **(which)** I thought <u>was made worse by my swift work</u>.

which = 복문 안의 종속절 주어

Let's NOT forget!

동요의 가사나 고전문학 등에서는 「there[here] is ~」, 'it 강조구문' 형태에서 주격 관계대명사가 생략되기도 하는데요, 현대 표준영어에서는 쓰지 않는 옛말 투죠.

There was a farmer (<u>who</u>) had a dog.
개를 기르던 농부가 있었어요. (동요 「Bingo」 가사 중)

It was papa (<u>who</u>) made me leave. I am a boy and I must obey him.
내가 떠난 건 아빠 때문이었어요. 저는 어린애니까 아빠 말에는 무조건 따라야 해요. (「노인과 바다」 중)

Inescapable

A genius is generally thought to be a person who is extremely intelligent or creative. We crown those who are exceptionally clever at math or science or brilliantly imaginative at writing or music with that glamorous title. But are they really all geniuses? If so, a genius would be a common thing because there would be a massive list of them. Who really is a genius? What are the true criteria? [a]Though the exact definition of a genius is rather difficult to pin down, a true genius (①) could be defined (②) as someone (③) most people agree (④) not only exhibits a high level of mental ability but also breaks new ground with his or her discoveries, inventions, or works of art. That is, if a person is to be called a genius, that person must expand the boundaries of human wisdom and, at the same time, create something so monumental that it changes [b]_____. An example of this is Thomas Edison, who invented the light bulb. His intelligence and originality in the field of science were extraordinary, and his inventions created a paradigm shift in human society.

a에서 주격관계대명사가 생략된 곳을 고르세요.

1 ①
2 ②
3 ③
4 ④

b에 가장 알맞은 표현을 고르세요.

1 the place people live in
2 the reason people fail
3 the way people live
4 the way people communicate

genius 천재 extremely 극도로 crown 영예를 지니게 하다 exceptionally 유난히, 특별히 brilliantly 뛰어나게 imaginative 창의적인 glamorous 화려한 massive 거대한 criteria 기준(sg. criterion) definition 정의 pin down ~을 정확히 밝히다 exhibit 보이다 break new ground 신기원을 이루다 invention 발명 boundary 경계, 한계 monumental 기념비적인 light bulb 백열전구 originality 독창성 extraordinary 기이한 paradigm shift 패러다임[인식]의 전환

[a] 그 공간을 예전처럼 회의 장소로 만드는 건 어때? [b] 우리는 기업가와 사업가의 차이에 대해 논의했다. [c] 나는 교대 근무 때문에 악화됐다고 생각한 수면 장애에 시달렸다.

It ~ that ... 강조구문에서 강조하고 싶은 말은 It과 that 사이에 둔다고 했죠? 강조하는 대상이 무엇이냐에 따라 접속사 that 대신 관계사를 써도 되는데요, 가령 강조하는 대상이 사람이면 who(m), 사물이면 which, 시간이면 when, 장소면 where을 쓰죠. 관계사를 썼다고 해서 강조 대상을 수식하는 형용사처럼 해석할 필요는 없습니다. 강조하는 말과 that[who(m)/which/when/where] 이하의 내용은 '~한 것[사람]은 다름 아닌 ... 인'이라는 의미로, 강조되는 말을 보충 설명하는 '강조어-보어' 관계로 해석하죠.

Pattern 101

강조어가 결정하는 관계사를 알면 해석이 필요 없다

a It is <u>you</u> **who** should pay the consequences and go to jail.
　　사람(주어)

It is the <u>patient</u> **whom** we treat, not the disease.
　　　사람(목적어)

b It is <u>a fresh coat of paint</u> **which** has made all the difference for the old house.
　　　사물(주어)

c It was <u>this afternoon</u> **when** I saw lightening pierce the sky.
　　　시간(부사)

d It was <u>at the gate</u> **where** the thief was caught surrounded by a group of local people.
　　　장소(부사)

Let's NOT forget!

It ~ that ... 강조구문을 의문문으로 바꿀 때도 that 대신 관계사를 쓸 수 있습니다.

Was it you <u>who</u> sent him the messages and pictures?
그 메시지랑 사진을 보낸 사람이 너였니?(일반 의문문)

What is it <u>which</u> makes a story interesting?
이야기를 흥미롭게 만드는 요소는 무엇인가?(의문사 의문문)

Inescapable

At one time, the fixation with the number 13 ran deep in our lives. Associated with bad luck, it was rarely used in our buildings, streets, or avenues. Friday the 13th was hardly ever marked on our calendars for marrying, travelling, or in the most severe cases, even working. But why was it such a dreaded number? Some theories have been put forward about the origin, though no one can say for sure when and why we first associated the number with **a**_____. One of them is related to the primitive number system of early humans. According to this theory, our ancestors could count only to the number 12, with their 10 fingers and 2 feet representing one unit each. Therefore, the number 13 was believed to be cursed, representing unknown territory. Another popular theory is related to the gallows steps. It is traditionally said that the number of steps leading up to a gallows was typically thirteen. And lastly, there is a story concerning Jesus's Last Supper. The legend says it was Judas, the apostle that betrayed Jesus, **b**who arrived as the 13th member of the party and sat at the 13th place at the table.

a에 가장 알맞은 어휘를 고르세요.

1 disaster
2 misfortune
3 casualty
4 loss

b와 쓰임새가 같은 것을 고르세요.

1 There is a person <u>who</u> wants to work with you.
2 My brother <u>who</u> lives in New York just bought a new house.
3 A politician is a person <u>who</u> is active in politics.
4 It was my sister <u>who</u> picked up the phone.

fixation 집착, 고정 run deep 깊다 associate with ~와 관련시키다 rarely 좀처럼 ~하지 않는 avenue 대로, ~가 dreaded 두려운 for sure 확실히 misfortune 불운 primitive 원시의 ancestor 조상 represent 나타내다, 상징하다 unit 단위 cursed 저주받은 unknown 알려지지 않은 territory 지역, 영토 gallows 교수대 It is traditionally said that 속설에 따르면 ~라고 하다 lead up to ~에 이르다 typically 보통 concerning ~와 관련된 apostle 사도 betray 배신하다

a 결과에 대한 대가를 치르고 감옥에 가야 할 사람은 바로 너야. | 우리가 치료하는 건 환자지 병이 아니라고. b 그 낡은 집을 탈바꿈시킨 건 갓 칠한 페인트야. c 번개가 하늘을 가르는 모습을 본 건 바로 오늘 오후였다. d 그 도둑이 일단의 주민들에 포위돼 붙들린 건 바로 그 대문에서였다.

102

가정법, 하면 if절부터 떠올리는 경우가 많은데요, 사실 가정법은 '가정'을 의미하는 '동사의 형태'에 관한 법칙이기 때문에 'if절을 쓴 가정 표현'뿐만 아니라 다양한 형태의 표현에서 등장할 수 있습니다. 쉽게 말해 if 조건절이 없어도 얼마든지 '가상의 상황'을 표현할 수 있죠. 가령 as if[though] 부사절에서 접속사 as if[though] 뒤에 있는 그대로의 사실을 나타내는 '직설법'이 나오면 '~처럼'이라는 의미의 '비유'를 뜻하지만 '가정법 동사'가 나오면 일어나지 않은 일을 상상해보는 '가상 상황'을 나타냅니다.

직유법을 닮은 가정법을 알면 해석이 필요 없다

a The writer <u>talks</u> **as if** he **were** a character in one of his novels.
　　　　　　　as if + 가정법 과거(주어 + 동사의 과거형)

She <u>talks</u> **as if** she **had been** to the Arctic herself.
　　　as if + 가정법 과거완료(주어 + had p.p)

b It <u>seems</u> **as if** we **are living** under a constant flood of news and information.
　　　　　　as if + 직설법(주어 + 동사의 현재형)

He <u>talked</u> **as if** he **was leaving** a video message.
　　　　　as if + 직설법(주어 + 동사의 과거형)

It <u>looked</u> **as if** she **had signed** the contract before her lawyer arrived.
　　as if + 직설법(주어 + had p.p.)

Let's NOT forget!

as if 뒤에 이어지는 가정법에는 원래 완전한 절이 오지만 문맥상 의미가 명백하다면 「주어 + be동사」를 생략하기도 합니다.

Please explain it slowly and clearly **as if** <u>(you were)</u> speaking to a child.
어린아이한테 말하듯이 천천히 명료하게 설명해주세요.

Inescapable

The baobab is one of the most beloved trees in the African savannah regions. In the dry season, it can be easily recognized by its **a**_____ shape. It has an enormous trunk but scrawny branches and twigs, so when all of the leaves have fallen, it looks like as if it has been picked out of the ground and planted upside-down with its roots sticking up into the air. However, what makes this species of tree so adorable is not its noticeable appearance but its incredible usefulness. As if it **b**_____ naturally born to be named 'Tree of Life,' the baobab provides enormous benefits to the community that surrounds it, with every part of it used in some way or another. In fact, the baobab's trunk, bark, leaves, and fruit are all used for human consumption. The sizeable trunk stores thousands of liters of water for use during the dry season, the fire-resistant bark provides cloth and rope, and the leaves are used for condiments and medicines. Furthermore, its fruit is rich in vitamins C and A and is said to have twice the amount of calcium of milk, so it has long been hailed by Africans as a good source of nutrition.

a에 가장 알맞은 어휘를 고르세요.

1 typical
2 ordinary
3 distinctive
4 familiar

b에 가장 알맞은 형태를 고르세요.

1 is
2 were
3 has been
4 will be

beloved 총애 받는 region 지방, 지역 recognize 알아보다 enormous 거대한 scrawny 뼈만 앙상한 branch 나뭇가지 twig 잔가지 upside-down 거꾸로 stick up 튀어나오다 into the air 공중으로 species 종 adorable 사랑스러운 noticeable 현저한 bark 나무껍질 consumption 소비 sizable 상당한 크기의 store 저장하다 fire-resistant 내화성의 cloth 천 condiment 조미료 calcium 칼슘 hail 환영하다 nutrition 영양

---

a 그 작가는 자신의 소설 속에 나오는 인물이나 된 듯이 말한다. | 그녀는 자기가 북극에 직접 가보기라도 한 듯이 말한다. **b** 우리는 끝없는 뉴스와 정보의 홍수 속에 살고 있는 듯하다. | 그는 영상 메시지를 남기고 있는 것처럼 말했다. | 그녀는 변호사가 도착하기 전에 계약서에 서명한 것 같았다.

가정법의 핵심이 접속사 if가 아니라 '동사의 형태'라면 굳이 if를 쓰지 않고 동사만으로도 얼마든 가정법을 나타낼 수 있지 않냐고요? 맞습니다. 원어민들은 의미만 정확히 전달할 수 있다면 군더더기 표현은 빼고 가급적 간결하게 표현하는 걸 선호하죠. 그런데 이때한 가지 주의해야 할 점이 있습니다. if를 생략할 경우 '가정법 동사'라는 걸 강조하기 위해 주어와 동사[조동사]의 자리가 바뀌기 때문이죠. 접속사 if가 안 보이는데 가정법 동사 형태가 쓰인 데다 어순까지 바뀌었다면 가정법 표현은 아닌지 꼭 확인해보세요!

Pattern
103

어순이 뒤집힌 가정법을 알면 해석이 필요 없다

a **Were I the school counselor**, I certainly would get the kids to play more outside.
가정법 과거(Were + 주어 + 보어)

Had I to choose a priority target for our aid, it would be children.
가정법 과거(Had + 주어 + to부정사)

b **Had I not taken her advice on writing**, my work would have been very different.
가정법 과거완료(Had + 주어 + p.p.)

c **Were I to become a coach**, I wouldn't sacrifice the whole team for one star player.
Were + 주어 + to부정사

Should + 주어 + 동사원형
Should you come across him again, would you tell him we are still waiting for his answer?

Let's NOT forget!

가정법 과거 문장에서 if절에 일반동사가 쓰이면 if를 생략하지도 않고, 도치가 일어나지도 않습니다. 주어와 동사가 도치되려면 조동사 did를 써야 하는데, 그러면 문장이 간결해지지도 않는 데다 형태도 의문문과 비슷해져 헷갈릴 수 있기 때문이죠.

If I had all the money in the world, I would support research for every disease.
내가 온 세상의 돈을 갖고 있다면 모든 질병에 관한 연구를 지원할 텐데.
cf. Did I have all the money in the world, I would support research for every disease.

Inescapable

Men play an important role in cheerleading. Though often downplayed, they make up a sizable portion of the seemingly female-dominated sport and are crucial to the success of a routine. Perhaps most importantly, male cheerleaders make sure their female teammates don't get injured or hurt while doing acrobatics. Cheerleading is a dangerous sport with all of the flips, twirls, and throws, and men act as safety nets for their female teammates in the air. There is another interesting thing to bear in mind that reveals the importance of men in the sport, which is the fact that this competitive sport was started by ᵃ_____ for men. Back in 1898, University of Minnesota student Johnny Campbell decided that his football team needed some extra encouragement and began cheering for them, and that was the origin of this colorful gymnastic sport. ᵇ_____ the outbreak of World War I, men would have kept the spotlight for themselves. It was during this time when men were leaving the country to fight overseas that women began to dominate the sport and gradually took it over.

a에 가장 알맞은 어휘를 고르세요.

1 football players
2 men
3 women
4 cheerleaders

b에 가장 알맞은 형태를 고르세요.

1 Were it to be caused by
2 Should it be caused by
3 Were it not for
4 Had it not been for

downplay 경시하다 make up ~을 이루다 sizable 상당한 크기의 portion 부분 seemingly 외견상 dominate 지배하다 crucial 중대한 routine 일상(적인 일) get injured 부상을 입다 acrobatics 곡예 flip 공중제비 twirl 회전 throw 던지기 bear in mind ~을 명심하다 reveal 드러내다 competitive 경쟁적인 extra 추가적인 encouragement 격려 colorful 다채로운 gymnastic 체조의 outbreak 발발 spotlight 스포트라이트, 주목 gradually 점차적으로 take over 장악하다

ᵃ 내가 상담교사라면 분명 아이들한테 밖에 나가서 놀라고 할 텐데. | 나보고 우선 지원 대상을 고르라면 아동 원조가 1순위일 거야. ᵇ 그녀의 작문 요령을 귀담아 듣지 않았다면 내 글은 아주 딴판이었을 거야. ᶜ 내가 코치가 되면 스타 선수 한 명을 위해 팀 전체를 희생시키는 일은 없을 거야. | 혹시 그를 다시 볼 일이 있으면 우리가 여태 답변을 기다리는 중이라고 전해주시겠어요?

Pattern

104

전치사구에 숨은 가정법을 알면 해석이 필요 없다

a **But for** the blood of our forefathers, life in freedom <u>would</u> be only a dream.
= If It were not for ~ (~이 아니라면)

But for your support, I <u>would have failed</u> in my research endeavors.
= If it had not been for ~ (~이 아니었더라면)

= If It were not for ~ (~이 없다면)
b **Without** plants and animals, a large portion of basic scientific research <u>would</u> be impossible.

Without the medicine, I <u>would have suffered</u> much longer.
= If it had not been for ~ (~이 없었더라면)

Let's NOT forget!

but for을 but that으로 바꿔 써도 됩니다. 이때 but that절은 직설법(현재)으로 표현하는데요, 의미상 부정의 뜻이 이미 포함돼 있기 때문에 부정어 not은 생략합니다.

<u>But that</u> he <u>has</u> the right skills, he would not be working here.
　　　　　　직설법
= If he didn't have the right skills, he would not be working here.
그가 적합한 기술을 보유하지 않았더라면 여기서 일하진 못했을 거야.

<u>But that</u> we <u>had to</u> go away, we would have built them more schools.
　　　　　　직설법
= If we hadn't had to go away, we would have built them more schools.
우리가 떠나야 하는 상황이 아니었더라면 그들을 위해 학교를 더 많이 지어줄 수 있었을 거야.

Inescapable

The introduction of penicillin, once called a "miracle drug," ushered in a new age of medicine. Doctors finally had a tool that could completely cure their patients of deadly infectious diseases such as blood poisoning or pneumonia. But did you know penicillin would never have found its use as an antibiotic **a**_____ the carelessness of a few scientists? In fact, we owe its discovery to the inadvertent opening of a plate in a science lab in London while the lab's scientists were on vacation. While they were away, mold landed on the culture plate, killing the bacteria they had been growing on it. The mold simply remained there, waiting for the careless lab technicians to return from their vacation and discover the marvelous accident which changed the world. Indeed, had it not been for the scientists' **b**_____ of not sealing the samples before departing for vacation, we may never have found the natural antibiotic that has saved so many lives.

a에 가장 알맞은 표현을 고르세요.

1 but that
2 but for
3 were it not for
4 without for

b에 가장 알맞은 어휘를 고르세요.

1 waiting
2 discovery
3 trip
4 blunder

introduction 도입 penicillin 페니실린 usher in ~이 시작[도입]되게 하다 cure 낫게 하다 deadly 치명적인 infectious 전염되는 blood poisoning 패혈증 pneumonia 폐렴 antibiotic 항생제 carelessness 부주의 owe ~ 덕분이다 inadvertent 고의가 아닌, 우연한 mold 곰팡이 land 내려앉다 culture plate 배양 접시 technician 기술자 marvelous 믿기 힘든 indeed 정말, 과연 seal 봉인하다 depart 떠나다

a 선조들이 흘린 피가 아니라면 자유로운 삶은 꿈에 불과할 거야. | 네 도움이 아니었더라면 내 연구는 잘 안 풀렸을 거야. **b** 동식물이 없다면 기초과학 연구의 상당 부분은 이뤄지지 못할 거야. | 그 약이 없었더라면 더 오래 앓았을 거야.

'분사구문'은 부사절(종속절)과 주절의 주어가 같을 때 「접속사 + 주어」를 생략해서 문장을 간결하게 만드는 표현법이라고 했는데요, 어떤 접속사가 생략됐는지 단번에 알 수 없으니 해석도 까다로울 때가 많죠. 주절과 의미상 주어가 다른 독립분사구문도 마찬가지입니다. 두 절의 주어가 다른 데다 접속사까지 생략돼 있으니 두 절의 논리적인 연결 관계를 짐작하기가 영 쉽지 않죠. 그럴 땐 앞뒤 맥락을 꼼꼼히 따져보고 '시간/조건/이유/부대 상황' 중 어떤 의미가 문맥상 가장 적절한지 파악해야 합니다.

Pattern
105

주어가 딸린 분사구문의 속뜻을 알면 해석이 필요 없다

시간
a **All of the students having taken their seats**, the teacher started her lecture.
= When all of the students had taken their seats, the teacher started her lecture.

조건
b **All other things being equal**, we will buy the cheapest model.
= If all other things are equal, we will buy the cheapest model.

이유
c **The elevator being broken**, we had to walk up the stairs.
= Since the elevator was broken, we had to walk up the stairs.

부대 상황
d He did the laundry, **his wife washing the dishes**.
= He did the laundry while his wife was washing the dishes.

Let's NOT forget!

독립분사구문은 '동시 동작'뿐 아니라 '연속 동작/결과/부연 설명[구체적인 묘사]'을 나타내기도 합니다.

The boy pictured himself swinging the bat, <u>the ball flying</u> through the air.
연속 동작
그 남자아이는 야구방망이를 휘둘러 공이 공중으로 날아가는 모습을 상상했다.

The storm hit the city, <u>its winds and rains destroying</u> many buildings.
결과
폭풍우가 도시를 덮쳤고, 바람과 비가 많은 건물을 파괴했다.

The skyscrapers stand tall, <u>their tops extending</u> into the heavens.
부연 설명
꼭대기가 하늘을 향해 뻗어오른 고층 건물들이 우뚝 서 있었다.

Inescapable

Originally from Central Africa, the basenji is a small, compact hunting dog with acute senses of sight and hearing. Their hunting roots can be easily recognized when they chase fast-moving balls that cross their paths. Once you let them off the leash, they become swift, agile chasers that are nearly impossible to catch. However, although basenjis were **a**＿＿＿＿＿＿ bred to be hunting dogs, they can make very nice family pets. They are very affectionate with their family and are usually good with other dogs if socialized while young. They also have very clean coats, which they groom with a great deal of licking, they don't shed much, and most importantly, they don't bark; **b**their vocal box having a strange shape, they cannot bark like most other dogs but can only produce a sound like a person yodeling. For these reasons, they are ideal companions especially for people living in apartments.

a에 가장 알맞은 어휘를 고르세요.

1 incidentally
2 originally
3 casually
4 remotely

b의 쓰임새를 고르세요.

1 시간
2 조건
3 이유
4 부대상황

compact 소형의 acute 예민한 sight 시력 recognize 알아보다 chase 뒤쫓다 fast-moving 고속의 path 길 leash 가죽 끈 swift 재빠른 agile 날렵한 chaser 추격자 breed 사육하다 affectionate 다정한 socialize 어울리다 groom 손질하다 lick 핥다 shed (털이) 빠지다 bark 짖다 vocal 목소리의 sound 음, 소리 yodel 요들을 부르다 ideal 이상적인 companion 동반자

a 학생 전원이 자리에 앉자 교사가 수업을 시작했다. b 다른 조건이 모두 같다면 가장 저렴한 모델로 살게요. c 엘리베이터가 고장 나서 우리는 계단을 올라가야 했다. d 그는 아내가 설거지를 하는 동안 빨래를 했다.

239

「so[as] + much ~」는 '(다른 대상에) 견주어 보아 비슷한'이라는 의미로 '비교 대상에 버금가는 정도/한도/수량'을 나타낼 때 쓰는 표현인데요. 쉽게 말해 '(정도/한도/수량) 이 ~나 다름없는, ~만큼인, ~ 비슷하게'를 뜻합니다. 앞에 not/without 등의 부정어가 오면 '(정도/한도/수량)에 미치지 못하는'이라는 반대 의미를 뜻하고요. 이들 표현은 다양한 형태의 어구와 어울려 쓰여 문장 내 역할이 그때그때 달라지기도 하고, 각 단어의 뜻과는 전혀 다른 의미를 나타내는 관용 표현으로 쓰이기도 하니 특히 주의해야 합니다.

Pattern
106

엇비슷한 수준을 나타내는 말을 알면 해석이 필요 없다

You may call it an investment but I look upon it as **so much** money thrown away.
(as[like] 뒤에서) 같은 양의 ~

There is only **so much** I can do on my own.
(단독으로) 일정량(의)

I thought **as much**.
그만큼(= I thought so.)

Coffee consumption has **as much as** doubled during the last 35 years.
(놀랍게도) ~만큼, ~ 정도, ~못지 않게

His work has been **not so much** underrated in art history **as** not rated at all.
A라기보다는 B인(not so much A as B)

Most of the basic level students **cannot so much as** speak simple phrases in English.
~조차 하지 못한다(cannot so much as + 동사원형)

This travel book will take you all over the world **without so much as** leaving your chair.
~조차 하지 않고, ~도 없이(without so much as -ing)

If he **so much as** touches a peanut, he has to go to the hospital.
~조차도, ~까지도

That is **as much as to say[saying]** that we have no chance.
~라고 말하는 것과 다름없는(비유)

The kid giggled **as much as to say** "You're so funny!"
마치 ~라고 말하려는 것처럼, ~라고 말하려는 듯이(아직 일어나지 않은 일)

Let's NOT forget!

not so much A as B의 as 대신 but[more]을 써도 됩니다. not A so much as B 형태로 바꿔 써도 되고요.

He is not so much a writer but[more] a director.
= He is not a writer so much as a director.
그는 극작가라기보다는 감독에 가깝다.

Inescapable

As I woke up on the morning of my last full day of travel, I felt something was wrong. The building shook for a few seconds, and the aisles were full of the shouts of what seemed to be parents dictating to their children what they should do. Sensing an earthquake but unaware of what exactly was going on, I sprang up, put on my clothes, and hurried out of my room. Then, suddenly, I felt the building **a**_____ back and forth again by several inches and then barely managing to maintain itself. It was so bad that loose objects and shelves fell over and the guests in the corridor collided into each other as they scrambled to grasp the handrails to steady themselves. Actually, it was around this time that I saw the hotel maid running toward the elevator from the end of the hallway. Curious as to why, I moved to the middle of the hall. I will never forget the incredible scene that I saw there. A teenage boy was clinging to the hands of the woman inside the elevator shaft, and the maid was trying to pull him out as if she were determined that they fall together, **b**_____ calling for help.

a에 가장 알맞은 어휘를 고르세요.

1 controlling
2 reaching
3 swaying
4 guiding

b에 가장 알맞은 표현을 고르세요.

1 without so much as
2 as much as to say
3 as much as
4 so much as

shake 흔들리다 aisle 통로 shout 외침 dictate 지시하다 sense 감지하다 earthquake 지진 unaware of ~을 알지 못하는 spring up 벌떡 일어나다 back and forth 앞뒤로 barely 가까스로 manage 간신히 해내다 maintain 유지하다 loose 풀린 corridor 복도 collide 충돌하다 scramble 서로 다투다 grasp 꽉 잡다 handrail 난간 steady 균형을 잡다 hallway 통로, 복도 as to ~에 관해서 cling to ~에 매달리다 elevator shaft 승강기통

당신은 그걸 투자라고 할진 몰라도 내 눈에는 그만큼의 헛돈을 쓰는 걸로 밖에 안 보여요. | 나 홀로 할 수 있는 양은 딱 정해져 있다. | 그럴 줄 알았어. | 지난 35년 동안 커피 소비는 사실상 두 배나 상승했다. | 그의 작품은 예술사에서 과소평가라기보다 아예 평가조차 받지 못하고 있다. | 대부분의 기초 단계 학생들은 영어로 간단한 말조차 우물거리지 못한다. | 이 여행에서는 의자에 앉은 채 전 세계 곳곳을 돌아볼 수 있게 해줄 겁니다. | 그는 땅콩을 만지기만 해도 병원에 가야 한다. | 그건 우리한테 가망이 없다는 얘기나 마찬가지예요. | 그 아이는 "너 정말 웃긴 애다"라고 말하려는 듯 키득거렸다.

가정법 현재(실현 여부를 알 수 없는 현재[미래]의 일을 나타내는 표현법)는 「If + 주어 + 동사원형 ~, 주어 + 조동사 ~」 형태의 문장으로 쓰이지 않는다고 했죠? 가정법 현재는 직설법으로 대신한다고 했는데요, 가정법 현재의 동사 형태인 동사원형을 그대로 살려서 쓸 때도 있습니다. 접속사 though/whether를 쓴 양보부사절이 대표적이죠. 부사절에 묘사된 일의 실현 여부를 확인할 수 없다는 '불확실성'을 강조하고 싶을 땐 이렇게 양보부사절에 가정법 현재의 동사 형태(동사원형)을 쓰기도 합니다.

양보부사절에 숨은 가정법을 알면 해석이 필요 없다

be(동사원형) = 가정법 현재

a You can still get by with few dollars per day in the country, even <u>though</u> it **be** true that the cost of living has risen tremendously in recent years.

be(동사원형) = 가정법 현재

b <u>Whether</u> it **be** a friend, instructor or personal trainer, training with someone helps you to keep motivated and reach your goals quicker.

Let's NOT forget!

문어체나 고어에서는 '명령문 형태로 양보의 의미를 나타내는 구문(명령형 양보절)'에서 be동사를 문장 맨 앞에 둘 때도 간혹 있는데요, 이 구문은 (even) if 등의 접속사가 생략된 상태에서 '불확실성'을 나타내는 가정법 현재의 동사원형이 도치된 형태라고 보면 됩니다.

We will not allow any media, <u>be it local or foreign</u>, to film the trial.
be + 주어 + A or B
국내외 언론을 막론하고 법정 촬영은 허용하지 않을 것입니다.

<u>Be it a boy or girl</u>, I wish the baby all the best and happiness.
be + 주어 + A or B
성별을 떠나 아기가 건강하고 행복하기를 기원합니다.

<u>Be it ever so humble</u>, there is no place like home.
be + 주어 + ever so 형용사
아무리 남루할지라도 집만한 곳은 없다.

Inescapable

A bee sting is usually considered to be nothing more than a minor outdoor ᵃ_____. In most cases, they just cause temporary pain and require simple home treatment or medication. In fact, the average person can withstand about eight bee stings for every pound of body weight, which means if you are healthy, you can handle a large number of bee stings — typically hundreds — before you die. However, if you are allergic to bee venom, it is a whole different story. In that case, even a single sting can cause severe life-threatening allergic symptoms and even death within a few hours. Luckily, these allergic reactions are relatively easy to identify. They typically include swelling of the lips, tightness in the chest, wheezing, and shortness of breath. The bottom line, ᵇ_____ you an adult, a child, or anything in between, is that if you experience any symptoms other than pain at the site of the sting, you should immediately seek medical help. The poisonous venom can become very dangerous if left untreated.

a에 가장 알맞은 어휘를 고르세요.

1 symptom
2 nuisance
3 disease
4 disorder

b에 가장 알맞은 형태를 고르세요.

1 are
2 was
3 be
4 is

sting 쏘인 상처 nothing more than ~에 불과한 minor 작은, 단순한 temporary 일시적인 withstand 견뎌내다 be allergic to ~에 알레르기가 있다 venom 독 life-threatening 생명을 위협하는 allergic 알레르기성의 symptom 증상 relatively 비교적 identify 확인하다, 알아보다 swelling 부기 tightness 긴장 wheezing 쌕쌕거림 shortness 부족, 결핍 breath 숨 bottom line 핵심 in between 사이에 immediately 즉시 seek help 도움을 구하다 poisonous 독성이 있는

ᵃ 물가가 최근 몇 년간 엄청나게 오른 게 사실이라 해도 시골에서는 여전히 몇 달러만 있으면 그럭저럭 생활할 수 있어요. ᵇ 친구든 강사든 개인 트레이너든 누군가와 함께 운동하는 것은 동기를 잃지 않으면서 목표를 더 빨리 달성하는 데 도움이 된다.

Pattern
108

두 가지 공통 관계를 알면 해석이 필요 없다

a She **writes** for a living and **lives** for writing.
주어+(동사+동사)

How do you **deal with family** and **friends** who annoy you?
동사(구)+(목적어+목적어)

Logic is the **study of cogency**, not **of truth**.
명사+(형용사구+형용사구)

b Your attitude, not **your aptitude**, will determine your altitude.
(주어+주어)+동사

Quality home care **is** and **will be essential** in order to reduce expensive hospital re-admissions.
(동사+동사)+보어

He **purchased** and **enlarged the building** in 1989.
(동사+동사)+목적어

Bodies **weaken**, but minds can **strengthen with age**.
(동사+동사)+부사구

I had to find things to do **by** and **for myself**.
(전치사+전치사)+목적어

Let's NOT forget!

장황한 설명보다 간결한 설명이 효과적이듯 언어는 경제성을 추구합니다. 공통 관계도 이런 특성 이 반영된 언어 현상인데요, 우리말에서 '역전 앞, 해변가' 등 의미가 중복되는 군더더기 표현을 '역전, 해변'으로 고쳐 말하는 것처럼 영어에서도 attach together, advance reservations, new innovation, actual facts 등의 '동의중복' 표현을 쓰지 않도록 주의해야 합니다.

The actual facts are exactly contrary to the report.
진상은 보도 내용과 정면으로 배치된다.

Inescapable

Job quality generally declines during an economic downturn. With fewer new openings, job seekers become determined to land a job even if it offers a lower salary and fewer benefits, while employers, able to be all the more demanding, try to hire whoever will work for the ª_____ amount of money and the fewest benefits, all of which contribute to the downward spiral of working conditions during a recession. Unfortunately, this grim phenomenon is much more severe in underdeveloped nations. In developed countries, ᵇthe conditions of employment are somewhat influenced, or at least monitored, by regulations concerning health, working hours, and wages. But underdeveloped countries don't have these rules and procedures or don't keep to them even if they have them. Their mostly low-skilled employees often find themselves in a revolving door of adversity, from unemployment to bad work to unemployment, with numerous obstacles that make it difficult to save money and to maintain a sense of self-worth.

a에 가장 알맞은 어휘를 고르세요.

1 most
2 least
3 best
4 worst

b와 공통관계가 같은 것을 고르세요.

1 Fine wine matures and improves with age.
2 If they don't, do it by and for yourself.
3 My parents and grandparents lost everything.
4 He lost his temper and judgment due to the stress.

economic downturn 경기 침체 job seeker 구직자 land a job 직장을 구하다 demanding 힘든, 고된 hire 고용하다 contribute to ~의 원인이 되다 downward 하향의 spiral (악순환에 의한) 나선상 진행 과정, (경제) 연속적 변동 recession 불경기 grim 엄숙한, 암울한 phenomenon 현상 underdeveloped 저개발국의 somewhat 어느 정도 monitor 감독하다 regulation 규제 wage 임금 procedure 절차 low-skilled 미숙련의 employee 종업원 revolving door 끊임없는 되풀이 adversity 역경 numerous 많은 obstacle 장애물

ª 그녀는 살려고 글을 쓰고 글을 쓰려고 산다. | 넌 가족과 친구의 등쌀에 시달릴 때는 어떻게 하니? | 논리학은 일관성의 학문이지 진리의 학문이 아니다. ᵇ 당신이 도달하게 될 경지는 재능이 아닌 태도가 결정한다.(지그 지글러) | 양질의 가정간호는 고비용의 재입원을 줄이는 데 필수적이며 앞으로도 그럴 것이다. | 그는 1989년에 그 건물을 매입해 확장했다. | 신체는 나이가 들면서 약해지지만 정신은 강해질 수 있다. | 나는 나 혼자서 자력으로 할 수 있는 일을 찾아야 했다.

상대방을 설득하기 위한 표현법(또는 이러한 표현법을 연구하는 학문)을 '수사학 (rhetoric)'이라고 합니다. 메시지를 더 효과적으로 전달하기 위한 일종의 전략을 뜻하죠. 우리도 일상생활에서 이런 수사학적 표현법을 자주 씁니다. '강조법'이 단적인 옛데요, 「주어+동사」의 순서를 바꾼 「동사+주어」 형태의 도치구문도 어순을 낯설게 바꿔 상대의 주목을 끄는 강조법 중 하나입니다. 도치구문이 문어체에서 주로 쓰이는 강조법이라면 구어체에서는 다음과 같은 다양한 표현으로 강조하고 싶은 내용을 부각시키죠.

Pattern
109

자주 쓰는 강조 표현을 알면 해석이 필요 없다

a I still **do** <u>believe</u> there is more good in the world than bad.
　　　　조동사 do(평서문의 동사 강조)

b <u>The designer</u> **himself** will guide you through the maze.
　　　　　　재귀대명사('직접, 바로 자기 자신'을 강조)

c Technology has changed <u>the</u> **very** <u>nature</u> of long distance relationships.
　　　　　　　　very(the/this/that/one's 등과 함께 쓰여 명사 강조)

d <u>Why</u> **on earth** <u>did you change your mind</u>?
　　<u>How</u> **in the world** <u>could you say such a thing</u>?
　　on earth, in the world, in heaven(how/why/where/who 뒤에서 의문문 강조)

e A failure is a failure, be it **ever** <u>so</u> little.
　　　　　　　　ever(so 강조)
　　Be it **ever** <u>such</u> a small amount, savings are critical to your financial health.
　　　　ever(such 강조)
　　If the car **ever** <u>could be mine</u>, I would clean it every day.
　　　　　　ever(조건문 강조)
　　Let me give you three things <u>no one</u> **ever** <u>says about politicians</u>.
　　　　　　　　　　ever(부정문 강조)

f We have <u>nothing</u> **whatsoever** to do with the transactions alleged in this video.
　　I <u>cannot</u> understand the instructions **at all.**
　　whatever, whatsoever, ~ at all(no/nothing/none 등 부정어와 함께 쓰여 부정 의미 강조)

Let's NOT forget!

우리말에서처럼 영어에서도 뜻을 보다 강화시키거나 감정을 고조시키는 수사학적 효과를 얻고 싶을 때 동일한 어구를 반복하거나 같은 성분의 말을 접속사 없이 늘어놓는 방식을 쓰기도 합니다.

　　　　　　　　단어 반복
It snowed for <u>days and days</u>. 날마다 눈이 내렸다.

　　　　　　　　　　접속사 and 생략
<u>The sun, the sand, the food, the people</u>... I can't say enough good things about Hawaii. 태양, 모래사장, 음식, 사람들 등 하와이의 좋은 점을 열거하자면 끝이 없다.

Inescapable

As kids, you probably watched some spiders in your backyard and wondered how they could do so many diverse things with a string of silk. With nothing more than a fragile-looking single fiber, they build webs, catch prey, jump safely, and make a place to lay their eggs. How ^a_____ do they really do that? The fact is that they use multiple types of silk, not a single type. Spiders can produce up to seven types of silk, and they use them separately for all of their different needs and purposes. For example, the spokes of a web are made from a tough strand that spiders are able to produce. These strands are so strong — five times stronger than steel of the same diameter — that a single pencil-width strand would be able to stop a Boeing 747 mid-flight. Another type of silk they create is a ^b_____ strand that they use to form the spiral patterns in their webs. These strands are very adhesive and remain unbroken even after being stretched 2-4 times their original length, ideal for trapping the spider's prey in its web.

a에 가장 알맞은 표현을 고르세요.

1 hard
2 themselves
3 the very
4 on earth

b에 가장 알맞은 어휘를 고르세요.

1 touchy
2 sticky
3 tricky
4 nasty

backyard 뒷마당 wonder 궁금해하다 diverse 다양한 string 끈, 줄 fragile 부서지기 쉬운 fiber 섬유 web 망, 거미줄 prey 먹이 lay 낳다 multiple 많은, 다수의 up to ~까지 separately 별도로 spoke 바퀴살 tough 단단한 strand (줄)가닥 steel 강철 diameter 지름 mid-flight 비행 중에 spiral 나선형 adhesive 들러붙는 stretch 늘이다 ideal for ~에 이상적인 trap 덫으로 잡다

Pattern
110

진짜 목적어를 알면 해석이 필요 없다

a Darwin made <u>it</u> possible **to be an intellectually fulfilled atheist**.
　　　　　가목적어　　　　진목적어(to부정사)

b I don't find <u>it</u> pleasant **talking about my family to you**.
　　　　　가목적어　　　진목적어(동명사)

　　　　　　　　　　　가목적어　진목적어(that절)
c The new CEO has made **it a rule** **that top management must visit stores around the country every Wednesday**.

Let's NOT forget!

가목적어는 다음과 같은 관용 표현에서 쓰이기도 합니다.

Please <u>see to it that</u> the office is clean and tidy for all staff and visitors.
반드시 ~하도록 (조처)하다
전 직원과 방문객을 위해 사무실이 깨끗하게 정돈될 수 있도록 해주세요.

Rumor <u>has it that</u> the actor will file a lawsuit against the media company.
(…에 따르면) ~라고 한다
그 배우가 그 언론사를 상대로 소송을 제기할 거라는 소문이 나돌고 있습니다.

Can I <u>take it that</u> you are not interested in my proposal?
~라고 보다[여기다]
제 제안에는 관심이 없으신 걸로 이해하면 될까요?

Inescapable

Have you ever eaten something terribly spicy and then found [a]it hard to stop the burning sensation with water? Did you ever wonder why this remedy is generally so ineffective? Well, this happens because spicy food usually contains a chemical called capsaicin, the main compound in chili peppers. Capsaicin is soluble in fats, not in water, so mixing it with water hardly has any effect on it. Furthermore, the capsaicin-based spices in most hot foods are oily, which means, like your school science teacher once taught you, no matter how much water you add, the spicy oil coating your tongue [b]_____ all of it. In that case, how can you get rid of the burning sensation? You should drink milk. Milk contains the effective capsaicin-soluble fats, so it neutralizes the fiery component, removing it from the surface of your tongue. Another easy solution you can use is to eat a slice of bread. It has a texture and composition that soaks up the oiliness of spices, so by holding some on your tongue, you can cool your spicy mouth.

a와 쓰임새가 같은 것을 고르세요.

1 It is 6 o'clock in the afternoon.
2 It is difficult to learn a second language.
3 We consider it useless to debate with you any further.
4 It's a clock. They gave it to me when I retired.

b에 가장 알맞은 어휘를 고르세요.

1 repels
2 checks
3 controls
4 supports

terribly 심각하게 spicy 매운 burning 불타는 sensation 느낌 remedy 해결책 ineffective 효과 없는 contain 포함하다 chemical 화학물질 capsaicin 캡사이신 compound (화학적) 화합물 chili pepper 고추 soluble 녹는 fat 지방 mix 섞다 add 더하다 coat 덮다 get rid of ~을 없애다 neutralize 중화하다 fiery 불타는 듯한 surface 표면 texture 질감 composition 구성 soak up ~을 빨아들이다 oiliness 유질 spice 향신료

[a] 다윈 덕분에 지성을 갖춘 무신론자가 탄생할 수 있었다.(리처드 도킨스) [b] 너한테 내 가족에 대해 털어놓는 게 썩 유쾌하진 않아.
[c] 신임 최고경영자는 매주 수요일 임원들이 전국 매장을 시찰하는 것을 원칙으로 삼았다.

우리는 수량이나 순서를 나타낼 때 하나/둘…, 일/이…, 첫째/둘째…, 두 배/세 배…
등 쓰임에 따라 다양한 숫자 표현을 쓰죠? 영어도 똑같습니다. '수'를 나타내는 기수
(one, two …), '순서'를 나타내는 서수(first, second…), '곱'을 나타내는 배수사(twice,
three times…), 부분이 차지하는 '비중'을 나타내는 분수(one half, two-thirds…)를
일정 수까지 문자로 구별해 쓰죠. 수 자체는 명사지만 단위 표현, 비교급 등과 쓰이면 형
용사나 부사로 변할 수 있으니 앞뒤에 수식하는 말은 없는지 잘 살펴봐야 합니다.

Pattern
111

다른 말을 꾸미는 숫자를 알면 해석이 필요 없다

a **Three hundred and fifty** <u>new employees</u> have joined the labor union.
형용사(new employees 수식)

I expect to receive **twice** <u>my salary</u> at age 40.
형용사(my salary 수식)

We could see it better when the boat was moving at **two-thirds** <u>the speed</u>.
형용사(the speed 수식)

b She was quiet and friendly and about **two feet** <u>taller</u> than most women.
부사(tall 수식)

The new office is **twice** as <u>close</u> to my home as the previous one.
부사(close 수식)

It is only **one-fourth** as <u>high</u> as some of the mountains nearby.
부사(high 수식)

Let's NOT forget!

분수식이 명사 앞에서 형용사처럼 쓰일 때는 명사 앞에 of가 생략된 형태로 볼 수 있습니다. 반
면 배수사는 of와 함께 쓸 수 없는데요, '~(중)의, ~ 가운데에서'라는 '부분'의 의미를 나타내는
of와 '곱'을 나타내는 배수사의 의미가 상충하기 때문이죠. 참고로 '절반'을 뜻하는 '이분의 일
(1/2)'은 예외적으로 one second라고 하지 않고 a[one] half라고 합니다.

He is making <u>two-thirds</u> (of) my salary.
그는 내 연봉의 삼분의 이 정도를 번다.

The file size is <u>three times</u> that of the original.
그 파일의 용량은 원본보다 3배 더 크다.

I only paid <u>a half</u> of the price.
나는 그 가격의 절반만 냈다.

Inescapable

Venus has not been explored as much as Mars. Although a trip to either planet requires a similar amount of time, Earth's so-called twin has seen fewer visits of the robotic probes developed by our space scientists. Why has Venus been **a**_____ against in such a way? One of the primary reasons has to do with its high surface temperature. Being closer to the sun, Venus receives **b**_____ the Earth. In addition, its atmosphere is extremely dense with greenhouse gases such as carbon dioxide. As a result, the enormous heat from the sun is trapped on the planet's surface and makes the surface temperature high enough to melt lead. The high atmospheric pressure is another concern. The atmospheric pressure on the surface of Venus is almost ninety times greater than that of Earth, causing any expedition probes to be crushed shortly after landing and thwarting any attempt to analyze the surface.

a에 가장 알맞은 어휘를 고르세요.

1 integrated
2 discriminated
3 harmonized
4 accommodated

b에 가장 알맞은 형태를 고르세요.

1 as much solar heating twice as
2 as much twice solar heating as
3 twice as much solar heating as
4 as twice much solar hearing as

Venus 금성 explore 탐험하다 Mars 화성 planet 행성 so-called 소위 robotic 로봇의 probe 무인 우주 탐사선[로켓] primary 주요한 temperature 온도 atmosphere 대기 dense with ~로 짙은 greenhouse gas 온실 가스 carbon dioxide 이산화탄소 trap 가두다 melt 녹이다 lead 납 atmospheric pressure 기압 concern 우려 expedition 탐험 crush 으스러뜨리다 thwart 좌절시키다 analyze 분석하다

a 350명의 신입 직원이 노동조합에 가입했다. | 내 연봉은 40세가 되면 2배로 오를 거라고 봐. | 배가 속도를 삼분의 이로 줄이자 더 잘 보였다. **b** 그녀는 조용했고 친절했으며 대다수 여성들보다 2피트 더 컸다. | 새 사옥은 이전 사옥보다 우리집에서 갑절은 더 가깝다. | 그 산은 근방에 있는 다른 산에 비해 높이가 사분의 일에 불과했다.

주어 자리에 올 수 없는 형용사(구)가 문장 첫머리에 오면 비문일까요? 실은 완전 문장입니다. 동사만으로는 문장의 의미가 불완전해 이를 보완하는 '보어'가 쓰이면 보어에 이목을 집중시키기 위한 목적으로 문장의 맨 앞에 둘 수 있기 때문이죠. 이때 「주어+동사」 어순을 그대로 두면 의미가 불완전한 동사가 문장 끝에 위치하기도 하고, 보어가 주어 앞에서 형용사처럼 수식하는 모양새가 될 수 있어 둘을 '도치(자리 바꿈)'하는데요, 새롭고 중요한 정보를 문장 끝에 두는 '문미 초점의 원칙'이 반영된 일례로 볼 수 있습니다.

Pattern
112

보어를 강조하는 법을 알면 해석이 필요 없다

a **Courageous** are the people who overcome their lifelong fears.
형용사 = 보어

b **More important than your talent** is your character in gaining employment.
비교급 = 보어

c **Happiest** are those who are content with little.
최상급 = 보어

d **As countless as the stars** are the ways teachers impact students' lives.
원급 = 보어

e **Appearing from the debris** was the firefighter who had rushed into the building first.
현재분사 = 보어

f **Found in his pocket** was the train ticket which he had intended to use.
과거분사 = 보어

g **Such** was his confidence that everyone listened to him carefully.
such(구) = 보어

h **So valuable** is salt that wars have been waged for access to it.
so(구) = 보어

Let's
NOT
forget!

주격 보어가 형용사가 아닌 명사라면 주어와 동사를 도치시킬 때 동사의 수 일치에 주의해야 합니다. 위 예문처럼 문장 첫머리가 형용사(구)로 시작한다면 문장 끝에 위치한 원래 주어에 동사를 수 일치시키지만, 명사가 오면 주어 자리에 나온 명사에 수를 일치시키죠.

John and I were the winners.
= The winners were John and I[me]. 우승자는 존과 나였다.

A needless tragedy was their deaths.
= Their deaths were a needless tragedy. 그들의 죽음은 헛된 비극이었다.

Inescapable

Over the course of the 20th century, many countries switched from driving on the left side of the road to the right for the purpose of **a** _____. In fact, left-hand traffic is actually safer because the majority of people are right-eye dominant and therefore able to react better to oncoming traffic on their right. However, the countries decided to change the direction because they wanted to increase their cross-border traffic safety by fitting in with their right-side majority neighbors. **b** _____, whose parliament passed a law enforcing the conversion in 1963. Repeatedly voted down, the change was widely unpopular. But the country eventually made the switch because all of its immediate neighbors drove on the right side of the road. However, what was especially interesting was how the Swedish government implemented the change. On the day of the switch, there was a brief radio countdown. As the loudspeakers announced, "Now is the time to change over," all of the vehicles stopped, carefully changed to the right side of the road, and then proceeded driving again.

a에 가장 알맞은 어휘를 고르세요.

1 shelter
2 freedom
3 defense
4 safety

b에 가장 알맞은 형태를 고르세요.

1 Notable particularly were Sweden
2 Particularly notable was Sweden
3 Particularly was notable Sweden
4 Notable Sweden were particularly

century 세기 switch 전환하다 dominant 우세한 oncoming 다가오는 cross-border 국경을 넘는 fit in with ~와 어울리다 notable 눈에 띄는 parliament 의회, 국회 enforce 집행하다 conversion 전환 vote down 부결시키다 immediate 바로 옆에 있는 implement 시행하다 brief 짧은 loudspeaker 확성기 announce 방송으로 알리다 change over 바꾸다 vehicle 차량 proceed 진행하다

a 용기 있는 자는 일생의 두려움을 극복해내는 사람이다. **b** 취업에 있어 재능보다 더 중요한 건 성격이다. **c** 가장 행복한 사람은 작은 것에 만족하는 사람이다. **d** 교사가 아이들의 삶에 영향을 끼치는 방식은 별만큼이나 셀 수 없이 많다. **e** 그 잔해에서 모습을 드러낸 사람은 맨 처음에 그 건물에 뛰어들었던 소방관이었다. **f** 주머니에서 발견한 건 그가 사용하려 했던 기차표였다. **g** 그가 확신에 차 있었기 때문에 모두가 그의 말을 경청했다. **h** 소금이 너무 귀했기 때문에 소금을 손에 넣으려는 전쟁이 벌어졌다.

253

전치사는 항상 명사와 붙어다니죠? 이때 명사가 '사람'을 가리키면 목적격 인칭대명사를 쓰는데요, 그래서 전치사 뒤의 명사(또는 명사 역할을 하는 어구)를 '전치사의 목적어'라고 합니다. 관계대명사도 명사의 일종이라 전치사의 목적어로 쓰일 수 있는데요, 목적어이기 때문에 말 그대로 목적격 관계대명사를 씁니다. 문제는 목적격 관계대명사가 선행사 뒤로 자리를 옮기면 늘 붙어다니던 전치사와 떨어질 때가 있다는 건데요, 이처럼 떨어져 있는 전치사의 목적어를 재빨리 찾아내야 영문을 막힘없이 읽을 수 있습니다.

관계절의 전치사를 찾으면 해석이 필요 없다

a I'd like to begin my speech by raising the idea **which** I spoke **about** in my post.
관계대명사 + 전치사

I'd like to begin my speech by raising the idea **about which** I spoke in my post.
전치사 + 관계대명사

b He was the ideal mentor **whom** I **look up to** the most.
격식체(동사구에서 전치사 분리 불가능)

He was the ideal mentor **to whom** I **look up** the most.
비격식체(동사구에서 전치사 분리)

c Security is one of the most important life domains **which** we should **take care of**.
숙어/관용어(동사구에서 전치사 분리 불가능)

d The subjects **that** he deals **with** the most are health and diet.
관계대명사(that) + 전치사(관계대명사 that 앞에 전치사 불가능)

during/beyond/beside/opposite + 관계대명사

e We offer a two-day tour, **during which** you will have ample opportunity to visit museums.

f The island is home to hundreds of bird species, **many of which** are threatened.
all/both/some/many/one/none/most/half of + 관계대명사

Let's NOT forget!

현대 영어에서는 목적격 관계대명사 자리에 whom 대신 who를 쓰는 경향이 강한데요, 이때 전치사는 반드시 관계사 뒤에 나옵니다. who 앞에 오면 전치사의 목적격 자리에 주격이 잘못 들어간 것처럼 보이기 때문이죠.

He is arguing with the person who he had a disagreement with in the workshop yesterday. 그는 어제 워크숍에서 의견 차이로 다툰 사람과 언쟁을 벌이고 있다.

Inescapable

Live vaccines are made by weakening natural viruses in the lab. [a]The disease-causing viruses are passed through (①) a sequence of animal embryos or cell cultures, (②) which they become so well-adapted (③) to the new cells (④) that they lose their ability to replicate in human cells. Thus, when they are given to a human, they help create antibodies but do not cause an illness in the individual. These vaccines of attenuated viruses have both advantages and disadvantages. The main advantage is that, being the closest thing to wild-type viruses, they can induce efficient and complete immunization, often making the recipient of the vaccine immune to the virus for life. The disadvantage is that the microbe in the vaccine could undergo mutation and revert to being virulent again, which can then result in a co-circulation of both wild-type viruses and [b]_____ ones. Another downside of these vaccines is that they cannot be safely given to people who have weakened immune systems. Some people would not be able to fend off attenuated viruses, and would probably suffer illness rather than gain immunity.

a에서 during이 들어갈 곳을 고르세요.

1 ①
2 ②
3 ③
4 ④

b에 가장 알맞은 어휘를 고르세요.

1 immunized
2 mutated
3 circulated
4 replicated

live vaccine 생백신 weaken 약화시키다 sequence 연속적인 사건들 embryo 배아 cell culture 세포 배양 adapt 적응하다 replicate 복제하다 antibody 항체 attenuate 약하게 하다 wild-type 야생형 induce 유발하다 immunization 면역 recipient 수령인 for life 평생 microbe 미생물 undergo 겪다 mutation 돌연변이, 변형 revert to ~로 되돌아가다 virulent 악성의 co-circulation 공동 순환 downside 불리한 면 fend off 막아내다 immunity 면역력

a 제 게시글에서 언급한 아이디어를 화제로 삼아 강연을 시작하고자 합니다. b 그는 내가 가장 존경하는 이상적인 스승이야. c 안전은 세심히 살펴야 할 가장 중요한 삶의 영역 중 하나다. d 그가 가장 많이 다루는 주제는 건강과 식단이다. e 저희는 이틀 일정의 관광 코스를 제공하고 있으며 이 기간 동안 박물관을 방문할 기회는 얼마든지 있을 겁니다. f 그 섬은 수많은 조류 종의 보금자리로, 그중 많은 종이 멸종위기에 직면해 있다.

Pattern
114

평서문에 숨은 가정법을 알면 해석이 필요 없다

a She **suggested** that they **seek** medical help immediately.
　　　제안　　　　　　　　　동사원형(가정법)

He **insisted** that the business owner **be** present during the inspection.
　　주장　　　　　　　　　　　　동사원형(가정법)

She **demanded** that the website **delete** certain remarks she had made before.
　　요구　　　　　　　　　　동사원형(가정법)

The judge **ordered** that they **share** all of the responsibilities.
　　　명령　　　　　　　　동사원형(가정법)

b That at least 4 teams **compete** is the **requirement** for a tournament to be held.
　　　　　주어(가정법)

c His only **request** when he donated his museum was that it **be** enjoyed by many.
　　　　　　　　　　　　　　　　　　　　　　　　　보어(가정법)

d He found little support for his **suggestion** that we **reveal** the cost to the public.
　　　　　　　　　　　　　　　　　　　　　　　동격(가정법)

Let's NOT forget!

단, 종속절(that절)의 내용이 '이미 일어난 일(사실)'이거나 '사실과 다름없는 (현재[미래]에 일 어날) 일'이라면 가정법에 해당하지 않으니 주절의 시제와 일치시킨 직설법 동사를 써야 합니다.

Martin insisted that he had closed his website in 2009 .
　　　　과거　　　　　　　　과거완료
마틴은 2009년에 자신의 웹사이트를 폐쇄했다고 주장했다.

Antony insists that he will never sell the land because it is his home.
　　　　현재　　　　　　　미래
안토니는 그 땅이 자신의 집이기 때문에 절대 팔지 않을 거라고 버티고 있다.

Inescapable

Child experts have insisted that parents **a**_____ toddlers from watching TV. The adverse effects of frequent TV viewing affect children of all ages to some degree, but especially very young children under the age of 3. What exactly are the dangers? According to specialists, the effect that worries them the most is **b**_____ brain development. The first three years of a child's life is a critical period when pathways in the brain are produced at an amazing rate, with billions of neurons making connections. It has been found that watching TV during this critical period can have a negative influence on this development by causing the connections to be formed in response to television content rather than to the natural environment. They also point out the problem of language development. Babies and toddlers need personal, individual responses and feedback when forming language ability. The passive act of watching television prevents them from getting sufficient direct interaction with their parents. The more television an infant watches, the more difficulty he or she is likely to face in obtaining appropriate language skills.

a에 가장 알맞은 형태를 고르세요.

1 have banned
2 banned
3 ban
4 banning

b에 가장 알맞은 어휘를 고르세요.

1 unbalanced
2 unbiased
3 unprejudiced
4 unattended

insist 주장하다 ban 금(지)하다 toddler 영아 adverse 부정적인 frequent 잦은 viewing 보기 worry 걱정하게 하다 unbalanced 불균형한 pathway 경로 neuron 신경세포 content 내용, 정보, 콘텐츠 point out 지적하다 personal 직접의 individual 개별적인 feedback 피드백, 의견 passive 수동적인 prevent 방지하다 sufficient 충분한 interaction 상호작용 infant 유아 face 직면하다 obtain 얻다 appropriate 적절한

a 그녀는 그들에게 즉시 의료 지원을 요청하는 게 어떻겠냐고 말했다. | 그는 점검 때 업주가 참석해야 한다고 주장했다. | 그녀는 이전에 올린 특정 발언들을 삭제해달라고 웹사이트 측에 요구했다. | 판사는 그들에게 책임을 분담하라고 명령했다. **b** 대회가 열리기 위해서는 최소 네 팀이 출전해야 한다. **c** 박물관을 기증할 당시 그의 유일한 요구 사항은 많은 이들이 즐길 수 있어야 한다는 것이었다. **d** 우리가 가격을 일반에 공개해야 한다는 그의 제안은 거의 지지를 얻지 못했다.

부정의 의미를 보다 강조하고 싶다면 부정어를 문장의 첫머리에 두면 됩니다. 이렇게 강조하고 싶은 말을 문장 앞에 둘 때는 「동사+주어」로 어순이 바뀌는 '도치'가 일어나는데, 이는 앞서 배운 보어의 도치 현상과는 조금 다릅니다. 두 성분의 자리가 의문문 형태로 바뀌기 때문이죠. 100%의 부정을 의미할 때 쓰는 '명사 부정어(no)/동사 부정어(not)'와 1%라도 긍정의 여지가 있을 때 쓰는 '준부정어'가 문장의 맨 앞에 나와 부정의 의미를 보다 강조할 때는 「부정어구+be동사/조동사/do동사+주어+(동사)」로 어순이 바뀝니다.

Pattern 115

부정어를 강조하는 법을 알면 해석이 필요 없다

a **Not a criminal** <u>was</u> the suspect.
보어 　　　　　　be동사

Never a quitter <u>was</u> my younger brother, who finally got the raise he had been promised.
보어 　　　　　　be동사

b **Not a sound** <u>did</u> he make until the robber had gone out of sight.
목적어 　　　　　조동사 do

c **Nowhere** <u>have</u> I seen such a talented singer.
부사 　　　　조동사 have

d **At no time** <u>did</u> we underestimate the threat of economic crime.
부사구 　　　　조동사 do

e **Not until I got on the bus** <u>did</u> I realize that I had forgotten my phone.
부사절 　　　　　　　　　　　do동사

f **Hardly** <u>have</u> they been left to themselves.
준부정어 　조동사 have

Rarely <u>did</u> he make a comment without insulting someone.
준부정어 　조동사 do

Little <u>did</u> I know that she was going to be the most influential person in my life.
준부정어 조동사 do

Let's NOT forget!

첫머리에 나온 말이 (준)부정어라도 주어나 서술어의 의미에 영향을 주지 않으면 어순이 바뀌지 않고 문장 전체를 부정할 때만 「동사+주어」로 어순을 바꿀 수 있습니다. 가령 다음 예에서 not far from here는 특정 장소를 부정할 뿐 문장 전체의 의미를 부정하는 건 아니기 때문에 도치되지 않죠.

<u>Not far from here</u> you can see a fox.
그리 멀지 않은 곳에서 여우를 볼 수 있어요. (긍정문)

Inescapable

Eating breakfast is very important because it breaks the state of fasting that our bodies are in from the previous night's dinner. After up to 12 hours of semi-starvation, our bodies need a source of energy to get our organs working, and the first meal of the day supplies the necessary nutrients to both the body and brain. No wonder people who eat breakfast show better concentration and productivity throughout the morning while breakfast skippers often experience physical, intellectual, and behavioral problems. Starting the day with breakfast is also important because it helps prevent long-term health problems such as obesity. **a**_____ normally make between breakfast and gaining weight, but the timing of meals is actually related to obesity. Many of us skip breakfast because we believe we can make up for it with decent meals later in the day, but this is misguided thinking. Skipping breakfast not only makes us more likely to overeat during the rest of the day, but it changes the way the calories from the subsequent meals are handled, with our bodies holding onto calories **b**_____ instead of burning them right away. This can lead to the gaining of more body weight over time.

a에 가장 알맞은 형태을 고르세요.

1 We do no connection
2 Do we no connection
3 No connection did we
4 No connection do we

b에 가장 알맞은 어휘를 고르세요.

1 lower
2 minor
3 longer
4 shorter

fast 단식하다 previous 이전의 semi-starvation 준단식, 반절식, 반기아 organ 장기, 기관 supply 공급하다 nutrient 영양소 no wonder ~은 조금도 놀랍지 않다 concentration 집중 productivity 생산성 skipper 거르는 사람 intellectual 지적인 behavioral 행동의 long-term 장기적인 obesity 비만 normally 보통 skip 거르다, 빼먹다 make up for ~을 보충하다 decent 괜찮은, 적절한 misguided 잘못 판단한 overeat 과식하다 subsequent 그 다음의 handle 다루다 hold onto ~에 매달리다

a 그 용의자는 전혀 범인이 아니었다. | 남동생은 절대 포기하는 사람이 아니었기에 결국 약속대로 연봉 인상을 받아냈다. **b** 그 강도가 시야에서 사라질 때까지 그는 아무런 소리도 내지 않았다. **c** 그렇게 재능이 뛰어난 가수는 어디서도 본 적이 없어요. **d** 우리는 경제범죄의 위험을 과소평가한 적이 결코 없었습니다. **e** 버스에 오르고 나서야 집에 전화기를 두고 왔다는 걸 알았다. **f** 그들은 홀로 남겨진 적이 없다시피 했다. | 그는 말할 때마다 모욕을 일삼았다. | 그녀가 내 인생에 가장 큰 영향을 끼친 사람이 될 거라곤 전혀 생각지 못했다.

259

Pattern
116

멀리 떨어진 선행사를 찾으면 해석이 필요 없다

주어가 길어 주술 구조를 파악하기 어려움

a New laws <u>are being proposed</u> that will allow copyright holders to ask for the complete closure of the websites.

= New laws that will allow coryright holders to ask for the complete closure of the websites are being proposed.

I know **a man** <u>living downtown</u> **who** is a guitarist by profession.
　　　선행사　　선행사 뒤에 수식어　　관계대명사

b We have some <u>principles</u> **that** we follow **which** make it easier to work as a team.
　　　　　　　　　　　　　　　　이중한정

　　　　　　　　　　　　　관계대명사 생략　　　　　　　　　이중한정
Are there any uses of technology **(that)** you find valuable **that** you don't think you'll be able to use?

There is nothing **(that)** I want **(which)** I don't have.
　　　　　　관계대명사 생략　이중한정 관계대명사 생략

Let's NOT forget!

관계대명사절에 종속절(that절)이 포함된 경우 이중한정 구문과 혼동하지 않도록 주의하세요!

　　　　　　　　　　　　　　　　　　　　　　　　종속절
I have some music videos **(that)** I think **(that)** <u>you might be interested in</u>.
　　　　　　　　　　　　　　관계대명사　　　　접속사
나한테 네가 관심을 가질 만한 뮤직비디오 몇 편이 있어.

Inescapable

Addressing a specific audience is a critical element of one's success as a writer. Whether you are writing a typical essay for school or an article in a magazine, unless you control your words, adjust your strategy, and use an appropriate tone, you will have **a**_____ chance of properly delivering your ideas to your audience. For example, you should not write for the general public the same way you would for a group of professionals. Imagine if you tried to explain molecular biology to a group of middle school students as you would to a group of professors. You would quickly lose your audience, and your message would lose its power. Another important aspect **b-1**_____ you should keep in mind **b-2**_____ would propel your writing to a successful level is that you should always write about what you know. This is not to say that you cannot choose a topic that you have little information about. But it means you have to research a subject thoroughly before you start writing about it.

a에 가장 알맞은 표현을 고르세요.

1 a little
2 little
3 a few
4 few

b(1-2)에 들어갈 관계사로 바르게 짝지어진 것을 고르세요.

1 that — which
2 in which — that
3 for which — which
4 which — for which

address 말을 하다[걸다]
specific 구체적인 element 요소
typical 전형적인 article 글, 기사
adjust 조정하다 strategy 전략
appropriate 적합한 tone 어조,
말투 properly 제대로 deliver
전달하다 general public 일반
대중 professional 전문직 종사자
molecular biology 분자생물학
keep in mind ~을 명심하다 propel
나아가게 하다 research 조사하다
thoroughly 완전히, 철저히

a 저작권자가 웹사이트의 완전 폐쇄를 요구할 수 있는 새로운 법안이 발의 중이다. | 직업이 기타리스트인데 시내에 살고 있는 어떤 남자를 알아. **b** 우리가 한 팀으로 좀 더 수월하게 협력할 수 있도록 지켜야 할 원칙이 몇 가지 있습니다. | 앞으로 사용할 수는 없겠지만 유용하다고 보는 기술의 활용 사례가 있나요? | 난 내가 원하는 건 모두 갖고 있다.

Pattern

117

어순이 바뀌는 패턴을 알면 해석이 필요 없다

a We were shocked to find out that **only a child** <u>was</u> the writer.
　　　　　　　　　　　　　　　　　　　　　보어　　　　be동사

Only her mother <u>will</u> she listen to.
목적어　　　　　　　　조동사

Only by making mistakes <u>can</u> we improve.
부사구　　　　　　　　　　　　조동사

Only when he arrived at the city <u>did</u> he realize how much he loved his hometown.
부사절　　　　　　　　　　　　　　　조동사

　　　　　부사구(순서)　동사+주어
b **After love** <u>came marriage</u>, then came three children, and next came realizing the meaning of life.

With practice <u>comes perfection</u>.
부사구(양태)　　　　동사+주어

Just beyond the mountain <u>lies a city</u>.
부사구(장소)　　　　　　　　　동사+주어

Let's NOT forget!

부사(구)를 강조할 때는 「부사(구)＋자동사＋주어」 형태로 어순이 바뀌는데요, 대표적인 예로 There is[are] ~(~이/가 있다) 구문이 있습니다. there는 이목이나 관심을 이끄는 '유도부사' 역할을 할 뿐 형식적인 주어에 불과하기 때문에 실제 주어는 be동사 뒤에 나오죠.

There <u>is</u> a laundry room in the basement. 지하실에는 세탁실이 있어.
　　　세탁실의 유무가 초점

<u>Our laundry room</u> <u>is</u> in the basement. 우리 세탁실은 지하에 있어.
　　세탁실의 위치가 초점

Inescapable

When Adolf Hitler announced his intention to occupy the Sudetenland in 1938, the region's fate was in the hands of France and the United Kingdom. Although it was officially Czech territory, they did not have enough power to defend it on their own, so these other powers had the practical authority to decide the future of the border area. In fact, this is why the land was ceded so easily when Hitler promised he would ask for no more territory if he were given the region. There was fear among the British and French that a larger war would break out, so they agreed to hand over the land as a **a**_____ to avoid a conflict for which they felt unprepared. However, the peace built on this misguided act of appeasement did not last long. Hitler soon broke his promise, took over the rest of Czechoslovakia, and then began threatening Poland. **b**_____ the British and French declare war against Germany in 1939, initiating World War II. What would have happened if they had denied Germany's claim to the Sudetenland? If the war had begun in 1938 instead of 1939, many historians believe that World War II might not have happened or that at least the battlefront would not have been as large. With the passive attitude of the western nations came the inevitability of war at a huge cost.

a에 가장 알맞은 어휘를 고르세요.

1 recovery 2 sacrifice
3 discount 4 persuasion

b에 가장 알맞은 형태를 고르세요.

1 Only then did 2 Then only did
3 Did only then 4 Did then only

Intention 의도 occupy 점령하다 region 지방, 지역 fate 운명 officially 공식적으로 territory 영토 on one's own 자력으로 practical 실질적인 authority 권한 border 국경 cede 양도하다 break out 발발하다 hand over 이양하다 conflict 충돌 appeasement 유화 정책 threaten 협박하다 declare 선포하다 initiate 시작하다 deny 거부하다 battlefront 전선 inevitability 불가피함 at a cost ~의 대가를 지불하여

a 그 작가가 어린아이라는 사실을 알고 우리는 충격을 받았다. | 그녀는 자기 어머니 말만 들으려고 한다. | 실수를 저질러 봐야 발전할 수 있다. | 그는 그 도시에 도착하고 나서야 자신이 고향을 얼마나 사랑하는지를 깨달았다. **b** 사랑 후에는 결혼이, 결혼 후에는 세 명의 아이가 생긴 뒤에야 인생의 의미를 실감했다. | 연습이 완벽을 만든다. | 저 산 바로 너머에 도시가 하나 있어.

지금까지는 낱말/어구/절의 도치 현상을 살펴봤는데요, 관용 표현도 도치가 가능합니다. 가령 둘 이상의 단어가 짝을 이루는 상관접속사나 접속사가 준부정어와 함께 관용적으로 쓰일 때도 어순이 바뀌죠. no/not 등의 부정어와 hardly/scarcely 등의 준부정어가 도치되면 의문문 형태로 어순이 변한다고 앞서 설명했는데요, 이 (준)부정어가 포함된 상관접속사나 관용 표현도 강조를 위해 부정의 의미를 나타내는 말을 맨 앞에 둘 때는 의문문 형태로 어순이 바뀝니다.

Pattern
118

어순이 뒤집힌 관용 표현을 알면 해석이 필요 없다

조동사 do
a **Not only** <u>did</u> they win the gold medal, **but** they **also** broke the record.

조동사 have
Not only <u>has</u> she been great to work with, **but** she is **also** extremely resourceful.
A뿐만 아니라 B도(not only A but also B)

b **Hardly** had I taken two steps **before** I saw the identical lost pen lying on the ground.
~하자마자 …하다(Hardly+had+주어+p.p.~ when/before+주어+과거)

Scarcely had I entered the conference room **when** the phone rang.
~하자마자 …하다(Scarcely+had+주어+p.p.~ when/before+주어+과거)

No sooner had I locked the door **than** they knocked on it again.
~하자마자 …하다(No sooner+had+주어+p.p.~ than+주어+과거)

Let's
NOT
forget!

barely가 '거의 ~ 아닌'(almost not)이라는 뜻으로 쓰였다면 hardly와 바꿔 쓸 수 있고, 「Barely/Hardly+had+주어+p.p.~ when/before+주어+과거」 형태로 도치될 수 있습니다. 단, barely는 '가까스로'라는 긍정의 의미도 있기 때문에 hardly와 무조건 바꿔 쓸 수 있는 건 아니죠.

Hardly[Barely] had I opened the book to read when my neighbor interrupted me. 책을 읽으려고 펼쳐든 그때 이웃사람이 훼방을 놓았다.

I hardly[barely] go to the shopping mall these days.
난 요즘에 쇼핑몰에 거의 안 가.

Inescapable

It was not long after scientists discovered insect pheromones that they realized the natural scents would change pest management practices. These odorless chemicals can affect the behavior of an insect species, but because they are nontoxic, they could help control pest populations in healthier, more eco-friendly ways. **a**_____ than scientists began to develop certain pheromones, such as mating and trail pheromones, and used them to help people eradicate their troublesome pests. These attractants are emitted by insects to entice other insects for reproductive and dietary purposes, but the researchers synthesized and used them as tools to lure large insect populations into farms while insecticides were being sprayed, thus **b**_____ the use of the harmful chemicals. They also produced some other substances like the alarm pheromone insects give off when they see danger coming. This synthetic equivalent, having no damaging effects to humans, could help to suppress populations of worms by disrupting the mating patterns of the pests.

a에 가장 알맞은 형태를 고르세요.

1 No sooner had the discovery been made
2 No sooner the discovery had been made
3 The discovery no sooner had been made
4 The discovery had been made no sooner

b에 가장 알맞은 어휘를 고르세요.

1 underestimating
2 minimizing
3 stretching
4 enlarging

pheromone 페로몬 scent 향기, 냄새 pest 해충 odorless 무취의 species 종 nontoxic 무독성의 eco-friendly 친환경적인 mate 짝짓기를 하다 trail 자취, 냄새 자국 eradicate 박멸하다 troublesome 골치거리인 attractant 유인물질 emit 발산하다 entice 유혹하다 reproductive 생식의 dietary 음식물의 synthesize 합성하다 lure 꾀다, 유혹하다 insecticide 살충제 substance 물질 give off 내뿜다 synthetic 인조의 equivalent 상당하는 것 suppress 억제하다 disrupt 방해하다

a 그들은 금메달을 획득한 데다 기록까지 경신했다. | 그녀는 함께 일하기 좋은 동료였을 뿐만 아니라 수완도 뛰어난 사람이다.
b 두 발자국을 내딛자마자 잃어버린 펜과 똑같이 생긴 펜이 땅에 떨어져 있는 것을 발견했다. | 회의실에 들어가자마자 전화가 울렸다. | 문을 잠그기가 무섭게 그들이 다시 문을 두드려댔다.

우리말에서 주로 단어를 열거하거나 절을 구분할 때, 또는 앞말을 '즉', '다시 말해' 등과 같은 어구를 써서 풀어 설명할 때 앞말 다음에 쉼표를 쓰죠? 영어도 다르지 않습니다. 영어에서는 앞에 나온 단어/구/절을 부연 설명할 때 쉼표로 '동격 관계'를 나타내는데요, 이때 쉼표 뒤에 나오는 부연 설명은 명사뿐 아니라 명사 역할을 하는 명사구/to부정사/동명사 등의 형태로도 등장할 수 있습니다. 단어를 일부러 반복해 동격을 강조할 때도 쉼표를 쓰는데요, 특히 명사구 동격은 앞에 관사가 생략될 수도 있으니 주의해야 하죠.

Pattern 119

쉼표를 쓴 동격 관계를 알면 해석이 필요 없다

명사구
a Amelia Earhart, **a female pilot from the U.S.**, was the first woman to fly solo across the Atlantic.

명사구(관사 생략)
Jefferson, **(the) 78-year-old leader of the democratic party,** rejected the suggestion that it was time for him to resign.

명사구(2개)
New York City, **a famous tourist destination and a center for global finance and culture**, has a population of over 8 million.

b Her hobby, **reading different types of novels**, helped her improve her vocabulary.
동명사구

c We must share a vision as a team, **a vision of creating the greatest game**.
명사구(단어 반복)

d The ranchers would cross the river with their cattle, **a very dangerous thing to do**.
명사구(절을 부연 설명)

Let's NOT forget!

동격을 나타낼 때 쉼표 대신 — (대시)나 :(콜론)을 쓰기도 하는데요, 콜론에 비해 대시는 주로 비격식체에 쓰이고 다음에 이어질 내용을 강조한다는 특징이 있습니다. 대시가 부연 설명을 앞뒤로 묶어 표현한다면, 콜론은 부연 설명이 시작하는 지점에만 쓰인다는 점도 다르죠.

Kelly received one of her life's greatest gifts — the birth of her sister — last year. 캘리는 작년에 생애 최고의 선물을 받았다. 새로 태어난 여동생 말이다.

Everyone has one common goal in life: to achieve true happiness.
모든 사람은 똑같은 삶의 목표를 한 가지 갖고 있다. 진정한 행복을 얻는 것 말이다.

Inescapable

[a]International trade, an essential tool for high economic growth, is a double-edged sword. While useful in helping national economies to grow, its use should be regulated as it could cause many of a country's fledgling domestic industries to decline and bring about structural unemployment. With this in mind, how can countries manage to control the size of their international trade? Generally, governments use tariffs and quotas, two trade barriers that make it less desirable to import goods. By either making items more expensive with taxes or specifying the maximum amount of foreign products that can be imported, countries can control the total quantity of imported products and minimize the adverse effects of the border transactions. Tariffs seem ideal, as they generate tax revenue, so why are quotas used at all? In fact, quotas are also necessary because there are times when the demand for imports is price [b]_____. If consumers are still buying the imported products despite tariffs, countries need to restrict the quantity that can enter the country, at least for a specific period.

a에서 주어와 동격으로 쓰인 표현을 고르세요.

1 international trade
2 a double-edged sword
3 an essential tool for high economic growth
4 high economic growth

b에 가장 알맞은 어휘를 고르세요.

1 tractable
2 pliable
3 flexible
4 inelastic

double-edged 양날인 sword 검, 칼 regulate 규제하다 fledgling 풋내기, 신출내기 domestic 국내의 decline 감소하다 structural unemployment 구조적 실업 tariff 관세 quota 한도 barrier 장벽 desirable 탐나는 import 수입하다 specify 명시하다 maximum 최대의 foreign 외국의 minimize 최소화하다 adverse 부정적인 border 국경 transaction 거래 generate 창출하다 tax revenue 세입 restrict 제한하다

a 미국 국적의 조종사인 아멜리아 에어하트는 최초로 대서양을 단독 비행한 여성이다. | 78세의 민주당 지도자인 제퍼슨은 이제 은퇴하는 게 어떻겠냐는 제안을 뿌리쳤다. | 유명 관광명소이자 세계 경제 및 문화의 중심지인 뉴욕의 인구는 8백만 명이 넘는다. b 그녀의 취미인 다양한 소설 읽기가 어휘력 신장에 도움이 되었다. c 우리는 같은 팀으로서 하나의 이상을 공유해야 합니다. 최고의 게임 제작이라는 이상 말입니다. d 농장주들은 소떼를 몰고 강을 건너는 위험한 일을 벌이려고 했다.

우리말에서는 '잘 지냈니?' '밥 먹었니?'처럼 주어를 생략할 때가 많죠? 주어가 누군지 묻지 않아도 뻔히 알 수 있으니 굳이 반복하지 않는 건데요, 영어도 충분히 알 만한 내용이거나 중복되는 어구는 생략해 문장을 간결하게 표현하려는 경향이 있습니다. 문법적으로 대등한 요소가 연결된 절에서 공통되는 주어/동사(구)/보어/목적어를 생략하거나 부사구나 전치사를 생략하는 것도 그래서죠. 주어나 동사 같은 문장의 필수 성분이 안 보이면 해석도 어렵게 느껴질 수 있으니 생략된 필수 성분은 없는지 꼭 살펴보세요!

Pattern
120

생략된 중복 표현을 찾으면 해석이 필요 없다

a (I) Thank you very much.
주어 생략

b To children, <u>they gave</u> t-shirts; to adults **(they gave)** perfume.
중복 「주어+동사」 생략

I thought he would be <u>a spy</u>, and it later turned out he was **(a spy)**.
중복 보어 생략

Some people <u>went</u> on foot; others **(went)** by bicycle.
중복 동사 생략

I <u>will</u> never <u>understand</u> you, nor **(will)** you **(understand)** me.
중복 「조동사+동사」 생략

중복 「분사(현재완료)+목적어」 생략
She keeps saying she has <u>finished the work</u>, but I don't think she has **(finished the work)**.

중복 「동사+부사구」 생략
He <u>goes to the dentist</u> once a year; I **(go to the dentist)** every 6 month.

중복 전치사 생략
<u>With</u> her father in the hospital and **(with)** her mother in need of assistance, the little girl didn't know what to do.

생략된 형태가 관용어로 굳어져 쓰이기도 합니다. 가령 함축적인 성격이 강한 속담, 격언, 푯말, 광고, 게시문 등에서는 완전 문장이 아닌 특정 성분이 생략된 형태의 문구가 자주 등장하는데요, 같은 언어를 쓰는 대중의 공통적인 경험이 녹아 있으니 낱낱이 풀어쓰지 않아도 맥락을 충분히 이해할 수 있기 때문이죠. 일부 구문을 생략하면 운율이 살아나는 '대구' 효과가 나타나기도 합니다.

(<u>This is</u>) On sale 판매중
No smoking (<u>is allowed</u>) 금연
I go to the barber's (<u>shop</u>) twice a month. 나는 한 달에 두 번 이발소에 간다.
The sooner (<u>you do it</u>), the better (<u>it will be</u>). 빠르면 빠를수록 좋다.
(<u>If there are</u>) So many men, (<u>there are</u>) so many minds. 각양각색
(<u>If you experience</u>) No pain, (<u>you will get</u>) no gain. 고통 없이는 아무것도 얻을 수 없다.

Inescapable

Individuals seeking to work in international business should learn some basic rules of nonverbal communication in the regions they visit. With the influence of the internet, media, and tourism, many gestures have become widely known and commonly shared between people around the globe. However, some gestures are culture-specific and can convey very different meanings in different settings. Take the example of eye contact: one person looking directly at another person's eyes. [a]In North America (①) it conveys equality among individuals, (②) while (③) in many Asian cultures, (④) defiance. What about posture? In America, standing with hands on one's hips may suggest power or pride, but in countries like Argentina, it may indicate hostility or that you do not like what you are hearing. Many cultures also frown on the act of displaying the bottoms of one's feet or shoes. The person to whom the sole is displayed is suggested to be dirt. Therefore, sitting with your ankle placed atop the knee of your opposite leg is strongly [b]_____ in these places.

a에서 중복 표현이 생략된 곳을 고르세요.

1 ①
2 ②
3 ③
4 ④

b에 가장 알맞은 어휘를 고르세요.

1 unarranged
2 discouraged
3 intrigued
4 unprotected

seek to ~하려고 시도하다[애쓰다]
nonverbal 비언어의 influence 영향력 tourism 관광업 gesture 몸짓 commonly 흔히, 보통 share 나누다 convey 전하다 setting 장소, 배경 eye contact 시선 마주치기 equality 평등함 defiance 저항 posture 자세 suggest 암시하다 indicate 나타내다 hostility 적대감 frown on ~에 눈살을 찌푸리다 display 보이다 bottom sole 밑창 atop 꼭대기에 opposite 반대의

[a] 정말 감사합니다. [b] 그들은 어린이들에게는 티셔츠를, 어른들에게는 향수를 나눠줬다. | 나는 그가 간첩일 거라고 생각했는데, 나중에 보니 정말로 그랬다. | 어떤 이들은 걸어서, 또 어떤 이들은 자전거로 갔다. | 나는 널 절대로 이해하지 못할 거고, 그건 너도 마찬가지일 거야. | 그녀는 그 일을 끝냈다는 말만 계속 하는데, 아직 못 끝냈을걸. | 그는 1년에 한 번씩, 나는 6개월에 한 번씩 치과에 간다. | 아버지는 병원에 계시고 어머니는 도움이 필요했기에 그 어린 소녀는 어찌할 바를 몰랐다.

Review

다음 중 밑줄 친 부분이 삽입절로 쓰인 것을 고르세요.

1 I tried to recount an experience which I thought would be interesting.
2 I signed a contract which I believed to be reasonable.
3 This is a movie which I thought would never get made.
4 I graduated from the university with strong grades which I imagined to be enough to take me through to starting my career.

다음 중 밑줄 친 분사구문이 어색한 것을 고르세요.

1 Turning around in her chair, she scanned the faces of the attendees.
2 The clerk, speaking softly, advised me to create a new account.
3 The firefighter ran, alarmed by the screams, down the stairs.
4 The fireman tried to hold me, extending his arms as far as he could.
5 My grandfather, carrying several large boxes, tried to walk down the stairs.

다음 중 밑줄 친 접속부사의 쓰임이 잘못된 것을 찾아 바르게 고치세요. (2개)

1 James was my big brother; moreover, he was my best friend.
2 The carpet appeared to be brand new; otherwise, it was very cheap.
3 The owner decided not to sell the hotel; meanwhile, he continued to enlarge the lobby.
4 Accept yourself as you are; besides, you will miss out on your life.

다음 보기 중 문맥상 알맞은 것을 골라 빈칸에 써 넣으세요.

| intelligent | easy | young | accustomed |

1 ____ as it may sound, getting a loan from the bank is a long term job.
2 ____ as she was, she had more sense than his father.
3 ____ you may think you are, you simply cannot know what you don't know.
4 ____ as we are to stone buildings, to erect one is not as easy as it seems.

각 문장에서 밑줄 친 비교급 표현에 공통으로 빠진 단어를 쓰세요.

1 They consider themselves none richer for having received the money.
2 Gold is more expensive of the two metals.
3 Upper teeth protrude significantly over the lower teeth.
4 Their lack of leadership has made the problem all more difficult.

다음 중 밑줄 친 should의 쓰임이 <u>다른</u> 하나를 고르세요.

1 If the passengers <u>should</u> be carrying weapons, this detector will make a loud noise.
2 If you <u>should</u> wish to cancel your order, contact our customer service.
3 I don't know if I <u>should</u> upgrade my computer or buy a new one.
4 If the government <u>should</u> also provide financial assistance, we will appreciate it.

각 문장에서 밑줄 친 접속사 that을 알맞은 관계부사로 바꿔 쓰세요.

1 I felt angry at the way <u>that</u> the media handled it.
2 Last Monday was the day <u>that</u> we saw the highest consumer spending of the year.
3 We sometimes forget the reason <u>that</u> we celebrate Memorial Day.
4 London is the place <u>that</u> you can find good restaurants within easy walking distance.

다음 중 밑줄 친 to부정사의 용법이 <u>다른</u> 하나를 고르세요.

1 The pet is not healthy enough <u>to receive a vaccine</u>.
2 They left the country in pursuit of a new homeland <u>never to return</u>.
3 Your decision <u>to donate blood</u> can save a life.
4 The medicine has been approved <u>to reduce the risk of heart failure</u>.
5 The victim felt lucky <u>to be alive</u> even with some disabilities.

각 문장을 읽고 괄호 안의 비교급 수식 표현을 알맞은 곳에 써 넣으세요.

1 The cover looked more interesting than the actual contents. (a great deal)
2 The human heart is bigger than the size of one's fist. (slightly)
3 A strike is less likely than the media leads you to believe. (much)
4 I'm more energetic than I've been since I was in college. (a lot)
5 Sometimes it is necessary to be more direct with people. (a bit)

다음 중 동사구의 형태가 <u>다른</u> 하나를 고르세요.

1 The app can help readers locate the books <u>for</u> which they are <u>looking</u>.
2 He always tries to <u>listen</u> carefully <u>to</u> the changing needs of his customers.
3 She had to <u>turn</u> the offer <u>down</u> immediately because of her new schedule.
4 Why don't you call and <u>ask for</u> another room?

다음 보기 중 문맥상 가장 알맞은 것을 골라 빈칸을 완성하세요.

| repeat | arrest | treat | give | stick |

1 The man fell unconscious but _____ by doctors immediately.
2 He _____ for drunken driving yesterday.
3 I _____ an opportunity to work in the organization by Senator Kerry.
4 The song has a simple melody and _____ many times throughout the movie.
5 Many ambulances _____ in the traffic on the highway.

괄호 안의 단어를 올바르게 배열하여 「the + 비교급」 구문을 완성하세요.

1 (it/you/more/about/think/the), the more nervous you will get.
2 (are/richer/you/the), the more difficult it is to grow.
3 It seems that the busier you are, (life/more/important/the/is/your).
4 (is/rank/higher/your/the), the more humbly you should behave.

괄호 안의 단어를 올바르게 배열하여 각 문장을 완성하세요.

1 I could go to Oxford (granted/a scholarship/with/from the government).
2 Some people prefer studying (in the background/some music/playing/with).
3 Don't come in (on/with/your shoes).
4 I have the habit of sitting (crossed/my legs/with).

각 문장을 읽고 부사절을 독립분사구문으로 바꿔 쓰세요.

1 If all is well, you will see a message telling you the upload is complete.
2 Since all the advisors were business owners in the past, we will be able to obtain a broad range of business knowledge and experience.
3 Since there is so much competition online, it is difficult to get your products noticed.
4 If we speak strictly, the book is not a novel but a short story collection.

각 문장을 읽고 괄호 안에서 알맞은 말을 고르세요.

1 Lots of qualified people are competing for what (few/little) jobs remain.
2 The villagers managed to survive on what (few/little) food they could find near the river.
3 The former dictator used what (few/little) means he had to regain power.
4 I am happy to give what (few/little) advice I can with what I've learned so far.

다음 중 밑줄 친 부분이 최상급 표현이 <u>아닌</u> 것을 고르세요.

1 Our goal is to make the software <u>as powerful as can be</u>.
2 He was <u>as unlikely looking a rock star as ever lived</u>.
3 The manager said, "Things are <u>as bad as they can be</u>."
4 The director made the scenes <u>as real as anything</u>.
5 I make a daily check and update my website <u>as soon as anything is sold</u>.

다음 보기 중 문맥상 알맞은 것을 골라 빈칸에 써 넣으세요.

talk	restore	find	eat

1 I don't want to do anything but _____ and sleep.
2 All we have to do is _____ some good examples and follow them.
3 You did nothing but _____ behind my back and lie to me!
4 The mayor said, "What we have to do is _____ the town quickly."

각 문장을 읽고 세미콜론(;)과 콜론(:) 중 알맞은 구두점을 써 넣으세요.

1 David is a Canadian __ however, he lives in Australia.
2 I think I know what I have to do __ I have to go back home.
3 We call it soccer __ Americans call it football.
4 He closed his lecture with a question __ "Do we really know anything?"

다음 중 밑줄 친 관계대명사의 성격이 <u>다른</u> 하나를 고르세요.

1 It was soon discovered that she was not <u>who</u> she had claimed to be.
2 Please tell me <u>what</u> you have in mind.
3 John was not <u>what</u> we thought he was.
4 Tell me <u>whom</u> you want to inherit your assets.
5 I thank all my colleagues <u>whom</u> I will never forget.

다음 중 생략된 관계대명사의 종류가 <u>다른</u> 하나를 고르세요.

1 The car I thought was out of my price range was in fact affordable.
2 Johnson is not the star player he used to be.
3 I tried everything there is in order to remove the dirt from the carpet.
4 A person I considered to be a health-care professional helped me.

다음 보기 중 어법상 알맞은 것을 골라 빈칸에 써 넣으세요.

when	where	which	who

1 Surprisingly, it was my brother _____ was in the news.
2 It was at the crosswalk _____ he was hit by the out-of-control car.
3 It was last night _____ the middle-aged Santa secretly came into the room.
4 It was the cold weather _____ kept the guards inside.

다음 중 가정법이 쓰이지 않은 문장을 고르세요.

1 During the flight, I felt as if we were chasing the sun.
2 Always treat all firearms as if they were loaded.
3 He was crawling on his stomach as if dying of thirst in the desert.
4 It looked as if she had given the matter a lot of thought.

다음 보기 중 문맥상 알맞은 것을 골라 빈칸에 써 넣으세요.

were	should	had

1 _____ it not for your generosity, we wouldn't have this campus.
2 _____ it not been for that price, I would have bought something else.
3 _____ you arrive early, you can store your luggage in the lobby.
4 _____ I to choose a place to travel, I'd likely pick an unknown area.

각 문장에서 밑줄 친 부분을 if절(가정법)로 바꿔 쓰세요.

1 I wouldn't have discovered it <u>but for the help of my assistant</u>.
2 <u>But for the Internet</u>, regular people would never know about it.
3 <u>But that he is poor</u>, he would keep studying instead of getting a job.
4 <u>But that we were friends</u>, we would have ended our business relationship.
5 <u>Without his presence</u>, we would have produced a better piece of work.

괄호 안의 단어를 올바르게 배열하여 각 문장을 완성하세요.

1 (ahead of schedule/having left/the last bus), the children had to walk home.
2 The island had lots of different languages, (spoken/some/by a few people/only).
3 The fishermen returned to the pier, (being/their nets/fish/filled with).
4 The airplane crash resulted in many deaths, (children/many of them/being).

다음 보기 중 문맥상 알맞은 것을 골라 빈칸에 써 넣으세요.

| as much | as much as | without so much as | not so much |

1 They all just walked by him _____ a glance.
2 A: He attempted to cheat me out of my money.
　　B: I thought _____.
3 He is _____ a singer as a performer.
4 No one from the hotel has _____ given us a phone call.

다음 가정법 문장의 빈칸에 공통으로 알맞은 동사를 써 넣으세요.

1 Whether you ____ a man or a woman, you will never do anything in this world without courage.
2 They save a certain amount each month, ____ it ever such a small amount.
3 We do not wonder at what we see frequently even though it ____ beyond our reason.
4 ____ it a painting or a video, if you created it, you have a copyright to it.

다음 중 밑줄 친 공통 관계의 구조가 <u>다른</u> 하나를 고르세요.

1 Olfaction is <u>the most powerful but the least respected human sense</u>.
2 There have been many heated debates <u>for and against the death penalty</u>.
3 Try to <u>care about your character, not your reputation</u>.
4 I am tired of working solely <u>by and for myself</u>.

각 문장에서 강조 용법으로 쓰인 부분에 밑줄을 그으세요.

1 There's nothing whatsoever we can do about it.
2 Your problem is not at all an uncommon one.
3 Sometimes the very person who is supposed to help us hurts us.
4 What on earth did they mean by this?

다음 중 밑줄 친 부분의 용법이 <u>다른</u> 하나를 고르세요.

1 We are different from animals in <u>that</u> we can think and create.
2 Legend has it <u>that</u> Isaac Newton was hit on the head by a falling apple.
3 Our staff will see to it <u>that</u> your requests are promptly answered.
4 We found it strange <u>that</u> there was no air conditioning in our room.
5 They have made it a priority <u>that</u> schools have first-rate access to Internet.

다음 중 밑줄 친 부분의 쓰임이 <u>다른</u> 하나를 고르세요.

1 He was caught driving at <u>double</u> the speed limit on the highway.
2 This new box can hold <u>three times</u> the amount of trash.
3 I think the college year today is <u>two-thirds</u> longer than it needs to be.
4 A half marathon is exactly <u>half</u> the distance of a full marathon.
5 The length of the yellow string is <u>two-thirds</u> the length of the red string.

각 문장의 빈칸에 알맞은 be동사를 써 넣으세요.(필요시 형태를 바꿀 것)

1 Blessed ____ the hearts that can bend; they shall never be broken.
2 Greatest ____ those who serve others, not those who expect to be served.
3 Such ____ her confidence that she gave the entire project to him.
4 So great ____ his displeasure that he tried to get rid of his chief architect.

다음 보기 중 어법상 알맞은 전치사를 골라 빈칸에 써 넣으세요.

to	about	of	beyond

1 I began to experience the side effects that my doctor warned me _____.
2 We reached a limit ____ which further improvement seemed impossible.
3 These are the things we paid attention _____ when analyzing the samples.
4 I met ten people, none _____ whom I had known at all before.

다음 보기 중 문맥상 알맞은 것을 골라 빈칸에 써 넣으세요.

be	benefit	submit

1 It is their request that we _____ our résumés by this afternoon.
2 He insists that the work _____ done before he leaves.
3 She asked that her birthday treat _____ unique.
4 He ordered that the tax reduction _____ every citizen of the country.

다음 중 밑줄 친 부분의 쓰임이 <u>다른</u> 하나를 고르세요.

1 <u>Not a word</u> did he say about the extra charge for late payment.
2 <u>Little</u> did he know that his life was about to change forever.
3 <u>Rarely</u> did they have difficulty understanding my speech.
4 <u>No one</u> was in the house when the blaze started.

각 문장의 빈칸에 공통으로 알맞은 관계대명사를 써 넣으세요.

1 I wondered what sort of folk they were _____ had come to visit so late.
2 A child was brought in _____ had swallowed a coin.
3 Let us not forget the poor people living on the streets _____ have had no food to eat.
4 He is the only actor that we know _____ can portray the character.

다음 중 밑줄 친 부분의 쓰임이 다른 하나를 고르세요.

1 <u>Only at work</u> am I able to focus well.
2 <u>Only where people are free</u> can they speak openly.
3 <u>Only your dream</u> can lead you to the path of success.
4 <u>Only the words of God</u> did they believe before the sailors arrived.

다음 보기 중 문맥상 알맞은 것을 골라 빈칸에 써 넣으세요.

not only	scarcely	no sooner	before

1 Hardly had I laid down to rest _____ I got a call from the hospital.
2 _____ had I locked the door when I realized I had left the keys inside.
3 _____ had I received the package than I realized it was damaged.
4 _____ did I save time but I also saved money.

각 문장에서 동격 관계인 어구에 밑줄을 그으세요.

1 I made an early decision in life: not to get involved with smoking.
2 Women are good at multitasking, doing several things simultaneously.
3 He broke a promise, a promise not meant to be broken.
4 He opened a chain store, a very smart move for a new entrepreneur.
5 Abraham Lincoln, a self-educated country lawyer and the 16th President of the United States, led the country through its greatest moral crisis.

각 문장을 읽고 생략된 말을 써 넣으세요.

1 To some, love is happiness, to others pain.
2 I will not be able to hear you, nor you me.
3 Chris became a chef and his sister a food storyteller.
4 He never wrote me a letter, nor I him.

Inescapable
Answer keys

Pattern 01 p. 15

정답 a **2** enjoy는 목적어가 필요한 타동사이며 나머지는 모두 목적어가 필요 없는 자동사이다. b **2** 동면 중에 가끔 깨어나 활동하는 들다람쥐와는 다른 방식으로 겨울잠을 잔다고 했으므로 문맥상 이와 반대되는 습성을 나타내는 inactive(활동하지 않는)가 가장 적절하다.

해석 들다람쥐와 나무다람쥐는 차이점이 있습니다. 들다람쥐는 나무가 아니라 땅굴에 보금자리를 만들고 땅에서 일생을 보내다시피 합니다. 이 방식으로 이 다람쥐들을 쉽게 구별할 수 있습니다. 들다람쥐는 고함소리를 들으면 굴로 달려갑니다. 반면 나무다람쥐는 근처에 있는 나무나 전봇대를 타고 올라가 화난 눈초리로 쳐다봅니다. 이 귀여운 사촌지간은 눈에 띄는 차이점이 하나 더 있습니다. 들다람쥐는 겨울에 겨울잠을 자는 반면 나무다람쥐는 겨울철 내내 활동적으로 지낸다는 점입니다. 나무다람쥐는 가끔 바깥세상으로 나와 오후의 햇살을 즐기거나 식량을 찾아 나서지만, 들다람쥐는 체온을 낮추고 신진대사 속도를 늦춰 오랫동안 잠을 잡니다. 그런데 흥미롭게도 다른 동면 동물과 달리 들다람쥐는 동면 기간에 주기적으로 잠에서 깹니다. 들다람쥐는 닷새에 한 번 정도씩 깨어나 먹이를 먹고 다시 잠자리에 듭니다. 이와 달리 개구리 같은 다른 동물들은 다른 방식으로 겨울잠을 잡니다. 이들 동물은 대체로 개울 바닥에 머물 곳을 만들어 수개월 동안 활동하지 않습니다.

Pattern 02 p. 17

정답 a **1** 독성 화학물질이 함유돼 있다면 일반적으로 사람에 유해할 수 있으므로 이론적인 가능성을 나타내는 can이 가장 적절하다. b **3** 앞서 독성 화학물질이 함유된 화초의 유해성에 대해 서술한 것으로 보아 문맥상 독성을 가진 화초의 예가 제시되어야 하므로 toxic(유독성의)이 가장 적절하다.

해석 반려식물은 실내 장식에 필수적인 요소가 될 수 있습니다. 반려식물은 집에 아름다움을 더하고 집안에 자연의 싱그러움을 가져다줍니다. 하지만 아름답다고 해서 아무 식물이나 되는 대로 집안을 꾸며서는 안 됩니다. 어떤 화초는 여느 화초처럼 독기가 없고 무해해 보이지만 의외로 불쾌한 점이 있습니다. 화초에는 독성 화학물질이 함유된 경우가 있는데, 이 화학물질들은 특히 아이와 반려동물에 매우 위험할 수 있습니다. 독성 식물의 한 예로 루핀이 있습니다. 이 화초의 열매가 바닥에 떨어져 호기심 많은 자녀가 먹기라도 한다면 불안, 경련, 호흡 곤란 등 건강에 심각한 문제를 일으킬 수 있습니다. 커다란 코끼리귀 잎사귀에도 독성이 함유돼 있어 소량 섭취조차 구토, 메스꺼움, 인후흥종 등을 일으킬 수 있습니다. 다량 섭취 시 경련, 혼수상태, 심지어 사망을 초래할 수도 있습니다.

Pattern 03 p. 19

정답 a **1** 앞서 우주비행사들은 첨단 기술 및 장비의 혜택을 누리고 있다고 했으며 빈칸 앞에 also(또한)가 제시된

것으로 보아 지구에서도 마찬가지로 우주 기술의 이점을 누리는 상황임을 유추할 수 있으므로 advantages(이점)가 가장 적절하다. b **3** 본문의 to search는 동사 use를 수식하는 부사적 용법으로 쓰였다. 1은 opportunity를 수식하는 형용사적 용법, 2는 목적어로 쓰인 명사적 용법, 3은 동사 left를 수식하는 부사적 용법, 4는 plan을 보충 설명하는 명사적 용법(주격 보어)으로 쓰였다.

해석 우주비행사들은 발사대에서 우주정거장으로, 그리고 지구로 귀환하기까지 우주를 여행하는 동안 각양각색의 특수 우주 기술에 의존하고 있습니다. 유인 조종 장치부터 공기 정화 시스템, 원거리 환자용 추적 시스템에 이르기까지, 현실과 동떨어진 임무 수행을 위해 많은 장비의 혜택을 누립니다. 이곳 지구에 있는 사람들도 이런 정교한 선진 기술의 혜택을 받고 있습니다. 우주 여행을 위한 많은 장비와 식견이 대규모로 지구에 스며든 결과 여러 방면에서 우리의 일상을 개선시켰습니다. 한 가지 선례가 의료용 CT 스캐너입니다. 병원에서는 인체의 이상 현상을 탐지하기 위해 이 이미지 촬영 기구를 사용합니다. 사실 이 기구의 개발은 달 착륙 시 촬영한 달 사진의 화질을 개선하기 위한 노력의 직접적인 산물이었습니다.

Pattern 04 p. 21

정답 a **4** 개는 적록색맹이지만 이를 보완해주는 다른 지각 능력이 발달했다고 했으므로 negative(부정적인)가 가장 적절하다. b **2** 일반적인 사실을 서술하고 있으며 문장의 주어 자리이므로 현재 시제로 나타낸 단순 동명사 형태인 missing이 가장 적절하다.

해석 원숭이는 총천연색을 볼 수 있는 몇 안 되는 동물 중 하나입니다. 원숭이의 눈은 세 개의 원추세포를 모두 갖고 있기 때문에 인간과 마찬가지로 색을 구별할 수 있습니다. 다채로운 색깔의 젤리를 늘어놓은 후 원숭이가 초록색을 고를 때만 젤리를 한번 건네보세요. 원숭이는 곧 십중팔구 그 젤리만 골라내기 시작할 것입니다. 그렇지만 개는 다릅니다. 개는 원추세포가 두 개밖에 없기 때문에 몇몇 색깔은 볼 수 있지만 모든 색깔을 볼 수는 없습니다. 정확히 말하면 개는 적록색맹입니다. 빨간색 원반을 초록색 잔디 위로 던지면 개는 그것을 구분하지 못할 것입니다. 노란색 바탕에 노란색으로만 보일 뿐입니다. 다행히도 이같은 색채 지각 능력 저하가 개에게는 그다지 부정적인 영향을 끼치지 않습니다. 개는 후각과 청각 등 이외의 중요한 지각 능력을 갖추고 있어 사물을 구별할 수 있습니다. 어쨌든 그런 능력 없이도 그럭저럭 살아갈 수 있다면 색을 볼 줄 아는 게 뭐 그리 중요할까요? 생생한 색으로 세상을 보지 못하는 것은 개한테는 전혀 문제가 아닙니다.

Pattern 05 p. 23

정답 a **1** 자동사+부사(pile은 '~을 쌓다'라는 의미의 타동사로 쓰이지만, up과 함께 쓰이면 자동사로 변해 '(양이) 쌓이다'라는 뜻이 된다.) ② 타동사+부사(crumple은 '~을 구깃구깃 뭉치다'라는 의미의 타동사이며 up은 동사와

결합하여 '완전히, 모조리, 다'라는 의미의 '종결, 완성'을 나타내는 강조로 쓰인 부사다.) ③ 자동사+부사+전치사 (end는 '끝나다'라는 의미의 자동사이며, up은 '완전히, 모조리, 다'라는 의미로 동사의 의미를 한층 더 강조하는 부사다. with은 '~인[한] 채로, ~하면서'라는 의미의 '동시 상황'을 나타내는 전치사다. end up with는 '결국 ~하게 되다'라는 의미의 동사구다.) **b 3** 쓰레기통에 버린 원고를 아내가 마음에 들어 했으므로 문맥상 이어서 써보라고 권했다는 의미를 나타내는 encourage(권하다)의 과거형이 가장 적절하다.

해석 미국에서 가장 유명한 공포소설 작가인 스티븐 킹은 자신의 첫 소설을 1974년에 팔았습니다. 원래 이미 다른 세 개의 소설을 써서 출판사에 보냈지만, 누구도 판권을 사고 싶어 하지 않아 거절 통지만 쌓여 갔습니다. 그는 훗날 "허망한 꿈을 좇는 건 아닌지 생각하며 밤마다 혼잣말을 길게 늘어놓는 습관이 생겼지요"라고 말하며 이 시절을 떠올렸습니다. 그러던 어느 날, 킹이 이동식 주택에서 네 번째 소설에 착수했을 때였습니다. 그는 몇 쪽 쓰지도 않고 원고를 구겨버리고 쓰레기통에 버렸습니다. 그는 평소와는 다른 이야기를 쓰고 있었고 그것이 자기 능력 밖의 일이라고 생각했습니다. 다행히도 얼마 후 그의 아내 타비사가 청소를 하다가 쓰레기통에 있던 원고를 꺼내 들었습니다. 그녀는 그 이야기를 읽고 마음에 쏙 들어 남편에게 이어서 써보라고 권했습니다. 그 말대로 했던 그는 마침내 2만 5천 단어의 소설로 이야기를 끝맺었습니다. 그 소설이 바로 〈캐리〉로, 스티븐 킹의 첫 번째 출간 작품이 되었습니다.

Pattern **06** p. 25

정답 **a 1** 형용사구(명사 soil을 수식) **2** 부사절(조건) **3** 부사절(양보) **4** 부사구(동사구 get killed and digested 를 수식) **b 2** 식물이 날아다니거나 기어다니는 곤충을 어떻게 먹이로 삼는지에 대해 설명하고 있으므로 immobile(움직이지 못하는)이 가장 적절하다.

해석 낭상엽 식물(주머니 형태의 잎 속으로 먹이를 유인해 잡아먹는 식충식물)은 곤충을 먹는 것으로 잘 알려져 있습니다. 이들 식물은 주로 적정 영양분이 없는 토양에서 자라기 때문에 그 대신 날아다니거나 기어다니는 곤충으로부터 필수 영양소를 섭취합니다. 그런데 움직이지도 못하는 이 생물이 어떻게 먹이를 잡아먹는지 알고 있나요? 이 식물이 먹이를 잡는 방법은 사실 무척 단순합니다. 우선 낭상엽 식물은 매우 아름다운 데다 달콤한 꿀을 갖고 있습니다. 이 시각적인 매력과 달콤한 향기가 방심한 곤충을 이파리 가장자리로 유인해 주머니 속으로 들어가도록 부추깁니다. 일단 작은 곤충이 주머니 속으로 들어가 미끄러져 내려가면 손쉽게 이들 식물의 먹이가 됩니다. 곤충이 기를 쓰고 기어나오려 해도 낭상엽 식물의 내벽이 미끄럽고 깊숙하기 때문에 빠져나오지 못하고 결국 움푹 꺼진 구덩이 안에서 죽어 소화되고 마는 것입니다. 아무것도 모른 채 당한 이 저녁거리가 어떻게 소화되느냐고요? 식충식물은 내부에서 소화액을 생성합니다. 이 액이 곤충의 몸을 점차 용해하면, 유용한 영양소들이 식물의 몸 전체로 전달되는 것입니다.

Pattern **07** p. 27

정답 **a 2** to 이하가 문장의 주어로, 주어가 길어 문장의 뒤에 배치한 가주어/진주어 구문이다. 1은 to부정사의 명사적 용법, 2는 진주어, 3은 to부정사의 형용사적 용법(한정), 4는 to부정사의 부사적 용법이다. **b 2** 낙타 특유의 신체적 특징 덕분에 사막 기후에서 살아남을 수 있다고 했으므로 unparalleled(비할 데 없는)가 가장 적절하다.

해석 낙타는 수천 년간 사막 거주자들의 주요 운송 수단이었습니다. 한쪽 편의 앞뒤 다리가 한 번에 같이 움직여 앞으로 나아가기 때문에 몸통이 선박처럼 좌우로 흔들려 이 커다란 포유동물을 타는 일이 늘 유쾌한 건 아닙니다. 하지만 낙타는 사막 지형을 가로질러 긴 여행을 하는 데 최적화돼 있습니다. 잘 알려진 바대로 그 이유는 식량이나 물 없이도 수개월간 혹독한 환경에서 살아남게 해주는 독보적인 능력에 있습니다. 낙타가 특유의 구조적 특성을 몇 가지 가지고 있는 건 분명합니다. 이 덕분에 낙타는 황량하고 건조한 땅에서 생존할 수 있습니다. 일단, 낙타의 혹은 지방으로 돼 있어 식량이 부족할 때 에너지를 공급할 수 있습니다. 또 다른 장점은 낙타의 콧구멍이 숨을 쉴 때 수분을 빨아들여 체내에서 재순환시킬 수 있다는 것입니다. 게다가 낙타는 땀을 거의 흘리지 않습니다. 이러한 특성들이 외부에서 물과 식량을 주기적으로 공급받지 않고도 사막 기후를 견뎌내는 데 도움이 되는 것입니다.

Pattern **08** p. 29

정답 **a 4** alive(살아 있는)는 서술 용법으로 쓰여 명사의 보어 역할을 하는 형용사이므로 뒤에서 수식한다. **b 2** 앞서 전 세계의 다양한 언어들이 점차 사라지고 있는 현상을 서술하고 있으므로 linguistic(언어의)이 가장 적절하다.

해석 지난 수십 년간 전 세계 거의 모든 지역에서 점점 더 많은 언어가 소멸 위기에 처했습니다. 국제 무역, 관광, 불가피한 영어의 영향력 때문에 고유어를 저버리는 사람이 더 많아지면서 수많은 언어가 부모에게서 자식에게로 전승되지 않아 겨우 몇 안 되는 사용자들만 살아남게 되었습니다. 언어는 말이자 사고 및 삶의 방식이기도 하므로 최후의 사용자가 사망하면 전체 문화 또한 사라지고 말 것입니다. 결국, 현대에 들어서면서 사람들은 언어적 특색뿐만 아니라 고유의 문화와 자랑스러운 유산까지 잃고 마는 대가를 치르고 있는 것입니다. 이러한 문제들에 맞서기 위해 전 세계의 많은 민족이 고유 언어를 보존하는 방안을 찾아내려 애쓰고 있습니다. 어떤 민족은 (모국어) 몰입 학교를 열어 소멸 위기에 처한 고유어를 새로운 세대에 가르치고 있습니다. 또 다른 민족은 해외 학자들의 도움을 받아 고유언어 지식을 인터넷 기반 정보저장소 등의 지식보관소에 기록하기 위해 노력을 기울이고 있습니다.

Pattern **09** p. 31

정답 **a 3** 온난화로 인한 환경 변화가 기업 입장에서는 자원의 발견 및 운송 등에 긍정적 영향을 미칠 것으로 기대하고 있으므로 opportunities(기회)가 가장 적절하다. **b** 1 무생물 선행사이므로 that/which를 쓸 수 있으며, who 는 선행사가 사람일 때 쓴다.

해석 환경운동가들은 북극의 극심한 기후 변화가 생명을 위협하는 문제라고 여깁니다. 그들은 가파르게 상승하는 기온이 빙하 해빙과 해수면 상승, 극지방 안팎에 있는 모든 생물의 멸종 위기를 초래할 것이라고 우려합니다. 그러나 정유 및 가스 회사들은 이 현상을 다른 관점에서 바라보고 있습니다. 이들 회사는 이 지역에 전 세계 미발견 잔존 석유 가스 자원의 25퍼센트가 매장돼 있는 것으로 추산하며 기후 변화가 자신들에게 새로운 기회를 제공할 것으로 희망하고 있습니다. 사실 이들 시추회사로서는 얼음으로 뒤덮인 환경이 새로운 에너지 부존량을 개발하려는 발빠른 노력에 실질적인 걸림돌이었습니다. 이제 이 기업들은 빙상이 석유 시추 장비를 으스러뜨리거나 깊은 빙하가 지표면 아래 송유관이나 유정을 파괴하는 등의 해묵은 여러 가지 문제를 변화하는 환경이 해결해주길 바라고 있습니다. 이같은 해빙 현상을 중대한 경고라기보다 사업 기회로 보는 또 다른 업계가 바로 운송업체입니다. 이들은 북극에 영구적으로 얼음이 사라지면 새로운 항로가 생겨 북유럽에서 중국까지의 거리가 거의 절반 정도 줄어들어 항해 시 수백만 달러의 비용이 절감될 것이라 믿고 있습니다.

Pattern
10 p. 33

정답 **a** 2는 명사절을 이끄는 접속사이고 나머지는 모두 목적격 관계대명사이다. **b** 3 모기가 말라리아에 걸린 사람들에 더 끌린다는 예를 들고 있으므로 prone(좋지 않은 일을 당하기 쉬운)이 가장 적절하다.

해석 모기가 왜 유독 다른 사람들보다 특정인을 더 좋아하는지 궁금해한 적이 있나요? 연구자들은 유전자와 체취의 결합이 그 답이라고 말합니다. 모기는 땀, 젖산, 요산, 옥타놀에 끌리는데, 이는 특정 사람에게서 자연스럽게 더 많이 지속적으로 분비됩니다. 따라서 이들이 다른 사람들보다 더 많이 모기에 물리는 것입니다. 특정 질병에 걸린 사람은 모기에 더 물리기 쉽다는 얘기를 들어본 적이 있나요? 이는 사실이며 해당 질병이 유발하는 냄새와도 관련돼 있습니다. 가령 말라리아 같은 일부 질병은 이 병에 감염된 사람의 냄새 성분을 바꾸어 모기가 이들에게 더 끌리게 만듭니다. 후각적 특성이 모기가 목표를 찾아내는 데 이용하는 유일한 단서는 아닐까 궁금할지도 모릅니다. 그 답은 아니라는 겁니다. 모기는 사람과 기타 물체를 구별하는 데 시각 및 열과 관련된 단서에도 의존합니다. 그래서 땀을 많이 흘린 채 돌아다닌다면 모기를 향해 "이봐, 나 여기 있어!"라고 외치는 셈입니다.

Pattern
11 p. 35

정답 **a** 3 소유격 관계대명사 whose가 수식하는 명사가 lives이므로 사람을 가리키는 mighty warriors가 선행사이다. **b** 4 앞서 아즈텍 전사의 전쟁 목적은 적을 제물로 삼기 위해 죽이지 않고 생포하는 것이라고 설명했으므로 slaughter(살상하다)가 가장 적절하다.

해석 아즈텍 제국에는 끊임없는 전쟁이 생활이 된 힘센 전사가 매우 많았습니다. 아즈텍 전사들은 어릴 때부터 군사

훈련을 받아 자국의 경제적, 종교적 삶의 주요 원동력이던 끝없는 전쟁에 임했습니다. 그러나 얄궂게도 숙련된 군인으로 구성된 이 강력한 제국은 스페인 군대가 자국 영토에 침입했을 때 힘없이 패했습니다. 왜 그랬을까요? 가장 명백하고 직접적인 요인 중 하나는 그들의 전술이었습니다. 아즈텍 군사들이 전쟁에 임할 때는 보통 적군을 살상하지 않고 신전에 제물로 바칠 수 있도록 생포하는 걸 목표로 삼았습니다. 따라서 아즈텍인은 스페인 적군을 살육하기보다 포로로 잡아두는 걸 선호했습니다. 아즈텍인들은 스페인 정복자들이 남다른 전술로 전투를 치르는 데 놀랐습니다. 그들은 인신 공양의 제물이 될까 봐 두려워 총과 대포로 악마 같은 적군을 살상하는 데 몰두했기 때문입니다. 아즈텍인이 전술을 바꿀 때쯤엔 이미 늦어 스페인 군대에 패배하고 말았습니다.

Pattern
12 p. 37

정답 **a** 2 건강한 생활습관을 실천하지 못할 경우(fail to ~)를 가정하고 있으므로 adopt(특정한 방식을 쓰다[취하다])가 가장 적절하다. **b** 3 소유격 관계대명사는 「the + 명사 + of which」 형태로 나타낸다.

해석 장수는 주로 평소 생활습관과 관련돼 있습니다. 규칙적으로 운동하고 건강한 식생활을 유지하며 충분한 수면을 취하고 정기적으로 예방 접종을 하고 건강 검진을 받으며 이처럼 건강한 일과 습관을 취하지 않은 경우보다 조기 사망 확률이 줄어듭니다. 그런데 이같은 생물학적인 행동만으로 가능한 수명의 한계에 도달하는 데 충분한 도움이 될까요? 최근 연구에서 연구자들은 장수에 중요한 비결이 하나 더 있다는 사실을 발견했습니다. 바로 긍정적인 태도입니다. 이들에 따르면 낙천적인 전망을 갖고 정기적으로 사교 활동을 하며 잘 웃는 사람들은 뇌를 더 건강하게 유지한다고 합니다. 그리고 이러한 뇌 상태는 다른 신체 부위가 건강하고 생산적으로 기능하는 데 결정적입니다. 따라서 삶에 대한 긍정적인 전망은 신진대사 속도를 빠르게 유지하고 수명을 늘리는 데 도움이 됩니다. 연구자들은 긍정적인 인생관을 가진 사람들이 면역체계가 더 강하며 비관적인 사람보다 스트레스 관리 능력이 더 낫다는 점도 밝혀냈습니다. 이는 노년에 심장마비, 뇌졸중 및 그 외 심혈관 질환으로 인한 사망 확률을 낮춰줄 수 있습니다.

Pattern
13 p. 39

정답 **a** 2 선행사가 무생물(beards)이고 목적격 관계대명사가 필요하므로 that이 가장 적절하다. **b** 2 수염을 기르던 유행이 전쟁 이후로 점차 사라져간 배경에 대해 서술하고 있으므로 die out(자취를 감추다)의 과거형이 가장 적절하다. show up은 '나타나다', step down은 '물러나다', drop out은 '중퇴하다'라는 의미다.

해석 수염을 기르는 것은 19세기 중반에서 후반까지 미국에서 크게 유행했습니다. 논리적 합리주의 시대인 18세기 이후부터 사람들은 표준적인 규범이나 관습을 거부하려는 움직임을 통해 개인의 자유를 향한 철학적 경향을 보이기 시작했는데, 수염은 어떤 면에서 이러한 내면의 태도를 외부로 표출하는 것이었습니다. 당시의 저명한 미국인들의 그림을 보면 거의 모든 남성이 수염을 기른 모습을 볼

수 있습니다. 알려진 역사상 가장 멋진 수염은 19세기에 찾아볼 수 있습니다. 하지만 흥미롭게도 이같은 경향은 제1차 세계대전 이후부터 점차 사라졌습니다. 전쟁 중에는 적군이 사용했던 유독성 폭탄 때문에 모든 군인이 방독면을 써야 했습니다. 하지만 수염을 기른 채 방독면을 쓸 수는 없었습니다. 머릿니도 문제였습니다. 이 해충은 털로 덮인 신체 부위에 주로 서식하기 때문에 군의관들은 모든 병사에게 머리를 짧게 깎고 수염을 기르지 말라고 지시했습니다. 이런 요인들 때문에 수염은 군대에서 완전히 자취를 감췄고 이러한 경향은 전쟁이 끝난 뒤 민간 생활에 그대로 이어졌습니다.

Pattern 14 p. 41

정답 a 4 태곳적부터 인간은 주변 세계에 대한 관심과 호기심을 갖고 있다고 했으므로 '계속'의 의미가 가장 적절하다. b 1 인간의 진보와 성취는 눈에 보이는 외부 요인이 아닌 내면에서 우러나오는 '알고자 하는 욕망' 덕분에 가능했다고 했으므로 tangible(유형의, 실체가 있는)이 가장 적절하다.

해석 태곳적부터 우리 인간은 우리를 둘러싼 주변 세계를 알고 싶어 했습니다. 호기심과 무한한 관심사를 가진 우리는 눈에 보이는 것 너머에 무엇이 있는지, 이해 불가한 것은 무엇인지 밝혀내려는 여정을 이어 왔습니다. 사실 역사를 거슬러 인간이 진보하고 업적을 이룰 수 있었던 이유는 모두 이처럼 더 많이 알고자 하는 욕망 때문이었습니다. 현대 문화의 이면에 놓인 모험, 발견, 발명을 일으킨 원동력은 가시적인 것이 아니라 내면에서 태동한 것이었습니다. 하지만 이처럼 겉보기에 인류의 가장 필수적인 본능이 가져온 놀라운 결과물들이 꼭 긍정적인 것만은 아니었습니다. 우리는 경이로운 기계를 발명했지만, 흉기를 만들어내기도 했습니다. 우리는 전 세계의 아름다운 곳은 구석구석 탐험했지만 그중 많은 곳에 큰 피해를 주기도 했습니다. 요컨대 상식과 올바른 인식 없이 우리는 호기심에 휘둘릴 때가 많았습니다. 이것이 수많은 이들에게 크나큰 피해를 입힌 실패라는 결과를 낳았습니다.

Pattern 15 p. 43

정답 a 4 이어지는 문장에서 매트 페인팅이 영화에서와 달리 현실에서는 그럴싸해 보이지 않는다고 했으므로 문맥상 그 조악함에 실망할지도 모른다는 의미를 나타내는 disappointed(실망한)가 가장 적절하다. b 3 such ~ that ... 구문에서 such의 수식 구조는 「such + a(n) + 형용사 + 명사」 형태이다.

해석 영화감독들은 너무 비용이 많이 들어 제작할 수 없는 환상적인 장면이나 배경을 연출하고 싶을 때 주로 매트 페인팅을 이용했습니다. 인위적인 환경이나 모형을 만들지 않고 재능 있는 예술가에게 수공으로 환상적인 배경을 그려달라고 요청한 후 실사 촬영 장면과 그려진 풍경을 합성한 것입니다. 이런 기법의 몇 가지 예를 유명한 괴수 영화인 《킹콩》에서 볼 수 있습니다. 이 거대한 유인원의 서식지라는 환영은 매트 페인팅으로 만들어낸 볼거리 중 하나입니다. 하지만 이러한 매트 페인팅을 직접 마주하면 곧바로 그 조악함에 실망할지도 모릅니다. 영화에서 매우 실감나게 보인 이 그림들은 실제로는 그다지 그럴싸해 보이지

않습니다. 그런데 이렇게 조악한 그림이 어떻게 그처럼 현실적인 장면들을 구현해낼 수 있는 걸까요? 이 기법은 디지털 영상 개선 덕분에 통했습니다. 기사들은 합성 과정에서 조명을 조정하고 인물들을 삽입하고 연무 등의 요소를 더합니다. 이 모든 효과가 매우 자연스러운 느낌을 불어넣어 관객들이 인공적으로 만들어진 것임을 알아차리지 못하는 것입니다.

Pattern 16 p. 45

정답 a 2 so ~ that ... 구문의 so는 형용사/부사를 수식하여 그 의미를 강조하므로 부사 mentally 앞에 와야 한다. b 1 공포영화가 특정한 것에 대한 공포심을 심어준다고 했으므로 문맥상 현실에서 이와 유사한 것을 피하려고 하는 비이성적 심리가 나타날 수 있다는 의미를 나타내는 avoidance(회피)가 가장 적절하다.

해석 부모들은 자녀가 아직 7세 이하라면 공포영화를 보여줘서는 안 됩니다. 유아는 가상과 현실을 분간할 수 없기 때문에 노골적인 이미지 시청이 심각한 심리적 상처를 남기고 삶을 뒤흔드는 치명타가 될 수 있습니다. 여러분 중 일부는 어렸을 때 어쩌다 TV에서 충격적인 장면을 언뜻 본 이후로 며칠 동안 잠을 이루지 못했을 때를 기억할 겁니다. 이는 공포영화 시청 후 나타나는 전형적인 단기 효과 중 하나입니다. 그처럼 무서운 장면에 아주 잠깐 노출된다고 하더라도 정신적으로 큰 피해를 입혀 정신과적 문제를 일으키는데, 이는 만성적인 수면 장애로 이어지는 경우가 많습니다. 이같은 부정적 경험은 심지어 자녀의 장기적 발달에도 악영향을 끼칠 수 있습니다. 일부의 경우 그러한 노출은 아이들이 화면에서 본 특정 동물, 사물, 상황에 대한 공포감을 심어주고 이는 현실에서 반드시 맞닥뜨려야 할 유사한 사건이나 상황을 비이성적으로 회피하게 만들 수 있습니다.

Pattern 17 p. 47

정답 a 3 앞 문장을 부연하는 내용의 대등한 절이 이어지고 있으므로 문맥상 and가 가장 적절하다. b 2 재료를 뒤섞고 다른 재료로 대체해보는 활동은 '실험적(experimenting)'인 과정이라 할 수 있다.

해석 부모는 어릴 때부터 아이들과 함께 요리하는 것이 좋습니다. 좀 더 많은 준비와 인내심, 정리정돈이 필요하긴 하지만 아이와 부엌에서 함께하기 위한 노력이 아깝지 않을 만큼 발달상 이점이 많습니다. 우선 아이와 함께 요리하면 아이의 운동 기능 향상에 도움이 될 수 있습니다. 운동 능력은 아이가 스스로 단련할 때만 학습되는데, 요리는 그 어떤 책도 제공해줄 수 없는 신체상의 단련 기회가 됩니다. 요리는 아이의 독해 및 산술 능력을 연습하는 데도 도움을 줍니다. 부엌에서 함께 요리하는 시간에는 계량 및 시간이라는 수학적 개념을 실제로 활용하는 것뿐 아니라 식품 라벨과 조리법을 읽는 활동도 포함되는데, 이 모두는 부엌에서 아이가 일을 거들 때 연습시킬 수 있습니다. 게다가 아이와 함께하는 요리는 아이의 문제해결 능력을 키워주기도 합니다. 다양한 재료를 한데 뒤섞고 대체해보는 실험적인 과정은 아이들의 사색 능력과 창의력 발달을 촉진합니다.

정답 **a 4** run은 보어가 필요한 동사로, loose가 run의 불완전한 의미를 보완하는 보어로 쓰였다. **1, 2, 3** 모두 완전자동사이다. **b 3** 반려견의 위험성에 대해 몰랐다면 첫 번째 개물림에 한해 책임이 없지만 알고 있었다면 견주 책임이므로 했으므로 '인지(recognition)'가 가장 적절하다.

해석 반려견이 사람을 문다면 여러분이 항상 그에 대한 책임을 져야 할까요? 대다수 주에서는 견주가 반려견이 일으키는 모든 문제에 대해 엄격한 법적 책임을 집니다. 견주에게서 풀려난 개가 다른 사람에게 상해를 입힌다면 견주가 피해자의 충격적인 경험에 대한 모든 물적, 법적 책임을 지게 됩니다. 그런데 모든 주에서 이 법이 동일하게 적용되는 것은 아닙니다. 일부 주에서는 애완동물이 두 번 이상 물게 아니라면 견주에 책임을 묻지 않습니다. 이를 "첫 번째 개물림 면책권" 규정이라고 합니다. 애완동물은 본래 상해를 입히지 않으므로 개가 인간에게 위험하거나 사납다는 것을 몰랐을 경우, 또는 그렇게 생각할 만한 근거가 없는 경우라면 주인이 책임으로부터 보호받아야 한다는 것이 그 논리입니다. 이들 주에서는 위험을 인지하는 시점에 따라 그 결과가 달라진다는 말입니다. 개가 다른 사람을 물려는 모습을 보거나 상해를 입힐 가능성이 있다는 것을 알고 있다면 반려견이 다른 사람을 처음으로 물었다 할지라도 견주가 책임을 지게 됩니다. 그런 경우가 아니라면 견주는 법령에 따라 책임을 지지 않습니다.

정답 **a 3** 치료 목적으로 꿀을 이용한 사례에 대해 얘기하고 있으므로 curative(치료 효과가 있는)가 가장 적절하다. **b 4** 꿀에 수분을 흡수하는 특징이 있다고 했으므로 물이 '거의 남아 있지 않다'는 부정의 의미를 나타내는 little이 가장 적절하다.

해석 가공하지 않은 꿀은 치료 목적으로 쓰이기도 합니다. 페니실린 및 기타 현대 의약의 발달로 꿀의 약효와 치료적 목적의 사용은 현대 사회에서 오랫동안 뒷전으로 물러나 있었습니다. 하지만 이 천연 감미료는 질병 치료를 위해 의료용으로 광범위하게 사용될 수 있습니다. 가령 꿀은 인후염에 사용 가능한데, 이는 주로 바이러스 및 세균 감염으로 발병합니다. 꿀에는 감염을 일으킬 수 있는 다양한 세균을 박멸할 수 있도록 복합적으로 작용하는 항생 물질과 항진균 물질이 함유돼 있습니다. 때문에 꿀을 탄 차나 따뜻한 레몬 음료는 인후통을 가라앉히고 치료 기간을 단축시키는 데 아주 좋은 수단입니다. 또한 가벼운 상처와 화상, 또는 피부 궤양 치료제로 쓰이기도 합니다. 꿀을 피부에 바르면 수분을 흡수하는 성질 때문에 미생물이 생장하는 데 필요한 수분이 남지 않습니다. 따라서 꿀의 탈수 작용을 통해 감염을 일으키는 박테리아가 없어집니다. 그러나 짐작할 수 있듯 꿀의 이점 중 대다수는 상점에서 판매되는 상업용 꿀 제품에서는 얻을 수 없습니다. 대개의 상업용 꿀은 고온에서 가열되고 저온 살균을 거치는데, 이 과정에서 꿀 자체의 화학 성분이 변합니다. 이 꿀을 발라도 가공하지 않은 꿀을 쓸 때와 같은 의료적 이점을 얻지는 못합니다.

정답 **a 2** 비율(수치)을 나타낼 때 쓰는 전치사 by가 생략되었다. **b 3** 담뱃세가 오르면 대신 저렴한 대용품 판매가 급증해 효과가 없을 것이라는 논리이므로 counterbalance(효과를 상쇄시키다)가 가장 적절하다.

해석 코네티컷 주가 마침내 담뱃세 인상을 코앞에 두고 있습니다. 상원이 수년째 비준되지 않고 있던 해당 법안을 마지막 장애물이던 표결에서 154 대 36의 득표차로 금요일 오후 늦게 가결시켰습니다. 주 정부 관리는 세율 인상으로 주 전역에 걸쳐 담배 소비가 약 4퍼센트 감소하고 적자 해소에도 도움이 될 것으로 내다보고 있다고 말합니다. 또한 청소년층이 가장 가격에 민감한 집단인 만큼 청소년 흡연 감소에도 효과적일 것이라고 덧붙였습니다. 사실 이 논쟁적인 법안을 비판하는 사람이 없었던 건 아닙니다. 반론을 제기하는 이들은 담배 판매 감소가 시가와 파이프 담배 같은 저렴한 대용품 이용 급증으로 상쇄될 것이며 밀수업자들이 세금을 적게 부과하는 주에서 담배를 들여와 담배 밀매가 증가할 것이라고 주장해 왔습니다. 하지만 주 대표자들은 현재로선 세금 인상이 대중의 압도적인 지지를 받고 있다고 전합니다. 그리고 반드시 적절한 후속 조치가 취해지도록 필요한 절차를 밟을 것이라는 공약을 내걸었습니다.

정답 **a 2** 모든 언어에 스며들었다고 했으므로 universal (보편적인)이 가장 적절하다. **b 3** 본문의 would는 과거에 반복적으로 했던 일을 나타낸다. **1, 4**는 조동사 will의 과거형, **2**는 가정법 과거이다.

해석 영어에서 가장 자주 쓰이는 표현 중 하나가 okay (OK)입니다. 형용사, 부사, 감탄사로 쓰이는 데다 승낙, 특정 기준의 충족, 안부 등 많은 뜻을 지니고 있기 때문에 묘하게 생긴 이 단어가 하루에도 수십 번씩 말과 글에서 불쑥불쑥 등장합니다. 실제로 okay라는 말은 오늘날 세상에서 유일하게 가장 많이 쓰는 단어입니다. 쉬운 음들이 결합한 이 단어는 거의 모든 언어에 스며들어 전 세계 도처의 말과 글에 쓰이는 보편적인 단어가 되었습니다. 그런데 견줄 데 없는 인기를 누리는 이 표현은 어디서 유래한 걸까요? 개연성이 가장 크다고 할 순 없지만 가장 흥미로운 설 중 하나가 전쟁보도설입니다. 이 설에 따르면 O는 원래 '영'을 의미했으며, 따라서 OK가 전쟁 보도 기록에서 '사상자 없음'을 뜻했다는 것입니다. 웃음을 자아내는 철자오류설도 있습니다. 이 설에 따르면 어느 미국 대통령이 "all correct"의 철자를 정확하게 쓰지 못해서 OK로 문서 결재를 했는데, 그 이후로 사람들이 '만사가 괜찮다'는 의미로 문서에 OK라고 표기하기 시작했다는 것입니다.

정답 **a 2** 정원을 가꾸기에 앞서 어떻게 화초를 선택하고 배치할 것인지 계획을 세워야 한다는 내용이 이어지므로 creative(창의적인)가 가장 적절하다. **b 4** 지각동사 see의 목적격 보어 자리이며, 한 뼘의 작은 땅이 나만의 오아시스로 변하는 '전 과정'을 의미하므로 원형부정사가 와야 한다.

해석 정원을 이용하며 성장하지 않았다면 정원 가꾸기를 그저 신체 활동으로만 여길지도 모릅니다. 하지만 이는 사실의 정반대에 가깝습니다. 정원 가꾸기는 스트레스 해소를 위해서든 신선한 과일 및 채소 재배를 위해서든 여러분의 심신을 부지런히 쓰게 하는 균형 잡힌 활동입니다. 사실 많은 사람이 원예 솜씨를 거론하지만, 실제로 정원 가꾸기는 창의적인 솜씨를 더 많이 필요로 합니다. 정원을 가꾸기 전에 일단 어떤 식물을 기르고 어떻게 배치할 것인지를 먼저 계획해야 합니다. 분명한 계획을 세우고 나서야 삽질, 갈퀴질, 괭이질 등 몸을 쓰는 진정한 노동을 시작할 수 있습니다. 게다가 정원 가꾸기는 식물의 성장기 내내 정신력의 또 다른 측면인 헌신과 인내심을 시험합니다. 정원 가꾸기는 당장 결과를 만들어내지 않습니다. 한 뼘의 작은 자연 공간이 나만의 오아시스가 될 때까지는 식물을 부단히 돌보고 세심한 주의를 기울여야 합니다.

Pattern
23 p. 59

정답 a 2 상상에 가까웠던 상업 우주여행이 지금은 저렴해진 비용 덕에 실현 가능성이 높아졌다고 얘기하고 있으므로 reality(현실)가 가장 적절하다. b 2 동명사 taking의 의미상 주어는 여행을 하는 평범한 사람들이다.

해석 상업 우주여행은 현실이 되었습니다. 평범한 사람이 지구 대기권 너머로 여행을 떠난다는 건 예전만 해도 상상에 가까웠습니다. 지금은 번성하는 우주산업과 낮아진 경비 덕에 비용을 부담하겠지만 나선 수많은 고객이 대기권을 넘어 여행을 떠나고 있습니다. 10년 전에는 독자에게 "죽기 전에 무엇을 하고 싶으까?"라고 물으면 단연 세계 여행이 1위였습니다. 하지만 이 답은 이처럼 기억에 각인될 경험에 관심을 두는 사람이 많아짐에 따라 지구 궤도를 비행하는 것으로 대체되었습니다. 사실 관광객이 되어 둥근 지구와 별이 총총히 박힌 암흑의 우주를 구경하는 황홀한 경험을 한 사람들은 과거에도 일부 있었습니다. 하지만 한계를 넘어서려 한 이 관광객들은 수백만 달러의 비용을 댈 수 있었기에 기회가 주어졌던 것입니다. 그 여행은 우주선 발사 및 관리 비용 일부를 상쇄시키기 위한 노력의 일환으로 마련된 것이었기 때문에 그러한 이국적인 휴양은 중산층 서민이 아닌 부유층만 부담할 수 있었습니다.

Pattern
24 p. 61

정답 a 2 to부정사의 의미상 주어는 주로 「for + 목적격」 형태로 나타낸다. b 3 산소는 대기로 내보내고 이산화탄소는 흡수하는 생물의 현상에 대한 내용이 이어지고 있으므로 biological(생물학적인)이 가장 적절하다.

해석 우리는 평소에 우리 마을에 있는 나무의 아름다움과 그늘을 감사히 여깁니다. 나무는 미적으로 즐거운 환경을 조성해내고 야외 활동 참여 시에는 나무 밑에서 모일 수 있는 시원한 그늘을 제공합니다. 하지만 조금 더 자세히 들여다보면 이는 나무가 제공하는 혜택 중 일부에 지나지 않는다는 것을 알게 됩니다. 나무는 우리 삶의 진정한 숨은 영웅이며 우리 모두 즐길 수 있는 기타 다양한 환경적 이점을 많이 제공합니다. 첫째로, 마을 수목은 공기 청정기 역할을 하여 우리가 숨을 쉬는 공기를 정화합니다. 이파리는 물리적인 그물 역할을 합니다. 따라서 비가 땅으로 씻어내기 전

까지 먼지 및 기타 공기 입자를 붙들어 놓습니다. 나무는 생물학적인 그물 역할도 합니다. 산소를 대기로 내보내는 과정에서 나무가 대기 중 이산화탄소 및 그 외 해로운 기체를 흡수해 제거합니다. 더욱이 나무는 소음에도 영향을 미칩니다. 나무는 원치 않은 소음을 50퍼센트까지 줄이고 야생 동물의 자연음으로 대체함으로써 소음 완충 장치 역할을 할 수 있습니다.

Pattern
25 p. 63

정답 a 1 모든 사람에 대한 감시와 분류가 더욱 강화되는 상황에 대한 내용이 이어지고 있으므로 anonymity(익명성)가 가장 적절하다. b 3 보통명사는 「the + 형용사」 형태로 나타낼 수 있다.

해석 생체 인식은 최근까지만 해도 공권력, 군사, 비밀 정부 기관 건물의 철통같은 경비에만 활용되었습니다. 이제는 이러한 기술이 다양한 용도로 폭넓은 산업에 두루 채택되고 있습니다. 업체들은 등록된 사용자들만 해당 업체의 장비, 차량, 공장을 이용할 수 있도록 하는 데 이 보안 기술을 사용합니다. 혈액은행에서는 은행이 보유한 의료 정보를 사람들이 열람 가능하도록 하는 데 이 기술을 활용합니다. 이 인증 방식은 심지어 곧 여권, 운전면허증, 유권자 등록 카드에, 어쩌면 미래의 주민등록증에도 사용될 가능성이 큽니다. 하지만 애석하게도 이같은 생체 기반 보안 체계로의 전환에 논란의 여지가 없는 건 아닙니다. 가장 중요하게는 익명성이 실질적으로 불가능해져 사생활 및 개인 보안이라는 통념에 큰 위협을 가할 수 있다는 것입니다. 가령 현재는 어떤 사람이 범죄를 저지를 경우 경찰이 유죄나 결백을 입증하기 위해 감시 카메라 영상을 확인할 수 있습니다. 그런데 안면 인식 기술로 시스템을 강화한다고 칩시다. 그러면 경찰은 근방을 지나다닌 모든 사람의 기록을 보유하게 되며, 정부는 민간인 감시와 사회적 분류가 용이하도록 이를 더 광범위하게 적용할 수 있습니다.

Pattern
26 p. 65

정답 a 4 본문의 It ~ that ...은 강조구문으로 쓰였다. 1, 2, 3은 가주어 it(+ 진주어 that) 구문이다. b 3 성체 제왕나비는 겨울에 알을 낳고 죽으므로 봄에 되돌아오는 것은 새로 태어난 제왕나비이다.

해석 여러 종류의 동물이 계절이 바뀌는 때에 겨울에 지내는 서식지로부터, 또는 서식지를 향해 이주합니다. 그 동물 중 하나가 제왕나비입니다. 수백만 마리에 이르는 이 아름다운 곤충은 가을에 북아메리카의 여름 거주지에서 남부 캘리포니아와 멕시코로 날아갑니다. 그러고는 봄에 다시 북쪽으로 이동합니다. 그런데 이 나비 종은 한 가지 매우 독특한 점이 있습니다. 되돌아오는 여정에 오르는 것은 원래의 제왕나비 군집이 아니라는 점입니다. 성체 제왕나비는 겨울에 알을 낳고 죽습니다. 따라서 봄에 북쪽으로 되돌아오는 나비는 새로 태어난 제왕나비입니다. 제왕나비는 어떻게 그런 재주를 부릴 수 있을까요? 과학자들은 제왕나비가 경험이 없는데도 어떻게 똑같은 이동 경로를 밟아 동일한 여름 서식지를 찾아내는지 여태 답을 찾지 못하고 있습니다. 제왕나비가 본능적인 방법을 쓰거나 지구의 자기장을 이용해 비행하는 능력이 있다고 짐작할 뿐입니다.

정답 **a 2** 유선형 몸통, 물갈퀴가 달린 발, 뭉툭한 꼬리는 수영과 잠수에 도움이 된다고 했으므로 adaptations(적응 형태)가 가장 적절하다. **b 2** 뒤에 명사가 나왔으므로 둘 다 전치사이다.

해석 남극에 관한 영화나 TV 프로그램을 보면 펭귄이 거의 언제나 얼음이나 땅 위에 있는 모습을 보게 됩니다. 왜 그럴까요? 땅 위에 있을 때 촬영하기가 쉽기 때문입니다. 사실 날지 못하는 펭귄은 바다에서 거의 반생을 보냅니다. 펭귄은 필요한 영양을 섭취하기 위해 다양한 바다 생물을 먹이로 삼기 때문에 항상 바다 근처에 머물면서 먹이를 사냥하기 위해 자주 물속으로 뛰어듭니다. 사실 모든 펭귄은 태생적으로 뛰어난 수영선수입니다. 숨을 쉬려면 수면 위로 올라와야 하지만 펭귄은 유선형 몸통, 물갈퀴가 달린 발, 뭉툭한 꼬리 등 수영에 적합하도록 신체적으로 훌륭하게 적응된 형태를 하고 있으며 이 모두가 바다에서 빠르게 헤엄치고 깊이 잠수하는 데 도움이 됩니다. 사실 일부 펭귄은 시간당 9마일을 헤엄칠 수 있으며 쉬지 않고 최대 100km까지 수영할 수 있습니다. 또 다른 펭귄은 530m의 깊이까지 잠수할 수 있으며, 이는 전 세계에서 가장 높은 대다수 건물보다 더 긴 거리입니다.

정답 **a 4** 작은 목표들을 성취할 때마다 보상해주는 전략을 취하라고 조언하고 있으므로 unrewarding(보람이 없는)이 가장 적절하다. **b 2** smaller steps의 비교 대상인 '보통 때의 상황'을 나타내는 절이 와야 한다.

해석 매해 수백만 명의 사람들이 새해 결심을 하고 마술 같은 결과를 얻어내려 애씁니다. 하지만 알다시피 성공률은 영 신통치 않습니다. 대다수가 자신의 결심을 포기해 버리거나 도중에 낙심해 결국 이전보다 더 큰 절망에 빠지는 게 현실입니다. 그렇다면 새해 결심을 지키는 게 왜 그렇게 어려운 걸까요? 이유는 꽤 단순합니다. 너무 비현실적인 데다 보람도 느끼지 못하기 때문입니다. 가령 한 번도 헬스장에 가본 적이 없는데 주 5회 출석하겠다고 다짐하는 사람이 많습니다. 물론 이런 다짐을 실현시킬 가능성은 희박합니다. 이들은 그럴 만한 체력이 남아 있지 않거나 다른 일에 우선순위를 두기 시작하면서 결국 하루 이틀 빠지게 될 것입니다. 머지않아 이 새로운 일과가 자신들에게는 맞지 않는다는 걸 인정하고 실패한 데 기분이 상할 것입니다. 사실 해결책은 목표를 작은 단계로 나누어 이정표에 하나씩 도달할 때마다 스스로에게 보상을 해주는 데 있습니다. 첫 한 달 동안 주 3회 출석해 스스로에게 보상을 해주고 나서 주 4회, 마침내 5회로 늘려간다면 이 필수적인 일과 성취감이 연결돼 성공 확률을 크게 높일 수 있습니다.

정답 **a 2** 경기가 불황인 때는 이전처럼 인력과 장비를 유지할 만한 여력이 없다는 내용이 되어야 하므로 과거 상황을 나타내는 유사관계대명사 as를 쓴 종속절이 와야 한다. used to 뒤에는 동사가 생략되었다. **b 4** 불황 때는 기존 기업들이 새로운 사업 분야에 진입하는 것을 불안한다고

했으므로 competition(경쟁)이 가장 적절하다.

해석 믿기 어렵겠지만 경제 상황은 신생 회사의 성공에 별 영향을 주지 않습니다. 신생 회사를 이끌어 가는 사람으로서 확실한 아이디어만 있으면 불황에도 성공할 수 있습니다. 마땅한 아이디어가 없다면 호황도 여러분을 구제해주지 못합니다. 사실 경기 불황은 여러분의 기업가 정신을 펼치는 데 그렇게 나쁘기만 한 시기는 아닐지도 모릅니다. 심지어 경기 불황일 때도 성공 가능성을 높여주는 데 도움이 되는 요소가 많습니다. 그중 주된 요소가 저렴한 가격입니다. 경기가 좋지 않을 때는 기업 입장에서 이전처럼 많은 근로자나 사무 설비를 유지할 여력이 없기 때문에 시장이 양질의 인력과 싼 물건으로 넘쳐나는데, 이 모두가 여러분이 그같은 필수 인력과 자산을 비교적 더 저렴한 비용으로 취득하는 데 도움이 됩니다. 경쟁도 줄어듭니다. 불황 때 이미 확고히 자리 잡은 기업들은 여러분이 선택한 사업 분야에 진입하는 것을 불안하게 여길 수 있습니다. 따라서 이 기업들이 기존 고객으로부터 돈을 쥐어짜낼 방법을 강구하는 동안 여러분은 소비자가 이전에 접해보지 못한 차별화된 제품 및 서비스를 제공함으로써 새로운 고객을 쉽게 확보할 수 있습니다.

정답 **a 3** '막 ~ 하려고 하다'라는 의미의 관용 표현이 필요하다. **b 1** 의도적으로 산사태를 일으키는 경우를 예로 들고 있으므로 planned(계획된)가 가장 적절하다.

해석 급경사진 눈 덮인 산비탈이 TV 화면에 나옵니다. 그러다 갑자기 '쩍' 하고 갈라지는 소리와 함께 우르르 무너져 내리기 시작합니다. 화면 속에서는 눈사태가 일어나기 직전입니다. 카메라가 뒤쪽으로 물러나면서 산등성이를 따라 거대한 눈이 떨어지는 장면이 보입니다. 여러분은 눈이 나무를 쓰러뜨리며 굴러 내려가면서 눈덩이가 불어나다가 맨 아래에 다다라 상황이 모두 종료되는 광경을 봅니다. 그렇게 그 장면이 끝난 후에 여러분은 저도 모르게 자문합니다. "대체 저건 어떻게 만들어낸 걸까?"라고 말입니다. 프로그램의 연출가가 눈사태를 어떻게 예상한 건지 궁금해지는 것입니다. 답은 단순합니다. 이미 계획돼 있었기 때문입니다. 일부 지역에서는 토지관리인이 향후 사고를 예방하기 위해 통제된 상황에서 의도적으로 산[눈]사태를 일으키기도 합니다. 인명을 해칠 위험이 없다는 걸 확인한 후에 이들은 폭약을 사용해 굉음을 내고 산[눈]사태를 만들어냅니다. 이런 조치가 드물긴 하지만 TV 프로그램 제작자들에게는 비교적 간단하게 오싹한 광경을 연출해낼 특별한 기회가 생기는 셈입니다. 이들은 무선 조종 카메라를 설치하고 초점 거리를 조절하는 것만으로도 누가 봐도 압도적인 자연의 한 장면을 포착해낼 수 있는 것입니다.

정답 **a 2** 도파민 중독으로 인한 부정적인 결과에 대해 얘기하고 있으므로 addiction(중독)이 가장 적절하다. **b 3** 주격 관계대명사 which 이하는 앞선 내용의 결과를 나타내므로 선행사는 앞 절 전체다.

해석 스트레스 해소에 도움이 되는 활동을 하면 뇌가 쾌락 감각을 관장하는 화학 전달 물질인 도파민 분비를 촉진합

니다. 인체는 건강한 삶의 균형을 유지하려는 여러분의 노력을 보상하기 위해 이 자극물질을 분비합니다. 유감스럽게도 스트레스 수준을 관리하는 이 과정은 중독 위험에 빠트리기도 합니다. 도파민으로 쾌감을 경험하고 나면 자연스럽게 도파민을 촉진하는 활동을 계속하고 싶어집니다. 이는 행동 통제력을 잃게 만들어 여러분을 부정적인 상황에 처하게 할 수 있습니다. 일례로 어떤 행동에 대해 고도의 내성이 생길 수 있습니다. 이 행동을 반복적, 규칙적으로 할 경우 인체가 이에 적응하면서 도파민 생성을 중단할 수 있습니다. 이는 다시 동일한 쾌감을 얻기 위해 해당 행위의 수위를 높이도록 부추기는 결과로 나타납니다. 또한 우울증을 경험할 수도 있습니다. 예들 들어 매일 운동을 하면 인체는 매일 발생하는 도파민에 익숙해집니다. 어떤 이유로 그 운동을 멈추면 뇌가 정상적인 화학적 균형 상태를 회복하려 애씁니다. 이는 니코틴처럼 중독성 있는 물질을 끊을 때 나타나는 극도의 스트레스와 과민함 등의 금단 증상을 유발합니다.

Pattern
32 p. 77

정답 a 1 선행사가 포함된 관계대명사 what은 the thing which로 바꿔 쓸 수 있으며 단수동사 is로 보아 선행사도 단수임을 알 수 있다. b 2 스컹크 분사물 냄새를 오래 맡다보면 냄새를 잊게 된다는 내용이므로 detect(감지하다)의 동명사 형태가 가장 적절하다.

해석 '스컹크 스프레이'라고 불리는 물질인 스컹크의 주요 방어기제는 매우 역한 데다 치명적인 것으로 악명 높습니다. 냄새가 지독할 뿐만 아니라 극심한 통증, 심지어 일시적인 실명을 유발하기도 합니다. 그런데 이처럼 끔찍한 냄새를 풍기는 화학 물질이 분사된다면 어떻게 해야 할까요? 한 가지 널리 알려진 민간요법은 토마토 주스로 목욕하는 것입니다. 통념에 따르면 토마토에 함유된 산이 스컹크 분사 액체의 오일 성분을 분해하기 때문에 이 중화 과정을 통해 산과 오일 성분이 상쇄된다고 합니다. 하지만 이 오래된 치료법에 의존해 문제를 해결해서는 안 됩니다. 실제로는 실질적 원인을 차단하는 대신 악취를 또 다른 강력한 냄새로 덮는 역할을 하기 때문입니다. 일단 스컹크가 액체를 분사하면 콧속에 있는 후각 수용체가 냄새에 익숙해지면서 얼마 지나지 않아 냄새에 적응하게 됩니다. 토마토 주스 목욕은 코가 그 역겨운 스컹크 분사물 냄새를 감지하지 못할 때까지 분주하게 토마토 냄새를 맡도록 만드는 것뿐입니다. 만일 다른 사람이 그 방에 들어온다면 당황한 채 즉시 비명을 지른 후 도망칠 것입니다.

Pattern
33 p. 79

정답 a 2 단수동사(wishes)를 썼고 주격은 올 수 없으므로 anyone이 적절하다. b 1 날씨와 추락 위험, 산소 부족 등의 문제로 수많은 등반가가 사망했다고 서술하고 있으므로 perish(비명횡사하다)가 가장 적절하다.

해석 에베레스트 정상에 도달하는 것은 세상에서 가장 위험한 활동 중 하나입니다. 그런 만큼 그 일을 시도하려는 사람에게는 반드시 극도의 용기가 필요합니다. 등정은 수년에 걸친 계획과 준비에도 불구하고 심각한 부상이나 죽음에 이르는 결과를 초래할 때가 많습니다. 1953년에 에드

먼드 힐러리와 텐징 노르가이의 등정 이후로 300명 이상이 세계에서 가장 높은 이 산의 정상에 오르려 시도하다 사망했습니다. 해발고도가 높은 산을 등정하는 것은 극단적인 날씨와 구렁으로 추락하는 위험, 산소 농도 부족 등과의 끊임없는 사투입니다. 이러한 난관 때문에 많은 산악인이 위험하고 기나긴 에베레스트 등반 루트를 오르며 죽음을 맞이했습니다. 하지만 이처럼 치명적인 장애물과 불리한 기록에도 많은 사람들이 거대한 바위투성이인 이 산비탈을 아직도 과감하게 오른다는 점은 흥미로운 대목입니다. 매년 등반 시즌이 되면 에베레스트는 수많은 등반가들과 그들을 안내하는 세파로 혼잡합니다. 때론 이 등산객들이 정상에 오르기 위한 기회를 기다리는 동안 행렬이 정체되기까지 합니다.

Pattern
34 p. 81

정답 a 1 선행사가 시간[때]을 가리키는 the year이므로 관계부사 when이 적절하다. b 2 프로그램을 채택한 이유를 이야기하고 있으므로 avoid(피하다)의 과거형이 가장 적절하다.

해석 과거에는 괴혈병이 오랜 항해 시 자주 발생하는 질병이었습니다. 선원들은 채소와 과일의 신선도가 유지될 수 있는 시간을 훌쩍 넘는 기간 동안 승선하는 경우가 흔했는데, 그래서 자주 비타민 C 결핍에 시달릴 때가 많아 영양 결핍으로 인한 질병인 괴혈병에 걸리고 말았습니다. 하지만 괴혈병 발병률은 영국의 외과의 제임스 린드가 효과가 뛰어난 치료법을 발견한 때인 1747년 이후로 급격하게 줄어들었습니다. 그는 이 질병의 원인을 밝혀내려는 노력의 일환으로 이 질병에 걸린 선원 2명씩 여섯 무리로 나누어 각기 다른 치료법을 제공했습니다. 그는 오렌지와 레몬을 준 집단만 완치되었다는 사실을 알아냈습니다. 영국 해군은 그가 이 해결책을 권하자 처음에는 무시했지만, 얼마 되지 않아 린드의 발견 덕분에 성공적으로 괴혈병을 예방하게 된 선원들이 늘어나자 모든 해군을 상대로 이 프로그램을 채택하기로 했습니다. 마침내는 모든 선박에 라임이 든 수통을 싣고 다니라고 지시하고 매일 그 물을 매일 마시게 했습니다.

Pattern
35 p. 83

정답 a 2 이야기가 시간의 흐름에 따라 전개되고 있으므로 and there가 가장 적절하다. b 3 사르곤 이야기와 모세 이야기가 매우 유사하다고 했으므로 common(공통된)이 가장 적절하다.

해석 사르곤의 전설과 모세의 전설은 많은 유사점을 지닙니다. 그 유사성은 특히나 두 전설의 첫머리에서 두드러집니다. 아카드 제국의 건국자인 사르곤 대왕의 어머니는 아들이 태어나자마자 갈대 바구니에 넣어 강물에 띄워 보냈습니다. 이 바구니는 강 하류로 떠내려가 관개 공사 일꾼이 물을 긷고 있던 강가에 다다랐습니다. 일꾼은 사르곤을 건져내 지도자로 키웠습니다. 세부 묘사에 차이가 있긴 하지만 이 미천한 출신의 탄생 이야기는 위대한 유대인 영웅인 모세의 경우와 놀랄 만큼 비슷합니다. 그 유사성이 너무 두드러진 나머지 공통의 원형에서 각각의 이야기로 갈라져 나온 것은 아닌지 의구심이 들 정도입니다. 이 두 이야기는

왜 이토록 유사한 걸까요? 사실 두 이야기의 배경이 지형상 얼마 멀지 않은 곳이라는 점을 고려하면 이러한 유사성은 그리 놀랍진 않습니다. 어쨌거나 이야기들은 국경을 넘나들고 대대손손 서로 영향을 끼치게 마련입니다. 게다가 둘 이상의 전설이 같은 도덕률과 주제를 바탕으로 하는 것은 흔한 일입니다. 사르곤과 모세의 경우, 두 이야기 모두 종전의 귀족층이 아니라 버림받은 평민층 아이라는 공통된 주제를 공유합니다. 이는 인물의 위대함이 내면으로부터 생겨나는 것이며 이를 마땅히 누릴 자격이 있다는 것을 보여줍니다.

Pattern 36 p. 85

정답 a 3 부사절인 if 조건절에서 생략된 「주어+동사」는 주절의 주어 this interest와 수동태의 be동사입니다. b 2 악덕 고리에서 보호받을 수 있도록 금리의 상한선과 범위를 정해두는 법에 대해 얘기하고 있으므로 affordable(감당할 수 있는)이 가장 적절하다.

해석 금리는 빌린 돈을 사용하는 데 부과한 요금입니다. 여러분이 무언가를 빌릴 때는 대가가 따릅니다. 돈도 마찬가지입니다. 돈을 빌리면 그 돈을 사용한 특혜에 대해 요금을 지불해야 합니다. 이론적으로 이 금리는 통상 원금에 대한 연이율이라는 형태로 나타내는데, 제약이 없을 때 그 상한선이 없습니다. 여러분의 신용도와 시장 상황에 따라 이율이 200퍼센트 이상 올라가는 경우도 상정할 수 있습니다. 하지만 현실적으로 은행 또는 일반적인 대출기관에서 돈을 빌릴 때 여러분에게 부과되는 금리는 그보다 훨씬 낮습니다. 금리는 대체로 연방은행의 장기 대출 금리에 연동되기 때문에 감당할 만한 범위에서 결정됩니다. 다행히 이는 돈을 대출하기 위해 추가 비용을 내야 할 수도 있는 사설 금융기관에서도 마찬가지입니다. 대다수 주에는 대출자가 대출금에 부과하는 최대 금리의 상한선을 정해두는 고리대금법이 있습니다. 이는 대출금 상환을 어렵게 만드는 지나친 악덕 고리에서 여러분을 보호해줍니다.

Pattern 37 p. 87

정답 a 2 지역 생산 농산물은 살충제 의존도가 더 낮다고 했으므로 safe(안전한)의 비교급이 가장 적절하다. b 4 대조적인 의미가 이어지고 있으므로 rather than(~보다는)이 가장 적절하다.

해석 더 신선하고 안전하다는 이유로 지역 생산 농산물을 선택하는 움직임이 최근에 다시 탄력을 받고 있습니다. 농장에서 시장까지의 운송 거리가 더 짧아지기 때문에 이들 농산물은 풍미가 더 강하고 일반적으로 장거리 수송에 필수인 화학물질 살충제에 대한 의존도도 더 낮습니다. 실제로, 지역에서 생산된 과일과 채소가 제공하는 이점은 이보다 훨씬 더 많습니다. 일례로 지역 농산물 판매대의 식품은 영양분의 질이 더 우수합니다. 알다시피 농산물은 숙성된 상태일 때 영양 가치가 가장 높습니다. 운송 시간이 더 짧아지면 농산물이 숙성되지 않았을 때보다 가장 잘 숙성됐을 때 재배할 수 있습니다. 지역 농산물에는 적절한 영양소도 함유돼 있습니다. 사람은 체력과 건강을 유지하기 위해 계절에 따라 다양한 미네랄 및 비타민을 섭취해야 합니다. 계절에 따라 지역 농산물만 섭취하려면 선택권이 제한될지도 모르지만, 사계절 내내 내 몸에 필요한 적절한 영양소를 섭취할 수 있게 됩니다.

Pattern 38 p. 89

정답 a 4 '방법, 방식'을 나타내는 the way가 선행사이므로 관계부사 how가 생략되었다. b 1 비용이 저렴하고 관리도 쉽다는 내용이 이어지고 있으므로 convenience(편의)가 가장 적절하다.

해석 쥐는 대다수의 실험실 검사에서 중요한 역할을 합니다. 식품을 위해서든 의약품을 위해서든 화장품을 위해서든 신물질은 해당 물질의 안전성 또는 효과를 평가하기 위해 먼저 쥐에 시험해보는 경우가 대부분입니다. 그렇다면 쥐가 이러한 실험실 검사에 그처럼 필수적인 수단이 된 이유는 무엇일까요? 한 가지 주요한 이유는 놀라울 정도로 인간과 유사하다는 점입니다. 쥐는 생리학적으로나 유전학적으로 인간과 유사한 점이 매우 많은 포유동물이기 때문에 쥐에 효과가 있으면 인간에게도 효과가 있을 때가 많습니다. 쥐를 시범 삼아 이용하는 또 다른 주된 이유는 빠른 번식력입니다. 이 작은 동물은 번식이 매우 빠르고 수명도 짧기 때문에 비교적 짧은 기간 내에 몇 세대에 걸쳐 실험 결과를 관찰할 수 있습니다. 편의라는 요소도 있습니다. 짐작할 수 있듯 쥐는 저렴하고 다루기 쉬운 데다 돼지 등 인간과 유전적으로 유사한 여타 동물보다 키우고 돌보기가 훨씬 더 수월합니다. 이것이 연구자들이 빈틈없이 통제된 연구 환경에서 쥐로 실험하는 것을 선호하는 주요 이유입니다.

Pattern 39 p. 91

정답 a 4 본문의 조동사 will은 '습성'을 나타낸다. 1, 2, 3 모두 단순미래를 나타낸다. b 3 안전하다고 여겨지는 음식이 어린아이에게 위험한 이유는 치아가 음식을 잘 부술 수 있을 만큼 자라지 않았기 때문이므로 develop(발달하다)의 과거분사형이 가장 적절하다.

해석 매해 많은 유아 및 어린이들이 질식으로 사망합니다. 어린아이들은 입에 들어가는 건 무엇이든 집어넣으려 합니다. 이런 자연스러운 호기심은 때때로 상부 기도 폐색을 일으키기도 하는데, 이는 폐에 공기가 유입되는 것을 막아 심장마비나 뇌사를 유발합니다. 그럼 주변에 아이가 있을 때 이런 비극을 막으려면 어떤 조처를 취해야 할까요? 한 연구에 의하면 유아동 질식 사고의 대다수는 완구 부품 및 작은 공과 관련이 있습니다. 이들 완구가 유아동의 손이 닿지 않는 곳에 보관해야 할지 말지를 판단하기 위해 수많은 가정에서 시험해보고 엄격하게 평가하고 있긴 하지만 대다수의 경우 여전히 걸핏하면 문제가 되고 있습니다. 가령 아기가 질식 위험이 있는 손위 형제의 장난감을 갖고 노는 때가 그렇습니다. 유아동 질식 사고의 또 다른 주요인은 음식입니다. 어린아이의 어금니는 대체로 음식을 씹을 만큼 충분히 발달돼 있지 않아 팝콘 또는 포도처럼 안전하고 아이들이 먹기에 좋다고 여기는 일반적인 음식도 위험할 때가 많은 것으로 드러나고 있습니다.

Pattern 40 p. 93

정답 a 3 물의 총량은 같지만 지역마다 강수량이 다르다고 했으므로 unevenly(균등하지 않게)가 가장 적절하다. **b 2** 빈칸 뒤에 비교 대상을 나타내는 절이 나왔으므로 접속사 than이 가장 적절하다.

해석 지구에 있는 물의 양은 늘 같습니다. 물은 계속 순환하며 고체, 액체, 기체 등 물리적 상태가 변하긴 하지만 우리 행성에 있는 물의 총량은 변함이 없습니다. 이를 고려한다면, 물을 낭비하는 게 걱정거리인 이유는 뭘까요? 물의 총량은 변함없다는 게 사실이라면 수도꼭지에서 물이 새거나 신발을 빨 때 물을 틀어놓는다고 해서 걱정하는 게 무슨 소용이 있을까요? 그 해답은 지구상에 물이 균등하게 분포하지 않는다는 사실에 있습니다. 여러분이 강수량이 그리 많지 않은 곳에 살면서 보충되는 양보다 더 빠르게 물을 쓴다면 물이 필요한 때에, 물이 필요한 곳에서 물을 구할 수 없게 됩니다. 또 다른 문제로는 공해가 있습니다. 자연은 오염된 양이 적을 때는 물을 정화할 수 있지만 인간이 매일같이 양산하는 수십억 갤런의 하수를 정화하지는 못합니다. 이는 안전하고 깨끗한 물의 양을 감소시키므로 물을 보호해야만 필요한 때에 필요한 양의 물을 쓸 수 있습니다.

Pattern 41 p. 103

정답 a 3 무생물 주어(these substances)이므로 「be동사+p.p.」 형태의 수동태 동사구가 와야 한다. **b 2** 앞서 불소가 치아 표면에 보호막을 형성하는 효과가 있다고 했으므로 protect(보호하다)의 동명사 형태가 가장 적절하다.

해석 대부분의 사람은 불소가 함유된 시판 치약을 사용합니다. 충치는 대개 음식 찌꺼기에 있는 박테리아가 치아의 법랑질을 파괴하는 산 성분을 생성시키면서 발생합니다. 하지만 치약의 불소는 치아 표면에 보호막을 형성하여 이를 예방합니다. 또한 법랑질에 패인 미세한 홈을 때워주며, 이 때문에 박테리아나 플러그가 잘 달라붙지 않습니다. 그런데도 일부 사람들은 상업용 치약을 구강 위생을 위해 매일 사용하지 않습니다. 이들은 대다수 치약에 인공 감미료, 세제, 방부제 같은 해로운 성분이 함유돼 있으며 치약을 자주 사용할 경우 이들 물질이 피부로 흡수되거나 삼키기 쉽다고 말합니다. 이 경우 이들은 충치를 어떻게 예방할까요? 그 답은 직접 만든 천연 대안 용품을 사용하는 것입니다. 천연 숯 등 일부 자연 성분은 법랑질을 보호하는 데 불소와 거의 동일한 효과가 있습니다. 숯은 온갖 물질을 달라붙게 하거나 붙잡아둡니다. 숯으로 치약을 만들어 쓰면 박테리아로부터 법랑질을 보호할 수 있으며 시판 치약과 똑같이 치아를 튼튼하게 만들 수 있습니다.

Pattern 42 p. 105

정답 a 3 빈칸 뒤의 than과 어울려 쓰이는 표현은 different than(~와 다른)과 other than(~이외에)이며, 문맥상 other than이 적절하다. **b 1** 독일이 중립을 유지하던 미국의 선박을 침몰시키는 불법 행위를 자행한 건 미국의 안보에 대한 명백한 위협이라고 했으므로 intimidated(위협을 느낀)가 가장 적절하다.

해석 미국은 유럽에서 제1차 세계대전이 처음 발발했을 때 곧바로 참전하지 않았습니다. 대다수 미국인이 연합국에 동조하고 독일군을 침략자로 여기기는 했어도 철저한 중립을 유지했으며 전쟁 물자를 제공하는 것 외에는 연합군을 전혀 돕지 않았습니다. 어쨌든 전쟁은 유럽에서 일어난 사태였고 미국은 유럽에서 일어나는 전쟁에 관여할 필요를 느끼지 못했기 때문입니다. 그러나 독일군이 해상 봉쇄 전술을 펼치기 시작하자 상황이 급변했습니다. 독일군은 영국인을 아사 직전까지 몰아 항복을 받아내려고 자국의 잠수함을 이용해 대서양을 지나는 미국 선박을 모두 침몰시키기 시작했고 이 일이 '중립'이라는 미국의 입장에 큰 위협을 가했습니다. 이는 그들과 관계없는 다른 분쟁이었지만 미국의 안보에 대한 명백한 위협이었습니다. 미국을 궁지로 몰아넣어 결국 전쟁을 선포하게 한 것은 사실상 이 무차별적 잠수함 전쟁이었습니다. 곧 대다수 미국인이 이 불법 행위에 위협을 느꼈으며 이 야만적 공격에 보복하라고 정부를 압박하기 시작했고 이에 윌슨 대통령이 의회에 참전 승인을 요청하게 되었습니다.

Pattern 43 p. 107

정답 a 4 reference book(참고 도서)은 '특정한 주제에 관한 정보를 찾아볼 수 있는 문헌'이라는 의미이므로 verify(옳은지 확인하다)가 가장 적절하다. **b 2** 최상급 다음은 명사 자리이며 온갖 최고 기록들을 한데 모아 놓은 기네스북에 대한 내용으로 보아 비교 대상이 명백하므로 things가 생략됐음을 알 수 있다.

해석 어느 날, 기네스 양조장의 대표였던 고(故) 휴 비버 경은 불만을 품은 채 자신의 사무실에 앉아 있었습니다. 전날 밤 그는 선술집에서 유럽에서 가장 빠른 엽조(獵鳥)가 무엇인지를 두고 내기를 걸었는데 자기가 말한 답이 맞는지 확인해줄 참고 도서를 전혀 찾을 수 없었습니다. 다행히도 불평을 툴툴대던 중에 새로운 생각이 떠올랐습니다. 그는 이런 기록을 다루는 서적이 없어 그것 말고도 술집에서 아직 결론을 내리지 못한 다른 쟁점들이 무수히 많을 게 틀림없다고 생각했습니다. 그 답을 담고 있는 책이라면 분명 인기를 얻으리라 생각한 것입니다. 사실 이것이 그 유명한 기네스북의 탄생 배경입니다. 세계에서 가장 크고 가장 빠르고 가장 긴 것 등을 알아볼 때 우리가 가장 신뢰하는 이 책은 사실 영국 전역의 술집 내기에서 결론을 내려주는 게 임 서적으로 고안된 것입니다.

Pattern 44 p. 109

정답 a 2 no more than은 '겨우 ~밖에'라는 의미로, only와 동의어이다. **b 4** 앞서 피라미드가 정밀함의 전형이라고 언급했으며 빈칸 뒤에 '(어떤 상태를) 유지하다'라는 의미의 동사 hold가 나온 것으로 보아 precision(정밀함)이 가장 적절하다.

해석 이집트 기자 고원에 있는 대피라미드는 정밀함의 전형입니다. 이 피라미드는 6헥타르에 이르는 각 면의 길이의 오차가 겨우 8인치에 불과할 만큼 매우 치밀하게 제작되었습니다. 건조 당시 이 건축물은 미학적 극치의 모범이기도 했습니다. 피라미드가 완성될 당시 이 엷은 갈색 벽돌은 모두 광택이 나는 석회암인 화장석으로 덮여 있어 햇볕을 받거나 심지어 달빛을 받을 때도 거대한 거울처럼 찬란하게 빛났습니다. 그러나 오늘날 볼 수 있는 것처럼 이 웅장한 건축물은 정밀함은 그대로일지언정 명성을 드높이던 아름다움은 잃어버렸습니다. 매끄러운 화장석은 모두 사라져 이 육중한 기념물은 계단식 표면으로 된 칙칙한 엷은 갈색 삼각형 건물과 다를 바 없습니다. 대체 무슨 일이 있던 걸까요? 사실 천재지변 탓에 이렇게 전락한 것입니다. 그 당시 강진이 일어나 화장석이 훼손되었고 피라미드에서 떨어져 나오고 말았습니다. 그것을 교체하지 않고, 지역 군주인 술탄이 이 돌들을 카이로로 운반시켜 그곳에 있는 대다수 요새와 사원을 만드는 데 사용하게 한 것입니다.

Pattern 45 p. 111

정답 a 3 고양이의 수염이 공간의 너비를 측정하는 도구처럼 쓰인다는 내용이 이어지고 있으므로 sizes(크기)가 가장 적절하다. b 2 고양이가 흔히 보이는 행동을 예로 들고 있으므로 누군가 본 적이 있을 것이라는 의미의 '추측'을 나타내는 조동사가 와야 한다. 빈칸 뒤에 과거완료형이 있으므로 can은 올 수 없다.

해석 고양이는 수염을 이용해서 감정 상태를 알립니다. 약 24개의 길고 하얀 이 털은 고양이의 기분을 나타내는 탁월한 지표입니다. 따라서 약간의 기본 정보를 알아두고 고양이의 수염에 세심하게 주의를 기울이면 고양이가 무엇을 원하고 여러분 주변에 있을 때 어떤 감정을 느끼는지 대략 파악할 수 있습니다. 하지만 고양이는 이 민감한 털을 그 밖에 다양한 용도로 이용합니다. 그리고 아마도 그중 가장 독특한 점은 공간의 크기를 가늠하는 것일 겁니다. 고양이의 수염은 일종의 타고난 측정 도구여서 어떤 공간에 몸통이 들어갈 수 있고 도망쳐 나올 수 있는지를 알려줍니다. 가령 고양이가 머리를 구멍에 넣었다 뺐다 하며 구멍 양면에 수염을 접촉하는 모습을 본 적이 있을 겁니다. 이같은 행동을 하는 이유는 고양이가 몸통을 통과시키기 전에 공간의 너비를 가늠하기 위함입니다. 고양이의 수염은 길이가 몸집과 비슷해서 수염이 들어맞으면 고양이 몸통도 들어맞습니다.

Pattern 46 p. 113

정답 a 2 자원봉사는 상호 영향을 미치는 행동이라고 했으므로 '일방적인 도움'을 암시하는 charity(자선)가 아니라는 의미가 가장 적절하다. b 3 find의 목적어가 your skills ~ valued절이므로 이 절을 이끌어 명사절을 만드는 접속사 that이 가장 적절하다.

해석 자원봉사는 여러분의 지역사회에 커다란 변화를 가져올 수 있습니다. 보상을 바라지 않고 남을 돕는 이 이타적인 행위는 우리 이웃의 삶을 크게 개선하며 지역사회의 결속을 다져줄 수 있습니다. 하지만 자원봉사를 그저 일종의 자선으로 여겨서는 안 됩니다. 자원봉사는 상호 영향을 미치기 때문에 이같은 사심 없는 행위는 여러분의 삶에도 막대한 변화를 만들어낼 수 있습니다. 가령 자원봉사를 하는 것은 자기 계발의 기회가 될 수 있습니다. 사람들은 일반적으로 자원봉사를 현실적인 노동 경험에 준하지 않는다고 오해하지만 대부분의 자원봉사는 만만찮은 일이며 훗날 여러분에게 도움이 될 중요한 기술과 가시적인 경험을 쌓을 수 있는 실질적인 기회를 제공합니다. 자원봉사는 자존감

도 크게 함양시킵니다. 대체로 자원봉사를 하는 동안 필수적이고 가치 있는 역량과 재능을 발견하게 되며 이러한 자각은 자기 자신에 대한 불신과 의심이라는 장벽을 무너뜨리고 이 세상에서 확고한 존재감을 갖고 있다는 긍정적인 사고를 강화하는 데 도움이 될 수 있습니다.

Pattern 47 p. 115

정답 a 1 뚜렷한 가사 없이 연주로만 이루어진 배경음악의 특성과 역할에 대한 내용이 이어지고 있으므로 양보절을 이끄는 접속사 although가 가장 적절하다. b 2 화면에 등장하지 않아도 특정 소리를 듣는 것만으로 어떤 연기가 펼쳐지고 있다는 알아채게 된다(can know)고 했으므로 identify(식별하다)가 가장 적절하다.

해석 영화 음악이라고 하면 대부분은 가사가 있는 노래를 생각하는 게 보통입니다. 기존의 히트곡이든 특정 영화를 위해 쓴 곡이든 가사가 있는 음악을 일반적으로 떠올리는 것입니다. 하지만 영화 사운드트랙에는 영화의 '배경음악'이라 불리는 관현악곡 및 기악곡인 주요 음악이 또 있습니다. 그 음악의 제목을 늘 정확히 알고 있는 건 아니더라도 영화 속에 흐르고 있으며 영화에 나오는 노래들만큼이나 중요한 역할을 합니다. 우선 기악곡은 연출가가 특정 장면에서 어떤 감정을 이끌어 내려고 하는지 알아채게 해줍니다. 예를 들면 영화 〈죠스〉에서처럼 숨막히는 순간에 배경음악이 흘러나와 그 외 방법으로는 성취하기 어려운 영화 속 행위의 긴장감과 공포감을 고조시킵니다. 또한 배경음악은 영화 속 등장인물과 주요소를 식별할 수 있게 해줍니다. 두드러진 곡조, 악기, 주제곡을 듣는 것만으로 등장인물이 화면에 나타나지 않을 때조차도 특정 인물이나 대상이 지금 연기를 펼치고 있다는 것을 무의식적으로 알 수 있습니다.

Pattern 48 p. 117

정답 a 2 손때가 타는 기존의 실물 책은 주인과 특별한 관계를 맺으며 그 사람의 일부가 되지만 전자책은 비가시적인 재산권을 갖는 것에 불과하므로 lesser(중요성이 덜한)가 가장 적절하다. b 3 빈칸은 주어 자리이며 앞 문장 전체가 선행사이므로 주격 유사관계대명사 as가 가장 적절하다.

해석 전자 장치에 전자책을 소장하는 것은 기존의 책을 소장하는 방식보다 소장 가치가 더 떨어집니다. 물론 이 현대적인 영상 출력 장치에는 이점도 있습니다. 가장 중요한 장점으로는 언제든 어디서든 원하는 때에 어떤 책이든 읽을 수 있다는 것입니다. 그런데 이는 책을 활자에 불과한 것으로 격하시키며 여러분이 소장할 수 있는 건 파일 상태로 책을 읽을 수 있는 일종의 재산권뿐입니다. 그러나 책을 전적으로 소장하는 것은 그보다 훨씬 깊은 의미를 지닙니다. 모티머 아들러가 말한 것처럼 책을 진정으로 소유하려면 "책을 읽고 또 읽어서 처음부터 끝까지 빼곡하게 표시돼 있고 메모로 덮인 채 귀퉁이는 접혀 있으며 손상되고 헐거워지고 너덜너덜해져야" 합니다. 낡은 실물 책에서 볼 수 있듯 상호작용과 관계 맺기를 통해 여러분의 일부가 되어야 한다는 말입니다. 이와 반대로 전자책에서는 소유권을 나타내는 이러한 표시를 하나도 드러낼 수 없습니다. 여러분의

기기에 담긴 모든 정보는 책 자체와는 분리된 상태로 저장돼 해당 도서를 수백 번 읽는다고 해도 새 책 같은 상태를 유지하는 것입니다.

Pattern 49 p. 119

정답 **a 2** 첫 번째에는 앞서 나온 동사 twinkle의 의미를 반복 언급한 대부정사가, 두 번째에는 수식의 대상을 본동사(cause)와 헷갈리지 않도록 to와 동사 사이에 부사를 위치시킨 분리부정사가 와야 한다. **b 4** 별빛이 여러 대기층을 통과할 때 일정한 각도가 아닌 각기 다른 각도로 굴절되므로 different(저마다 다른)가 가장 적절하다.

해석 단순한 동요인 〈반짝반짝 작은 별〉은 누구나 알고 있습니다. 그런데 별은 정말 반짝거릴까요? 정말 수천 광년 떨어진 곳에서 깜박이거나 춤추듯 움직이고 있는 걸까요? 그 답은 '아니'라는 겁니다. 별은 반짝이지 않습니다. 하지만 지구 대기권 바깥에 있기 때문에 그렇게 보이는 것입니다. 지구의 대기는 다양한 온도와 밀도를 가진 두꺼운 기체층들로 이루어져 있습니다. 별빛이 이 다양한 층을 통과할 때 여러 번 굴절되어 저마다 다른 각도로 지구에 도달하는데, 이 때문에 별이 반짝이는 것처럼 보이는 착시 현상이 나타납니다. 사실 이는 더운 날 나타나는 신기루 효과와 유사합니다. 뜨거운 아스팔트 바로 위의 공기는 그 위에 있는 공기보다 뜨겁고 밀도는 더 높습니다. 따라서 빛이 이처럼 온도 차이가 나는 공기층을 통과할 때 굴절되면서 우리 눈에는 물이 흐르는 듯한 환영으로 보이는 것입니다.

Pattern 50 p. 121

정답 **a 3** 날씨에 따라 얻을 수 있는 에너지의 양도 달라진다고 얘기하고 있으므로 reliability(확실성, 안정성)가 가장 적절하다. **b 2** '역시, 또한'을 뜻하는 so를 문장의 맨 앞에 둘 경우 주어와 동사의 자리가 바뀌는 도치가 일어난다.

해석 재생 에너지의 이점은 너무 잘 알려져 있어서 더 말할 필요가 없습니다. 그런데 재생 에너지가 더 많이 보급되지 않는 이유가 뭘까요? 이는 크게 두 가지 이유 때문인데, 그중 한 가지가 공급 안정성입니다. 짐작할 수 있듯 태양광 발전은 흐린 날에는 효과가 떨어지며 풍력 발전에는 강한 바람이 필요합니다. 그러니 결국 햇빛이나 바람이 충분하지 않으면 필요한 양만큼 에너지를 얻을 수 없습니다. 다른 형태의 에너지는 어떨까요? 태양광 전지판이나 풍력 발전기가 변화무쌍한 날씨에 취약하듯 다른 형태의 에너지 발전기로부터 얻을 수 있는 용량도 다르지 않습니다. 유일하게 조력 발전은 예외입니다. 두 번째 문제는 충분한 양의 재생 에너지를 생산해내는 데 드는 높은 비용입니다. 에너지는 응집된 형태에서 분산된 형태로 흘러야 하므로 재생 에너지가 성공적으로 발전하려면 먼저 전기나 연료 등의 형태로 응집돼야 합니다. 하지만 원유나 석탄과는 반대로 재생 에너지에서 생산되는 에너지는 원래 매우 분산된 형태를 띕니다. 이를 더 응집된 형태의 이용 가치가 있는 에너지로 바꾸려면 광활한 지대 곳곳에 배치된 수많은 장비 및 설비와 막대한 자본이 필요합니다.

Pattern 51 p. 123

정답 **a 1** 인간은 땀을 분비해 체온을 조절한다는 언급에 뒤이어 이에 반대되는 내용을 소개하는 부사구(on the other hand)가 나온 것으로 보아 개는 다른 방식으로 체온을 조절한다는 내용이 이어져야 하므로 regulate(조절하다)가 가장 적절하다. **b 4** 문맥상 앞 문장 전체를 선행사로 취하는 관계형용사 which가 가장 적절하다.

해석 인간은 땀을 분비하여 체온을 낮춥니다. 피부 표면에서 분출되는 이 물기는 피부 겉면의 열을 흡수하며 이 물기가 증발하면서 과도한 열이 식게 됩니다. 반면에 개는 인간과 똑같은 방식으로 체온을 조절하지 못합니다. 개는 땀샘이 거의 없으며 그나마도 발바닥에 있어 다른 냉각 방식을 이용합니다. 이 방법을 보통 '헐떡거림'이라고 부릅니다. 개는 입을 아주 크게 벌리고 침을 흘릴 때까지 혀를 내밀어 빠르게 숨을 쉬는데, 이때는 열사병에 걸려 진이 빠진 것처럼 보일 정도입니다. 사실 이는 체온을 낮추는 데 매우 효과적인 방법입니다. 개는 기도를 이용해 열을 식히기 때문입니다. 개는 숨을 헐떡여 많은 양의 뜨거운 공기를 차가운 공기와 교환시키고 그 과정에서 이 공기의 흐름으로 몸통을 냉각시킵니다. 여러분 중 일부는, 특히 집에서 개를 키우고 있다면 정상적인 헐떡거림이 어느 정도인지 궁금할 것입니다. 그 답은, 통상적인 경우 분당 평균 호흡률이 30∼40회라는 것입니다. 하지만 날씨가 매우 더울 때는 수분 동안 분당 300∼400회까지 증가했다가 정상 수준으로 돌아옵니다.

Pattern 52 p. 125

정답 **a 4** 빈칸 이하의 내용이 문맥상 '오늘날 우리가 알고 있는 것과 같은'이라는 의미로 golf를 수식하는 형용사절이 되어야 하므로 '∼와 같이, ∼대로'라는 의미의 접속사 as가 가장 적절하다. **b 2** It과 that 사이에 놓인 in this "Home of Golf"를 강조하는 It ∼ that ... 강조구문이다.

해석 골프라는 현대적인 경기는 스코틀랜드에서 유래했습니다. 15세기 무렵 스코틀랜드인들은 모래 언덕으로 나가 자갈을 쳐서 토끼굴 속으로 집어넣곤 했습니다. 이것이 오늘날 우리가 알고 있는 흥미로운 인기 스포츠인 골프로 발전한 것입니다. 하지만 이 경기에 스코틀랜드가 기여한 바는 본고장이라는 사실뿐만이 아닙니다. 스코틀랜드인은 이 밖에도 이 경기의 규칙과 장비 개발에 중요한 역할을 했습니다. 사실 이 경기의 명문화된 규정이 최초로 생겨나고 18홀을 비롯한 첫 토너먼트 체계를 세운 곳이 바로 이 '골프의 전당'이었습니다. 1774년 에든버러의 골퍼들이 최초의 표준 규정을 만들었고 이를 인근 도시 간 최초의 골프 선수권 대회에 적용했습니다. 골프공 표면에 홈을 팰 때 완성한 현대식 골프공을 처음 만들어낸 것도 스코틀랜드인이었습니다. 이들은 상처가 나고 패인 낡은 공이 더 멀리 나아간다는 사실을 안 뒤부터는 일부러 홈을 파기도 했는데, 이는 현대의 골프공에 여전히 남아 있는 특징입니다.

Pattern 53 p. 127

정답 **a 3** 라이트 형제와 알베르토 산토스 뒤몽이 앞다퉈 최초의 유인 비행을 성공시켰다고 주장하는 상황이 서술되고 있고 빈칸 뒤에 '누가 진정한 최초 비행사인지에 대한' 이라는 말이 이어지고 있으므로 controversy(논란)가 가장 적절하다. **b 3** 알베르토 산토스 뒤몽의 기여도 분명 있다고 했으므로 문맥상 '의무, 당위'를 나타내는 be to부정사가 가장 적절하며 무생물 주어이므로 to부정사는 수동태로 나타내야 한다.

해석 미국의 라이트 형제는 1903년 12월 17일에 역사상 가장 위대한 경주에서 승리했다고 주장했습니다. 과연 누가 최초의 유인 동력 비행기를 개발할 것인지를 두고 야심 찬 경쟁이 펼쳐지던 20세기 초에 이들이 노스캐롤라이나 주 키티 호크에서 자신들의 시험용 비행기로 약 12초간 시험 비행을 했다고 천명한 것이었습니다. 하지만 얼마 안 가 알베르토 산토스 뒤몽이라는 브라질인도 유럽에서 같은 위업을 달성했다고 주장했습니다. 라이트 형제의 시험 비행이 있고 거의 3년 후인, 1906년 10월에 그의 비행기인 14-bis호가 파리에서 성공적인 비행을 했다는 것입니다. 산토스 뒤몽의 비행은 대규모의 군중을 증인으로 앞세운 상태에서 언론의 자세한 취재가 이뤄진 데 반해, 라이트 형제의 비행을 목격한 사람은 거의 없었으므로 진정한 최초 비행사가 누구인지를 두고 논란이 빚어졌습니다. 라이트 형제의 비행기는 이륙하는 데 이동식 트랙이나 가속 장치가 필요했지만, 산토스 뒤몽의 기체는 자력으로 이륙한 것이었습니다. 둘 중 무엇이 진정한 최초 비행이었을까요? 결국 최초의 중(重)항공기 조종 동력 비행이라는 영예는 대부분 라이트 형제에게로 돌아갔습니다. 하지만 브라질인 선구자의 기여도 간과해선 안 됩니다. 그의 비행기는 자력 이륙을 최초로 증명했기 때문입니다.

Pattern 54 p. 129

정답 **a 3** 곤충의 호흡계와 호흡 방식이 몸통의 크기에 미치는 영향에 대해 얘기하고 있으므로 breathe(호흡하다)가 가장 적절하다. **b 3** 'B뿐만 아니라 A도'라는 의미의 A as well as B의 주어는 비교적 새로운 정보에 해당하는 A이므로 동사는 this respirator system에 수를 일치시킨 3인칭 단수동사 is가 적절하다.

해석 거대 곤충은 그 모습이 너무 끔찍해서 관객을 겁주기 위해 공포영화에 자주 활용됩니다. 곤충은 크기가 매우 작아서 일상생활에서는 우리 눈에 띄지 않고 제 일을 합니다. 그러나 영화에서는 일종의 핵 실험이나 신약 연구로 인해 돌연변이를 일으켜 인간처럼 몸집이 커져 마침내 그 위압적인 힘으로 사람들을 공격하기도 합니다. 그런데 곤충이 정말 그만큼 거대한 크기로 자라나 위협적인 존재가 될 수 있을까요? 대답은 아니라는 겁니다. 그 이유는 곤충이 호흡하는 법과 관계가 있습니다. 곤충은 산소를 인간이나 다른 동물들처럼 들이마시지 않습니다. 곤충은 인간처럼 폐로 호흡하지 않고 물고기처럼 아가미로 호흡하지도 않습니다. 그 대신 몸통에 산소를 각 세포로 운반하는 가느다란 관이 있습니다. 다행히도 다른 기관계뿐 아니라 이 호흡계도 단거리일 때만 효과가 있습니다. 즉, 산소가 각 부위에 있는 모든 세포에 도달하려면 몸통이 매우 작아야 합니다. 요컨대 공포영화에서나 보는 거대한 곤충은 절대 볼 수 없으며, 이는 곤충의 호흡 방식과 관련돼 있습니다.

Pattern 55 p. 131

정답 **a 3** 주절의 동사가 과거 시제인 believed이므로 종속절의 조동사도 can의 과거형인 could로 시제를 일치시켜야 한다. **b 3** 인간이 저승에 가면 동물을 대한 태도를 심판받는다고 했으므로 afterlife(내세)가 가장 적절하다.

해석 고대 이집트인들은 인간 미라를 만들었습니다. 이들은 시체의 물리적 형태를 보존하면 영생을 얻을 것이라 믿었기에 시체를 방부 처리하여 아마 섬유로 돌돌 말아 피라미드 내부 깊은 곳에 묻어두었습니다. 그런데 흥미롭게도 이집트인들은 동물을 미라로 만들기도 했습니다. 고양이, 개, 황소, 악어, 각양각색의 조류 등 다양한 동물도 마찬가지로 미라라는 형태로 매장한 것입니다. 그렇다면 이들 동물이 그같은 성스러운 대접을 받은 이유는 무엇일까요? 그 이유는 이집트인들이 대다수의 신을 동물 형태를 빌려 숭배했기 때문입니다. 이처럼 동물은 애완 동물만이 아니라 성육신으로 여겨지기도 했으며, 따라서 동물이 죽으면 최소한 인간과 똑같이 공경하는 마음으로 대해야 했습니다. 더욱이 동물을 미라로 만드는 것은 내세에도 영향을 끼칠 수 있었습니다. 이집트인의 신앙에 따르면 사람이 저승에서 지복을 누리려면 신의 심판을 받기 위한 일련의 심문을 통과해야 했습니다. 그중 하나가 "이승에서 살며 동물을 공경하는 마음으로 대했느냐?"였습니다.

Pattern 56 p. 133

정답 **a 4** one thing이 행위(miss)의 주체이므로 '능동'을 나타내는 현재분사 형태가 와야 하며 부사구와 함께 명사를 뒤에서 수식한다. **b 3** 여행 계획을 미리 짜뒀더라도 낯선 환경에 놓이면 일정이 생각과 다르게 흘러갈 수 있는 상황이 발생해 첫날부터 계획이 어긋날 수 있다고 서술하고 있으므로 이러한 상황을 나타내는 unexpected(예기치 않은)가 가장 적절하다.

해석 여러분은 첫 번째 해외여행 준비를 막 끝냈습니다. 여행 가방 꾸리기, 항공권 확인, 호텔 숙박 예약 확인이라는 3가지 기본 사항부터 여권, 비자, 필요한 예방접종 등 필수 사항에 이르기까지, 이제 여러분은 낯선 땅으로 떠나 새로운 문화를 경험하기 위한 모든 필수 단계를 다 밟았습니다. 뭘 더 할 필요가 있을까요? 사실 점검표에 빠진 게 하나 있습니다. 첫날에 대비한 비상 대책을 세우지 않은 겁니다. 해외여행을 해본 사람은 누구라도 여행 첫날엔 낯선 환경과 여독에 나가떨어진다는 데 동의할 겁니다. 해외여행은 국내 여행과 다르기 때문에 실행 계획 및 미로 같은 낯선 길에 사로잡힐 때가 많고, 그러다 보면 결국 소중한 첫날 일정을 단념하게 됩니다. 하지만 이같이 예상치 못한 시련은 첫날에 대비한 유용한 비상 대책을 마련하는 것으로 예방할 수 있습니다. 호텔 인근의 편의 시설을 확인하거나 근처 관광지로 가는 경로를 알아둠으로써 계획대로 진행되지 않는다 하더라도 고된 첫날을 최대한 활용할 수 있습니다.

Pattern 57 p. 135

정답 **a 2** 이어지는 내용에서 주택 개조 과정 중에 비용이 생각보다 훨씬 더 불어날 수 있다고 주장하고 있으므로

ignore(무시하다)의 과거분사형이 가장 적절하다. **b 2** 독자가 분명히 그럴 것이라고 글쓴이가 확신하고 있으므로 to부정사가 와야 한다.

해석 과거에는 가족이 늘어남에 따라 새로운 곳으로 이사하는 것이 보통이었습니다. 이제는 자신의 생활방식이나 가계 규모에 맞지 않을 때 주택을 개조하는 편을 택하는 사람들이 더 많아지고 있습니다. 이들은 이사를 하고 새로운 곳에서 새 삶을 시작하기보다는 차라리 있던 자리에서 가진 걸 개조하기로 마음먹는 것입니다. 이같은 사례는 집주인 만큼이나 다양하고 많긴 하지만 그 이유는 꽤 단순합니다. 주택을 고쳐 쓰는 게 더 경제적이며, 그렇게 하면 가족과 자녀가 만족하고 있는 동네에 계속 남아 있을 수 있습니다. 그러나 주택 개조를 생각 중이라면 이점 대비 소요 비용을 간과해선 안 됩니다. 주택 개조는 판도라의 상자를 여는 것이나 다름없기 때문에 작업이 한창 진행 중일 때 불쑥 나타나는 비용이 늘 숨어 있습니다. 대다수의 경우 한 곳에서 개조 작업을 시작하긴 해도 결국엔 작업을 진행하면서 그 밖의 많은 곳을 고치게 됩니다. 낡고 오래된 집에 사는 경우라면 특히나 더 그렇습니다. 벽에 못을 하나 박아보세요. 그러면 예상하지 못했던 다른 문제를 분명 발견하게 될 겁니다.

Pattern 58 p. 137

정답 **a 2** 빈칸 뒤에 앞선 내용을 간략하게 다시 풀어쓴 문장이 이어지고 있으므로 To make a long story short(간단히 말하자면)가 가장 적절하다. **b 1** 구체적인 사고는 표면적인 사고, 즉 겉으로 드러나는 것만 인지하는 것이라고 말하며 사원을 볼 때 나무토막과 돌로 이루어진 겉모습만 본다고 예를 들고 있으므로 senses(감각)가 가장 적절하다.

해석 아이들은 8세 전까지 심리학자들이 '구체적인 사고'라고 부르는 것을 이용해서 주변을 이해할 수 있습니다. 하지만 대략 8세가 되면 추상적으로 사고하는 법 또한 반드시 발달시켜야 합니다. 그렇다면 구체적인 사고와 추상적인 사고란 무엇일까요? 간단히 말해, 구체적인 사고는 표면적인 사고를 뜻하고 추상적인 사고는 깊이 있는 사고를 가리킵니다. 추상적인 사고는 현시점의 사실 및 즉각적으로 인식 가능한 것과는 별개인 개념과 속성에 대해 성찰하는 것입니다. 가령 추상적 사고를 하는 사람들은 사원을 보고 고전 양식의 건축물로만 생각하지 않습니다. 이들은 그 건축물과는 별개인 가치와 속성을 성찰하고 그것이 나타내는 종교에 대해 생각합니다. 반면에 구체적인 사고는 감각할 수 있는 물체나 사건을 바탕으로 합니다. 구체적인 사고를 적용하면 사원은 나무토막과 석조물에 불과합니다.

Pattern 59 p. 139

정답 **a 2** 약간의 소음이 있는 학습 환경이 이상적일 때가 있다는 내용이 이어지고 있으므로 반드시 조용할 필요가 없다는 의미를 나타내는 silent(조용한)가 가장 적절하다. **b 4** 빈칸 뒤의 내용으로 보아 문맥상 특정 화제 또는 주제를 소개하는 말이 와야 하므로 when it comes to(~에 대해서라면)가 가장 적절하다.

해석 학습 환경은 공부를 하면서 성취할 수 있는 범위에 중대한 영향을 미칩니다. 어쨌든 적절한 환경에서 집중할 수 없다면 책장을 넘기며 시간을 보내 봐야 그다지 소용이 없습니다. 그렇다면 효과적인 공부를 위한 이상적인 환경은 과연 어떤 것일까요? 통념과는 달리 소음이 전혀 없는 곳일 필요는 없습니다. 일부 사람들은 배경에 약간의 소음이 있을 때 최고의 실력을 발휘하기 때문에 이들에게는 부엌 식탁이나 거실처럼 더 분주하고 시끄러운 환경이 학습에 이상적인 장소가 됩니다. 하지만 적절한 학습 환경을 고르는 문제에 관해서라면 우리는 대체로 일반적인 생활 소음 및 주의를 산만하게 하는 요소들과 가능한 한 멀리 떨어진 공간을 택합니다. 일반적으로 조용한 환경은 집중력에 지장을 주는 방해 요소를 차단하고 더 치밀하게 지식을 탐구하는 데 도움을 줍니다.

Pattern 60 p. 141

정답 **a 2** 일정한 속도로 이동하는 비행기를 탔을 때 우리가 비행기의 속도를 알아차리지 못하는 것과 같은 이치라는 내용이 이어지고 있으므로 same(같은)이 가장 적절하다. **b 2** 이어지는 문장에서 would로 답하고 있는 것으로 보아 가정법임을 알 수 있으므로 과거형인 started가 가장 적절하다.

해석 지구는 지축을 중심으로 시간당 약 1천 마일로 자전하고 있으며 태양을 중심으로 시간당 6만 7천 마일로 공전합니다. 하지만 이 순간에도 알 수 있듯 그 움직임이나 속도는 우리의 감각으로 파악하지 못합니다. 지구가 고속으로 움직이고 있음에도 우리는 미동도 느끼지 못합니다. 왜 그럴까요? 그 이유는 우리가 지구와 더불어 항상 변함없이 같은 속도로 움직이기 때문입니다. 우리가 순조롭게 비행하는 항공기에 타고 있다고 한번 상상해 보세요. 비행기가 속도를 늦추거나 높이지 않고 한결같은 속도로 비행한다면 우리는 비행기가 움직이고 있다는 것을 알아차리지 못합니다. 지구의 움직임도 마찬가지입니다. 일정한 속도로 끊임없이 움직이고 우리도 그에 따라 움직인다면 지구의 움직임을 느끼거나 지각할 수 없습니다. 그런데 지구가 갑자기 속도를 높이기 시작한다면 어떨까요? 그러면 우리 모두 뒤로 고꾸라져 지구가 얼마나 빨리 움직이고 있는지를 분명히 알게 될 것입니다.

Pattern 61 p. 143

정답 **a 4** 인공위성은 자체 수리 장치가 지원되지 않는다고 했으므로 manually(수동으로)가 가장 적절하다. **b 3** 문맥상 they are ~ orbit이 목적에 해당하므로 목적부사절을 이끄는 so that ~의 that이 생략됐음을 알 수 있다.

해석 인공위성은 여타 전자기기와 마찬가지로 고장 나기 쉽습니다. 인공위성은 마모에 취약하며 작동되지 않을 경우 전체 기능을 손상시킬 수 있는 복잡한 부품들이 대거 사용됩니다. 하지만 보수 과정은 매우 특이합니다. 지구 주위를 도는 이들 물체의 대다수는 자체 수리 장치가 지원되지 않는 방식으로 설계돼 있기 때문에 반드시 우주비행사를 보내 고장 난 시스템을 고치거나 수동으로 교체해야 합니다. 하지만 쉽게 짐작할 수 있듯 이런 방식의 유인 탐사는 비용이 많이 들 뿐만 아니라 매우 위험합니다. 우주선을 발사하는 데 드는 평균 비용은 탐사당 4억 5천만 달러에 이르며 우주정거장과 달리 인공위성은 일이 잘못될 경우 우주인의 구조 대기 시 필요한 연명 장치가 없습니다. 사실 이 때문에 오작동 인공위성은 차차 붕괴되고 결국 궤도 바깥으로 떨어져 나가게끔 방치돼 버려지는 경우가 많습니다. 인공위성을 교체하는 데 드는 비용은 보통 유인 우주비행에 드는 비용의 일부에 지나지 않으며 우주비행사의 목숨을 위태롭게 하지도 않습니다.

Pattern
62 p. 145

정답 **a 1** 사실과 들어맞지 않았다고 말하며 그 예를 들어 설명하고 있으므로 flawed(결함이 있는)가 가장 적절하다. **b 2** 오스왈드가 암살자였을 경우를 가정하는 문장이므로 「if+주어+had+p.p.」 형태의 가정법 과거완료 조건절을 써야 한다.

해석 1963년, 미 대통령이었던 존 F. 케네디가 댈러스에서 자동차 행진을 하던 중 총상을 입고 암살당했을 때 많은 사람이 모종의 음모론 때문에 살해당했다고 생각했습니다. 정부 암살진상규명위원회는 암살자가 리 하비 오스월드이며 그가 인근 건물에서 소총으로 저격한 것을 두고 단독 범행이라고 결론을 내렸으나 대다수 미국인은 오스월드 이외에 다른 사람들이 이 암살에 연루되었다고 생각했습니다. 그 이유가 뭘까요? 조사보고서의 대다수 내용에 오류가 많았으며 사실에도 들어맞지 않았습니다. 일례로 이 저격 사건에 과학적 방법 및 기법을 적용해보자면, 총알은 세 발이었으며 케네디의 몸을 관통한 총상의 사입구와 사출구를 해명하기 위해서는 케네디를 조준한 총알이 매우 빠르게 발사돼야 한다는 점을 알 수 있습니다. 하지만 당국자들이 오스월드가 사용했다고 밝힌 소총은 구식이었으며 재장전하는 데도 시간이 오래 걸리는 것이었습니다. 즉, 저격수가 정말 단 한 명이었다면 총알이 두어 번은 공중에서 기적적으로 방향을 바꾸어야 한다는 말입니다. 게다가 위치도 문제였습니다. 오스월드가 암살자라면 사건 당시 총알이 발사됐던 곳인 해당 건물의 6층 근처에 있었어야 합니다. 하지만 충격 바로 후 그는 그곳에서 한참 떨어진 저층에 있었던 것으로 목격됐습니다.

Pattern
63 p. 147

정답 **a 3** 앞으로 실현 가능성이 없는 일을 가정하는 가정법 미래의 조건절이므로 were to를 써야 한다. **b 2** 태양이 갑자기 사라졌을 때 벌어질 일을 가정하고 있다.

해석 밤사이 태양이 죽는다면 지구에 어떤 일이 벌어질까요? 태양이 어쩌다 그 빛을 발하지 못한다면 해저에 사는 일부 미생물은 한동안 살아남겠지만 육상의 대다수 생물은 곧 멸종되고 말 것입니다. 전체 먹이사슬은 광합성 중단 및 기온 저하로 붕괴될 것이며 그 결과 지표면에서 서식하는 모든 생물이 빠른 속도로 사라지게 될 것입니다. 구체적으로는 아마 식물이 가장 먼저 멸종할 것이며 이 식물을 먹이로 삼는 동물이 다음 차례가 될 것이고 마지막으로 다른 동물을 먹고사는 동물들이 사라질 것입니다. 하지만 흥미롭게도 태양이 그저 사라지는 것보다는 이처럼 시간을 끌며 죽어가는 편이 더 낫습니다. 어쨌거나 행성을 그 궤도에 붙잡아두는 것은 태양의 중력입니다. 따라서 태양의 질량이 갑자기 없어진다면 지구는 우주로 날아가 수많은 물체와 충돌해 산산조각이 날 것입니다.

Pattern
64 p. 149

정답 **a 3** 첫 번째는 동시 동작, 두 번째는 연속 동작을 나타내므로 현재분사 형태가 적절하다. **b 4** 문맥상 무른 상태와 대비되는 표현이 어울리므로 hardens(단단해지다)가 가장 적절하다.

해석 독감이 겨울을 왜 좋아하는지 알고 있나요? 사람들이 실내에서 더 많은 시간을 보내며 가족 그리고 친구와 가깝게 붙어 있기 때문에 독감은 추운 기간에 더 흔히 발생합니다. 독감 바이러스는 체내 및 체외에서 활동성을 유지하고 주로 오염된 물체나 감염된 사람과의 접촉을 통해 전염되며 장시간 접촉은 노출 위험을 증가시켜 그에 따라 바이러스도 더 잘 퍼지게 됩니다. 그런데 최근 일부 연구자들이 그보다 더 심오한 이유가 있다는 사실을 밝혀냈습니다. 이들은 겨울과 독감의 관계가 행동학보다는 생물학과 더 관련이 있다는 점을 발견했습니다. 이들에 따르면 독감 바이러스는 일종의 보호막을 형성하는 지방막으로 둘러싸여 있다고 합니다. 이 외부 막은 공기가 뜨겁고 습할 때는 무른 상태이지만 차가운 대기에서는 단단해지는데, 이 때문에 겨울에는 바이러스가 공기 중에 더 오래 머물 수 있습니다. 이것이 차갑고 건조한 대기에서 말라버리는 비강으로 들어간다고 생각해보세요. 그러면 여러분은 전염병으로 퍼질 기회만 노리고 있는 독감 바이러스가 창궐하기 좋은 완벽한 환경을 조성하는 셈입니다.

Pattern
65 p. 151

정답 **a 1** 동명사의 의미상 주어는 소유격과 목적격 둘 다 쓸 수 있으므로 첫 번째는 목적격 의미상 주어인 one neighbor와 함께 쓰여 상황을 나타내는 동명사이다. 두 번째는 지각동사(see)의 목적어(your products)를 보충 설명하는 보어 자리에 쓰인 현재분사이다. **b 4** 문맥상 오해의 소지가 있든 정당하든 불만 자체가 사업에는 똑같이 피해를 입힌다는 의미가 돼야 하므로 legitimate(정당한)이 가장 적절하다.

해석 그 어떤 홍보 수단도 긍정적인 입소문만큼이나 강력하지 않습니다. 사람들은 친구들의 말을 진심으로 믿기 때문에 그처럼 만족스러운 품평은 가장 효과적인 소비자 설득 방식이 됩니다. 특히나 오늘날과 같은 디지털 세계에서는 더욱 그렇습니다. 이 입소문이라는 요인은 한 이웃이 자신의 긍정적인 경험을 다른 이웃에게 전달하는 데만 그치는 것이 아니라 들불처럼 퍼져 추천 소식통이라는 강력한 네트워크를 구축합니다. 특히 작은 사업체를 운영하는 경우라면 부정적인 입소문이라는 정반대의 측면도 있습니다. 더 많은 관심과 호기심을 자극하는 나쁜 정보는 좋은 정보보다 더 빠르게 전파됩니다. 그러므로 부정적인 사진이나 문자는 단 몇 분 만에 수천 명이 공유할 수 있고 하룻밤 사이에 여러분의 상품이 상점 진열대에서 사라져도 아무도 신경 쓰지 않을 만큼 손해를 끼칠 수 있습니다. 부정적인 정보가 새빨간 거짓말이라 하더라도 전혀 상관없습니다. 오해의 소지가 있는 불만은 빛보다 빠른 속도로 퍼져나가 그 오명을 씻기 전까지는 정당한 불만만큼이나 사업에 피해를 줄 수 있습니다.

정답 **a 2** 글쓴이 자신처럼 과거에 야간 사냥이나 낚시를 가본 경험이 있을 것이라고 추측하고 있으므로 조동사 will 이 가장 적절하다. **b 3** 야간투시경이 적외선 에너지를 이용해 이미지를 눈에 보이게 하는 열화상 영상 기술을 바탕으로 작동한다고 했으므로 문맥상 darkness(어둠)가 가장 적절하다.

해석 한때는 군사용으로 사용이 제한됐던 야간투시경이 이제 민간에서도 야간에 주변 환경을 즐기는 데 유용하게 쓰이고 있습니다. 여러분이 저와 같다면, 이 작은 소비재를 지참하고 야간 사냥이나 낚시를 가본 적이 있을 것입니다. 오늘날, 이 광학 도구는 다양한 소비재 시장에서 손쉽게 접할 수 있고 매우 저렴한 가격에 구입할 수 있습니다. 그렇다면 이 야간투시경은 어떻게 작동하는 걸까요? 원래 야간투시경은 영상 강화와 열화상 영상이라는 두 가지 방식으로 작동합니다. 영상 강화는 더 뚜렷하게 볼 수 있게 기존의 흐릿한 빛을 증폭시키는 방식으로 구현됩니다. 소량의 흐릿한 반사광을 모아 증폭시키면 우리 눈에 보이게 됩니다. 반면, 열화상 영상은 가시광선이 전혀 필요하지 않습니다. 이는 모든 물체가 열 형태로 적외선 에너지를 방출한다는 원리를 바탕으로 작동합니다. 주변 환경과 해당 물체 사이의 미묘한 온도 차이를 탐지해서 화면에 전자 이미지를 구현해내는 것입니다. 일반적으로 모든 물체는 가시광선이 없을 때도 적외선을 방출합니다. 따라서 영상 강화와는 달리 열화상 영상은 칠흑 같은 어둠 속에서도 가시 영상을 구현할 수 있습니다.

정답 **a 3** 빈칸 뒤에 나온 형용사를 수식하는 의문부사가 필요하므로 '정도'를 나타내는 how(얼마나)가 가장 적절하다. **b 1** 피해자가 타인과 단절된 채 고립된 상태라면 정보를 얻기 어려우므로 informed(잘 아는, 정통한)가 가장 적절하다.

해석 사이비 종교 집단과 다단계 사기 조직은 모두 세뇌 기술을 이용합니다. '사고통제'라고도 부르는 세뇌는 어떤 사람의 감정, 신념, 태도를 바꾸어 조종자가 원하는 대로 피해자가 행동하고 결단하게 하는 정신조작 과정입니다. 이같은 유형의 기법은 구성원의 이탈을 막고 집단의 활동에 충성하고 가담하게 하는 데 자주 쓰입니다. 이 기법들은 구체적으로 어떤 것들일까요? 한 가지 예가 반복적인 메시지입니다. 연구에 따르면 어떤 메시지가 충분히 반복되면 사람들은 그게 아무리 이상하고 어리석다 하더라도 일반적으로 용인되는 신념으로 인식하기 시작한다는 것이 밝혀졌습니다. 이 때문에 이들 집단이 신입 회원에게 반복적인 구호 외치기나 활동을 시킨다는 말이 자주 들리는 것입니다. 두 번째 기법은 고립입니다. 사람들에게 반복적인 메시지를 노출시키는 이 비윤리적인 관행은 그 대상이 전적으로 고립돼 있고 의존적일 때 가장 효과적이며, 이는 다른 관점을 객관적으로 점검하거나 잘 알고 있는 상태에서 결정을 내리는 것을 차단합니다. 따라서 사이비 종교 집단의 모집책이나 사기꾼이 어떤 짓을 해서라도 신입 회원을 그 가족

과 친구들한테서 떼 놓으려고 애쓰는 모습을 자주 보는 것입니다.

정답 **a 4** 문맥상 민감기에 충분히 언어에 노출되지 못하는 경우 어린아이의 언어 숙달 능력이 약화된다는 것을 알 수 있으므로 부정의 조건을 나타내는 분사구문이 적절하며 주어(child)가 동작(present)의 대상임을 나타내는 수동태가 와야 한다. **b 2** 앞서 민감기 이후의 언어 학습은 다른 언어를 배우는 것과 같은 어려움을 초래한다고 했으므로 뇌가 수화를 다르게(different) 처리한다는 의미가 적절하다.

해석 태어난 해부터 6세까지는 아이가 모국어를 가장 잘 습득할 수 있는 '민감기'입니다. 유아의 뇌가 음성과 언어 규칙을 가장 잘 받아들이는 때가 바로 이 시기입니다. 따라서 유아가 이 결정적 시기 동안 언어에 적절하게 노출되지 않아 충분한 자극을 받지 못하면 모국어처럼 숙달하는 능력이 크게 약화됩니다. 안타깝게도 이에 따라 아이는 제 2외국어를 학습하려고 할 때 어른과 똑같은 어려움을 겪게 될 수 있습니다. 이 중요한 시기에 대한 흥미로운 사실이 한 가지 더 있습니다. 바로 이와 똑같은 개념이 수화를 습득하는 데도 적용된다는 겁니다. 많은 사람들에게는 놀라운 이야기일지도 모르지만, 손으로 소통하는 언어 또한 이 민감기에 학습되어야 합니다. 이처럼 발달이 이루어지는 시기를 지난 다음에 수화를 학습하면 뇌가 언어를 다른 방식으로 처리하여 아이가 조기에 수화를 배우는 경우보다 더 많은 노력이 듭니다.

정답 **a 3** 모두 being이 생략된 분사구문이다. 주어가 무생물인 lighting이고 전하는 반대 부호로 이동하면서 전류를 일으키므로 positive charge의 반대를 나타내는 negative charge의 수동태 분사구문 형태가 돼야 한다. **b 1** 문맥상 높은 물체가 번개에 맞을 가능성이 큰 만큼 키를 줄이면 그 확률을 줄일 수 있을 거라 잘못 생각하기 쉽다는 내용이 돼야 하므로 minimize(최소화하다)가 가장 적절하다.

해석 야외에 있을 때 낙뢰를 피하려면 어떻게 해야 할까요? 물론 이를 피하는 최선의 조치는 낙뢰 위험이 없는 대피소로 들어가는 것입니다. 대피소는 흔히 공원, 운동장 또는 골프장에 있으므로 대피소가 어디에 있는지 어느 정도 사전 조사를 해두고 천둥소리를 듣는 즉시 이 안전한 장소 중 하나로 뛰어들어가야 합니다. 그런데 근처에 안전 구역이 없는 상태에서 낙뢰를 만나면 어떻게 해야 할까요? 가장 안전한 조치는 각자 흩어져서 공중 화장실이나 따로 떨어져 있는 키 큰 나무 같은 구조물에서 떨어진 채 웅크리고 있는 것입니다. 낙뢰는 보통 음전하를 띄기 때문에 양전하를 띤 물체로 향하는 최단 거리를 찾아가며 그곳에서 가장 높은 물체에 떨어지므로 그처럼 높은 물체가 가장 유력한 목표일 때가 많습니다. 이렇게 말하면 여러분은 키를 줄여 벼락을 맞을 확률을 떨어뜨리려는 생각으로 땅에 드러눕고 싶은 마음이 생길지도 모릅니다. 하지만 그럴 경우, 노출된 인체의 접촉면이 확장되어 낙뢰의 전류가 중요 장기로 더 쉽게 흘러 들어가게 될 것입니다.

Pattern
70 p. 161

정답 **a 3** 예스러운 뉘앙스가 느껴지는 기원문으로, 종속절에 동사원형을 쓴 가정법 현재의 일종이므로 be가 가장 적절하다. 참고로 be 대신 is를 써도 무방하다. **b 4** 인조 트리는 매년 쓸 수 있다고 했으므로 cost(비용)가 가장 적절하다.

해석 즐거운 크리스마스 보내세요! 크리스마스를 기념한다면 즐거운 날이 되기를! 이 흥겨운 명절이 아무리 신나는 날이라 하더라도 한 가지 상징적인 요소, 즉 크리스마스트리가 없다면 명절 기분이 나지 않을 겁니다. 매해 이 명절 시즌이 되면 집안을 장식하려고 준비하면서 천연목 크리스마스트리를 살지, 인조 트리를 살지를 두고 늘 고민하는 이유도 이 때문입니다. 그렇다면 크리스마스를 즐기는 데는 어떤 트리가 더 좋을까요? 주된 관심사가 편리함과 비용이라면 인조 트리가 더 좋을 겁니다. PVC 플라스틱으로 만들어진 이 트리는 진공 청소를 하거나 물을 줄 필요가 없고 매년 쓸 수 있습니다. 다소 역설적이긴 하지만 좀 더 친환경적으로 크리스마스를 기념하고 싶다면 천연목 크리스마스트리를 써야 합니다. 본인의 미적 즐거움을 위해서 나무를 잘라야 한다는 사실에 약간 죄의식을 느낄 수 있지만, 인조 트리와는 반대로 천연 상록수는 빠르게 분해되며 대다수는 사용하고 나서도 재활용됩니다. 실제로 국내 천연목 크리스마스트리 중 93퍼센트가 다양하게 재활용되고 있습니다. 일부는 침식을 차단하는 모래와 흙으로 만들어지는 데 쓰입니다. 또 일부는 공원에 쓸 자연 분해성 피복에 쓰입니다. 게다가 연못 안에 넣어 물고기의 안식처로 쓰이는 나무도 있습니다.

Pattern
71 p. 163

정답 **a 2** 문맥상 정식 교사 훈련을 받은 적이 없어 가르치는 일에 걱정이 많았다는 논리가 적절하며 주절의 시제보다 한 시제 앞선 내용이므로 완료분사를 써야 한다. **b 3** 문맥상 지레 걱정하기보다 하는 일에 집중하는 게 도움이 될 거라는 조언이 어울리므로 rather than(~보다는[대신에/하지 않고])이 가장 적절하다.

해석 수잔은 교사 양성 훈련을 받은 적이 없었기 때문에 여름 캠프 교사직에 대해 걱정이 많았습니다. 겁이 났던 데다 초조했던 그녀는 일을 시작하기 전에 캠프 감독관에게 조언을 좀 구했습니다. 수잔이 "전 경험이 전혀 없어요"라고 말을 꺼낸 뒤 "제가 실수나 하게 될까 봐 걱정돼요"라고 하자 감독관은 "걱정하지 말아요"라고 말했습니다. 그녀는 이 일이 자신의 조언을 잘 따르기만 하면 쉬울 거라고 말했습니다. 감독관은 "우선 경쟁을 너무 부추기지 마세요. 아이들이 활동을 즐길 수 있도록 하면 당신의 지시를 따를 거고 흥미도 잃지 않을 거예요"라고 말했습니다. 그녀는 이어서 "그리고 준비를 철저히 해서 당신이 할 일을 정확히 알아두도록 하세요. 그러면 일이 잘못되지 않을까 걱정하기보다 당신이 하는 일에 집중하는 데 도움이 될 거예요"라고 말했습니다. 그러고 나서 그녀는 미소를 짓고 문제가 생기면 자기가 곁에서 도와줄 것이라고 말했습니다. 또 업무가 예상하는 것보다 열 배는 쉬울 거라고 안심시켰습니다.

Pattern
72 p. 165

정답 **a 2** 사과나무 아래에 앉아 있을 때 벌어진 일을 서술하고 있으므로 문맥상 동시 동작을 나타내는 while(~하는 동안)이 가장 적절하다. **b 4** 빈칸 뒤에 on이 제시되었고 문맥상 이론을 구상하고 있던 때라는 의미가 어울리므로 work on(~에 노력을 들이다)이 가장 적절하다.

해석 우리 모두 아이작 뉴턴이 그 유명한 중력의 법칙을 생각해낸 내력을 들어서 알고 있습니다. 그 혁신적인 생각은 그가 사과나무 아래에서 우주의 신비에 대해 고찰하던 중 사과가 이마로 떨어지면서 떠올린 것으로 전해지고 있습니다. 이 일이 사실이라면 뉴턴의 머리에 부딪혀 떨어진 이 과일은 과학사에 있어 가장 유명한 사과일 것입니다. 하지만 뉴턴 자신은 결코 거론한 적 없는 이 사연은 그의 사후에야 널리 퍼진 전설이 되었습니다. 사실 뉴턴은 자신의 이론을 구상하고 있을 때 사과가 떨어지는 모습을 보았다고 말했을 뿐이며 사과가 머리에 떨어졌다는 말은 결코 한 적이 없습니다.

Pattern
73 p. 167

정답 **a 1** 로봇이 인간의 일을 대신하는 사례와 경향에 대한 내용이 이어지고 있으므로 tasks(과업)가 가장 적절하다. **b 2** 주절의 시제를 기준으로 현재 사실의 반대를 나타내는 가정법 과거의 의미이므로 동사의 과거형(be동사는 were로 통일)을 써야 한다.

해석 이전에 들었던 설명대로 로봇은 오랫동안 인간의 능력으로 여겨지던 일의 대다수를 대신하고 있습니다. 주문 받기부터 요리, 배달, 경리, 심지어 불만 처리에 이르기까지, 거의 모든 인간의 일을 실험실에서 바뀐 고급식당에서 로봇이 성공적으로 해내고 있습니다. 해리 박사와 그의 동료들이 머지않아 저숙련 단순 작업뿐 아니라 복잡하고 섬세한 기술 및 창의성을 필요로 하는 일까지 자신들의 신로봇 기술이 잠식할 것이라고 처음 천명했을 때 우리 중 대다수는 그같은 발상에 회의적이었습니다. 진지한 사고를 하는 사람들이 숙고해야 할 사안이라기보다 공상과학을 좋아하는 괴짜들이나 생각해낼 만한 이야기처럼 들렸기 때문입니다. 하지만 지금은 그가 예견한 바대로 조만간 자동화와 인공지능이 다양한 고숙련 직종에 침투할 것으로 보입니다. 곧 그같은 로봇 시스템이 인간이 엄격히 전담하고 있던 분야로 전부 옮겨가 수많은 관련 직종을 위험에 빠트릴 것입니다.

Pattern
74 p. 169

정답 **a 2** 위인들은 타인의 생각이나 불신에 굴복하지 않는 끈기를 지니고 있다고 했으므로 limitations(한계)가 가장 적절하다. **b 3** 조건절에는 과거 사실의 반대를 나타내는 가정법 과거완료가, 주절에는 현재 사실의 반대를 나타내는 가정법 과거가 쓰였다.

해석 위대한 업적을 이룩하는 사람과 평범한 사람의 차이는 무엇일까요? 특출함을 보장하는 수학 공식은 없지만, 대다수 위인이 공유하는 몇 가지 공통점은 있습니다. 모든 인간은 살면서 훌륭한 업적을 이룩할 수 있는 능력을 가지고 태어나지만 어떤 특성을 공유하는 극소수만이 이를 경험합니다. 그렇다면 이 공통점은 무엇일까요? 그중 한 가지가 정해진 한계에 맞서는 불굴의 의지입니다. 위대한 인물은 다른 사람이 자기에 대한 믿음이 거의 없다 하더라도 자신에 대한 믿음을 간직하면서 불굴의 의지가 결실을 맺기 전까지는 포기를 거부합니다. 이와 관련한 수많은 선례 중 하나가 찰리 채플린과 월트 디즈니입니다. 찰리 채플린은 연기가 분명하지 않아 사람들이 이해할 수 없다는 이유로 많은 영화제작사 간부들에게 거부당했습니다. 월트 디즈니는 상상력이 빈약하고 좋은 아이디어가 없다는 이유로 신문사 삽화가 일자리조차 얻을 수 없었습니다. 그같은 역경이 이들이 자신들의 길을 가는 데 걸림돌이 됐다면 오늘날 엔터테인먼트 세계가 완전히 달라졌을 것이라는 점은 두말할 필요가 없습니다.

Pattern
75 p. 171

[정답] **a 2** 일부 결정은 삶에 미치는 영향력이 큰 데 비해 그렇지 않은 결정도 있다는 내용이 이어지고 있으므로 중요성이 모두 같지는 않다는 의미를 나타내는 equal(동등한)이 가장 적절하다. **b 4** the important decision이 범위가 정해지지 않은 개념을 나타내며 '비록 ~일지라도'라는 의미의 양보절을 이끌어야 하므로 복합관계대명사 whatever가 적절하다.

[해석] 모든 결정의 중요성이 동등한 것은 아닙니다. 어떤 결정은 우리에게 적은 영향을 끼치지만, 어떤 결정들은 더 많은 사람이 연루돼 그 여파가 더 오래가는 결과를 초래하므로 더 중요합니다. 가령 결혼은 그러한 결정 중 하나입니다. 그것은 여러분의 삶에 영향을 미칠 뿐 아니라 장래 가족의 삶에도 영향을 미치기 때문에 삶의 여정을 함께 헤쳐 나갈 평생의 동반자를 선택하는 일은 중대한 결정입니다. 직업을 선택하는 일도 본능이 아닌 신중한 숙고를 바탕으로 해야 하는 또 다른 중대 결정입니다. 직업은 죽을 때까지는 아닐지라도 여러분의 인생 전반에 걸쳐 영향을 끼치므로 일자리를 선택하는 것 또한 중대한 결정입니다. 문제는 올바른 결정을 내리는 데는 간편한 공식이 없으며 중대 결정이 무엇이든 간에 여러분의 선택이 올바른 선택인지 큰 실수인지는 그 결정을 내리고 나서 한참이 지날 때까지는 알기 어렵다는 점입니다. 무릇 의의란 더 복잡다난하고 영향 범위도 더 크게 마련이므로 진실은 여러분의 결정으로 정해진 행로를 따라 온전히 살아낸 다음에야 드러나게 될 것입니다.

Pattern
76 p. 173

[정답] **a 2** 야생동물 보호구역을 지정해 사라진 개체수를 보존해야 된다는 내용이 이어지고 있으므로 restore(복원하다)의 명사 형태가 가장 적절하다. **b 4** 빈칸 뒤에 수식받는 명사가 나왔으므로 whatever/whichever 둘 중 하나이다. whichever는 앞서 제시된 것들 중 하나를 지시할 때 쓰는 말이므로 whatever가 적절하다.

[해석] 야생동물이 인간의 개입 없이 저절로 소생하도록 놔둬야 한다고 생각한다면 잘못된 판단일지도 모릅니다. 다양한 천연 물질과 원료에 대한 인간의 지나친 의존 때문에 자연 생태계가 균형 잡힌 수준으로 회복되는 데는 우리의 도움이 필요할 만큼 자연은 막대한 규모로 고갈되었습

니다. 그러면 어떻게 자연이 균형을 찾도록 도울 수 있을까요? 우리가 취할 수 있는 가장 효과적인 조치는 자연 서식지를 복원하는 것입니다. 서식지 소실은 야생동물의 생존에 가장 큰 위협이므로 보호구역을 만들고 보호소를 마련해서 야생동물 개체수를 보존해 본래 수준으로 회복될 수 있도록 해야 합니다. 물론 이는 그같은 일을 할 수 있는 훈련을 받은 사람들에 의해 실행되어야만 합니다. 우리가 어떤 구체적인 조치를 취하든 전체 생태계에 대한 온전한 이해 없이 이들의 서식지를 변형시키는 것만큼 야생동물에 치명적인 건 없습니다. 따라서 아무리 선의에서 비롯된 일이라 하더라도 이같은 대대적인 활동 이전에 잠재적인 부작용과 부수적인 위험을 최소화할 수 있도록 자격을 갖춘 전문가들의 신중한 계획이 앞서야 할 것입니다.

Pattern
77 p. 175

[정답] **a 3** 빈칸 뒤에 '정도'를 나타내는 부사가 나왔으므로 복합관계부사 however가 가장 적절하다. **b 4** 전 세계에 40세대밖에 되지 않는다고 했으므로 rare(드문)가 가장 적절하다.

[해석] 매우 피로한데도 불구하고 잠들지 못한 적이 있나요? 만일 이 상태가 수개월간 지속된다면 어떨까요? '치명적 가족성 불면증'이라고 불리는 수면 장애를 가진 사람들은 이같은 극단적인 형태의 불면증을 경험합니다. 이들의 수면 통제를 관장하는 뇌 영역은 유전자 변형으로 손상돼 있으므로 아무리 애를 써도 수면을 취할 수 없습니다. 비극적이지만 그 명칭이 암시하는 것처럼 잠 없이는 생존할 수 없고 이런 수면 장애는 종국에는 죽음에 이르게 합니다. 이 희생자들은 수개월 동안 정신적, 신체적 기능 약화에 시달리면서 악몽도 꾸지 못하는 악몽을 겪다가 결국 죽음에 이르는 것입니다. 이 질병이 훨씬 더 우려스러운 이유는 발병이 매우 드물어 아직 어떤 치료법이나 처치법을 찾지 못했다는 것입니다. 전 세계적으로 40세대만이 이러한 유전자 결함을 가진 것으로 밝혀졌고 충분한 연구가 이루어지지 못했으므로 그 원인은 여태 비밀에 싸여 있습니다.

Pattern
78 p. 177

[정답] **a 2** 프레데릭 레밍턴이 서부로 이주한 덕에 화가로서 성공할 수 있었다고 예를 들고 있으므로 breakthrough(돌파구)가 가장 적절하다. **b 1** 유년기에 일찌감치 마음먹었지만 이루지 못한 장래희망을 나타내므로 소망동사의 과거형 뒤에 완료부정사가 쓰인 intended to have pursued가 적절하다.

[해석] 때때로 우리는 삶의 목표를 달성하기 위해 익숙한 장소를 벗어나야 합니다. 완전히 새로운 환경은 우리가 어떤 문제와 씨름하며 교착 상태에 다다랐을 때 돌파구를 제공해줄 수 있습니다. 그 선례는 미국에서 가장 널리 알려진 19세기 화가인 프레데릭 레밍턴의 성공담에서 찾아볼 수 있습니다. 그는 일생의 대부분을 미국 동부에서 살았지만, 예술가로서 진가를 발휘할 수 있었던 건 서부로 이주한 덕분이었습니다. 정확히 말해 프레데릭은 유년기 때부터 삽화가의 길을 걷고자 했지만 그의 그림에는 차별성과 극적인 요소가 부족했기 때문에 다른 직종을 전전해야 했습니다. 하지만 서부로 옮긴 뒤, 이 새롭게 팽창하던 땅

에서 마주친 주제들을 그리기 시작하면서 모든 것이 변했습니다. 이 시절에 서부에 대한 동부 사람들의 관심이 고조되었고 이는 레밍턴이 카우보이, 기병대, 원주민 부족을 주제로 한 그림을 팔아 화가로서 입지를 다지는 데 도움이 되었습니다.

79 p. 179

정답 **a** 4 whether(or not)/if 모두 목적어 자리에서 명사절을 이끌 수 있다. if or not은 틀린 표현이다. **b** 3 앞서 정당방위라 하더라도 지나친 물리력 행사를 금한다고 했으므로 necessary(필요한)가 가장 적절하다.

해석 법률은 정당방위로써 가해자에 반격하는 것을 용납합니다. 다시 말해 상대방이 여러분에게 상해를 가할 것이라는 이유로 가해자에게 해를 입힐 경우 여러분은 형사상 아무런 죄가 없습니다. 하지만 부당한 공격이나 폭행 위협에 대항하는 경우라 하더라도 법률은 지나친 물리력 행사를 금합니다. 합리적인 물리력이 과연 무엇인지에 대해서는 의견이 분분할 수 있지만, 법적으로는 그같은 상황에서 합리적인 수준의 완력을 행사했는지의 여부를 참작합니다. 따라서 가해자의 부상 정도에 따라 중죄 혐의를 받을 수도 있습니다. 사실 이 때문에 수많은 자기방어용 무기가 비살상용으로 제작되는 것입니다. 비록 이들 무기가 상황에 따라 살상도 가능하지만 말입니다. 최선의 방어는 효과적인 공격이라고 말하기도 하지만 방어하는 사람은 자신에게 사적 제재를 가할 권리는 없으며 공격을 막는 데 필요 이상의 물리력을 행사해서는 안 된다는 점을 알아두어야 합니다.

80 p. 181

정답 **a** 3 주의를 기울이는 것만으로도 범죄의 표적이 될 가능성을 낮출 수 있는 예를 들고 있으므로 carelessness (부주의)가 가장 적절하다. **b** 1 적어도 눈에 덜 띄는 옷차림을 하라고 강조하고 있으므로 문맥상 부정어를 쓴 접속사 if not(~까지는 아니라 하더라도)이 가장 적절하다.

해석 보도할 가치가 있는 금액이 도난당했을 때만 뉴스에 등장하는 관광객 절도는 여러분이 생각하는 것보다 자주 발생합니다. 다른 나라의 자국 영사관에 여행 도중 맞닥뜨릴 수 있는 문제 중 1순위가 뭐냐고 물으면 대답은 언제고 한결같을 것입니다. 바로 절도입니다. 그렇지만 대다수 여행 전문가에 따르면 절도 사건 대부분은 부주의로 인한 안타까운 결과이며 몇 가지 단순한 상식만으로도 범죄 통계에 포함되는 위험을 낮출 수 있습니다. 방심하지 않고 현명하게 행동하는 것만으로도 어디를 여행하든 여러분의 귀중품을 안전하게 지킬 수 있습니다. 가령 대다수 절도범은 여행객이 주변 환경과 조화를 이루지 못한다는 이유로 관광객을 알아봅니다. 하지만 평범한 옷차림을 하면 완벽하게 현지인 같지는 않더라도 적어도 관심을 덜 끌어 기회를 엿보고 있는 절도범이 알아보지 못할 정도까지는 비슷해 보일 수 있습니다. 또 전문가들은 여행객들이 한눈팔기 쉽기 때문에 표적이 된다고도 말합니다. 따라서 특히나 많은 사람과 부딪히고 떠밀리는 가운데 단순히 주의를 기울이는 것만으로도 표적이 되는 가능성을 줄일 수 있습니다.

81 p. 191

정답 **a** 2 주격 관계대명사가 이끄는 종속절(who ~ matters)에 생각동사(believe)를 쓴 「주어 + 동사」 형태의 삽입절이 포함돼 있다. **b** 4 우주망원경을 지구 대기권 바깥으로 쏘아올리는 이유는 지구에서 차단되는 빛과 빛의 굴절 현상을 피해 더 정확한 이미지를 얻기 위함이므로 quality(품질)가 가장 적절하다.

해석 우주망원경은 미지의 천체와 천체 현상을 관찰하는 데 핵심적인 도구입니다. 우주비행선을 통해 궤도로 발사되는 우주망원경은 하루를 수십 번씩 돌며 눈부신 이미지들을 제공함으로써 우주를 더욱 깊은 시각으로 볼 수 있게 해줍니다. 그런데 왜 우주망원경은 지구 대기권 바깥의 궤도에 들어서 있는 걸까요? 여러분이 그런 문제에 정통하다고 생각하는 이들은 과학자들이 관측하고 싶은 물체에 더 가까이 두기 위해 그런 것은 아니라는 것을 알고 있습니다. 우주망원경을 지구 궤도상에 두는 것으로는 실질적으로 과학자들이 관찰하고자 하는 항성과 은하계에 더 가까이 다가가지 못합니다. 그러면 망원경을 왜 우주에 두는 걸까요? 주된 이유는 지구에서 차단되는 빛 때문입니다. 과학 시간에 배운 것처럼, 어떤 빛은 지구의 대기권을 통과하지만 어떤 빛은 차단됩니다. 우주에서 발산되는 모든 빛을 탐구하기 위해서는 우주에 관측소를 보내야 한다는 말입니다. 게다가 빛의 굴절이라는 문제도 해결해줍니다. 지구의 대기는 지표면에 도달하는 빛을 굴절시키는데, 대기 너머에 망원경을 두면 우리는 육상 망원경을 훨씬 능가하는 품질로 멀리 떨어진 물체를 뚜렷하게 볼 수 있습니다.

82 p. 193

정답 **a** 2 사람들이 일하고 생활하고 즐기는 방식을 변화시키는 것이 사회에 끼치는 지대한 영향이므로 부대 상황을 나타내는 현재분사가 가장 적절하다. **b** 3 앞서 기기에 탑재된 기능이 이미 너무 많고 이를 모두 사용하지도 않는 상황이라고 했으므로 편의성이 과하다는 의미의 excessive(지나친)가 가장 적절하다.

해석 디자인과 기술 중 어느 것이 비즈니스 상품과 서비스에 더 큰 가치를 창출할까요? 많은 사람이 기술의 편에 섭니다. 그들은 디자인이 상품의 품질을 높이고 중소 규모의 혁신을 만들어내기는 하지만 패러다임의 변화와 진정한 돌파구는 디자인 스튜디오가 아닌 연구실에서 나온다고 주장합니다. 과학을 실질적으로 응용한 결과인 최첨단 기술은 개발 및 수용에 오랜 시간이 소요될 때가 많지만 일단 그렇게만 되면 사람들이 일하고 생활하고 즐기는 방식을 변화시켜 사회에 진정으로 지대한 영향을 끼칩니다. 요컨대 비즈니스의 공학 기술적 측면이 디자인을 능가합니다. 하지만 그 반대편을 믿는 사람들도 있습니다. 이들은 디자인이 단순히 외형과 미학을 넘어 혁신적인 신규 사용자와 소비자 경험에까지 이른다고 생각합니다. 그리고 우리는 체험 경제 시대에 살고 있으므로 디자인은 사업상 큰 수익을 창출하는 데 핵심입니다. 또 이들은 이제 사람들이 자신들의 기기에 딸린 기능의 절반조차도 거의 사용하지 않으며 그 밖의 기능에 할애할 시간도 없다고 말합니다. 그러니 더 많은 기능을 탑재하는 게 과연 중요할까요? 지나친 편의성이 지배하는 오늘날 부담스러울 만큼 선택의 폭이 너무 넓은 상황에서 제품 및 서비스를 차별화하는 것은 디자인일지도 모릅니다.

Pattern 83 p. 195

정답 **a 2** 아드레날린 분비 결과 뇌의 정보처리 속도가 빨라진다고 했으므로 그에 따라 나타나는 현상을 설명하는 Therefore(따라서)가 가장 적절하다. **b 1** 아드레날린 분비로 인해 매우 빠른 속도로 정보를 처리하는 또 다른 예를 들고 있으므로 faster(보다 빠르게)가 가장 적절하다.

해석 우리는 중증 환자가 죽을 고비를 앞뒀을 때 자신의 삶이 주마등처럼 눈앞에 스쳐 지나간다는 이야기를 자주 듣습니다. 그들은 죽음이 임박한 때 자신의 일생이 일련의 이미지로 머릿속을 순서대로 스치고 지나가는 장면을 봅니다. 이런 현상이 일어나는 이유는 무엇일까요? 이같은 체험의 원인은 밝혀지지 않았으며 사람마다 의견이 분분하긴 하지만 과학자들이 제기한 몇 가지 설이 있습니다. 그중 하나가 아드레날린 반응입니다. 죽을 고비를 앞두고 뇌에서 충분한 양의 아드레날린이 분비되면 뇌가 정보를 처리하는 속도를 높이는 효과가 나타납니다. 따라서 그 사람은 짧은 시간에 수많은 추억이 눈앞에 보인다고 느끼지만 실제로는 매우 빠른 속도로 사고하는 것입니다. 이는 우리가 갑자기 위험한 상황에 놓였을 때와 흡사합니다. 생명을 빼앗길 위험에 처한 순간에는 아드레날린이 치솟아 체내에 일련의 효과가 나타납니다. 그중 하나가 생존 방법을 찾기 위해 이전에 있었던 유사한 상황을 탐색하려고 뇌가 정보를 훨씬 더 빠르게 처리하는 것입니다.

Pattern 84 p. 197

정답 **a 4** 기록이 전혀 없다고 한 것으로 보아 문맥상 전혀 근거가 없다는 의미(completely unfounded)가 강조된 양보부사절이 와야 하므로 접속사 as 앞에 강조어가 나온 도치구문이 가장 적절하다. **b 1** 표현의 대상이 복잡해지면 이를 표현하기 위한 언어 체계도 그에 따라 복잡해질 수밖에 없으므로 complicated(복잡한)가 가장 적절하다.

해석 전혀 근거 없는 소리로 들릴지도 모르지만 그 기록이 전혀 없는 상태에서 인간 언어의 기원에 대한 많은 학설들이 제기돼 왔습니다. 인간이 종교의 속박으로부터 해방된 계몽주의 시대 이래로 다양한 분야의 학자들이 이 근본적인 주제를 논했으며 인간에게 가장 귀중한 이 발명품이 등장한 배경과 관련해 그럴싸한 시나리오를 적지 않게 제기했습니다. 그중에서도 가장 흔히 인용되는 시나리오는 적응진화설로, 이는 언어가 사람 간 더 나은 의사소통의 필요에 대한 응답으로 진화해왔다는 관점에서 언어의 출현을 설명하려 합니다. 이 학설에 따르면 언어가 최초로 등장한 3만 년 전쯤에는 인간이 사냥과 채집, 자기방어 시 소통할 수 있도록 개발한 일련의 외침 또는 끙끙대는 소리에 불과했습니다. 그러다 일상생활이 더욱 복잡해지면서 더 많은 소리를 추가하고 더 자세한 표현이 가능하도록 그보다 복잡한 언어 체계를 발전시킨 것입니다. 이 요소들이 전부 결합한 결과 마침내 오늘날 우리가 쓰는 정교한 현대 언어의 모습으로 변했습니다.

Pattern 85 p. 199

정답 **a 2** 교사가 학생들과 함께 규칙을 제정하고 이를 위해 학생들의 토론을 유도한다고 했으므로 의사결정 과정이 참여 기반임을 나타내는 participation(참여)이 가장 적절하다. **b 3** 앞선 절에서 규칙을 더 적극적으로 지키게 되는 이유를 한정하고 있으므로 비교급 more 앞에 the를 써야 한다. all은 '아주, 몹시'라는 의미의 부사로 쓰였다.

해석 신학기 초만 되면 대다수 초등학교 교사들은 어린 학생들과 함께 교실 규칙을 만듭니다. 교육 목표는 예측 가능하고 질서정연한 환경에서만 달성될 수 있다는 점을 알고 있기에 이들은 학생들이 교실에서의 적절한 행동에 대해 토의하게 하고 규칙 위반의 결과를 결정하게 합니다. 그런데 교사가 이같은 규칙 제정 절차를 참여를 통해 이뤄지게 하는 이유는 뭘까요? 이들은 그래야 학생들이 규칙을 엄수하는 데 도움이 된다고 말합니다. 교사의 언어가 아닌 아이들의 언어로 규칙을 제정하면 학생들은 규칙에 대한 주인의식을 느끼고 규칙을 더 잘 이해하게 되는데, 이는 학생들이 규칙을 더 적극적으로 지킬 수 있도록 장려합니다. 그러면 그다지 엄격하지 않은 규칙을 만드는 결과가 나타나지 않느냐고요? 교사들은 실제로 정반대일 때가 많다고 말합니다. 학생 참여에도 불구하고 규율은 그에 못지않게 엄격하며 오히려 더 엄하고 매서울 때가 많은데, 그 정도가 너무 지나쳐 아이들의 발랄하고 혈기 왕성한 기상과 타고난 호기심을 해치는 것을 피하고자 교사가 개입해 규칙을 완화시켜야 할 때가 종종 있습니다.

Pattern 86 p. 201

정답 **a 2** '그럴 리는 없지만 그래도 만의 하나'라는 의미로 실현 여부의 불확실성을 나타내는 조건절이므로 should가 적절하다. **b 2** 선의를 갖고 피해자를 도운 사람들을 보호해주는 '선한 사마리아인 법'의 취지를 풀어쓴 문장으로, 문맥상 '구조자(rescuer)'가 가장 적절하다.

해석 위급 상황에서는 사람들이 위험에 빠진 타인을 돕기보다는 멀찌감치 떨어져 관망하는 모습을 보는 일이 흔합니다. 의료처치 교육을 받지 않았기 때문에 그들은 처치 중 실수를 하거나 소송을 당할까 봐 두려워 실행을 주저할 수 있습니다. 가령 일부 사람들은 즉시할 가능성을 눈앞에 두고서도 도중에 그 사람의 갈비뼈를 부러뜨릴지 모른다는 걱정에 심폐소생술을 망설입니다. 또 어떤 사람들은 혹시라도 이송 중 환자가 죽거나 다치면 자신에게 닥칠 법적 책임이 두려워 환자를 병원으로 싣고 가는 것을 꺼립니다. 그러나 사실 이러한 상황에서 사람들을 법적 책임으로부터 보호하기 위해 마련된 법이 있습니다. 모든 주에는 '선한 사마리아인 법'이라고 불리는 법이 있으며, 이 법은 구조자가 힘닿는 데까지 선의를 갖고 돕는 한은 피해자의 사망이나 부상을 초래한 데 대한 법적 책임을 지우지 않습니다.

Pattern 87 p. 203

정답 **a 1** 선행사가 시간[때]을 나타내는 명사(times)이므로 관계부사 when으로 바꿔 쓸 수 있다. **b 3** 우리 생활의 필수품이 됐다고 했으므로 이들 기기가 결핍된 상태를 나타내는 incomplete(불완전한)이 가장 적절하다.

해석 우리 인간처럼 진보하고 진화한 종의 생존은 당장의 생필품에만 의존하지 않습니다. 우리의 기본 욕구는 식량, 물, 주거지, 의복 등의 목록 이상이며 현대 문명에서 기본적인 생활 수준에 꼭 필요하다고 여겨지는 그 밖의 수많은 추가 항목들도 이에 포함됩니다. 우리는 휴대전화가 필수품이라는 말에 어리둥절해하는 사람들에 관한 얘기를 들을 때가 있는데, 이는 타당한 말입니다. 핸드폰이 우리 삶을 더 편리하게 해주는, 즉 당연히 사치품이던 시절이 있었던 건 사실입니다. 그러나 이제는 휴대전화가 우리 삶에서 없어서는 안 되는 존재로 변해 이같은 전자 기기들 없이는 스스로를 불완전하게 여길 정도가 되었습니다. 다시 말해, 이 기기들이 이제 인간의 필수품입니다. 이런 상황에서 저소득 가정에 인터넷, 전화, 기타 통신 수단을 지원하기로 한 초당적 안에 대한 소식은 놀랄 일도 아닙니다. 이 기술들은 신분의 상징도, 사치품도 아닙니다. 통신 수단이 없다면 우리 삶의 거의 모든 면에서 부정적인 영향을 받게 될 것입니다.

Pattern
88 p. 205

정답 **a** 3 to부정사가 '~ 하는 데 있어'라는 의미의 '범위'를 나타내는 부사적 의미로 쓰여 형용사 free를 수식하고 있다. **b** 2 부당한 법을 따르지 않을 책임감을 강조한 마틴 루터 킹 주니어를 예로 들고 있으므로 contest(이의를 제기하다)가 가장 적절하다.

해석 때때로 법은 정의와 충돌하는 것처럼 보일 수 있습니다. 정의는 본래 주관적인 도덕과 결부돼 있습니다. 이는 법이 집행될 때 정의의 실현 여부에 대해서 사람들의 의견이 다를 수 있다는 것을 의미합니다. 그렇다면 우리는 법정에서 정의가 실현되지 않았다고 생각할 경우 어떻게 해야 할까요? 정의롭지 않다고 여겨지면 법을 마음대로 어겨도 될까요? 일각에서는 먼저 법치 사회를 이룩하고 난 다음에야 정의 사회가 될 수 있다고 주장합니다. 이들은 사람들이 전자보다 후자를 높이 치면 둘 다 이룩하지 못할 것이라고 말합니다. 이와 반대로 법이 부당하다고 판단되면 즉시 침묵을 거부하고 해당 법을 위반해야 한다고 주장하는 사람들도 있습니다. 어떤 법이 옳지 않다면 이에 대항할 권리와 더불어 의무가 있다고 주장하는 것입니다. 그중 한 사람이 마틴 루터 킹 주니어로, 그는 1960년대에 미국의 공민권 운동을 주도했습니다. 당시는 흑인이 백인과 똑같은 권리를 갖는 것이 위법이었습니다. 그는 이같은 상황에 맞서 말했습니다. "우리는 공정한 법을 따라야 할 법적, 도덕적 책임감을 갖는 한편으로 부당한 법을 따르지 않는 도덕적 책임감도 갖고 있다"라고 말합니다.

Pattern
89 p. 207

정답 **a** 1 that 이하에서 더 긴 징역형을 호소하는 경우가 많다고 한 것으로 보아 태형의 '정도'를 짐작할 수 있으므로 severe(극심한)가 가장 적절하다. **b** 3 싱가포르가 범죄율이 가장 낮고 유지관리비도 절감시킨다고 했으므로 far less(훨씬 덜)가 가장 적절하다.

해석 태형에 의한 사법적 체벌은 싱가포르에서 흔히 집행되는 법적 선고입니다. 매년 징역형과 더불어 대부분의 태형이 절도 같은 비폭력 범죄를 비롯한 다양한 범죄에 대해 선고되고 있습니다. 이같은 태형은 어릴 때 접했을지도 모를 '사랑의 회초리'가 아니라 살점이 갈라지는 위험한 매질입니다. 태형을 선고받은 범죄자는 법원에 집행을 유예시키는 대신 더 긴 징역형을 받게 해달라고 간청하는 경우가 많을 만큼 그 고통이 극심합니다. 그러면 싱가포르처럼 고

도로 발전된 현대 국가에서 투옥이 더 현대적이고 선진적인 방법이라는 인식이 일반적일 텐데도 그같은 체벌 방법을 고수하는 이유는 무엇일까요? 자국 사법 시스템이 더 긍정적인 성과를 거둘 확률을 태형이 더 높여준다는 게 그 논리입니다. 태형이 범죄자 입장에서는 더 큰 반성을 이끌어 내고 시간과 비용 소모가 훨씬 덜한데, 이는 싱가포르 정부가 전 세계에서 가장 낮은 범죄율을 유지하면서도 수백만 달러의 유지관리비를 절약하는 데 도움이 됩니다.

Pattern
90 p. 209

정답 **a** 3 compete for는 「자동사+전치사」 형태의 구동사로 쓰였다. 1, 2, 4는 「타동사+부사」 형태로 쓰인 관용 표현이다. **b** 3 모두가 일정한 생활 수준을 누리게 하는 것이 경제의 목적이라면 극심한 경제적 불평등은 경제가 실패한 결과로 볼 수 있으므로 failure(실패)가 가장 적절하다.

해석 우리는 극심한 경제적 불평등 시대에 살고 있습니다. 부자와 빈자의 격차가 너무 심해 국내 상위 1퍼센트의 가구가 전체 부의 40퍼센트 이상을 소유하고 있으며 하위 80퍼센트는 다 합쳐도 7퍼센트에 미치지 못합니다. 경제의 목적이 그저 개인들이 부를 놓고 경쟁할 수 있는 장을 마련해주는 것일 경우 이는 문제가 안 됩니다. 하지만 모든 참여자에게 일정한 생활 수준을 제공하는 데 목적을 둔다면 이는 실패를 의미합니다. 경제적 자산의 격차가 교육, 의료, 법적 대리 서비스 등의 필수 불가결한 서비스를 이용하는 데 영향을 미치고, 이는 대개 빈자보다는 부자에 더 호의적으로 작용합니다. 사실 이는 모두가 이용할 수 있어야 하는 사회복지라는 측면에서 우리 사회의 빈곤층이 종종 소외당하는 모습을 보게 되는 이유입니다. 부유층은 보유한 자본의 결과로 생기는 대부분의 특혜를 누리는 반면, 빈곤층은 교육을 덜 받고 건강 상태도 더 나빠져 경제적 지위를 개선할 기회도 더 적습니다.

Pattern
91 p. 211

정답 **a** 3 인간 배아에서 아가미 활과 형태적으로 유사한 부위를 발견했다고 했으므로 physical(신체적)이 가장 적절하다. **b** 2 주어가 무생물(this ~ finding)이며 행위자는 scientists이므로 수동태가 가장 적절하다.

해석 인간 배아는 아가미를 가진 물고기일까요? 일단의 진화생물학자들이 성장 중인 배아를 최초로 목격했을 때 이들은 인류 진화의 흔적, 즉 아가미를 발견했다고 생각했습니다. 이들은 배아 성장의 초기 단계에서 목 부분에 주머니처럼 생긴 구조를 발견했는데, 이는 물고기 배아에서 훗날 아가미 구멍으로 변하게 될 아가미 활(새궁)과 매우 유사했습니다. 이 외형적인 유사성 외에도 과학자들에게는 그 주머니의 역할 또한 타당해 보였습니다. 그게 아니면 어머니 자궁 안에 있는 태아가 어떻게 어머니의 산소를 공급받을 수 있을까요? 하지만 이처럼 보기에 그럴듯하고 흥미로웠던 발견은 곧 거짓 해명으로 밝혀졌습니다. 태아에서 발견된 그 구조는 아가미의 원형이 아니라 후기 단계에서 다양한 모습의 이목구비로 발달하게 될 조직이 결합된 것에 불과했으며, 모두 호흡 기관과 관련이 없었습니다. 사실 체중 1파운드당 물고기보다 약 10배 이상의 산소가 필요한 포유동물에서 아가미가 발견된 적은 한 번도 없습니다. 아기

미는 오로지 물고기에게만 쓸모가 있습니다. 냉온 동물인 물고기는 그만큼의 산소가 필요하지 않기 때문입니다.

Pattern 92 p. 213

정답 a 3 바비 인형의 금전적 가치는 물리적 인형으로서의 원래 가치가 아닌 희소성 때문에 높아진다고 했으므로 intrinsic(본질적인)이 가장 적절하다. b 3 생산년도와 보존 상태에 따라 값이 천정부지로 치솟은 바비 인형 경매 사례를 들고 있으므로 the older가 가장 적절하다.

해석 여러분 방에 있는 가장 값진 물건은 무엇인가요? 스마트폰인가요? 아니면 피아노인가요? 여러분의 이모가 가지고 놀다가 여러분이 어렸을 때 물려준 낡은 바비 인형이라고 말한다면 여러분은 뭐라고 말하시겠습니까? 농담처럼 들릴지 모르지만 분명 가능한 일입니다. 골동품인 바비 인형은 희소성 때문에 높이 평가받으며 어떤 이들은 인형의 본질적 가치에 비할 수 없는 많은 돈이라고 말할 정도로 수집가들은 이를 위해 상당히 큰돈을 지불할 것입니다. 사실 빈티지 바비 인형의 적정 시장 가치를 정하는 건 쉬운 일이 아닙니다. 가치를 계산하는 데 정해진 기준이 없기 때문입니다. 하지만 가격 구조는 더 희귀한 상품을 소장한 사람들이 더 많은 금액을 요구할 수 있도록 확립되어 있는데, 이는 달리 말해 바비 인형이 더 오래되고 보존 상태도 더 좋을수록 돈을 벌 가능성도 더 커진다는 의미입니다. 가령 1959년에 출시돼 보존 상태가 좋은 바비 인형이 2004년도에 이베이에서 3천 552달러에 팔린 일이 있었습니다. 2년 뒤, 그 가격은 런던의 한 경매장에서 1만 7천 달러까지 치솟았습니다. 이 인형이 판매대에 있을 당시의 정가는 얼마였을까요? 바로 3달러였습니다.

Pattern 93 p. 215

정답 a 1 목적어(taxes)가 무생물 주어이므로 이를 보충 설명하는 목적격 보어는 수동 관계를 나타내는 과거분사형(levied)이 적절하다. b 3 정부가 개입해야 하는 상황을 서술하고 있으므로 공공의 이해와 반대되는 개념을 나타내는 profit(이윤)이 가장 적절하다.

해석 대다수의 사람들은 개인이 자신을 돌볼 수 없는 상황에 놓일 때 정부가 이 개인들의 삶에 대한 책임과 권한을 가져야 한다고 생각합니다. 정부는 국민들로부터 징수한 세금으로 적절한 기관을 운영하고 필수적인 프로그램을 제공해야 하는데, 이중 대다수는 순전히 시장에 기반한 시스템 안에서는 만들어지지 않습니다. 그러면 정부는 개인의 삶에 어느 선까지 관여해야 하는 걸까요? 자녀의 식습관을 두고 정부가 부모를 좌지우지한다면 정부의 간섭이 선을 넘어선 것은 아닐까요? 제대로 작동하는 사회를 만드는 데 이윤 추구 동기가 어느 정도 한계가 있으므로 정부가 어느 정도 역할을 해야 한다는 데는 대다수가 동의하지만, 지나친 정부 통제하의 서비스는 시민에게 부정적인 영향을 끼칠 수 있습니다. 정부가 국민에 대한 통제권을 더 많이 가질수록 개인의 자유와 책임은 더 줄어들고, 이는 결국 부조리한 규제와 불합리한 공공 정책이 무기력한 침묵에 빠진 국민을 상대로 곧잘 시행되는 침체된 사회를 초래할 것입니다.

Pattern 94 p. 217

정답 a 4 언어적 다양성이 법 집행이나 비즈니스를 하는 데 걸림돌이 된 경우를 예로 들고 있으므로 beneficial(이로운)이 가장 적절하다. b 3 종속절의 주어(twelve translators)가 주절의 주어(it)와 일치하지 않는 독립분사구문으로, 문맥상 통역사 12명이 한 명씩 돌아가면서 말하는 상황이므로 each(각각)가 가장 적절하다.

해석 뉴기니 섬에는 800개 이상의 다양한 언어가 쓰이고 있습니다. 가파른 산비탈이 길게 이어지는 산맥과 깊은 골짜기 때문에 이 지역의 토착 부족들은 비교적 고립된 상태에서 살아왔으며, 따라서 이들의 언어는 유사 이래로 한데 뒤섞이는 일 없이 별개의 언어로 명맥을 유지하고 있습니다. 이 섬의 방문자들은 이러한 독특한 문화적 모습을 알아챌 수밖에 없습니다. 한 곳에서 다른 곳으로 이동하는 여행객들은 항상 방문하는 곳마다 다른 언어를 만납니다. 이러한 언어적 다양성은 쉽게 짐작할 수 있는 것처럼 뉴기니 사람들과 사회에 늘 이로운 건 아니었습니다. 언어적 다양성이 각양각색의 문화를 발전시키는 데 도움이 되긴 했으나 동시에 이 섬에서 비즈니스를 하거나 법을 집행할 때는 지장을 주었습니다. 가령 고립된 마을에 살던 한 남자가 절도 혐의를 받고 나서 곧 재판 없이 풀려난 일이 있었습니다. 거의 12명의 통역사가 돌아가며 검사의 재판 개회사를 이해시켜야 했는데, 이 때문에 판사가 이 사건을 종결짓는 데 너무 긴 시간이 걸릴 거라고 판단한 것입니다.

Pattern 95 p. 219

정답 a 1 전 세계적으로 수많은 관객을 동원했다고 했으므로 commercial(이윤을 낳는)이 가장 적절하다. b 4 빈칸 뒤의 명사를 수식하면서 문맥상 생존자의 수를 나타내는 형용사가 와야 하므로 '(수가) 적지만 있는 것 모두'라는 의미의 what few가 가장 적절하다.

해석 영화 〈쉰들러 리스트〉는 유명 감독인 스티븐 스필버그가 제작했습니다. 이 영화는 공장장인 오스카 쉰들러가 제2차 세계대전 중 수많은 폴란드계 유대인들의 목숨을 구하게 된 이야기를 다루고 있습니다. 1993년에 개봉한 이 영화는 상품성과 작품성 모두 인정받았습니다. 전 세계적으로 수많은 관객을 동원했고 최우수 작품상 및 최우수 영화 편집상을 비롯해 7개 부문에서 아카데미상을 거머쥐었습니다. 스필버그는 이 영화로 첫 최우수 감독상을 받았습니다. 실화를 바탕으로 한 이 영화는 특히나 그 신빙성으로 찬사를 받았습니다. 가능한 한 많은 실화를 수집하기 위해 스필버그는 극소수나마 살아남은 공장 생존자들을 최대한 찾아내 이례적으로 수많은 인터뷰를 진행했으며, 그 사건이 실제로 벌어진 곳에서 해당 장면을 촬영하고자 했습니다. 스필버그 자신의 개인적인 출신 배경도 영화의 사실적 성격에 영향을 주었습니다. 그도 유대인이며 제2차 세계대전 때 가족 중 일부를 잃는 아픔을 겪었던 것입니다.

Pattern 96 p. 221

정답 a 2 as ~ as 비교구문이므로 비교 대상을 나타내는 말이 와야 하며 문맥상 수많은 시청자층을 거느린 TV 광고의 영향력이 그 무엇보다 크다는 의미를 나타내므로 anything(어떤 것)이 가장 적절하다. **b 1** 광고 시간대를 사전에 사두는 방법에 대해 서술하고 있으므로 in advance(미리)가 가장 적절하다.

해석 TV 광고는 광고 메시지의 도달 범위를 최대화하는 데 최적화된 플랫폼입니다. TV 광고는 전국에 흩어진 수백만 명의 시청자를 거느리고 있어 상품이나 서비스에 대한 입소문을 퍼뜨리는 데는 그 어떤 것보다 강력한 영향력을 행사합니다. 그러나 이런 효과에도 불구하고 중소기업은 TV 광고를 건너뛰는 경우가 많습니다. 이들 사업체는 자사 예산으로 광고를 감당하기에 비용이 너무 막대하다고 판단해 잠재 고객이 제품을 이해하는 데 실제로 시각 정보가 필요할 때조차 인쇄 매체나 라디오 같은 여타 언론 매체를 선택합니다. 하지만 알고 보면 이들은 그렇게 주저할 필요가 없습니다. 몇 가지 수단을 동원하면 중소 규모 사업체도 이 광고 매체를 이용해 비용 대비 큰 효과를 얻을 수 있습니다. 가령 그중 한 가지 방법이 특정 광고 시간을 미리 사두는 것입니다. 일부 프로그램의 경우, 방송사 영업자들은 수익을 확보하기 위해 프로그램의 새로운 시즌을 방송하기 전에 광고 시간대를 판매합니다. 방송이 나간 후보다 이 시간대에 더 유리한 광고 요율을 노릴 수 있으므로 신규 광고주들에게는 절호의 기회가 됩니다.

Pattern 97 p. 223

정답 **a 2** do가 쓰인 관계대명사절이 주어 all을 수식하고 있으므로 be동사의 보어 자리에는 원형부정사가 와야 한다. **b 2** TV 시청자들이 스타일 등 후보자 외관에도 관심을 둔다고 했으므로 appearance(외모)가 가장 적절하다.

해석 오늘날 TV 토론은 정치 후보자들의 선거 운동에 매우 중요한 부분을 차지합니다. 비교적 최근에 등장한 이 정치적 절차는 다른 방식을 썼다면 도달할 수 없었을 시청자층에 다가가 언론이 자신들의 견해를 왜곡하는 일 없이 제안하는 정책의 차별성을 강조할 수 있도록 함으로써 선거의 전개 및 결과에 상당한 영향을 끼칩니다. 그렇다면 그처럼 중요한 행사를 위해 후보자들은 무엇을 준비해야 할까요? 모든 선거 토론이 라디오로만 방송되던 TV 시대 이전에는 이들이 해야 할 일이라곤 자기편의 주장을 깊이 있게 파고드는 것이었습니다. 라디오 청취자의 표심을 움직이는 것은 해당 사안에 대한 후보자의 지식과 날카로운 언변이었습니다. 하지만 오늘날 TV 토론 세계는 사정이 다릅니다. TV 시청자들은 언급된 내용뿐만 아니라 후보자의 스타일, 카메라에 비친 외모, 전반적인 신체적 외형에도 관심을 둡니다. 그러므로 후보자들은 마지막 생방송을 준비하는 경쟁 리얼리티쇼의 출연자들처럼 해당 사안과 외모 두 가지 모두에 대해 준비 태세를 갖추어야 합니다.

Pattern 98 p. 225

정답 **a 1** 세미콜론 뒤에 앞선 문장에 반하는 내용이 이어지고 있으므로 등위접속사 but 대신 쓰였음을 알 수 있다. **b 3** 침보라소는 해발고도가 아니라 지리적으로 유리한 지점에 위치하기 때문에 지구의 최고봉으로 꼽히는 것이므로 location(위치)가 가장 적절하다.

해석 놀랍게도, 대다수의 인식과는 달리 지구의 최고봉은 에베레스트산이 아닙니다. 영예는 바로 에콰도르에 있는

'침보라소'라는 이름의 화산에 돌아갑니다. 그 이유는 뭘까요? 지구가 끊임없이 회전하는 동안 중력과 원심력의 영향력이 결합하면서 극지방보다 적도대가 더 두꺼워집니다. 따라서 지구는 물풍선을 바닥에 두고 위쪽에서 압력을 가하면 볼록해지는 것처럼 가운데가 볼록합니다. 이는 안데스 산맥의 화산이 전설의 히말라야산보다 더 높은 이유를 설명해줍니다. 해발이 동일하다고 가정하면 지구의 가운데에 위치한 이상 어느 산이든 볼록하지 않은 곳에 위치한 여타의 "더 높은" 산들보다 이미 높은 셈입니다. 따라서 볼록한 적도를 고려한다면, 다시 말해 산 정상에서 지구 중심까지의 직선을 측정할 경우 침보라소가 태생적인 이점을 지니며 에베레스트산보다 대기권 밖으로 조금 더 튀어나오게 됩니다. 침보라소는 해발고도가 가장 높은 산은 아니지만, 그 위치 때문에 지구의 중심에서 시작되는 가장 높은 산이 되는 것입니다.

Pattern 99 p. 227

정답 **a 3** 종속절인 you hang around with에서 생략된 대명사가 목적어이므로 선행사가 포함된 목적격 관계대명사 whom이 와야 한다. **b 2** 모두가 부를 얻으려고 하지만 기회나 능력이 다 같진 않다고 했으므로 이를 가리키는 discrepancy(불일치)가 가장 적절하다.

해석 범죄자가 되는 이유는 무엇일까요? 범죄에 대한 사회학적 이론에 따르면 많은 사람이 범죄자가 되는 이유는 가정환경과 교육 때문입니다. 범죄에 호의적인 신념을 용인하는 가정이나 동네에서 자란 사람은 유혹에 굴복해 불법 행위를 저지를 가능성이 더 큽니다. "어울리는 사람을 보면 그 사람을 알 수 있다"는 속담도 여기에 한몫합니다. 개인이 나쁜 무리와 어울려 올바르지 않은 일에 연루되면 그 사람은 또래의 생활방식에 동화되어 범죄를 저지르려는 욕구가 생길 수 있습니다. 이들 학설이 언급하는 또 다른 주된 요인은 바로 사회적 중압감과 스트레스입니다. 가령 현대 사회는 부에 우선순위를 두고 너 나 할 것 없이 부를 얻기 위해 분발해야 한다고 지시하는 경향이 있습니다. 그렇지만 모두가 똑같은 기회나 능력을 갖고 있는 건 아닙니다. 이같은 괴리 때문에 부당함을 느끼는 것이며 일부 사람들이 법적 테두리를 넘어선 재산 축적 방법에 의존하고 싶은 마음이 드는 것입니다.

Pattern 100 p. 229

정답 **a 3** 복문의 주절인 삽입절(most people agree)앞에 관계절의 주어인 주격 관계대명사 who가 생략되었다. **b 3** 토머스 에디슨의 예를 들며 그의 발명품이 패러다임의 전환을 가져왔다고 했으므로 문맥상 생활 방식의 변화를 나타내는 the way people live가 가장 적절하다.

해석 천재는 매우 똑똑하거나 창의적인 사람이라고 생각하는 게 일반적입니다. 우리는 수학 또는 과학에 특출하거나 글쓰기 또는 음악에 뛰어난 창의성을 보이는 사람들에게 그처럼 멋진 칭호를 부여합니다. 그런데 이들 모두 진정한 천재들일까요? 그렇다면 천재는 흔해 빠진 사람일 것입니다. 그 명단이 어마어마하게 길 테니까요. 누가 진정 천재일까요? 엄밀한 기준은 무엇일까요? 천재라는 말의 정확한 정의를 콕 집어 말하기는 어렵지만 진정한 천재는 고

도의 지적 능력을 보일 뿐 아니라 고유의 발견이나 발명, 또는 예술 작품으로 새 장을 열었다는 데 대부분 동의하는 사람이라고 할 수 있습니다. 다시 말해, 누군가를 천재라고 부를 수 있으려면 인류 지식의 한계를 넓힌 동시에 기념비적인 것을 창조하여 사람들의 생활 방식을 변화시킨 사람이어야 합니다. 그 일례인 토머스 에디슨은 전구를 발명해 냈습니다. 과학 부문에서의 그의 지성과 독창성은 비범했으며 그의 발명품들은 인간 사회에 패러다임의 전환을 가져왔습니다.

Pattern
101 p. 231

정답 a 2 앞서 숫자 13이 불운과 연관돼 있다고 명시했으므로 misfortune(불행)이 가장 적절하다. **b 4** It ~ that … 강조구문에서 that 대신 관계대명사 who가 쓰였다. 나머지는 관계대명사가 선행사를 수식하는 제한적 용법이다.
해석 숫자 13에 대한 강박관념은 우리 삶에 뿌리 깊이 자리합니다. 불운과 연관된 숫자 13은 건물명이나 대로명으로 쓰이는 일이 거의 없었습니다. 13일의 금요일은 결혼, 여행, 그리고 극단적인 경우에는 근무일로 달력에 표시되는 일이 거의 없었습니다. 그러면 13이 이처럼 무서운 숫자가 된 이유는 무엇일까요? 우리가 언제부터, 그리고 왜 이 숫자를 불행과 관련지어 생각하게 된 건지 정확히 아는 사람은 아무도 없지만, 그 기원에 대해서는 몇 가지 설이 제기된 바 있습니다. 그중 하나가 초기 인류의 원시적인 수 체계와 관련된 설입니다. 이 설에 따르면 우리 선조들은 10개의 손가락과 2개의 발을 가지고 각 숫자를 나타냈기에 12까지만 셀 수 있었습니다. 따라서 숫자 13은 미지의 영역을 나타냈기 때문에 저주받은 것으로 생각했습니다. 널리 알려진 또 다른 설은 단두대의 계단과 관련된 것입니다. 속설에 따르면 단두대로 오르는 계단의 수는 보통 13개라고 전해 내려오고 있습니다. 마지막으로 예수의 '최후의 만찬'과 관련된 설이 있습니다. 이 전설에 따르면 만찬장에 13번째로 도착한 사람이면서 식탁의 13번째 자리에 앉은 사람이 예수를 배신한 제자인 유다였다고 합니다.

Pattern
102 p. 233

정답 a 3 바오밥의 독특한 생김새를 묘사하는 내용이 이어지고 있으므로 distinctive(독특한)가 가장 적절하다. **b 2** 현재 사실이 아닌 상황을 가정하고 있으므로 가정법 과거의 동사 형태인 were가 와야 한다.
해석 바오밥나무는 아프리카 사바나 지역에서 가장 사랑받는 나무 중 하나입니다. 건기에 이 나무는 그 독특한 모양 때문에 쉽게 알아볼 수 있습니다. 몸통은 엄청나게 크지만 줄기와 가지는 앙상해서 나뭇잎이 가지에서 모두 떨어지면 뿌리가 땅에서 뽑혀 나와 하늘을 향해 거꾸로 심어진 듯한 모습처럼 보입니다. 하지만 이 수종이 무척 사랑스러운 이유는 그 독특한 외형이 아니라 놀라운 쓰임새 때문입니다. 마치 '생명의 나무'라고 불리기 위해 태어난 것처럼 바오밥나무는 두루두루 하나도 남김없이 쓰여 인근 지역사회에 큰 혜택을 제공합니다. 사실 바오밥의 몸통, 껍질, 잎사귀, 열매는 모두 인간에 의해 소비됩니다. 큰 몸통은 건기에 쓰일 수천 리터의 물을 저장해두며 내화성 껍질은 직물과 밧줄로 사용되고 잎사귀는 조미료와 약으로 쓰입니다. 더욱

이 열매는 비타민 C와 A가 풍부하며 우유보다 칼슘 함량이 2배나 높은 것으로 알려져 있습니다. 따라서 아프리카인들 사이에서 오랫동안 훌륭한 영양소 공급원으로 환영받아 왔습니다.

Pattern
103 p. 235

정답 a 2 치어리딩이 원래 남성에 의해 창안되었다고 말하며 그 유래를 서술하고 있으므로 men(남성들)이 가장 적절하다. **b 4** 과거 사실(제1차 세계대전)의 반대 상황을 가정하고 있으므로 가정법 과거완료 표현의 had를 문두에 보낸 Had it not been for가 적절하다.
해석 남성은 치어리딩에 매우 중요한 역할을 합니다. 대수롭지 않게 생각하는 경우가 종종 있긴 하지만 이들은 여성이 우세한 것처럼 보이는 이 스포츠에서 제법 큰 비중을 차지하며 공연 동작의 성공적 수행에 결정적인 역할을 합니다. 아마도 가장 중요한 건 남성 치어리더가 곡예를 펼치는 도중 여성 팀원들이 부상을 당하거나 다치지 않도록 해준다는 점일 겁니다. 치어리딩은 공중제비, 회전, 던지기를 모두 소화하는 위험한 스포츠이며 남성은 공중에 뜬 여성 팀원을 받아주는 안전망을 제공합니다. 이 스포츠에서 남성의 중요성을 잘 보여주는 흥미로운 점으로 하나 더 염두에 둘 것은 이 경쟁적인 스포츠가 남성을 위해, 남성에 의해 시작되었다는 사실입니다. 1898년 미네소타대학의 학생인 조니 캠벨은 자신이 속한 축구팀이 더 많은 격려가 필요하다는 생각이 들어 그들을 위해 응원을 하기 시작했는데 이것이 이 화려한 체조 스포츠의 기원이 되었습니다. 만일 제1차 세계대전이 발발하지 않았더라면 남성이 계속 주목을 받았을 것입니다. 남자들이 전투를 치르러 외국으로 떠나면서 여성이 이 스포츠에서 우위를 차지하기 시작해 점차 장악하던 때가 바로 이 시기였던 것입니다.

Pattern
104 p. 237

정답 a 2 과거 사실의 반대 상황을 가정하므로 had it not been for를 대신하는 but for가 와야 한다. **b 4** of는 뒤에 나온 내용(샘플을 밀봉해두지 않은 것)과 같은 동격 관계를 나타내므로 blunder(실수)가 가장 적절하다.
해석 한때 기적의 약이라고 불렸던 페니실린의 도입은 의학계에 새 시대를 열었습니다. 의사들이 드디어 패혈증이나 폐렴 같은 치명적인 전염병 환자들을 완치시킬 수 있는 수단을 갖게 된 것입니다. 그런데 일부 과학자들의 부주의함이 아니었다면 항생제로서의 페니실린의 용도를 결코 발견하지 못했을 거라는 사실을 알고 있었나요? 사실, 이는 런던 소재의 한 실험실에서 연구원들이 휴가를 떠나 있는 동안 우연히 한 개의 배양 접시 뚜껑을 열어둔 덕에 발견되었습니다. 이들이 자리를 비운 사이 곰팡이가 배양 접시에 내려앉아 배양되고 있던 박테리아를 다 죽여버린 것입니다. 그 이후로 줄곧 이 곰팡이는 부주의한 실험실 연구원이 휴가에서 돌아와 그 놀라운 사건을 알아내 세상을 바꾸기까지 그곳에서 가만히 기다리고 있었던 겁니다. 과연, 휴가를 떠나기 전에 과학자들이 실수로 샘플을 밀봉해두지 않은 일이 없었더라면 수많은 생명을 구한 천연 항생제를 결코 발견하지 못했을 것입니다.

Pattern 105 p. 239

정답 a 2 양보를 나타내는 접속사 although가 쓰였고 본래의 특성과 대비되는 내용이 이어지는 것으로 보아 originally(원래)가 가장 적절하다. **b** 3 다른 개들처럼 짖지 않는 대신 요들송을 부르는 듯한 소리를 내는 이유가 제시되고 있다.

해석 원래 중앙 아프리카 출신인 바센지는 예민한 시각과 청각을 가진 작고 다부진 사냥개입니다. 이들의 사냥 기질은 진로를 가로지르는 빠른 공을 쫓을 때 쉽게 알아볼 수 있습니다. 일단 목줄을 풀어주기만 하면 이들은 붙잡을 생각은 거의 할 수 없는 날쌔고 민첩한 추격자가 됩니다. 바센지가 원래 사냥용으로 길러진 품종이긴 하지만 매우 사랑스러운 가정용 애완견으로도 기를 수 있습니다. 이들은 가족과 매우 애틋하게 지내며 어릴 때 사회화 교육을 받은 경우 보통 다른 개와도 잘 지냅니다. 또한 털을 자주 핥으면서 다듬어 매우 깔끔하고 털이 많이 빠지지도 않으며, 무엇보다도 짖지 않습니다. 바센지의 후두는 모양이 이상해 다른 개들처럼 짖지 못하며 사람이 요들송을 부르는 듯한 소리만 낼 수 있습니다. 이런 이유로 아파트에 사는 사람에게는 특히나 이상적인 반려견이 될 수 있습니다.

Pattern 106 p. 241

정답 a 3 빈칸 뒤에 역동적인 움직임을 묘사하는 부사구인 back and forh(앞뒤로)가 있는 것으로 보아 지진의 흔들림을 나타내는 sway(흔들리다)의 현재분사형이 가장 적절하다. **b** 1 직원이 한 소년을 살리기 위해 분투하는 급박한 상황을 묘사하고 있으므로 그만한 경황이 없다는 의미를 나타내는 without so much as(~조차 하지 않고)가 가장 적절하다.

해석 하루 종일 여행이 예정된 마지막 날 아침에 일어났을 때, 나는 이상한 기운을 느꼈다. 건물이 몇 초간 흔들리더니 복도는 부모들이 아이들에게 행동 방침을 알리는 듯한 외침 소리로 가득했다. 지진을 직감했지만 정확히 무슨 일이 벌어지고 있는지 몰랐던 나는 벌떡 일어나 옷을 걸치고 서둘러 객실을 나섰다. 그때였다. 또다시 갑작스레 건물이 몇 인치쯤 앞뒤로 흔들리다가 가까스로 선 듯한 느낌이 들었다. 진동이 너무 심해 고정돼 있지 않은 물건과 선반이 쏟아졌고 복도에 있던 투숙객들은 중심을 잡으려고 난간을 붙잡으려 허둥대다가 서로 부딪혔다. 사실 내가 복도 한쪽 끝에서 엘리베이터로 달려가는 호텔 종업원을 본 것도 이때쯤이었다. 그 이유가 궁금했던 나는 복도 중간으로 이동했다. 나는 그곳에서 본 놀라운 광경을 결코 잊지 못할 것이다. 한 십 대 소년이 승강기에 빠진 채 그 직원의 손에 매달려 있었고, 그녀는 도움을 요청하려고도 하지 않고 마치 함께 떨어지려고 작정한 사람처럼 그 소년을 끌어올리려 안간힘을 쓰고 있었다.

Pattern 107 p. 243

정답 a 2 일시적인 통증과 간단한 약 처방이 필요할 뿐이라고 했으므로 경미함을 암시하는 nuisance(골칫거리)가 가장 적절하다. **b** 3 사실 여부를 알 수 없는 일을 가정하는 가정법 현재 표현에서 양보를 의미하는 접속사 (even)

if가 생략된 절로, 양보부사절의 불확실성을 강조하기 위해 동사원형을 문두로 보낸 명령문 형태의 도치구문이다.

해석 벌에 쏘이는 건 보통 야외에서 마주치는 작은 골칫거리에 불과하다고 여깁니다. 대부분의 경우 일시적인 통증을 유발하고 간단한 민간 처방이나 약이 필요한 정도입니다. 사실 보통 사람은 체중 1파운드당 약 8번의 벌침에 쏘여도 버틸 수 있습니다. 즉, 건강한 상태라면 죽음에 이르기 전까지 일반적으로 백 번에 달하는 무수한 벌침에도 견딜 수 있다는 의미입니다. 하지만 벌 독 알레르기가 있다면 얘기가 달라집니다. 이 경우, 단 한 방만 쏘여도 생명을 위협하는 극심한 알레르기 증상이 나타나 몇 시간 내로 사망할 수 있습니다. 다행히도 이러한 알레르기 반응은 비교적 알아보기 쉽습니다. 이같은 반응에는 주로 입술 부종, 흉통, 쌕쌕거림, 호흡 곤란이 있습니다. 따라서 결론은 어른이든 어린이든 연령을 막론하고 벌침에 쏘인 자리에 통증 이외의 증상이 나타난다면 즉시 처치를 받아야 한다는 것입니다. 독성을 지닌 벌 독을 치료하지 않고 방치할 경우 큰 위험에 빠질 수 있습니다.

Pattern 108 p. 245

정답 a 2 고용주의 입장에 대해 서술하고 있으므로 문맥상 least(최소의)가 가장 적절하다. **b** 4 AX + AY = A(X + Y) 형태로, 동사(lost)가 공통어에 해당한다. 나머지는 모두 (X + Y)A 형태의 공통 관계다.

해석 고용의 질은 일반적으로 경제 침체 시기에 떨어집니다. 새로운 일자리가 더 적기 때문에 구직자들은 임금이 더 낮고 복지 혜택이 적은 일이라도 해보려고 마음을 먹지만 고용주는 그만큼 더 많이 요구할 수 있는 여유가 생겨 최소한의 금액과 최소한의 복지 혜택에 일하려는 사람이라면 누구든 고용하려고 하는데, 이 모두가 불경기 때 근무 조건을 악화시키는 데 일조합니다. 불행하게도 이같은 암울한 현상은 개발도상국에서 더욱 심하게 나타납니다. 선진국에서는 근로 조건이 건강 상태, 근로 시간, 임금 관련 규정에 따라 다소간 영향을 받거나 적어도 감시를 받습니다. 하지만 개발도상국에는 이러한 규정 및 절차가 없고 있다 하더라도 이를 지키지 않습니다. 따라서 대다수 저숙련 근로자들은 돈을 저축하거나 자존감을 지킬 수 없게 내모는 수많은 장애 속에서 실업을 거쳐 열악한 일자리로, 그리고 다시 실업 상태로 돌아가는 난관을 끊임없이 반복하는 신세가 되고 맙니다.

Pattern 109 p. 247

정답 a 4 문맥상 의문사 how를 강조하는 말이 와야 하므로 on earth(도대체)가 가장 적절하다. **b** 2 실의 특징이 강한 접착성이라는 내용이 이어지고 있으므로 sticky(끈끈한, 달라붙는)가 가장 적절하다.

해석 어쩌면 여러분은 어렸을 때 뒤뜰에 있는 거미를 보고 어떻게 한 가닥 실로 그렇게 다양한 일을 하는지 궁금해한 적이 있을 겁니다. 거미는 가냘파 보이는 한 가닥의 섬유만으로 거미줄을 만들고 먹이를 잡으며 안전하게 뜀뛰기를 하고 알을 낳을 장소를 마련합니다. 이 일들을 대체 어떻게 해내는 걸까요? 사실 거미는 한 가지가 아니라 다양한 종류의 명주실을 사용합니다. 거미는 최대 7종류의 명주실을 만들어낼 수 있으며 다양한 필요와 목적에 맞게 각기 다른 실을 씁니다. 가령 거미의 바큇살은 거미가 뽑아낸 튼튼한 실로 만들어집니다. 이 실은 동일한 지름의 강철보다 5배 더 강력할 만큼 매우 튼튼해 연필 두께에 맞먹는 한 올로도 비행 중인 보잉 747기를 멈출 수 있을 정도입니다. 이들이 뽑아내는 또 다른 명주실은 바로 거미줄의 나선형 모양을 만들 때 쓰는 끈적끈적한 실입니다. 이 실은 접착력이 뛰어나고 원래 길이보다 2~4배로 늘어나도 끊어지지 않습니다. 그래서 거미가 거미줄로 먹이를 잡는 데 이상적인 것입니다.

Pattern 110 p. 249

정답 **a 3** 본문의 it은 가목적어로 쓰였다. **1**은 비인칭 주어, **2**는 가주어, **4**는 지시대명사이다. **b 1** 물을 아무리 마셔도 매운맛이 사라지지 않는다고 했으므로 repels(물리치다)가 가장 적절하다.

해석 엄청 매운 걸 먹고 나서 화끈거리는 느낌을 물로 없애보려고 한 적이 있나요? 왜 이 구제책이 대개 효과를 발휘하지 못하는지 궁금한 적이 있나요? 이 현상은 매운 음식에 고추의 주성분인 캡사이신이라는 이름의 화학 물질이 함유돼 있기 때문에 주로 일어납니다. 캡사이신은 물이 아닌 지방에서 용해되기 때문에 물과 섞으면 그 효과가 미미해집니다. 게다가 대다수의 매운 음식에 들어가는 캡사이신으로 만든 양념은 기름집니다. 이는, 과학 선생님이 언젠가 가르쳐 주신 것처럼, 허를 덮고 있는 매운 기름이 모든 수분을 물리치기 때문에 물을 아무리 많이 끼얹어도 입을 진정시키지 못한다는 것을 의미합니다. 그렇다면 이처럼 화끈거리는 느낌은 어떻게 없앨 수 있을까요? 우유를 마시면 됩니다. 우유는 캡사이신을 용해하는 데 효과적인 지방을 함유하고 있으므로 입안을 얼얼하게 만드는 성분을 중화시켜 혀 표면에서 사라지게 합니다. 또 다른 손쉬운 방법은 빵 한 쪽을 먹는 것입니다. 빵은 양념의 기름기를 흡수하는 질감과 성질을 갖고 있으므로 입에 머금고 있는 것만으로도 얼얼한 입안을 진정시킬 수 있습니다.

Pattern 111 p. 251

정답 **a 2** 앞서 금성이 화성만큼 탐사가 이루어지지 않았다고 했으므로 discriminate(차별 대우하다)의 과거분사형이 가장 적절하다. **b 3** 배수사가 원급 비교구문과 함께 쓰여 부사 역할을 할 때는 앞에서 수식한다.

해석 금성은 화성만큼 탐사가 많이 이루어지지 않았습니다. 두 행성으로 가는 데는 비슷한 시간이 소요되지만 이른바 지구의 쌍둥이인 금성은 우주과학자들이 개발한 로봇 탐사선의 방문 횟수가 더 적었습니다. 금성은 왜 그렇게 차별 대우를 받았던 걸까요? 한 가지 주된 이유는 높은 지표면 온도와 연관이 있습니다. 금성은 태양에 더 가까이 있기 때문에 지구보다 두 배 더 많은 태양열을 받습니다. 게다가 금성의 대기는 이산화탄소 같은 온실가스의 밀도가 매우 높습니다. 그 결과 엄청난 태양열이 금성 표면에 갇혀 납을 녹일 정도로 지표면 온도를 상승시킵니다. 높은 대기압도 또 다른 문제입니다. 금성 표면의 대기압은 지구보다 거의 90배 더 높습니다. 이 때문에 탐사선이 착륙 직후 으스러지고 지표면 분석 작업을 위한 시도도 좌절되는 것입니다.

Pattern 112 p. 253

정답 **a 4** 차량 통행 안전을 제고하려는 의도라고 명시하고 있으므로 safety(안전)가 가장 적절하다. **b 2** 주어를 보충 설명하는 주격 보어(notable)가 주어(Sweden)와 자리를 바꾼 도치구문으로, 주어 Sweden은 단수이므로 단수동사(was)를 써야 하며 부사 particularly는 형용사 notable을 앞에서 수식한다.

해석 20세기에 걸쳐 수많은 나라가 안전 목적을 위해 좌측 통행 운전에서 우측통행 운전으로 바꾸었습니다. 사실 대부분의 사람들은 오른눈이 우성이고 따라서 오른편으로 차량이 다가올 때 더 민감하게 반응하기 때문에 좌측통행 운전 자체가 실제로 더 안전합니다. 하지만 우측통행 운전이 다수인 이웃 나라에 발맞추어 국경을 넘나드는 차량 통행 안전을 제고하려는 의도로 방향을 바꾸기로 한 것입니다. 이중 눈에 띄는 곳이 스웨덴으로, 스웨덴 국회는 1963년에 통행 방향 전환 법안을 가결했습니다. 수차례 부결된 바 있는 이 변화는 큰 인기를 얻지 못했습니다. 하지만 인접국 모두 우측통행 운전을 시행했기 때문에 결국 바뀌게 된 것입니다. 그런데 특히 흥미로운 점은 스웨덴 정부가 이 전환을 시행한 방식입니다. 시행 첫날, 라디오로 짧은 초읽기가 방송되었습니다. 확성기에서 "지금 바로 방향을 바꿔주세요"라고 하자 모든 차량이 멈춰 서 조심스레 오른쪽으로 방향을 바꾼 다음 운전을 재개했습니다.

Pattern 113 p. 255

정답 **a 2** 전치사 during은 항상 관계대명사 앞에 쓰인다. **b 2** 투여한 백신 속 미생물이 돌연변이를 일으킬 수 있다고 했으므로 mutated(돌연변이가 된)가 가장 적절하다.

해석 생백신은 실험실에서 원인(야생형) 바이러스를 약화시켜 만들어냅니다. 질병을 일으키는 바이러스는 일련의 동물 배아세포나 세포 배양액을 통과하는데, 이 과정에서 새로운 세포에 성공적으로 적응하면 인체 세포 내에서 복제하는 능력을 잃게 됩니다. 따라서 인간에게 투여하면 항체 형성을 돕지만, 질병은 일으키지는 않는 것입니다. 약화된 바이러스로 만들어진 이들 백신은 장단점을 동시에 갖고 있습니다. 주된 장점은 이들 백신이 야생형 바이러스와 유사하기 때문에 효과적이고 완벽한 면역을 유도할 수 있으며, 백신 투여자는 평생 해당 바이러스에 대한 면역력을 갖게 되는 경우가 많다는 것입니다. 단점은 백신 속 미생물이 돌연변이를 일으켜 다시금 병독성 바이러스로 변할 수 있다는 점인데, 그렇게 되면 야생형 바이러스와 돌연변이 바이러스 모두 체내에서 순환되는 결과가 나타날 수 있습니다. 이들 백신의 또 다른 단점은 면역체계가 약해진 사람에게는 안전한 접종이 불가능하다는 점입니다. 일부 사람들은 약화된 바이러스의 공격을 막아낼 수 없으며 면역력을 얻기보다는 질병에 걸릴지도 모릅니다.

Pattern 114 p. 257

정답 **a 3** 주절의 동사가 주장을 나타내는 insist이고 that절은 실현 여부를 확인할 수 없는 상황을 가정하고 있으므로 that절의 동사는 주절과 시제를 일치시키지 않은 원형을 써야 한다. **b 1** 조기 TV 시청은 자연환경이 아닌 TV

프로그램에 의한 반응을 통해 뇌 내 경로를 형성시킨다고 했으므로 unbalanced(불균형한)가 가장 적절하다.

해석 아동 전문가들은 유아의 TV 시청을 부모가 금지해야 한다고 주장합니다. 잦은 TV 시청의 부정적 효과는 모든 연령의 아이들에게 다소간 영향을 끼치지만, 특히 3세 이하의 어린 아이에게는 그 영향이 더 큽니다. 정확히 어떤 위험이 있는 걸까요? 전문가들에 따르면 부모가 가장 걱정하는 결과는 불균형한 뇌 발달입니다. 아이의 생후 첫 3년은 수십억 개의 신경세포가 접합되면서 주요 뇌 내 경로가 놀라운 속도로 형성되는 결정적 시기입니다. 그런데 조기 TV 시청을 하면 뇌가 자연환경이 아닌 TV 프로그램에 의한 반응으로 접합이 이루어지기 때문에 이러한 발달에 부정적인 영향을 미칠 수 있습니다. 이들은 또한 언어 발달 문제도 지적합니다. 갓난아이와 유아는 언어 능력이 형성될 때 직접적이고 개별적인 반응과 피드백이 필요합니다. TV 시청이라는 수동적인 활동은 부모와 적절한 직접 상호작용을 하는 데 지장을 줍니다. 아동이 TV를 더 많이 볼수록 적절한 언어 능력을 갖추는 데 어려움을 겪을 가능성도 더 커집니다.

Pattern 115　p. 259

정답 a 4 부정의 의미를 가진 목적어를 강조하려면 의문문 형태로 주어와 동사의 자리를 도치시켜야 하며 일반적인 현상을 진술하는 문장이므로 현재 시제를 써야 한다. b 3 빈칸 뒤에 instead of가 제시된 것으로 보아 곧바로 열량을 소모하는 과정과 대립되는 내용이 돼야 하므로 longer가 가장 적절하다.

해석 아침 식사는 우리 몸이 전날 밤 저녁부터 이어온 절식을 중단시키므로 매우 중요합니다. 최장 12시간에 이르는 준단식 이후 우리는 신체 기관을 움직이기 위한 에너지원을 필요로 하는데, 그날의 첫 끼는 몸과 뇌에 필수 영양분을 공급해줍니다. 아침 식사를 하는 사람이 오전 내내 더 높은 집중력과 생산성을 보이는 반면, 아침을 거르는 사람이 종종 신체적, 지적, 행동적 측면에서 문제를 보이는 것도 어쩌면 당연합니다. 또한 아침 식사로 하루를 시작하는 것은 비만 등 장기적인 건강 문제를 예방하는 데 도움이 되므로 중요합니다. 보통 아침 식사와 비만이 관련이 없다고 생각하지만 섭식 시간은 실제로 비만과 관련이 있습니다. 우리 중 많은 이들은 나중에 제대로 된 식사를 해서 이를 벌충할 수 있다고 생각하고 아침을 거릅니다. 하지만 이는 잘못된 생각입니다. 아침을 거르는 것은 우리가 남은 시간 동안 과식할 가능성을 더 높일 뿐만 아니라 신체가 열량을 소모하는 대신 더 오랫동안 저장해두기 때문에 이후의 식사에서 얻은 열량을 소모시키는 방식도 바뀌게 됩니다. 그 결과 점차 체중이 더 늘어날 수 있습니다.

Pattern 116　p. 261

정답 a 2 빈칸 뒤에 불가산명사 chance가 제시됐고 문맥상 다양한 글쓰기 전략을 구사하지 못할 경우(unless ~)를 상정하고 있으므로 little(거의 없는)이 가장 적절하다. b 1 you should keep in mind의 목적어에 해당하는 목적격 관계대명사와 would ~ level의 주어에 해당하는 주

격 관계대명사가 필요하므로 각각 that과 which가 가장 적절하다.

해석 특정 독자층을 염두에 두는 것은 작가로서의 성공을 위한 필수 요소입니다. 평범한 작문 과제든 잡지에 실릴 기사든 자신의 언어를 통제하거나 전략을 바꾸거나 적절한 어조를 구사하지 못한다면 여러분의 생각을 해당 독자층에 제대로 전달할 가능성은 희박할 것입니다. 가령 일반 대중을 독자로 글을 쓸 때는 전문가 집단을 대상으로 글을 쓸 때와는 달라야 합니다. 교수들을 대상으로 설명하듯 중학생들에게 분자 생물학을 설명한다고 가정해봅시다. 청중은 금세 흥미를 잃고 메시지도 그 힘을 잃을 것입니다. 여러분의 글을 성공적인 수준으로 끌어올리기 위해 명심해야 할 또 다른 중요한 측면은 바로 여러분이 알고 있는 것에 관해 쓰라는 겁니다. 잘 모르는 주제를 선택해서는 안 된다는 말이 아닙니다. 그것에 대해 글을 쓰기 전에 충분히 조사해야 한다는 의미입니다.

Pattern 117　p. 263

정답 a 2 히틀러가 주데텐을 이양하면 더 이상 영토를 요구하지 않겠다고 하자 이를 거부할 경우 발발할 전쟁을 두려워한 것이므로 sacrifice(제물)가 가장 적절하다. b 1 히틀러가 약속을 깨자 그제서야 전쟁을 선포했다는 의미의 '조건의 제한(그제서야)'을 나타내는 부사구가 강조돼야 하므로 only then(그제서야)이 문두에 오고 주어와 동사(조동사 did)는 의문문 형태로 자리가 바뀌는 도치구문이 적절하다.

해석 1938년 아돌프 히틀러가 주데텐 지방을 점령하겠다는 뜻을 밝힐 무렵, 이 지역의 운명은 프랑스와 영국의 손에 달려 있었습니다. 그곳은 공식적으로 체코의 영토이긴 했지만 자력으로 방어할 만한 힘이 없었기 때문에 이 두 열강이 이 국경 지대의 미래를 결정할 실질적인 권한을 갖고 있었습니다. 히틀러가 이 지역을 이양한다면 그 이상의 땅을 요구하지 않겠다고 약속하자 이 땅을 쉽게 넘겨준 것도 바로 이 때문입니다. 영국인과 프랑스인 사이에는 더 큰 규모의 전쟁이 발발하지 않을까 하는 불안감이 있었기에 이들은 미처 대비하지 못했다고 여긴 분쟁을 피하고자 이 영토를 제물로 양도하기로 합의한 것입니다. 하지만 이렇게 그릇된 회유책을 토대로 한 평화는 오래가지 못했습니다. 히틀러는 곧이어 자신이 한 약속을 깨고 체코슬로바키아의 나머지 영토를 점령한 다음 폴란드를 위협하기 시작했습니다. 영국과 프랑스는 그제야 독일에 전쟁을 선포했으며 이것이 제2차 세계대전을 촉발시켰습니다. 이 두 국가가 애초에 독일의 요구를 들어주지 않았더라면 어떻게 됐을까요? 많은 역사학자들은 만일 전쟁이 1939년이 아닌 1938년에 일어났더라면 제2차 세계대전이 일어나지 않았거나 적어도 전선이 그렇게 확대되지는 않았을 것이라고 생각합니다. 서구 국가의 수동적 태도가 피할 수 없는 전쟁을 부르고 막대한 대가를 치르게 한 것입니다.

Pattern 118　p. 265

정답 a 1 '~하자마자 …했다'라는 의미의 관용 표현인 no sooner ~ than...이 쓰인 도치구문이므로 준부정어인 No sooner가 강조돼 문두에 오면 의문문 형태로 어순이 바뀌어 조동사 다음에 주어가 나온다. b 2 독성이 없는 페

로몬을 유인 수단으로 이용하면 개체수를 친환경적으로 통제할 수 있다고 했으므로 유해한 화학물질의 사용을 줄여준다는 의미를 나타내는 minimize(최소화하다)의 현재분사형이 가장 적절하다.

해석 과학자들은 곤충 페로몬을 발견하고 나서 얼마 지나지 않아 이 자연의 향기가 병해충 관리 관행을 바꾸리라는 걸 알았습니다. 이 냄새 없는 화학 물질은 특정 곤충 종 개체의 행동에는 영향을 끼칠 수 있지만 독성은 없기 때문에 해충 개체군을 보다 건강하고 친환경적으로 통제하도록 해줍니다. 이 발견 직후 과학자들은 성 페로몬과 추적 페로몬 등 특정 페로몬을 재빠르게 개발하여 사람들이 골칫덩어리 해충을 박멸하는 데 도움을 주었습니다. 곤충은 번식 및 먹이 용도로 여타 곤충을 유혹하기 위해 이들 유인 물질을 분비하는데, 연구자들은 이를 합성해 살충제가 분사되는 동안 대규모의 곤충 개체군을 농장으로 유인하는 수단으로 이용해 해로운 화학약품 사용을 최소화했습니다. 과학자들은 또한 위험이 닥쳤을 때 곤충이 분비하는 경보 페로몬 같은 기타 물질들도 개발했습니다. 인간에 해를 입히지 않는 이 합성 물질은 교미 행태를 교란해 벌레의 개체수를 억제하는 데 도움이 되었습니다.

Pattern
119   p. 267

정답 a 3 쉼표는 동격을 나타낼 때도 쓰이므로 쉼표 뒤의 an essential ~ growth를 풀어 쓴 부연 설명이라 할 수 있다. b 4 수요의 가격탄력성이란 수요량이 가격 변화에 민감하게 반응하는 정도를 말하며, 가격 변화에 따라 수요량이 크게 변하면 '탄력적'이라고 하고 수요량이 크게 변하지 않으면 '비탄력적'이라고 하는데, 가격이 올라도 수요량은 변함없이 높을 때를 대비해 수입품의 양을 제한하는 수입 쿼터가 필요하다는 논리이므로 inelastic(비탄력적)이 가장 적절하다.

해석 고도 경제성장에 필수적 수단인 국제무역은 양날의 검입니다. 국가 경제 성장에 유용하기는 하지만, 걸음마 단계에 있는 대다수 자국 산업을 쇠퇴시키고 구조적인 실업 문제를 유발할 수 있으므로 무역은 규제돼야 합니다. 이를 감안한다면 각국은 어떻게 국제무역 규모를 통제할 수 있을까요? 일반적으로 정부는 재화 수입 욕구를 떨어뜨리는 두 가지 무역 장벽인 관세 및 수입 쿼터를 활용합니다. 세금을 매겨 가격을 더 비싸게 만들거나 수입 가능한 해외 물품의 최대량을 정해 놓음으로써 국가는 수입 품목의 총량을 통제하고 국경 간 거래의 부정적 효과를 최소화할 수 있습니다. 세수를 창출할 수 있으니 관세가 이상적인 것 같은데, 수입 쿼터가 필요한 이유는 무엇일까요? 사실, 수입품 수요가 비탄력적일 때가 있기 때문에 수입 쿼터도 필요합니다. 소비자가 관세를 무릅쓰고 변함없이 수입품을 구입한다면 정부는 최소한 특정 기간만이라도 자국에 들여오는 수입품의 양을 제한해야 합니다.

Pattern
120   p. 269

정답 a 4 주절과 종속절의 주어/동사가 같으므로 종속절에서는 생략한다. b 2 발바닥을 드러내 보이는 행위는 상대방을 하찮게 여긴다는 의미를 나타내므로 discourage(못

하게 막다[말리다])의 과거분사형이 와야 한다.

해석 해외 사업 분야의 취업을 준비하는 사람은 본인이 방문하는 나라에서 사용되는 언어 외 소통에 관한 기본적 규칙을 어느 정도 알아두어야 합니다. 인터넷, 언론, 그리고 관광의 영향으로 많은 몸짓[손짓] 언어가 널리 알려졌고 세계 곳곳에 사는 사람들 사이에서 공통으로 사용되고 있습니다. 그런데 일부 몸짓[손짓] 언어는 특정 문화와 결부되어 있으며, 따라서 다른 문화 환경에서는 전혀 다른 의미를 나타내기도 합니다. 가령 한 사람이 다른 사람의 눈을 똑바로 쳐다보는 눈맞춤을 예로 들어봅시다. 북미에서 그것은 당사자들 사이의 평등을 의미합니다. 하지만 많은 아시아 국가에서는 반항을 나타냅니다. 자세는 어떨까요? 미국에서는 엉덩이 위에 손을 얹고 서 있는 자세가 힘과 자부심을 나타낼 수 있습니다. 하지만 아르헨티나 같은 나라에서는 적대감 또는 상대방의 말에 대한 반감을 뜻합니다. 또한 대다수의 국가에서는 발이나 신발 바닥을 드러내 보이는 행동에 눈살을 찌푸립니다. 발바닥을 드러내는 것은 상대방을 하찮게 여긴다는 의미를 나타냅니다. 따라서 이들 나라에서는 한쪽 다리의 무릎 위에 다른 쪽 다리의 발목을 걸친 채 앉아 있는 자세는 엄격히 지양해야 합니다.

Review
Answer keys

Pattern 01

정답 1 목적어가 두 개인 타동사 2 자동사 3 타동사 4 보어가 필요한 타동사 5 보어가 필요한 자동사

해석 1 이 글에는 이 기기들에 대한 구체적인 상세 정보가 많이 나와 있지 않아. 2 이 지역의 날씨는 급격하게 변한다. 3 날씨가 비슷한 지역의 수목은 나이테 모양도 비슷하다. 4 음악은 일상의 스트레스를 해소하는 데 도움이 된다. 5 지구 온난화란 지구의 평균 지표면 온도가 예년과 달리 급격히 높아지는 것을 말한다.

Pattern 02

정답 1 may 2 can 3 must 4 cannot

해석 1 그는 지금쯤 경찰에 연행됐을 것이다. 2 박테리아와 바이러스는 암을 유발할 가능성이 있다. 3 그는 틀림없이 자기 사무실에서 일하고 있을 거야. 4 두 사람이 같은 DNA를 가질 수는 없다.

Pattern 03

정답 1 명사적 용법 2 형용사적 용법 3 부사적 용법 4 명사적 용법

해석 1 우리의 주목표는 지역사회의 생활환경 개선이다. 2 그는 의지할 사람이 아무도 없다는 생각이 들었다. 3 우리는 극심한 교통 체증을 피하려고 일찍 떠났다. 4 누군가를 진심으로 사랑한다는 건 소유욕 없이 사랑하는 것이다.

Pattern 04

정답 1 전치사의 목적어 2 보어 3 목적어 4 주어

해석 1 다니엘은 아이들을 자연과 야외활동에 이어주는 일에 열정적이다. 2 결정을 어렵게 만든 가장 큰 원인은 가족을 두고 가야 한다는 것이었다. 3 대다수의 남성은 다른 머리 스타일을 시도해보는 것을 좋아하지 않는다. 4 다양한 스포츠를 하는 것은 과다 사용으로 인한 부상을 예방해준다.

Pattern 05

정답 1 자동사 + 전치사 2 자동사 + 전치사 3 자동사 + 부사 4 타동사 + 부사

해석 1 왜 아직도 이런 철 지난 문제를 다뤄야 하는 건가요? 2 그는 방을 청소하다가 우연히 오래된 일기장을 발견했다. 3 나는 모든 아이가 반려동물과 함께 커야 한다고 굳게 믿는다. 4 그들은 그 행사가 너무 위험하다고 생각해서 취소했다.

Pattern 06

정답 1 부사절 2 부사구 3 형용사구 4 명사절 5 명사구

해석 1 그 사람이 그들과 사업을 해본 적이 있으니 계약서에 서명하기 전에 물어보는 게 좋을 듯해. 2 운동 직전에 과식을 하는 건 좋지 않다. 3 모두가 반대편의 경치를 보고 싶어 했다. 4 사실은 그가 평생 건강이 좋지 않았다는 것이다. 5 그 부채에 대해 얘기하고 싶어 하는 사람은 왜 아무도 없는 거죠?

Pattern 07

정답 1 to breathe 2 that 3 how 4 whether 5 complaining

해석 1 숨을 쉬는 동시에 마시는 건 불가능하다. 2 비행기가 예정보다 30분 지연될 것으로 예상된다. 3 데이터가 어디에 어떻게 저장됐는지는 중요하지 않아. 4 그가 사건에 연루되었는지의 여부는 확실하지 않다. 5 그 직원은 영어를 할 줄 모르기 때문에 불평해 봐야 소용없어.

Pattern 08

정답 1 a person creative, flexible, and passionate/a creative, flexible, and passionate person 2 the best result imaginable 3 something amazing 4 the oldest animal alive

해석 1 리더는 창의적이고 유연하며 열정적인 사람이어야 합니다. 2 컨설턴트가 상상할 수 있는 최선의 결과를 거둘 수 있게 도와드릴 겁니다. 3 스포츠 사진가는 곧 놀라운 일이 일어날 거라는 기대감을 늘 안고 산다. 4 세상에서 가장 오래 산 동물은 무엇인가요?

Pattern 09

정답 1 선행사 a person, 관계대명사 who 2 선행사 a car, 관계대명사 that 3 선행사 clues, 관계대명사 that 4 선행사 the person, 관계대명사 that

해석 1 감기를 앓고 있는 사람은 바이러스를 퍼트릴 수 있다. 2 기계 결함이 많은 자동차도 보험에 들 수 있나요? 3 화석은 공룡에 대해 알 수 있게 해주는 단서다. 4 그는 더 이상 예전의 그가 아니야.

Pattern 10

정답 1 The house I rented for a 5-day trip was perfect for my family. 2 The typist whom we hired last month was not a professional. 3 This is a list of books that I found enjoyable. 4 They had a serious conversation that no one wanted to join in.

1 5박 여행을 위해 빌린 그 집은 우리 가족한테는 안성맞춤이었어. 2 우리가 지난달 고용한 타이피스트는 전문가가 아니었다. 3 이건 내가 재미있게 읽은 책 목록이야. 4 그들은 아무도 끼어들고 싶어 하지 않는 진지한 대화를 나눴다.

Pattern 11

정답 1 A lobbyist is a person whose job is to try to influence public officials. 2 He is the new assistant whose picture I sent you a few weeks ago. 3 Here is a list of 10 scientists whose ideas were rejected during their time. 4 The tourist whose bag we saw stolen reported us to the police.

해석 1 로비스트는 공무원에 영향력을 행사하는 일을 직업으로 삼는 사람이다. 2 그는 몇 주 전 네게 사진을 보내준 신입 보조다. 3 생존 당시 자신의 아이디어를 거부당했던 10명의 과학자 명단이 여기 있다. 4 그 관광객이 가방을 도난당하는 걸 봤는데, 그가 우리를 경찰에 신고했어.

Pattern 12

정답 1 We are facing a very close election, the outcome of which is tough to judge. 2 The bird, the shape of which we saw in the movie, was just a graphic image. 3 Poverty is an age-old problem, the effects of which still haunt us today. 4 The cabinet was an antique, the value of which could not be determined only by usefulness.

해석 1 우리는 결과를 판단하기 힘든 박빙의 선거를 눈앞에 두고 있다. 2 우리가 영화에서 본 그 새의 형태는 그냥 그래픽 이미지였다. 3 빈곤은 지금도 여전히 그 영향력을 휘두르고 있는 해묵은 문제다. 4 그 서랍장은 효용성으로만 가치를 매길 수 없는 골동품이었다.

Pattern 13

정답 1 (who are) wishing 2 (that) I was waiting for 3 the man (that) I am 4 (which was) written

해석 1 파티에 참석하고 싶은 분들은 모두 환영입니다. 2 월요일부터 기다리던 이메일을 방금 받았어. 3 지금의 내가 아니었기 때문에 그런 실수를 저질렀던 거야. 4 그 영화는 1987년도에 나온 책이 원작이다.

Pattern 14

정답 1 완료 2 계속 3 경험 4 결과

해석 1 조사는 끝마쳤고 이제 결과를 분석하고 싶어. 2 그의 부모는 그가 아이 때부터 비밀을 지켰다. 3 난 싱가포르에 여러 번 다녀왔어. 4 내 계정 비밀번호를 잃어버렸어.

Pattern 15

정답 1 It was such a great play that I watched it several times. 2 India is such a big country that the landscape is different in every part. 3 It was such a cold day that there was nobody on the street. 4 I was in such a bad mood that even the comedy didn't make me smile. 5 The museum was such a great splendor that it attracted the most distinguished artists of the time.

해석 1 그 연극이 너무 훌륭해서 여러 번 보러 갔어. 2 인도는 너무 큰 나라여서 각 지역의 풍경이 다 다르다. 3 날씨가 너무 추워서 길거리에 아무도 없었다. 4 기분이 너무 안 좋았던 탓에 그 코미디를 봐도 웃음이 나오질 않았다. 5 그 미술관은 너무 호화로운 나머지 당대의 가장 뛰어난 예술가들을 사로잡았다.

Pattern 16

정답 1 정도 2 정도 3 결과 4 정도

해석 1 유혹은 뿌리칠 수 없을 정도로 강했다. 2 그 섬의 규모는 육안으로 보이지 않을 정도로 작았다. 3 그 집은 너무 비싸서 누구도 살 엄두를 못 냈다. 4 직원은 너무 바빠 그야말로 말을 할 수 없을 정도였다.

Pattern 17

정답 1 and he/she 2 but he/she 3 for they 4 though it

해석 1 경찰은 보안 책임자에게 전화를 했고, 그(녀)는 용의자가 그곳에서 수년 동안 근무한 사실을 확인해주었다. 2 나는 중개인을 믿었지만 결국 배신당했다. 3 그녀는 항공 우표를 애지중지했다. 거액의 가치가 있었기 때문이다. 4 연극 치료는 비교적 새로운 개념이긴 하지만 많은 학교에서 인기를 얻고 있다.

Pattern 18

정답 1 the best of friends 2 running 3 surrounded 4 dry

해석 1 우리는 많은 시간을 함께했고 가장 절친한 사이였을 때 헤어져야 했다. 2 그 남자아이는 나를 보더니 나를 향해 뛰어왔다. 3 경찰은 전국에서 몰려든 기자들에 둘러싸여 앉아 있었다. 4 많은 전문가들은 대체 연료가 개발되기 전에 석유가 고갈될 것이라고 경고하고 있다.

Pattern 19

정답 1 a little → a few 2 a little → little 3 few → little 4 a little → a few

해석 1 답변이 필요한 몇 가지 질문이 있어서 그 리조트에 전화를 해야겠어. 2 우리는 그 직원들을 거의 신뢰하지 않았기 때문에 해고하기로 결정했다. 3 그들은 얼마 안 되는 돈을 아껴가며 살아야 했다. 4 어젯밤에 몇 사람이 소음에 대해 불평했다.

Pattern 20

정답 1 for four miles 2 in Italian style 3 on Tuesday evening 4 by 31% 5 on January 7

해석 1 야구선수들은 30분 안에 4마일을 주파한다. 2 이탈리아 스타일 실내 장식을 위한 요령을 몇 가지 알려드리겠습니다. 3 그들은 화요일 오후에 야영지를 떠났다. 4 그 제품을 찾는 사람이 31퍼센트 증가했다. 5 여야대표들은 1월 7일에 상견례를 가질 것이다.

Pattern 21

정답 3 would(동작) → used to(상태)

해석 1 예전에는 강하다는 의미가 근육질의 몸을 갖는 거라고 생각했다. 2 그녀는 매일 유산소 운동 기계로 운동하곤 했다. 3 나는 도시에 살다가 작년에 시골로 이사했어. 4 대다수의 예전 동료들은 개혁이라면 뭐든 반대하곤 했다.

Pattern 22

정답 1 waited → waiting 2 examining → examined 3 got off → getting off 4 announcing → announced

해석 1 관객들을 대기 줄에서 오래 기다리게 해서는 안 됩니다. 2 그는 의사에게 목 검사를 받았다. 3 그는 아이들이 버스에서 내릴 때 자전거가 들이받는 광경을 목격했다고 말했다. 4 방금 6시 뉴스에서 그의 사망 소식을 들었어요.

Pattern 23

정답 1 your → 삭제(목적어와 동일) 2 he → his/him 3 was → being 4 makes → making

해석 1 올해도 응원해주셔서 감사드립니다. 2 난 그가 여기 안 왔으면 좋겠어. 3 타당한 이유 없이 직원을 해고해서는 안 됩니다. 4 의장은 위원회가 섣부른 결정을 내린 것이 마음에 들지 않았다.

Pattern 24

정답 1 of us → for us 2 for me → 삭제 3 for you → of you 4 for them → them

해석 1 우리가 모든 사람들에게 일일이 응답하는 건 불가능합니다. 2 오늘 큰 표차로 보고서가 채택되기를 바랍니다. 3 오늘 아침에 저희를 찾아주셔서 정말 감사드립니다. 4 말이 되는 방법은 모두 동원하라고 그들에게 말했다.

Pattern 25

정답 1 injured 2 young 3 right, wrong 4 known, unknown 5 accused

해석 1 사고 후 부상자들은 근처 병원으로 실려갔다. 2 요즘은 청년들이 노동시장에 진입하기가 힘들다. 3 옳고 그름을 구별하기란 어렵다. 4 수학은 이미 아는 것과 미지의 것 사이의 간극을 좁혀준다. 5 피고는 친구의 상점에서 물건을 훔치다 체포되었다.

Pattern 26

정답 4 (진주어이며 나머지는 it ~ that ... 강조구문의 that이다)

해석 1 다름 아닌 작가의 이메일 때문에 시나리오가 모조리 바뀌었다. 2 사이렌 소리를 듣고 창밖을 내다본 때는 이슥한 밤이었다. 3 짧은 시간에 업무를 완수할 수 있었던 건 신입 보조 덕택이었다. 4 질병과 빈곤이 해결 가능한 문제라는 건 사실이다. 5 눈이 본격적으로 내리기 시작한 건 우리가 강을 건너고 나서였다.

Pattern 27

정답 1 전치사 2 접속사 3 유사관계대명사 4 유사관계대명사

해석 1 고객을 보유하는 건 신규 고객을 찾아내는 일보다 중요하다. 2 도로는 늘 그랬듯 안전하다. 3 이전 집보다 더 좋은 곳을 찾아줄게요. 4 너만큼 좋은 친구가 돼준 사람은 없었다고 그녀가 말했어.

Pattern 28

정답 3

해석 1 우리가 작년보다 매출을 더 올리려면 어떻게 해야 될까요? 2 그 식당 음식은 예전만큼 좋지 않아. 3 팬들은 자신들이 응원하는 팀이 결승전 때 기대만큼 강한 전력을 보이지 않아 실망했다.

4 그 프로그램은 만성질환이 없는 참가자들에게 효과가 없었던 것처럼 만성질환이 있는 환자들에게도 효과가 없었다.

정답 **1** than I had presumed it to be **2** than we could give tickets to **3** as I could provide them **4** as he once dreamed of
해석 **1** 그들의 기술은 내가 짐작한 것보다 더 진일보돼 있었다. **2** 우리가 입장권을 나눠준 인원수보다 더 많은 사람이 행사에 참여했다. **3** 나는 가능한 한 자세히 그들에게 설명했다. **4** 그는 그 집을 한때 꿈꿨던 집처럼 안락하게 가꿨다.

정답 **1** It goes without saying that war is a form of madness. **2** We could not help admiring his courage. **3** It is of no use to complain about things you cannot control. **4** I make it a rule to respond to all emails.
해석 **1** 전쟁이 일종의 광기라는 건 두말할 나위가 없다. **2** 우리는 그의 용기에 감탄하지 않을 수 없었다. **3** 네 뜻대로 할 수 없는 일에 대해 불평해 봐야 소용없어. **4** 나는 반드시 모든 이메일에 답장을 한다.

정답 **1** He tried to shoving the rock with his shoulder **2** tolerant **3** an upgrade to a suite **4** He tried to persuade the angry customer **5** a normal man
해석 **1** 그는 어깨로 바위를 밀어보려 했지만 공연한 짓이었다. **2** 어머니는 인내심이 매우 강했지만 아버지는 그렇지 않았다. **3** 스위트룸으로 업그레이드를 받았는데, 그건 뜻밖의 대접이었다. **4** 그가 화가 난 고객을 설득하려 하자 그게 상황을 더 곤란하게 만들었다. **5** 그들은 그 과학자가 그저 평범한 사람이라고 생각했지만 그렇지 않았다.

정답 **4** (의문사이며 나머지는 관계대명사 what이다)
해석 **1** 증발한 건 단지 우리 사업만이 아니었다. 우정도 사라진 것이다. **2** 우리는 세미나에서 목격한 광경에 실망했다. **3** 각 메시지는 강조점이 조금씩 달랐다. **4** 사람들은 내게 인생에서 가장 의미 있는 건 무엇인지 종종 묻는다. **5** 중요한 건 어떤 직업을 갖느냐가 아니라 그 직업에서 무엇을 이룩하는가다.

정답 **1** Anyone who **2** Those who **3** they/you **4** One/We/You
해석 **1** 실수를 저질러 본 적이 없는 사람은 새로운 것을 시도해 본 적도 없는 사람이다.(알베르트 아인슈타인) **2** 아는 자는 말하지 않고, 말하는 자는 알지 못한다. **3** 호주인들은 어떤 통화를 사용하나요? **4** 달성하기 쉬운 목표를 추구해서는 안 된다.

정답 **1** where **2** when **3** why **4** how
해석 **1** 아프리카는 농업이 발원한 곳 중 하나이다. **2** 큰 깨달음이 불현듯 스치는 순간은 누구에게나 있다. **3** 헬멧을 착용해야 하는 이유는 중요한 신체 부위를 보호하기 위해서다. **4** 인격은 당신의 명성에 도움이 안 되는 사람들을 어떻게 대하느냐에 달려 있다.

정답 **1** and then **2** for there **3** but there
해석 **1** 홍콩은 1997년까지 영국령에 속해 있다가 중국령으로 귀속됐다. **2** 많은 교육활동이 제공되는 지역주민회관을 방문하세요. **3** 우리는 그를 동창회에 데려갔는데 아무도 그를 알아보지 못해 놀랐다.

정답 **1** when (it is) eaten raw **2** although (they were) drawn **3** even if (it is) not required **4** than (they were) **5** where (you are) allowed
해석 **1** 그 생선은 날로 먹을 때 맛있어. **2** 전부 다른 화가들이 그렸는데도 화풍이 모두 같았다. **3** 필수는 아니더라도 주택소유자 보험이 필요한 이유가 무엇인지 말씀해주세요. **4** 10년 전보다 가격이 더 싼 물품이 여기 몇 개 있습니다. **5** 반려동물 목줄은 허용된 곳에서만 풀 수 있습니다.

정답 **1** than **2** alone **3** less **4** much as
해석 **1** 그걸 간직하느니 파는 게 나을 것 같아. **2** 그 연설은 감흥을 주기는커녕 재미도 없었다. **3** 뇌외과의사라는 건 말할 것도 없고 누구도 그녀가 의사인 줄 몰랐다. **4** 기술과 통신의 변화는 집 바깥에서뿐만 아니라 안에서도 일어난다.

Pattern 38

정답　1 the place (where)　2 (the time) when　3 (the reason) why　4 the time (when)

해석　1 여기가 우리 아버지께서 거의 종일 일하시는 곳이야.　2 내가 과학박람회에 대해 물어봤던 때 기억나니?　3 그때는 내가 그렇게 빨리 승진한 이유를 말해준 사람이 없었어.　4 대통령이 그를 만나러 두바이로 갔던 때를 기억하나요?

Pattern 39

정답　1 습관　2 단순미래　3 의지미래　4 고집

해석　1 그녀는 질의응답 시간을 가지려고 발표를 마친 후에도 남아 있곤 한다.　2 내 여권은 다음달에 만료될 거예요.　3 배우자가 부부 상담을 받을 생각이 없다면, 개별 치료가 유익할지도 모릅니다.　4 내 고양이 두 마리는 항상 다퉈요.

Pattern 40

정답　1 전치사　2 접속사　3 접속사　4 전치사

해석　1 그가 성공하긴 했지만 개인적으로는 그 사람보다 당신을 더 존경해요.　2 동물은 인간보다 후각에 훨씬 더 의존한다.　3 모든 프로젝트가 그들에게 중요한 만큼이나 우리에게도 매우 중요합니다.　4 그는 다른 경쟁자들보다 더 자신만만한 태도로 대답했다.

Pattern 41

정답　1 run over　2 caught up with　3 put off　4 made fun of

해석　1 희생자 중 한 명이 구급차에 치었다.　2 그때는 감정이 격앙돼 있었어.　3 경기는 연일 계속된 비로 연기되었다.　4 그 회사는 싸구려 전화기를 만든다고 조롱당했다.

Pattern 42

정답　1 전치사　2 접속사　3 유사관계대명사　4 전치사

해석　1 그 슬라이드에 있는 것과는 다른 디자인이 필요해요.　2 젊은이들의 삶은 예전보다 더 힘겹다.　3 나는 10년 전과 다른 사람으로 변했다.　4 내 파트너는 단순히 장신구를 팔아서 돈을 버는 것이 아닌 다른 구상을 하고 있다.

Pattern 43

정답　5 (최상급 형용사 앞에는 정관사 the가 오며 보통 of/among/in the world 등의 표현과 함께 쓰인다.)

해석　1 나는 12살 때 가장 행복했어.　2 그 사전은 대학생들에게 가장 적합한 것 같아요.　3 그의 가장 큰 즐거움은 유사한 주제를 다룬 책들을 비교하는 것이었다.　4 70년 만에 내린 최악의 폭설과 씨름하는 캘리포니아　5 리버티 궁전은 즐비한 새로운 마천루 중에서 가장 높은 건물이다.

Pattern 44

정답　1 (more → less)

해석　1 돈으로 시간을 만들 수는 없지만, 돈을 벌려면 시간이 필요하기 때문에 시간은 돈만큼이나 귀중하다.　2 하이몬트는 인구가 1000명밖에 안 되는 작은 마을이다.　3 그녀는 피아노를 6년이나 전공하고 나서 포기하고 말았다.　4 뉴스 제공 웹사이트를 운영하는 것은 그 어떤 온라인 사업만큼이나 시간 소모가 큰 일이다.　5 편집자는 저자와 마찬가지로 죄책감을 느낀다.

Pattern 45

정답　4 (cannot → should/must)

해석　1 이 노래를 몇 번 들어봤을 거예요.　2 그는 한국어를 모르니까 그 메모를 썼을 리가 없어.　3 그녀의 영화평은 코미디 영화에 관한 거였으니 다른 영화를 본 게 분명해.　4 그가 자잘한 내용까지 설명한 걸 보면 그 뉴스를 눈여겨 봐둔 게 틀림없어.

Pattern 46

정답　3 (that절이 보어를 이끌고 있다. 1 동사와 that절 사이의 간격이 멀다. 2 that절이 주어를 이끌고 있다. 4 that절이 동격절이다.)

해석　1 우리가 단합하면 더 나은 세상을 만들 수 있다고 진심으로 믿어.　2 그녀의 부모님은 그녀가 그 관현악단에서 계속 연주하고 있다는 사실이 무척 자랑스러웠다.　3 그가 타인의 일에는 지혜를 발휘하지만 자신에 대해서는 그렇지 못하다는 게 문제였다.　4 웬디가 사실상 그 책을 썼다는 소문이 진짜인가요?

Pattern 47

정답　1 (where → when)

해석　1 물의 끓는점은 100℃인데 피부의 수분이 증발하는 건 왜일까?　2 실업 상태인데도 제가 실업 수당에 대한 세금을 내야 하는 건가요?　3 그게 사실로 밝혀지든 아니든 사람들에게 그릇된 인식을 심어준다.　4 진보는 간과되는 경우가 있는 반면 곤경은 지나치게 강조된다.

Pattern 48

정답 **1** He carpooled with Kenny to that trip **2** the same phone **3** such person **4** as much money

해석 **1** 그는 으레 그랬듯 케니와 함께 차를 타고 여행을 떠났다. **2** 여동생이 내가 전날 잃어버린 휴대전화랑 똑같은 걸 사줬어. **3** 방금 말씀하신 것처럼 생기신 분은 없습니다. **4** 단지 상위 1퍼센트의 프로 선수만이 씀씀이만큼 돈을 번다.

Pattern 49

정답 **2** (used to do → used to), **3** (not → not to)

해석 **1** A: 이 보고서를 오늘밤에 끝낼 수 있어요? B: 노력해볼게요. **2** A: 매일 운동하세요? B: 예전에는 그랬는데, 지금은 일 때문에 너무 바빠서요. **3** 그녀는 그러지 말라고 했지만 나는 주식을 샀다. **4** 원하신다면 오늘은 일찍 퇴근하셔도 돼요. **5** 내가 이제 뭘 해야 할지 솔직하게 말해줬으면 좋겠어.

Pattern 50

정답 **4** (이유를 나타내며 1, 2, 3은 양태를 나타내는 부사절을 나타낸다.)

해석 **1** 분노가 걷잡을 수 없이 소용돌이치듯 내 삶도 그랬다. **2** 시 인구가 늘어남에 따라 도서관 이용객 수도 늘어났다. **3** 가격 상승에 따라 쿠폰 사용 횟수도 늘어나야 합니다. **4** 모두들 초면이 아니시니 굳이 소개는 안 하겠습니다.

Pattern 51

정답 **1** whichever level **2** what information **3** which case **4** which reason

해석 **1** 여러분은 현재의 역량에 걸맞은 지위에 임명될 것입니다. **2** 곧 출시될 제품에 대해 최대한 많은 정보를 알려주시기 바랍니다. **3** 저희가 내일 항공편을 준비해드릴 수 있습니다만 그럴 경우에 대비해 여권을 챙겨두셔야 합니다. **4** 그는 항상 왼손을 쓰는 연습을 했기 때문에 양손을 다 잘 쓴다.

Pattern 52

정답 **4** (부사절이며 나머지는 모두 형용사절이다.)

해석 **1** 우리가 알고 있는 바와 같은 대부분의 규칙들은 이제 적용되지 않으니 상상력을 발휘해보세요. **2** 그 미술관은 내가 태어난 집과 가까웠다. **3** 나는 오락용으로 쓰는 방이 있다. **4** 부장님 사무실로 걸어갈 때 나는 약간 긴장한 상태였다. **5** 이 이미지들은 아폴로 8호 우주선에서 본 지구의 모습이다.

Pattern 53

정답 **2**

해석 상사의 승인 없이 근무처를 벗어나면 안 됩니다.(의무) **1** 우리 부서는 더 많은 예산을 받을 예정이다.(예정) **2** 학생들은 교실을 나가기 전까지 정숙해야 한다.(의무) **3** 다음 시즌에서 뛰려면 미리 작전을 짜둘 필요가 있어.(의도) **4** 거리에서는 사람 그림자도 볼 수 없었다.(가능) **5** 안타깝게도 그 제작자는 자신의 프로젝트가 완성되는 걸 결코 보지 못할 터였다.(운명)

Pattern 54

정답 **1** is **2** deserves **3** am **4** was

해석 **1** 우리와 그 둘 중 하나는 양보해야 할 것 같다. **2** 선수들뿐 아니라 코치도 박수를 받을 자격이 있습니다. **3** 이 문제에 대해서 당신이 옳든 내가 옳든 여기 있는 그 누구에게도 중요하지 않아요. **4** 내게도, 임원진에게도 그 건물의 안전에 대한 질문을 하지 않았다.

Pattern 55

정답 **1** moved → moves **2** commutes → commuted **3** will have learned → would have learned **4** got up → gets up

해석 **1** 모든 아이들이 지구가 태양을 공전한다는 걸 알고 있었다. **2** 제이컵은 그 당시에 버스나 기차를 타고 다녔다고 말했다. **3** 논의가 끝날 때쯤엔 여러분들이 교훈을 배우게 될 것이라고 생각했어요. **4** A: 그는 몇 시에 일어나요? B: 그는 항상 오전 5시에 일어난다고 했어요.

Pattern 56

정답 **1** a little boy named John **2** for those invited **3** Most of the jobs requiring a biology degree **4** in cities crowded with tourists **5** a letter written when you need some time away from work

해석 **1** 어느 날 존이라는 이름의 소년이 산타클로스에게 다음과 같은 편지를 썼다. "제게 동생을 보내주세요." **2** 이 통로는 손님을 위한 사적 공간으로 설계됐습니다. **3** 생물학 학위를 요구하는 대다수 직업은 연구 분야에 속한다. **4** 관광객으로 붐비는 도시에서는 사람들을 사귀기가 쉽다. **5** 휴직신청서는 한동안 일을 쉴 때 작성하는 문서다.

정답　**1** (to give → for giving)

해석　**1** 그 학생은 선생님께 문제를 일으켜 죄송하다며 그런 일은 다시 없을 거라고 말했다. **2** 사람들이 보수주의자라고 밝히길 두려워하는 데는 많은 이유가 있다. **3** 그녀는 자유와 행복을 누리며 스스로 선택한 삶을 살게 될 것이라는 확신에 차 있었다. **4** 그는 곧이어 과학에 대한 종교의 입장을 비판했다.

정답　**1** to make matters worse　**2** not to mention　**3** so to speak　**4** needless to say

해석　**1** 설상가상으로 포스터의 철자까지 틀렸다. **2** 가족은 말할 것도 없이 내 친구 모두가 내게 은퇴를 하지 말라고 간청했다. **3** 데이비드는 내 숙제를 도와줘. 내 과외 선생님이라고 할 수 있거든. **4** 사람들이 그 우승자의 노래 실력에 감탄했다는 건 말할 필요도 없다.

정답　**1** There was no guaranteeing　**2** on the verge of crying　**3** Upon leaving the house　**4** spend too much time finding

해석　**1** 그들이 그걸 고칠 수 있을지는 장담할 수 없었다. **2** 그 남자아이는 왜 늘 금방이라도 울 듯한 표정인 거죠? **3** 집을 나서면 곧장 나오는 좌측 첫 번째 길로 진입하세요. **4** 사람들은 책임을 떠넘길 사람을 찾는 데 지나치게 많은 시간을 쓴다.

정답　**1** lived　**2** were　**3** had　**4** paid

해석　**1** 회사 근처에 산다면 지각하지 않을 텐데. **2** 내가 좀 더 사려 깊은 사람이라면 그들이 내 편이 돼줄 텐데. **3** 사람의 마음씨가 견공과 같다면 이 세상은 얼마나 아름다울까! **4** 내가 항공료를 댄다면 그가 와줄까요?

정답　**2** (명사절을 이끄는 접속사)

해석　**1** 이 콘셉트의 진가를 알아보지 못하는 당신한테 실망이네요. **2** 유니폼 착용은 동질감을 느끼게 해준다는 점에서 중요합니다. **3** 가장 알맞은 집을 찾아드릴 수 있도록 귀하의 세부 사항을 써 주세요. **4** 하와이는 이주해서 살고 싶을 만큼 매우 아름다운 곳입니다. **5** 무엇을 먼저 처리해야 좋을지 모를 만큼 사안이 너무 많았다.

정답　**1** would have lived　**2** had been treated　**3** had been explained　**4** had known

해석　**1** 내가 다른 길을 택했더라면 지금쯤 다른 삶을 살았을 텐데. **2** 형이 제때 치료를 받았다면 목숨을 구할 수 있었을 텐데. **3** 메뉴 설명을 들었더라면 그 요리는 안 시켰을 텐데. **4** 다른 직장을 찾는 게 어렵다는 걸 알았더라면 직장을 그만두지 않았을 텐데.

정답　were to

해석　**1** 당신이 직장을 잃는다면 무슨 일이 생길까요? **2** 누가 당신의 인생을 영화로 만든다면 어떤 시절에 초점을 두고 싶나요? **3** 외계인을 발견한다면 외계인의 기술은 인간의 기술과 얼마나 유사할까요? **4** 그 칼럼니스트는 자신이 차기 대통령이 된다면 자국에는 큰 불행일 것이라고 말했다.

정답　**1** While I walked along the street this morning　**2** If you turn to the left at the next intersection　**3** As I did not know what to do　**4** As she pulled her skirt

해석　**1** 오늘 아침에 길을 걷다가 끔찍한 사고를 목격했어. **2** 다음 교차로에서 왼쪽으로 돌면 우체국이 보일 거예요. **3** 무엇을 해야 할지 몰랐기 때문에 나는 다른 법률 회사들의 자문을 받기 시작했다. **4** 그 여자아이는 치마를 잡아당기며 엄마의 대화를 방해했다.

정답　**1** 동명사　**2** 현재분사　**3** 부사　**4** 현재분사(보어)　**5** 현재분사

해석　**1** 우리 모두 부상당한 선수가 다시 축구를 하는 모습을 보고 싶었다. **2** 일부 관중은 축구 경기 중인 선수에게 소리를 질렀다. **3** 사막의 태양은 절절 끓는다. **4** 한 여자가 대기실에서 잡지를 읽고 있다. **5** 마지막 직장에서는 하루 11시간 동안 쉬지 않고 일을 시켰어요.

정답　**2** (단순미래이며 나머지는 추측의 의미를 나타낸다.)

해석　**1** 제 생각엔 이건 그가 우리한테 주는 크리스마스 선물인 것 같아요. **2** 주문하신 물품은 평일 이틀 내로 배송될 예정입니다. **3** 눈치채셨을 테지만 우리 가게를 새롭게 단장했어요. **4** 문 앞에 있는 소포는 제 거일 거예요.

정답 1 No matter where you are 2 No matter if they work or stay at home 3 No matter which style you choose 4 No matter whether you are a beginner or an advanced learner

해석 1 귀하가 어디에 계시든 자료를 이용하실 수 있습니다. 2 일터에 계시든 집에 계시든 부모님은 늘 바쁘시다. 3 네가 어떤 스타일을 택하든 난 내 스타일을 고수할 거야. 4 초보 학습자든 고급 학습자든 여러분의 수준에 맞는 걸 찾으실 겁니다.

Pattern 68

정답 2 (명사구이며 나머지는 분사구문이다.)

해석 1 그 건물은 반대쪽에서 보면 완전히 달라 보인다. 2 노쇠한 분이 홀로 있으면 문제가 발생할 수 있습니다. 3 그 정보는 비밀로 지정돼 있기 때문에 앞으로 30년간 기밀로 유지될 것이다. 4 그는 그 뉴스에 대한 논평을 요청받자 양해를 구하고 자리를 떴다.

Pattern 69

정답 4 (동명사 주어)

해석 1 완전히 녹초가 된 그는 빈사 상태로 집에 도착했다. 2 그는 조종사였기 때문에 기계에 결함이 있다는 걸 알았다. 3 혐의에 대해 화가 난 피고는 증거 불충분 문제를 제기했다. 4 평생의 숙제인 자신을 아는 것은 자신이 되는 것과는 완전히 별개다. 5 그 소식에 충격을 받은 나는 그 사건에 대해 몇 가지를 알아봤다.

Pattern 70

해석 1 가능하면 모든 사람들과 평화롭게 지내라. 2 좋으면 칭찬하고 만족스럽지 않더라도 평가를 유보하라. 3 내일 그분들만 괜찮다면 5성급 호텔에서 회의를 할 겁니다. 4 그 소문이 사실이면 국내 경제에 먹구름이 낄 것이다.

Pattern 71

정답 1 Since she had been a mechanic herself 2 As she has been[was] unhealthy 3 as I have been[was] working hard all day 4 After[as] he had been smiled at

해석 1 그녀는 기술자였기 때문에 그 자동차의 작동 원리를 알고 있었다. 2 건강을 잃은 적이 있었기 때문에 그녀는 이제 환자들의 고통을 이해한다. 3 종일 열심히 일했기 때문에 기력이 얼마 남지 않았다. 4 그를 보고 미소를 짓자 그도 미소로 화답했다.

Pattern 72

정답 1 unless 2 if 3 while 4 once

해석 1 서면 허가를 받지 않으면 그 자료를 전혀 사용할 수 없습니다. 2 하룻밤 실온에 놔둔 오트밀은 먹어도 괜찮나요? 3 내 방 청소를 하다가 이 사진을 우연히 발견했다. 4 패배하자 그들은 사회 혁명의 가능성을 포기했다.

Pattern 73

정답 1 If a person had common sense 2 if he or she had a stroke 3 If he or she were a right-minded person 4 if we were to take a year's break 5 If the 3D depth were increased

해석 1 상식이 있는 사람이라면 모르는 외국어로 쓰인 계약서에 서명을 하진 않을 거예요. 2 뇌졸중을 일으킨 사람에게는 어떤 일이 일어날 가능성이 가장 높은가요? 3 심지가 곧은 사람이라면 그런 실수를 절대 안 할 텐데. 4 일 년간 쉴 수 있다면 얼마나 좋을까? 5 3차원 세로축(깊이 정보)의 값이 커지면 새를 눈앞에 불쑥 나타나게 할 수 있을 것이다.

Pattern 74

정답 1 (if the law were not passed → if the law had not been passed)

해석 1 그 법안이 통과되지 않았더라면 그들은 여태 불법 소프트웨어를 사용하고 있을 것이다. 2 취업 비자가 거부되지 않았다면 거기에 지원할 수 있을 텐데. 3 그가 그렇게 무모하게 굴지만 않았어도 내 아들은 아직 살아있을 텐데. 4 내 펀드를 환불받을 수 있다면 걱정할 필요가 없을 텐데. 5 어제 폭설이 오지 않았더라면 그는 오늘 저녁에 이곳에 있었을 텐데.

Pattern 75

정답 1 whomever you have sent emails 2 Whatever works best for you 3 Whatever happens next 4 Whatever you say about the Italian dish

해석 1 당신의 이메일 수신자 모두에게 잠재적인 신원 도용에 대해 통보하세요. 2 당신한테 가장 효과적이었던 거라면 제게도 가장 효과적일 거예요. 3 앞으로 무슨 일이 벌어지든 우리가 지속적인 노력을 기울여야 한다는 건 분명해요. 4 그 이탈리아 요리에 대해 네가 뭐라든 난 맛있었어.

Pattern 76

정답 3 (양보부사절을 이끄는 접속사)

해석 1 어느 쪽이든 할인 혜택이 더 큰 걸로 하셔도 좋습니다. 2 어떤 소문이 떠돌든 전혀 개의치 말아라. 3 어떤 삶을 살고 싶든 정성을 다해라. 4 주치의가 필요하다고 생각하는 방법은 뭐든 써볼 거야. **5** 각 그림에 어떤 사연이 숨겨져 있든 주의를 기울일 만합니다.

Pattern 77

정답 **1** (at any place where이라는 의미이며 나머지는 no matter where라는 의미이다.)

해석 **1** 네가 원하는 곳이라면 어디든 악기 연습을 해도 돼. **2** 어디로 인도하든 우리는 진리를 따르는 것이 두렵지 않다.(토머스 제퍼슨) **3** 어디를 여행하시든 여러분의 소중한 여가시간을 최대한 만끽하실 수 있게 도와드릴 것입니다. **4.** 삶이 우리를 어디로 이끌든 경이로운 순간은 언제든 찾아온다.(지미 카터)

Pattern 78

정답 **1** A lot of the questions seemed relevant to my background. **2** We expected to be on good terms with each other. **3** A terrible mistake seemed to have been made. **4** I had intended that I would not include the topic in this book, but I did. **5** I had hoped that I would catch on work today after the long holidays, but I couldn't.

해석 **1** 많은 질문들이 내 출신 배경과 관련 있는 듯했다. **2** 우리는 서로 사이 좋게 지낼 거라고 기대했다. **3** 심각한 실수가 있었던 것 같았다. **4** 이 책에는 이 주제를 포함시키지 않을 작정이었다. **5** 긴 휴가를 뒤로 하고 오늘은 밀린 일을 할까 했었다.

Pattern 79

정답 **4** if (전치사의 목적어 불가) → whether

해석 **1** 단 하나의 의문점이라곤 그 파일이 오피스 프로그램 아랍어 버전에서 열릴 것인지의 여부였다. **2** 어떤 사람이 나를 시기하는지 아닌지는 어떻게 알아볼 수 있나요? **3** 정부가 법안을 바꿀 것인지의 여부는 통계에 달려 있다. **4** 이제 네 사업이 수익을 낼지 아닐지는 문제가 아니다.

Pattern 80

정답 **4** ('시간'을 의미하며 나머지는 '양보'를 의미한다.)

해석 **1** 내가 고작 5쪽을 쓰는 동안 그녀는 벌써 20쪽이나 끝냈다. **2** 스마트폰을 이미 갖고 있는데 왜 카메라를 사려고 하는 거야? **3** 난 집에 있는 걸 좋아하는데 언니는 사람들과 어울리는 걸 좋아해. **4** 내가 뉴욕에서 살던 시절에 형이 지하철 계단에서 떨어졌다.

Pattern 81

정답 **1, 3**

해석 **1** 나는 흥미진진할 거라 생각한 경험담을 말해보려고 했다. **2** 나는 합리적이라고 믿었던 계약서에 서명했다. **3** 이건 절대 만들어질 수 없으리라고 생각한 영화야. **4** 나는 사회생활에 첫발을 내딛기에 충분하다 싶은 높은 학점을 받고 대학을 졸업했다.

Pattern 82

정답 **3** (The firefighter, alarmed by the screams, ran down the stairs.)

해석 **1** 그녀는 의자에 앉아 빙빙 돌면서 참석자들의 얼굴을 훑었다. **2** 그 직원은 작은 소리로 새 계좌를 만들라고 조언했다. **3** 소방수는 비명 소리에 놀라 계단 아래로 뛰어 내려갔다. **4** 소방관은 최대한 팔을 멀리 뻗어 나를 붙들려고 했다. **5** 할아버지는 여러 개의 큰 상자를 지고 계단을 내려가려고 하셨다.

Pattern 83

정답 **2** (otherwise → however), **4** (besides → otherwise)

해석 **1** 제임스는 우리 큰형이었다. 그보다 내 가장 친한 친구이기도 했다. **2** 카펫은 새 것처럼 보였다. 그런데 매우 저렴했다. **3** 주인은 호텔을 매각하기로 마음 먹었다. 한편으론 로비를 계속 확장했다. **4** 있는 그대로의 자신을 받아들이세요. 그렇지 않으면 인생을 놓치고 말 거예요.

Pattern 84

정답 **1** easy **2** young **3** intelligent **4** accustomed

해석 **1** 쉬운 일처럼 들리지 모르지만 은행에서 대출을 받는 건 시간이 오래 걸리는 일이야. **2** 그녀는 어렸지만 아버지보다 분별력이 나았다. **3** 스스로 똑똑하다고 생각하는지는 몰라도 네가 뭘 모르는지 넌 몰라. **4** 우리가 석조 건물에 익숙하긴 하지만 그걸 짓기란 보는 것처럼 쉬운 일만은 아니야.

Pattern 85

정답 the

해석 **1** 그들은 돈을 받았다고 해서 그만큼 더 부자가 됐다고 생각하진 않았다. **2** 두 금속 중에서 금이 더 비싸다. **3** 윗니는 아랫니보다 더 많이 돌출돼 있다. **4** 그들의 리더십 부족이 그 문제를 더 어렵게 만들었다.

Pattern 86

정답 3 (의무를 나타내는 조동사)

해석 1 승객이 화기를 소유하고 있는 경우 이 탐지기가 크게 울릴 겁니다. 2 주문을 취소하고 싶으시면 고객서비스부에 연락하시기 바랍니다. 3 컴퓨터를 업그레이드해야 할지 새로 사야 할지 모르겠어. 4 혹시라도 정부에서 재정 보조금도 제공해준다면 감사히 여길 겁니다.

Pattern 87

정답 1 how(how와 the way 둘 중 하나 생략) 2 when 3 why 4 where

해석 1 나는 언론에서 그 일을 다루는 방식에 화가 났다. 2 지난 월요일은 올해 들어 소비자 지출이 가장 높았던 날입니다. 3 우리는 때로 현충일을 기념하는 이유를 잊곤 합니다. 4 런던은 걸어갈 만한 거리에서 괜찮은 식당을 찾을 수 있는 곳입니다.

Pattern 88

정답 3 (형용사적 용법이며 나머지는 부사적 용법이다.)

해석 1 그 반려동물은 예방 접종을 받을 수 있을 만큼 건강하지 않다. 2 그들은 새로운 조국을 찾아 고국을 떠났으며 다시는 돌아오지 않았다. 3 헌혈을 하겠다는 결심이 생명을 구할 수 있습니다. 4 그것은 심정지 위험을 낮춰주는 약으로 승인받았습니다. 5 그 피해자는 장애에도 불구하고 살아남게 되어 다행이라고 생각했다.

Pattern 89

정답 1 The cover looked a great deal more interesting than the actual contents. 2 The human heart is slightly bigger than the size of one's fist. 3 A strike is much less likely than the media leads you to believe. 4 I'm a lot more energetic than I've been since I was in college. 5 Sometimes it is necessary to be a bit more direct with people.

해석 1 표지는 실제 내용보다 더 흥미로워 보였다. 2 인간의 심장은 주먹보다 약간 더 크다. 3 파업은 언론의 여론몰이에 비하면 일어날 가능성이 훨씬 낮다. 4 대학 시절 이후로 지금처럼 기력이 넘친 때가 없다. 5 때론 사람들에게 좀 더 단도직입적으로 말하는 것도 필요하다.

Pattern 90

정답 3 (「타동사＋부사」이며 나머지는 「자동사＋전치사」이다.)

해석 1 그 앱은 독자가 구하고 있는 책을 찾아내는 데 도움을 줄 수 있다. 2 그는 늘 끊임없이 변하는 고객의 요구를 경청하려 노력한다. 3 그녀는 새로운 일정 때문에 그 제안을 즉시 거절해야 했다. 4 전화를 걸어서 다른 객실을 요청하는 게 어때요?

Pattern 91

정답 1 was treated 2 was arrested 3 was given 4 is repeated 5 were stuck

해석 1 그 남자는 의식을 잃고 쓰러졌지만 즉시 의사의 처치를 받았다. 2 그는 음주운전으로 어제 연행됐다. 3 케리 상원의원이 이끄는 단체에서 일할 기회가 생겼다. 4 그 노래는 멜로디가 단순하며 영화 내내 여러 번 반복된다. 5 많은 구급차들이 고속도로 정체 때문에 꼼짝하지 못했다.

Pattern 92

정답 1 The more you think about it 2 The richer you are 3 the more important your life is 4 The higher your rank is

해석 1 그걸 생각하면 할수록 넌 더 긴장하게 될 거야. 2 더 부유해질수록 성장하기도 더 어려워진다. 3 네가 더 바빠질수록 네 삶이 더 중요해지는 것 같아. 4 지위가 높을수록 더 겸손하게 행동해야 한다.

Pattern 93

정답 1 with a scholarship granted from the government 2 with some music playing in the background 3 with your shoes on 4 with my legs crossed

해석 1 나는 정부 장학금 덕에 옥스퍼드에 갈 수 있었다. 2 어떤 사람들은 배경 음악을 틀어놓고 공부하는 걸 선호한다. 3 신발을 신고 들어오지 마세요. 4 나는 다리를 꼬고 앉는 버릇이 있어.

Pattern 94

정답 1 All being well 2 All the advisors having been business owners in the past 3 There being so much competition online 4 Strictly speaking

해석 1 다 잘되면 업로드가 완료됐다고 알리는 메시지가 뜰 겁니다. 2 모든 자문단이 전부 예전에 사업가였기 때문에 사업에 대한 광범위한 지식과 경험을 얻을 수 있을 겁니다. 3 온라인상에서는 경쟁이 너무 치열하기 때문에 제품을 차별화하기가 어렵다. 4 엄밀히 말하면 그 책은 소설이 아닌 단편집이다.

Pattern 95

정답 1 few 2 little 3 few 4 little

해석 1 많은 적임자들이 얼마 안 남은 일자리를 두고 경쟁을 벌이고 있다. 2 마을 사람들은 강가에서 찾아낸 얼마 안 되는 음식을 먹고 겨우 목숨을 부지할 수 있었다. 3 왕년의 독재자는 권력을 다시 차지하려고 얼마 안 되는 수단이나마 모두 동원했다. 4 지금까지 배운 교훈으로 얼마 안 되는 조언이나마 해줄 수 있게 돼 기뻐.

Pattern 96

정답 5 (원급 비교구문)

해석 1 우리의 목표는 가능한 한 효과적인 소프트웨어를 만드는 것입니다. 2 그는 여태까지 본 적이 없는 엉뚱한 록스타였다. 3 관리자는 "상황이 이보다 나쁠 수는 없습니다"라고 말했다. 4 감독은 그 장면을 매우 실감나게 연출했다. 5 나는 웹사이트를 매일 확인하고 뭐든 팔린 직후에 업데이트한다.

Pattern 97

정답 1 eat 2 find 3 talk 4 restore

해석 1 먹고 자는 것 빼곤 아무것도 하고 싶지 않아. 2 우리가 할 일이라곤 몇 가지 선례를 찾고 그걸 본받는 거예요. 3 당신은 내 험담을 하고 내게 거짓말을 했을 뿐이에요. 4 시장은 "우리가 해야 할 일은 마을을 빨리 복원하는 것입니다"라고 말했다.

Pattern 98

정답 1 ;(세미콜론) 2 :(콜론) 3 ;(세미콜론) 4 :(콜론)

해석 1 데이비드는 캐나다 사람이지만 호주에서 살고 있다. 2 내가 해야 할 일이 뭔지 알겠어. 난 집으로 돌아가야 해. 3 우리는 그걸 축구라고 부르지만 미국인들은 풋볼이라고 부른다. 4 그는 다음과 같은 질문으로 강의를 마무리했다. "우리가 진정으로 알고 있는 건 뭘까요?"

Pattern 99

정답 5 (선행사가 포함되지 않은 관계대명사이며 나머지는 선행사가 포함된 관계대명사이다.)

해석 1 그녀 스스로 주장했던 바와 같은 사람이 아니라는 사실이 곧 드러났다. 2 네 속마음을 말해봐. 3 존은 우리가 생각했던 사람이 아니었다. 4 당신의 재산을 물려주고 싶은 사람이 누구인지 말해보세요. 5 결코 잊지 못할 모든 동료들에게 감사를 표현합니다.

Pattern 100

정답 4 (목적격 관계대명사 whom이 생략됐으며 나머지는 주격 관계대명사가 생략됐다.)

해석 1 내가 생각한 가격대 이상이라고 생각했던 그 자동차는 사실 가격이 저렴했다. 2 존슨은 왕년의 스타 선수가 아니다. 3 나는 카펫의 얼룩을 제거하려고 온갖 방법을 다 써봤다. 4 건강 관리 전문가라고 생각했던 사람이 날 도와주었다.

Pattern 101

정답 1 who 2 where 3 when 4 which

해석 1 놀랍게도 뉴스에 나온 사람은 내 형이었다. 2 그는 바로 그 횡단보도에서 중심을 잃은 차에 치었다. 3 중년의 산타클로스가 슬그머니 방으로 들어온 건 어젯밤이었다. 4 경호원들을 실내에 붙잡아둔 건 바로 추운 날씨였다.

Pattern 102

정답 4 (직유법)

해석 1 비행 동안에는 우리가 마치 태양을 쫓고 있는 깃처럼 느껴졌다. 2 화기를 다룰 때는 늘 장전된 상태라고 생각하세요. 3 그는 사막에서 목마름에 죽어가는 사람처럼 엎드려 기어가고 있었다. 4 그녀는 그 사안에 대해 고심했던 것처럼 보였다.

Pattern 103

정답 1 Were 2 Had 3 Should 4 Were

해석 1 당신의 아량이 아니었다면 이 캠퍼스를 마련하지 못했을 거예요. 2 그 가격이 아니었다면 다른 걸 샀을 텐데. 3 일찍 도착하시면 로비에 짐을 맡기실 수 있습니다. 4 여행지를 택할 수 있다면 알려지지 않은 곳을 고를 거예요.

Pattern 104

정답 1 if it had not been for the help of my assistant 2 If it were not for the Internet 3 If he were not poor 4 If we had not been friends 5 If it had not been for his presence

해석 1 조수의 도움이 없었다면 그걸 발견하지 못했을 거예요. 2 인터넷이 아니었다면 일반인들은 그것에 대해 절대 몰랐을 거예요. 3 그가 가난하지만 않았다면 일자리를 구하지 않고 학업을 이어갔을 거예요. 4 친구 사이가 아니었다면 우리는 사업상 거래 관계를 끊었을 거예요. 5 그가 없었다면 우리가 더 나은 작품을 만들어낼 수 있었을 거예요.

Pattern 105

정답
1 The last bus having left ahead of schedule 2 some only spoken by a few people
3 their nets being filled with fish 4 many of them being children

해석
1 마지막 버스가 예정보다 빨리 떠났기 때문에 아이들은 집으로 걸어가야 했다. 2 그 섬에는 다양한 언어가 있는데, 일부 언어는 쓰는 사람이 소수에 불과했다. 3 어부는 그물에 걸린 물고기를 잔뜩 싣고 부두로 돌아왔다. 4 그 비행기 추락 사고로 많은 사람이 사망했는데, 그중 대다수가 어린아이였다.

Pattern 106

정답
1 without so much as 2 as much 3 not so much 4 as much as

해석
1 그들 모두 눈길 한 번 주지 않고 그를 지나쳐 걸어갔다. 2 A: 그가 나를 속이고 돈을 뜯어가려 했어. B: 그럴 줄 알았어. 3 그는 가수라기보다는 예능인이었다. 4 그 호텔 관계자 누구도 우리에게 여태 전화조차 하지 않았다.

Pattern 107

정답
be

해석
1 남자든 여자든 용기 없이는 이 세상에서 무엇도 해내지 못할 것이다.(제임스 레인 앨런) 2 그들은 액수가 얼마나 적든 간에 매달 일정한 금액을 저축했다. 3 우리는 상식을 벗어난 일이라도 자주 보면 의구심을 갖지 않는다. 4 그림이든 동영상이든 당신이 제작한 거라면 그에 대한 저작권을 갖습니다.

Pattern 108

정답
3 (A(X+Y)이며 나머지는 (X+Y)A이다.)

해석
1 후각은 가장 강력하지만 가장 저평가되는 인간의 감각이다. 2 사형제도에 대한 찬반을 두고 열띤 논쟁이 자주 벌어졌다. 3 평판이 아닌 인품에 신경 쓰도록 해. 4 나는 순전히 나 혼자 자력으로 일하는 게 지겨워졌다.

Pattern 109

정답
1 whatever 2 at all 3 very 4 on earth

해석
1 우리가 그 문제에 대해 할 수 있는 일이라곤 전혀 없어. 2 당신의 문제는 전혀 특이할 게 없습니다. 3 때론 우리를 도와줘야 할 사람이 상처를 준다. 4 그들은 무슨 뜻으로 이런 말을 한 거죠?

Pattern 110

정답
1 (명사절을 이끄는 접속사이며 나머지는 가목적어 문장의 진짜 목적어이다.)

해석
1 우리는 사고하고 창조한다는 점에서 동물과 다르다. 2 전설에 따르면 아이작 뉴턴은 떨어지는 사과에 머리를 맞았다고 한다. 3 저희 직원이 귀하의 요청에 즉시 응답해드릴 것입니다. 4 우리는 방에 에어컨이 없다는 게 의아했다. 5 그들은 학교에 초고속 인터넷 접속 서비스를 제공하는 것을 최우선으로 삼았다.

Pattern 111

정답
3 (부사적 용법이며 나머지는 형용사적 용법이다.)

해석
1 그는 고속도로에서 제한속도를 두 배나 초과해 달리다가 걸렸다. 2 새로 나온 이 상자는 쓰레기를 세 배나 더 담을 수 있습니다. 3 요즘 대학 학년은 불필요하게 삼분의 이 이상 길어진 것 같군요. 4 하프 마라톤은 풀 마라톤 구간의 딱 절반이다. 5 노란색 끈의 길이는 빨간색 끈의 삼분의 이이다.

Pattern 112

정답
1 are 2 are 3 was 4 was

해석
1 굽힐 수 있는 마음을 가진 사람은 축복받은 사람이다. 절대 부러지지 않을 것이기 때문이다.(알베르 카뮈) 2 가장 훌륭한 사람은 섬김을 받는 사람이 아니라 타인을 섬기는 사람이다. 3 그녀는 그에 대한 확신이 컸기 대문에 그 프로젝트를 전부 맡겼다. 4 그는 너무 불쾌한 나머지 수석건축가를 쫓아내려고 했다.

Pattern 113

정답
1 about 2 beyond 3 to 4 of

해석
1 주치의가 경고했던 부작용이 생기기 시작했다. 2 우리는 더 이상의 개선이 불가능해 보이는 한계에 봉착했다. 3 이것이 표본을 분석할 때 주의를 기울여야 할 사항들입니다. 4 나는 10명의 사람을 만났는데 그 누구도 이전에 알던 사이가 아니었다.

Pattern 114

정답
1 submit 2 be 3 be 4 benefit

해석
1 우리가 오늘 오후까지 이력서를 제출해야 한다는 게 그들의 요청이야. 2 그는 퇴근 전에 업무가 마무리돼야 한다고 고집했다. 3 그녀는 색다른 생일 파티를 요청했다. 4 그는 국민 개개인에게 세금 감면 혜택이 빠짐없이 돌아가게 하라고 지시했다.

Pattern 115

정답 4 (부정의 의미를 나타내는 주어이며 나머지는 부정의 의미를 강조하기 위한 도치구문이다.)

해석 1 그는 연체 시 추가 수수료에 대해서는 일언반구도 없었다. 2 그는 자신의 삶이 이제 영원히 바뀔 참이라는 걸 전혀 알지 못했다. 3 그들은 내 연설문을 이해하는 데 전혀 어려움을 느끼지 않았다. 4 화재가 일어났을 때 집에는 아무도 없었다.

Pattern 116

정답 who/that

해석 1 그들이 대체 어떤 사람들이길래 그렇게 늦게 보러 온 건지 궁금했다. 2 동전을 삼킨 아이가 실려왔다. 3 먹을 것 없이 길에서 사는 가난한 사람들을 잊어선 안 됩니다. 4 그는 우리가 아는 한 그 인물을 연기해낼 수 있는 유일한 배우다.

Pattern 117

정답 3 (정치구문이며 나머지는 도치구문이다.)

해석 1 나는 일터에서만 집중이 잘 된다. 2 사람들은 자유로운 곳에서만 터놓고 말할 수 있다. 3 꿈만이 여러분을 성공의 길로 인도해줄 수 있습니다. 4 선원들이 도착하기 전까지 그들은 신의 말씀만을 믿었다.

Pattern 118

정답 1 before 2 Scarcely 3 No sooner 4 Not only

해석 1 쉬려고 자리에 눕자마자 병원에서 온 전화를 받았다. 2 문을 잠그자마자 열쇠를 안에 두고 왔다는 걸 알았다. 3 소포를 받자마자 파손됐다는 걸 알게 됐다. 4 시간을 절약했을 뿐만 아니라 비용도 절감했다.

Pattern 119

정답 1 decision/not to get involved with smoking 2 multitasking/doing several things simultaneously 3 a promise/a promise not meant to be broken 4 He opened a chain store/a very smart move for a new entrepreneur 5 Abraham Lincoln/a self-educated country lawyer, the 16th President of the United States

해석 1 나는 평생 담배를 피우지 않겠다고 일찌감치 결심했다. 2 여성은 여러 가지 일을 동시에 하는 데 능하다. 3 그는 반드시 지켜야 할 약속을 어겼다. 4 그는 분점을 열었는데, 이는 신출내기 사업가치곤 영리한 조치였다. 5 독학으로 공부한 시골 변호사이자 미국의 16대 대통령인 에이브러햄 링컨은 가장 위태로운 도덕적 위기 속에서도 조국을 이끌었다.

Pattern 120

정답 1 To some, love is happiness, to others (love is) pain. 2 I will not be able to hear you, nor (will) you (be able to hear) me. 3 Chris became a chef and his sister (became) a food storyteller. 4 He never wrote me a letter, nor (did) I (write) him (a letter).

해석 1 어떤 이들에게 사랑은 행복이지만 다른 이들에게는 고통이다. 2 난 네 말이 안 들릴 거고 너도 내 말이 안 들릴 거야. 3 크리스는 요리사가 되었고 그의 여동생은 음식 작가가 되었다. 4 그는 내게 편지 한 통 쓰는 법이 없었고, 그건 나도 마찬가지였다.